누가
우리의 일상을
지배하는가

헨리 포드부터 마사 스튜어트까지 현대를 창조한 사람들

— 전성원 지음

Who makes the rules in the modern world?

누가 우리의 일상을 지배하는가

**보이지 않는 세계를 지배하는 힘은
보이는 세계도 지배하게 된다.**

당신은 자신과 다른 사람들을 위해 자유를 지키는 방법보다는
자신의 자유를 획득하는 방법을 더 잘 알고 있었다. 나는 그것을 오랫동안 알아왔다.
이해할 수 없었던 것은, 당신이 매번 어렵게 싸워 하나의 곤경에서 벗어났을 때마다
어째서 다시 더욱더 악화된 곤경에 빠져들었는가 하는 것이다.
이윽고 나는 서서히 당신을 이해하게 되면서 무엇이 당신을 노예로 만드는가를 알아냈다.
그것은 당신 자신 스스로가 노예 감시자라는 것이다. …… 정말이지,
오직 자기 자신만이 스스로를 해방시킬 수 있다!
●빌헬름 라이히, 『작은 사람들아 들어라』에서

책을 펴내며

우리는 자유로이 살기 위해 무엇에 맞서 싸우고 있을까? 우리는 과거의 전통이나 망령 혹은 외부의 억압이 아니라 내 안의 또 다른 나를 이루는 존재와 싸우고 있다. 마르크스Karl Marx는 물질에 대한 인간의 욕망을 과소평가했고, 지배계급의 문화적 헤게모니에 장악된 대중에 대해 지나치게 낙관했다. 어떤 이는 현실 사회주의의 붕괴로 자본주의가 세계의 유일한 체제가 되어 역사는 종말을 고했고 더 이상의 외부는 존재하지 않는다고 말한다. 지금 대한민국을 바라보면 제국과 신자유주의가 '전 지구적 규모'로 '무의식적 수준'까지 관철되고 있다는 사실을 인정하지 않을 수 없다. 사유의 외부가 존재하지 않으므로 다른 곳을 사유할 수 없고, 어디로도 떠날 수 없는 절망의 끝에서 떠나는 여행의 본보기는 자살이다. 자살은 어떤 출구도 보이지 않을 때 이루어진다는 점에서 '데드 엔드dead end'나 다름없다. 오늘날 대한민국이 하루 평균 42.6명이 스스로 삶을 거두는 세계 1위의 자살 국가란 사실이 이런 현실을 잘 보여주고 있다. 현재 우리 사회, 아니 전 세계가 맞닥뜨리는 위기는 표면적으로 경제문제처럼 보이지만 그 내부를 들여다보면 문화의 문제이기도 하다.

문화는 신화와 닮았다. 우리의 외부(세계)와 내부(의식)를 총체적으로 규정하는 본성(근원)이 본래부터 존재해왔던 것으로 믿게 만들어, 현재의 일상을 자연스러운 것으로 받아들이도록 만드는 체계를 지녔기 때문이다. 자연은 사람을 비롯해 세상의 모든 것을 만들었지만 만물을 낳기만 했을 뿐, 그것에 의미를 부여하지 않는다. 사람이 자연을 다듬어서 문화를 창조함으로써 비로소 세상 만물이 의미를 갖게 된다. 그런 의미에서 문화를 창조하는 것이 곧 정치이고, 가장 높은 수준의 정치는 문화를 만드는 것이다. 누군가 새로운 세상을 꿈꾼다면 우선 기존의 지배 이데올로기가 주입한 문화에서 벗어나야 한다. 그런 비판적 각성을 통해 자기계몽과 자기주체화의 길로 나아가는 것이 '문화망명'이다.

프랑스의 철학자 앙리 르페브르Henri Lefebvre는 일상이 혁명의 공간이며 동시에 혁명이 좌절하는 공간이라고 말했다. 이 책의 목적은 우리가 자연스럽게 받아들이는 현대 일상의 촘촘한 틀(매트릭스)을 만들고 지배하는 시스템에 대해 함께 고민해보자는 것이다. 보수주의자들이 즐겨 사용하는 용어인 '조용한 혁명'의 결과로 만들어진 세상의 '보이지 않는 지배'를 말이다.

이 책은 2년여 동안 『월간 인물과사상』에 연재된 칼럼을 다듬고 묶은 것이지만 실제 기획은 그보다 2년쯤 전에 이루어졌다. 인물과사상사 편집부에서 찾아와 내 홈페이지인 '사람으로 본 20세기 문화예술사-바람구두연방의 문화망명지'를 흥미롭게 보았다며, 문화예술이 아닌 분야에서 무언가 새로운 것을 창조한 사람들과 그들이 만든 물건 혹은 제도가 우리 일상에 끼친 영향을 비평하는 원고를 부탁했다.

연재 후 단행본으로 묶는다는 제안이 솔깃했지만 처음엔 거절할 마음이었다. 물건이나 제도를 만들어 우리 일상에 영향을 미친 인물들이라면 이미 좋은 책이 많을 텐데 굳이 내가 그런 글을 쓸 까닭과 여유가 없었기 때문이다. 그런데 아내가 결혼 십 년 만에 임신하는 사건이 일어나 나의 글쓰기가 이제는 살림살이에도 보탬이 되어야 한다는 현실적 이유가 발생했고, 또 비슷한 유형의 책들을 찾아보니 인물을 다루는 방식에서 많은 아쉬움이 느껴졌다. 인물과 그가 속한 시대를 아울러 성찰하기보다는 업적을 나열하는 위인전 형식이거나 한두 가지 예화를 중심으로 한 성공담 위주의 자기계발 서적이 주류를 이루었기 때문이다.

현재 우리 사회에 유행하는 담론의 태반이 소비자본주의의 마케팅 이론에서 비롯되었는데, 현존하는 학문 중에서 가장 유용하고 유능하며 급진적이다 못해 심지어 너무나 혁명적이기 때문인지 이에 저항하는 비판적 담론의 언어들마저 오염되는 상황이다. 이제 혁신이나 변혁은 자연스럽게 기업(조직)의 혁신을 의미하고, 한동안 소비자본주의에 대한 저항을 담아 주변부 청년들이 외쳐대던 cool의 정신마저 가장 유능한 소비자본주의의 슬로건이 되었다. 영화 제목이기도 한 '불안은 영혼을 잠식한다'는 말이 지금처럼 잘 어울리는 시대도 아마 드물었을 것이다.

"가장 견디기 힘든 성공은 가까운 친구들의 성공"이라는 알랭 드 보통의 말처럼 현재 우리 사회에서 망령처럼 떠돌며 시대를 압도하는 정서는 불안이다. 민주주의(체제)란 말을 능력주의와 동일하게 규정하는 사람들에게 능력(자본)에 따른 사회적 위계는 선택받은 자들의 표징이다. 태어나자마자 친구들보다 뒤처지지 않기 위해 경쟁해야 한다는 논리를 주입받으며 자란 세대에게 성공, 물질적 성공은 곧 구원의 징표다. "칭기즈칸에게서 열정을 빼면 그는 한낱 양 치는 목동에 불과"했을 테고, "나폴레옹 그가 잠을 정복하지 못했다면 코르시카 섬의 어부에 지나지 않았을 것"이라며 현대의 자본주의는 젊은이들에게 열정적인 자기계발을 강요한다.

이따금 자기계발self-improvement과 자기계몽self-enlightenment의 차이를 알지 못하거나 오해하는 이들이 있다. 바보, 멍텅구리를 뜻하는 영어 idiot의 어원은 '식견이 부족한 무지렁이와 천민'을 뜻하는 그리스어 '이디오테스idiotes'에서 나온 말인데, 이 말은 개인주의individualism의 어원이기도 하다. 고대 그리스인, 특히 아리스토텔레스Aristoteles는 개인과 사회가 완전히 분리될 수 없기에 훌륭한 시민이 되기 위한 자질로 좋은 사회(공동체)를 만들기 위해 노력하는 호모 폴리티쿠스(정치적 인간)를 강조했다. 그런 맥락에서 그리스 사람들에게 정치에 무관심한 사람, 다시 말해 자신의 일에만 관심을 갖고 자기가 속한 공동체의 일에는 전혀 관심이 없는 사람, 그저 제 앞가림에만 정신이 팔린 자는 곧 이디오테스였다. 여기에서 말하는 정치란 오늘날의 직업 정치가 아니라 인간이 모여 사는 공동체의 삶, 즉 일상의 정치를 의미한다.

과거 권위주의 사회나 전근대적 규율 사회에서는 명령이 언제나 외부에서 내려왔으나 이제 명령은 내부에서 온다. 규율 사회가 강압적으로 "일하라, 공부하라"고 명령했다면 자율 사회는 "일을 즐겨라, 열정적으로 살아라, 스스로 계발하고 성장하라"며 부드럽게 회유한다. 이제 나를 지배하는 것은 나인데, 나를 이토록 학대하며 지배하는 나는 도대체 누구인가? 우리는 알고 있다. 이런 멋진 말들이 은폐하는 진실이 있음을. "한 명의 인재가 십만 명을 먹여살린다"는 말 앞에서 청춘들은 십만의 잉여인간이 아닌 한 명의 인재가 되기 위해 서바이벌 게임에 뛰어든다. 능력 여하에 따라 거액의 연봉과 파격적인 근무 조건, 일에서의 무한한 기쁨과 자신을 실현하는 즐거움을 만끽하고, 자신의 능력을 발휘할 수 있는 일터를 찾아 자유롭게 이동하는 유목민이 될 수도 있고, 그저 그런 루저looser로 전락할 수도 있다.

자기계발의 논리는 사회의 구조적 모순을 자기계발을 등한시한 개인의 책임으로 돌려 이들로 하여금 사회의 구조적 모순에 도전하거나 비판할 힘마저 빼앗는다. 자기계발을 멈추면 도태될 것이라는 불안 속에 너도나도 끝을 알 수 없는 서바이벌 게임에 뛰어든다. 이 게임은 외견상 공정하고 합리적인 룰에 지배되는 것처럼 보이지만, 그 실상은 출발점부터 다른 도전자들을 한데 뒤섞어놓고 모두가 평등한 게임에 참여한 것처럼 오도하는 것이다. 자기계발의 논리는 개인을 사회적 문제에 대해 공동체 안에서 연대하며 투쟁하는 공적인 주체가 아니라 개인의 이익을 위해 자기 자신을 경영하며 투쟁하는 주체로 호명함으로써 개인을 정글의 무한도전자로 전락시킨다. 끊임없이 자신을 향상시켜 사회가 요구하는 인재가 되고 싶다는 소박한 의지가 왜 스스로를 배신하게 되는 것일까? 자기계발에는 홀로 생존의 본능만 있을 뿐 사회적 공적 주체로서의 비판 의식이 없기 때문이다.

제1차, 2차를 넘어 3차, 4차 산업혁명 시대를 살아가는 우리의 일상적인 삶에 깊은 영향을 끼친 무언가를 만들어낸 사람들, 그들은 과연 누구일까? 인간이 고안해낸 조직 가운데 가장 고도로 조직화된 사회집단은 아마 국가일 것이다. 그런데 오늘날 국가의 위치마저 위협하는 조직이 있다. 반국가 단체나 테러 조직이 아니라 바로 기업이다. 기업이 없었다면 제아무리 위대한 발명품이라 할지라도 우리의 일상에 공헌하는 일은 매우 더디게 진행되었거나 존재할 수조차 없었을 것이다. 사람과 도시, 시대의 형태를 이끌어온 것이 바로 기업이란 점에서 기업이야말로 인간이 만들어낸 최고의 발명품이다.

역사 속에서 기업은 때로 교황의 권위를 대리하기도 했고, 국가로부터 모든 업무를 위임받아 식민지 개척 업무에 종사하기도 했다. 이처럼 기업은 그 태생부터 국가 조직과 일정하게 타협하고 경쟁하며 성장해왔다. 유한 책임만 지는 주주들로 구성된 주식회사가 탄생하고, 19세기 말에서 20세기 초 미국과 유럽에 대기업이 나타나고, 과거 합스부르크 왕가니 부르봉 왕가니 하는 다국가를 지배하던 귀족 가문처럼 다양한 국가와 지역에 진출한 다국적 기업이 출현했다. 이제 기업은 국가를 초월해 전 세계적으로, 거의 실시간의 속도로 인류의 삶과 정신을 지배하기에 이르렀다.

이 책을 쓰면서 그간 기업을 창업한 이들의 성공담을 전파하는 데 급급했던 자기계발류의 찬사와, 개인의 업적에만 치중했던 위인전류의 한계를 소박하게나마 극복해보고자 했다. 우선 헨리 포드Henry Ford에서 마사 스튜어트Martha Stewart에 이르기까지 현대 사회의 주요한 특징(모더니티)을 이루는 근대화와 세계화의 영역에서 우리의 일상에 깊은 영향을 주고 있는 사람들로 한정했다. 예를 들어 헨리 포드의 경우, 미국의 '빅3' 자동차 메이커 가운데 하나인 포드자동차를 창업한 경영자이자 현대 물질문명을 지탱하는 생산 체계를 창안한 인물로서 그의 업적을 균형감 있게 다루되 그의 과오도 함께 담으려 했다. 그의 개인사도 다루지만 거기서 한걸음 더 나아가 포드 시스템이 출현하게 된 시대적·문화적 배경을 함께 살펴 그를 총체적으로 들여다볼 수 있도록 노력했다. 더불어 그가 만들어낸 시스템이 결과적으로 현재 우리의 삶과 노동, 시간의 개념을 어떻게 규정하고 있는지, 그가 만들어낸 변화 속에 우리는 어떤 모습으로 살아가고 있는지 비판적으로 고찰하려 했다. 정치·사회적 인프라의 변화를 초래한 인물을 중점적으로 다루다 보니 금융과 정보 등의 분야에서 변화를 이끈 인물들은 거의 다루지 못했다. 기회가 닿는다면 보충할 수도 있으리라 기대해본다.

이 책이 나오기까지 많은 분의 도움을 받았기에 그 이름을 일일이 밝히고 감사의 마음을 전하는 것이 도리이나, 지면이 부족하여 몇몇 분만 거명할 수밖에 없는 것이 안타깝다. 우선 지난 세월 함께 고생하며 지역문화운동을 전개해온 새얼문화재단 임직원 여러분의 노고에 깊이 감사한다. 재단 창립자이자 계간 『황해문화』의 발행인인 해관海觀 지용택 선생은 내게 삶과 실천의 지표가 되어준 큰 스승이다. 지역을 변화시켜 세상을 변화시킨다는 지난한 과업을 평생 실천해온 그에게 우리 인천과 대한민국은 큰 빚을 지고 있다. 그에 대한 마음은 존경이란 말로 온전히 담을 수 없어 때로 외경의 대상이기도 하다. 또한 그와 함께 평생을 바쳐 묵묵히 헌신하는 삶을 보여준 유태영 상임이사와 이경미 사무국장에게도 무한한 감사를 전한다. 이들은 이름 없는 자리에서 자신을 태워 지역사회를 밝히는 헌신이 무엇인지 몸소 보여주었으며 내가 힘들 때마다 넘치는 사랑으로 일으켜주었다.

자본과 현실의 이중 검열이라는 시대적 어려움에 굴하지 않고 『황해문화』를 지켜준 김명인 편집주간, 편집위원 권혁태·김진석·김진방·백원담·이광일·이희환 선생, 편집자문위원 김동춘·이용식·한홍구·홍윤기 선생은 지식인이 어떻게 고민하고 실천하며 살아가야 하는지 일깨워준 스승이자 동지들이다. 한 사람의 편집자로 거듭날 수 있도록 아낌없는 격려와 가르침을 주신 『황해문화』 초대 편집주간 서규환 교수님과 『황해문화』에서 함께 고민하며 일했던 선후배 편집인들에게도 각별한 감사를 드린다. 내 글쓰기의 고향인 서울예대 문예창작과 최인훈·오규원·김혜순·박기동·최창학 교수님에게 감사드린다. 이곳에서 나는 자유로운 사고가 인간의 정신에 얼마나 큰 풍요로움을 선사하는지, 인간에 대한 이해란 얼마나 많은 시간과 마음을 바쳐야만 도달할 수 있는 것인지 배웠다.

이 책의 출간은 성공회대 문화대학원에서 문화와 사회, 문화와 정치, 문화와 경제에 대해 배우고 익히는 과정이 없었더라면 아마도 불가능했을 것이다. 지식의 최전선이랄 수 있는 계간지 편집자로서, 지역문화운동가로서 한계를 느낄 즈음 접하게 된 문화연구는 공부하는 사람으로서 가야 할 길을 일러준 단비 같은 학문이었다. 강준혁 문화대학원장님을 비롯해 김창남·김용호 교수님에게 배우면서 나는 이 책의 골격을 세울 수 있었고, 좀 더 넓은 학문의 세계로 나아갈 수 있었다. 무엇보다 잊지 않아야 할 사람들은 글이 연재될 때마다 빠짐없이 읽고 부족한 점을 일러주며 독려해준 분들이다. 그분들이 없었다면 이 책의 내용은 더욱 보잘것없었을 것이며 출간할 생각조차 품지 못했을 것이다.

연재하는 동안의 악전고투는 이루 말할 수 없었다. 계간지 편집장으로, 지역문화운동판의 일꾼으로 다져진 몸이었지만, 매월 120매의 원고를 써내는 일이 체력은 물론 고도의 정신력까지 요구한다는 걸 뒤늦게 깨우쳤다. 연재 후반부에는 발병으로 격월 연재하는 폐를 끼치기도 했다. 이 모든 과정을 너그러이 감싸주고 책으로 펴내준 인물과사상사의 강준우 사장님에게 감사드린다. 처음 인천으로 찾아와 연재를 제안한, 당시 『월간 인물과사상』의 편집장 홍석봉 씨와 편집자 정지희 씨는 현재 모두 독립해 출판경영자가 되었다. 좋은 책으로 만나뵙기를 바란다. 나라면 다른 편집자의 원고를 책으로 엮는 난처함만큼은 어떻게든 피하고 싶었을 터인데 끝까지 애써준 담당 편집자 형숙 씨에게 각별한 인사를 전한다. 이 작업이 그에게도 보람이었길 바라며, 이 책에 잘못된 내용이 있다면 온전히 나의 책임이란 점도 따로 밝혀둔다. 내 청탁을 한 번도 거절하지 않은 필자이자 추천의 글까지 써준 박권일 선생과 원고의 부족한 점에 대해 세세히 조언해준 후배이자 소설가 하명희에게도 고맙다는 인사를 전한다. 출판평론가 최성일 선생, 나의 책이 나오길 오랫동안 기다려왔는데 끝끝내 보이지 못하고 앞세워 보낸 허전함이 가슴을 친다.

이 책을 나의 사랑하는 아내와 딸 하윤에게 바친다.
이들이 없었다면 내게 세상은 언제나 저 멀리 있었을 것이다.

바람소리 쓸쓸한 풍소헌風簫軒에서

차례

01 헨리 포드 017
현대를 창조한 포드주의, 그리고 포드주의가 창조한 현대의 시간

02 미하일 칼라시니코프 051
민족해방운동과 테러의 상징, AK-47 돌격소총

03 윌리엄 보잉 083
전쟁과 평화의 두 얼굴을 가진 하늘의 거인

04 샘 월튼 119
유통혁명의 근원이자 근로빈곤의 양산자, 월마트

05 모리타 아키오 147
소니 워크맨이 일으킨 개인주의 혁명

06 조지 갤럽 177
침묵하는 다수의 마음을 읽은 과학적 여론조사의 선구자

07 에드워드 버네이스 207
프로파간다의 캡틴 아메리카 혹은 PR의 아버지

08 로버트 우드러프 241
콜라를 통한 세계화, 코카콜로니제이션의 대부

책을 펴내며 005
주 516   찾아보기 529

09 새뮤얼 제머리 269
바나나 공화국의 녹색 교황 치키타와 과거사 청산

10 존 D. 록펠러 301
20세기 석유 문명을 만든 탐욕과 자선의 야누스

11 뒤퐁 가문 335
끊임없는 변신으로 200년간 세계를 지배해온 듀폰

12 월트 디즈니 365
작은 생쥐 하나로 시작한 글로벌 미디어 제국

13 콘래드 힐튼 397
세계인을 고객으로 호텔 네트워크를 건설한 호텔의 제왕

14 휴 헤프너 427
실크 파자마를 입은 성 혁명가 혹은 포르노 제국을 건설한 플레이보이

15 마사 스튜어트 455
행복한 가정이라는 거대한 환상을 판매하는 살림의 여왕

16 프리츠 하버 485
녹색혁명에서 육식혁명으로 이어진 풍요를 발명한 비운의 과학자

일러두기

- 영화는 처음 나올 때 한국영화데이터베이스KMDb에 있는 번역 제목을 밝히고 해당 국가의 원제와 연도를 병기했다.
- 인명은 처음 나올 때 병기했으며, 국립국어원에서 나온 외래어표기법에 따르되 일반화된 표기가 있는 경우 이에 따랐다.
- 영화와 TV 프로그램은 〈 〉로, 잡지·단행본·신문은 『 』로, 논문·책의 일부·잡지 기사는 「 」로 표기했다.

01

헨리 포드

❦

현대를 창조한 포드주의,
그리고 포드주의가 창조한 현대의 시간

우리는 대중을 위한 자동차를 만들겠습니다. 가족 또는 개인이 운전이든 정비든 손쉽게 할 수 있는 자동차입니다. 현대 기술을 총동원하여 가장 단순하면서도 최고의 성능과 재질을 가진 차를 만들겠습니다.
그 가격은 어지간한 봉급생활자라면 누구나 구입할 수 있을 만큼 쌉니다.

Henry Ford 1863~1947.

대중적인 자동차를 만들고자 했던 헨리 포드의 소박한 꿈은
포드주의라는 생산 시스템의 혁신을 통해 전 세계적으로
공장제 노동에 종속된 인간과 시간이라는 새로운 일상의 풍경을 창조했다.

만년의 헨리 포드와 한 소년 사이에 학교교육에 대한 작은 설전이 벌어졌다. 존 다링거라는 이름의 소년은 이 노인이 학교교육에 대해 상당히 편협한 시각을 갖고 있다고 생각했다.
"할아버지, 이젠 세상이 달라졌어요. 지금은 '현대' 란 말이에요."
아이의 말을 포드가 잡아챘다.
"얘야, 그 '현대' 를 발명한 게 나란다."[1]

누구나 이야기하면서도 막상 읽어본 사람은 별로 없는 책이 '고전古典' 이라는 우스갯소리가 있다. 찰리 채플린Charlie Chaplin의 〈모던타임스〉Modern Times, 1936는 우리가 살아가는 현대modern란 시간 개념이 탄생함으로써 변화된 일상생활의 양식, 이를 통해 일어났던 사회와 인간 정신의 변화를 냉철한 풍자와 따스한 유머로 그려낸 영화의 고전이다.

잘 알려진 대로 이 작품은 쉴 새 없이 돌아가는 시계를 화면 가득 비추면서 시작된다. 시침과 분침이 가리키는 시간은 대략 오전 5시 57분으로, 보통 샐러리맨의 출근 시간이다. 6시 정각, 마치 자명종이 울린 것처럼 화면 가득 빼곡하게 늘어선 양떼가 걸어오는 모습으로 장면이 전환된다. 그 순간 스크린 맞은편에 있는 객석은 곧 양떼가 들어설 거대한 우리가 된다. 곧바로 전환된 화면엔 공장에 출근하는 노동자의 모습이 보인다. 채플린은 〈모던타임스〉를 통해 영화 문법 속에서 미장센mise en scène이 지닌 의미와 힘을 유감없이 발휘하고 있다. 특히 영화 곳곳에서 출퇴근자동기록기와 컨베이어 벨트 그리고 시계 톱니바퀴가 연상될 만큼 정교하게 묘사되는 기계장치의 동작을 보노라면 촘촘하게 배열되고 구분되는 '현대'라는 시간의 정교한 통제 장치와 물질문명의 일상을 새삼 깨닫게 된다.

　산업혁명 이전에도 사람들은 열심히 일했다. 다만 당시에는 자신의 집에서나 집 가까이에 있는 농토 혹은 작업장에서 일했고, 노동시간은 자연의 주기에 맞춰 유동적으로 변화되었다. 자연적인 시간에 최초로 통제와 규율을 선사한 것은 교회였다. 교회는 삼종三鐘 기도를 통해 아침과 점심, 저녁을 알렸다. 사람들은 세 번의 종소리에 따라 농토로 나가고, 잠시 휴식을 취하고, 집으로 돌아왔다. 노동자는 자신의 신체 상황이나 조건, 당일의 업무량에 따라 스스로 노동 강도를 조절함으로써 노동하는 삶을 통제할 수 있었다. 산업화 시대 이전의 노동자는 대개 자신이 태어난 지리적 공간을 평생 떠나지 못했지만 최소한 스스로의 노동과 시간으로부터 소외되진 않았다. 그러나 산업혁명은 인간과 시간 그리고 공간 사이에 맺는 관계를 변화시켰고 결국 인간과 인간이 맺는 관계에도 커다란 변화를 가져왔다.

　　괴물처럼 연기를 내뿜는 쇳덩이를 보고 도망치는 사람들 모습이 어지러운 속도로 달리는 차창을 통해 눈앞에 펼쳐지고 있소. 나를 실은 기차는 소리유를 향하고 있소. 그곳에서 부치게 될 이 편지는 닷새 후면 당신에게 도착할 거요. 우리가 알게 된 건 고작 4년밖에 되지 않소. 하지만 지난 3월 당신의 손에 입을 맞출 수 있게 된 이래, 내 가슴은 성급함으로 요동치고 있다오. 언

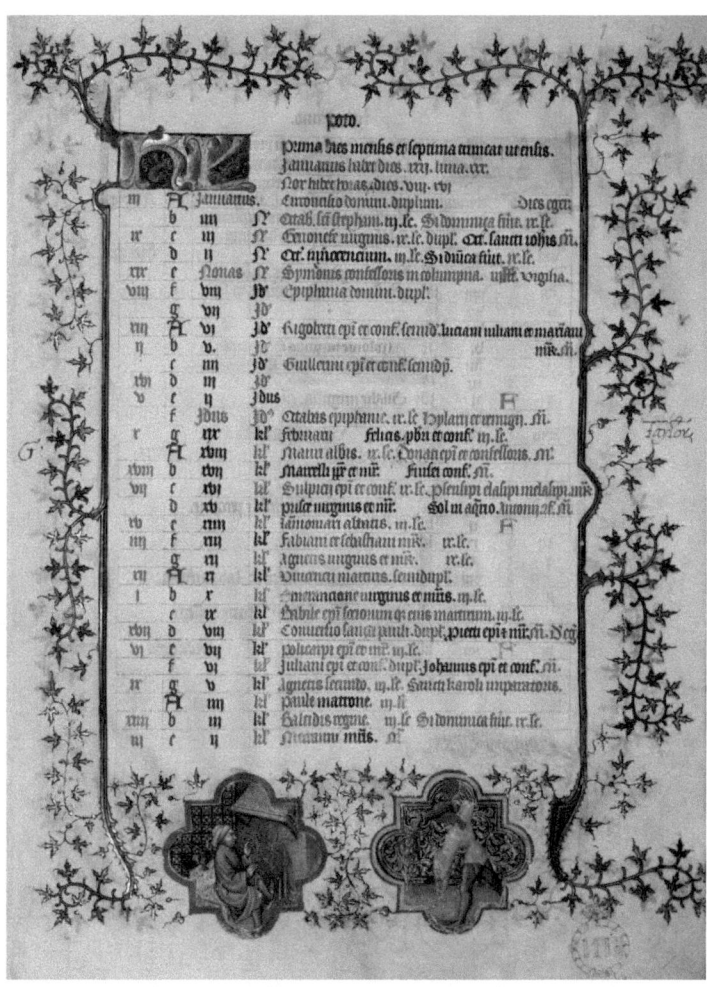

14세기 서양 달력의 일부. 어느 시대든 권력은 시간을 장악함으로써 그 막강한 힘을 확인하고 강화해왔다.

젠가 우리의 약혼을 기념하게 될 날을 기대해도 좋다고 대답해주오(내가 일주일 내에 도착하게 될—정말 믿을 수 없는 일이지요—마드리드에서 그 대답을 해주시오). 지금이 7월이오. 그러니 깊이 생각해보시오. 그리고 내년 초까지 대답해주시오. 기한이 촉박하다는 건 나도 알고 있소. 그리고 엘리자베스, 당신을 몰아붙이고 싶지 않소. 하지만 이제 우린 속도의 시대로 들어섰고 나역시 이 시대 사람이니 어쩔 도리가 없다오.[2]

장 자크 상뻬의 그림책 『거창한 꿈』은 18세기 산업혁명이 가져온 시간과 공간의 변화를 풍자적으로 묘사한다. 근대 이전의 시간대로 살아가던 사람들 앞에 등장한 증기기관의 속도는 그들의 삶을 지배하는 시간의 변화를 초래했다. 수천 년간 아시아를 지배한 중화체제의 근간이 책력冊曆에 있고 서구 기독교의 지배가 그레고리우스력으로 상징되는 것처럼, 어느 시대든 권력은 시간을 장악함으로써 그 막강한 힘을 확인하고 강화해왔다. 그러나 역사상 시간에 대한 가장 극적인 변화는 자동차, 특히 헨리 포드[3]가 '대중적인 자동차'란 자신의 꿈을 이루기 위한 수단으로 채택한 생산 양식, 즉 포드주의Fordism 체제와 함께 왔다. 한마디로 지금 우리들이 살아가는 시간, 현대를 발명한 사람이 바로 헨리 포드다.

새로운 생산 시스템을 예고한 만남

헨리는 1863년 7월 30일, 미시간 주 디트로이트 근방의 작은 마을 디어본에서 윌리엄 포드William Ford와 메리 포드Mary Litgot Ford 부부의 육 남매 가운데 장남으로 태어났다. 그가 태어난 해는 미국 역사상 매우 중요한 시기였다. 남북전쟁이 한창이던 그해 1월 1일 링컨Abraham Lincoln 대통령은 노예해방선언을 발표했다. 이 전쟁의 표면적 원인은 잘 알려진 대로 남부 인구의 5퍼센트에 불과한 백인 농장주들이 400만이 넘는 흑인들을 노예로 소유한 비인간적인 상황이지만, 그 내막은 남과 북의 경제적 이해관계의 차이 때문이다.

대중을 위한 자동차를 만들어내고 그 과정에서 현대라는 시간을 창조해낸 헨리 포드

월리엄은 아일랜드 출신 이주민으로, 가난과 굶주림을 피해 약속의 땅을 찾아 미국으로 건너왔다. 1846년부터 10년간 180만 명에 이르는 아일랜드 사람들이 고국을 떠나 신대륙 이민을 감행했다. 당시 영국 식민지였던 아일랜드는 가난한 농업 국가로, 대규모로 농사짓는 감자가 주된 수입원이자 곡물 자원이었다. 그런데 1845년 갑자기 들이닥친 감자마름병으로 흉작이 몇 년 동안 계속되면서 엄청난 기근 사태가 벌어졌다. 영국 정부가 기근 구제에 소홀했기 때문에 수많은 사람이 기아에 시달렸고 새로운 삶을 찾아 미국과 오스트레일리아 등으로 건너갔다.[4] 신대륙이 이민자들 누구에게나 성공을 가져다주진 않았지만 월리엄은 갖은 고생 끝에 농장주의 꿈을 이루었다. 훗날 헨리가 자동차 산업으로 큰 성공을 거두자 세간에서는 가난한 농부의 자식이 아메리칸드림을 이루었다고 평가했지만 실제로 헨리의 아버지 월리엄은 헨리가 태어날 무렵에 이미 디어본 일대에서 알아주는 자산가로 수백 에이커의 토지를 소유하고 있었다.

열두 살 되던 해에 헨리 포드는 평생을 두고 영향받게 될 사건 두 가지를 거의 동시에 경험하게 된다. 다름 아닌 '시계' 그리고 '자동차'와의 만남이었다. 첫 번째 만남은 아버지가 그에게 조그만 회중시계를 선물하면서 이루어졌고, 두 번째 만남은 디어본에서 13킬로미터 정도 떨어진 읍내에 나갔다가 이루어진 일이었다.

> 나는 지금도 바로 어제 본 것처럼 그 자동차를 생생하게 기억한다. 말이 끌지 않는 차를 생전 처음 본 것이었기 때문이다. 당시의 차는 주로 탈곡기와 제재용 톱을 운반하는 용도로 쓰였다. 자동차라고 해봐야 바퀴 위에 간단한 엔진과 보일러를 얹고 뒤에 물탱크와 석탄 수레를 매단 것이 고작이었다. 그러나 나는 말이 기계 여러 대를 끌고 가는 모습을 본 적이 있어도 이런 자동차를 보기는 처음이었다. 마차같이 생긴 차체 위에 보일러를 얹고 뒷바퀴와 엔진 사이를 사슬로 연결해놓은 색다른 모습이었다.[5]

아버지와 함께 마차를 타고 가다 난생 처음 증기자동차를 본 헨리는 자기도 모르게 마차에서 뛰어내려 자동차로 달려갔다. 운전사는 자동차에 관심을 보이는 아이에게 자랑스러운 얼굴로 자동차의 이모저모를 설명해주었고 자세히 살펴볼 수 있도록 했다. 이 경험 덕분에 헨리는 평생을 두고 '말 없는 마차'를 만드는 일에 전념하게 된다. 호기심이 왕성한 그는 증기의 힘을 직접 확인해보기 위해서 주전자를 밀봉해 난로에 올려보는 등 각종 실험에 몰두했는데, 무엇보다 그의 관심을 끈 것은 아버지가 선물한 시계였다.

산업혁명 초창기만 하더라도 시계는 아무나 소유할 수 있는 물건이 아니었다. 가격도 가격이지만 시계를 소유한다는 것은 자신이 시간을 소유하고 통제할 수 있다는 사실을 의미했기 때문이다. 특히 공장제 노동에 종사하는 노동자는 작업장에 시계를 함부로 반입할 수도 없었다. 자연적인 시간의 순환에 의존해 노동하던 농부들은 산업혁명으로 농토를 빼앗기고 도시의 프롤레타리아 노동자가 되었다. 공장제 노동은 예측 가능하고 표준적인 작업 일정에 따라 새롭게 조절되어야 했으므로 노동자들은 주어진 시간대로 노동할 뿐 시간에 대해 통제권을 행사하지 못했다. 작업장 한가운데에는 관리자만 조작할 수 있는 커다란 벽시계가 걸려 있었는데, 노동자 대부분은 시계를 볼 줄 몰랐고 설령 볼 줄 안다고 할지라도 시간에 대해 말할 수 없었다. 오늘날 시계 차기를 거부하는 것은 자신이 타의에 예속되지 않으며 시간을 자유롭게 사용할 수 있는 사람이라는 것을 드러내는 무의식적 상징이 되었지만, 당시엔 시계를 소유하는 것이 오히려 고용주에게 시간을 지배당하는 사람이 아니라 자신의 시간을 소유할 수 있으며 최소한 시간을 측정할 수 있는 위치에 있는 사람임을 과시하는 수단이었다.

 헨리는 아버지의 시계부터 시작해 디어본 마을의 온갖 시계를 가져다 분해하고 조립하는 데 빠져들었다. 그는 회중시계 안을 가득 채운 작은 톱니바퀴와 태엽장치가 조금의 틈도 없이 효율적으로 배치된 공간에서 규칙적으로 작동하는 것에 깊은 인상을 받았다. 그의 나이 열두 살 때 일어난 시계와 자동차와의 만남은 시간과 공간의 효율적인 결합체인 포드주의 생산 시스템을 탄생시키는 중요한 계기가 되었다.

기계 견습공이 되기 위해 가출하다

농장 일이나 학교 공부에 관심을 보이지 않는 데다가 온갖 잡동사니를 늘어놓고 멀쩡한 시계를 분해하는 아들을 이해하지 못한 아버지 윌리엄과 달리 어머니 메리는 점점 외골수로 빠져드는 아들을 감싸고 격려해주었다. 사실

포드 부부는 1861년 첫아이를 낳았지만 이듬해 사망했기 때문에 이들이 장남 헨리 포드에게 쏟는 애정은 남다른 데가 있었다. 특히 메리가 끼친 영향은 지대했는데, 그녀는 기계에 대한 재능이 있는 아들에게 글 읽는 법을 가르쳤고 아들이 재능을 발휘할 수 있도록 뒷받침해주었다. 헨리 역시 그런 어머니를 너무나 사랑했기에 1876년 3월, 어머니가 37세의 나이로 여덟 번째 아이를 출산하다가 아이와 함께 세상을 떠나자 엄청난 슬픔에 빠졌다. 어머니의 죽음을 아버지의 책임이라 생각했던 헨리는 평생 아버지에게 애증이 뒤섞인 미묘한 감정을 품었다. 훗날 그는 어머니의 죽음 이후 집안 분위기가 마치 태엽 풀린 시계처럼 변해버렸다고 회고했다.[6] 그는 결국 열다섯 살 때 고향을 떠나 디트로이트로 가출해버린다.

학교를 중퇴한 헨리는 디트로이트에서 3년간 견습 기계공으로 일했다. 일당 1달러 10센트를 받기로 하고 처음 취직한 곳에서 그는 불과 엿새 만에 해고되었는데, 이것이 앞으로 경험하게 될 여러 차례의 해고 가운데 첫 번째였다. 작업조장에게 공장의 업무 과정을 단순하게 고치는 것만으로도 작업 효율이 증대되고 필요 인력을 감축할 수 있다는 기획안을 내놓았기 때문이었다. 그는 업무 과정을 효율적으로 개선하면 공장이 더 많은 돈을 벌고 결국 노동자들도 더 많은 임금을 받을 거라 생각했지만, 노동자들은 신출내기 견습공 주제에 노동 수요를 줄이는 구조조정을 제안하는 것이 마음에 들지 않았다. 괘씸죄에 걸려 해고당한 경험으로 인해 그는 개인의 창의력을 가로막는 모든 집단, 특히 노동자 집단인 노동조합에 대해 불신하게 되었다.

헨리는 일주일에 2달러 50센트를 받는 조건으로 제임스플라워사의 견습공이 되었는데, 회사가 지불하는 보수로는 주당 3달러 50센트인 하숙비조차 감당할 수 없었다. 그는 자신의 장기를 살려 퇴근 후에 시계수리공으로 일하며 부족한 생활비를 벌었다. 다른 사람의 회사에서 직장생활을 하는 동안 언제나 부업을 한 헨리는 정작 최고경영자가 되자 노동자들의 부업을 엄격히 금지했다.

제임스플라워에서 아홉 달 동안 일한 헨리 포드는 증기기관에 대해 배우고 싶어서 디트로이트에서 가장 큰 드라이독기계공장으로 직장을 옮겼다. 드라이독은 선박용 증기기관을 제작해 배에 장착해주는 회사였기 때문에 그가 원한 대로 배울 것이 아주 많았다. 그에게 직장은 학교에서 배울 수 없는 지식을 가르쳐주는 좋은 학교였다. 3년간 디트로이트에서 일하면서 기술자로 제법 명성을 얻었지만, 1882년 아버지의 병환 소식을 듣고 서둘러 고향으로 돌아간다. 윌리엄은 40에이커의 삼림을 주며 아들이 고향에서 살아갈 수 있도록 했다. 헨리 역시 농촌 지역을 사랑했기 때문에 주변 농가들을 순회하며 농부들의 고장 난 기계를 수리하는 생활을 즐겼다. 하지만 자동차에 대한 꿈을 포기하지 못해서 틈틈이 디트로이트로 나가 최신 기술을 소개하는 잡지를 구입해 닥치는 대로 읽었다. 독일의 니콜라우스 오토Nikolaus Otto와 고틀리에프 다임러Gottlieb Daimler가 개발한 가솔린엔진에 대한 기사를 읽고는 자신도 이처럼 가볍고 조그만 엔진을 만들고 싶다고 생각했다.

어느 날 헨리는 디어본 근처의 그린필드에서 열린 연말 파티에 참석했는데 그곳에서 평생의 반려자가 될 클라라 제인 브라이언트Clara Jane Bryant를 만났다. 클라라 역시 농부 집안 출신으로 열 남매 가운데 장녀였다. 첫눈에 반한 헨리는 적극적으로 구애했고, 두 사람은 1888년 4월 11일 디트로이트에 있는 세인트제임스 성공회 교회에서 결혼식을 올렸다. 두 사람의 관계는 헨리가 죽을 때까지 59년간 지속되었는데, 클라라는 언제나 그를 신뢰해주었고 무엇보다 자동차에 대한 그의 열정과 사랑에 대한 굶주림을 이해해주는 존재였다.

두 사람은 헨리가 직접 지은 디어본의 작은 오두막에서 신혼생활을 시작했다. 헨리는 오두막 뒤편에 자동차 실험실을 만들고 가솔린엔진을 개발하기 위해 온갖 실험을 반복했지만 신통한 성과를 내지 못했다. 이제까지 다뤄온 증기기관과 달리 가솔린기관을 만들려면 전기에 관한 지식이 필요했는데, 그는 전기에 대해 잘 알지 못했다. 전기에 대해 배워야겠다고 생각한 그는 디어본을 떠나 디트로이트의 에디슨조명회사에 취직하기로 결심한다. 클라라는 디어본을 떠나고 싶지 않았지만 남편의 뜻을 저버릴 수 없어서 함께 디트로이트로 이주한다. 헨리는 자신의 살림집 창고에 실험실 겸 작업장을 만들었는데, 회사 일을 마치고 돌아와서는 이곳에 처박혀 가솔린 엔진 개발에 몰두했다. 기술자로서 수완이 뛰어난 덕분에 회사에서도 좋은 평가를 받아 1893년에 본사의 주임기사로 승진했고 외아들 에드셀 포드Edsel Bryant Ford가 태어났다.

안정된 직장을 버리고
'말 없는 마차' 산업에 뛰어들다

인류는 언제부터 말 없는 마차automobile에 대해 꿈꿔왔을까. 춘추전국 시대 노魯나라의 유명한 목공 공수반(公輸班, 일명 노반魯班)은 노모를 위해 자력으로 추진되는 정교한 수레를 제작했다고 하는데, 후한 때 왕충王充은 『논형』論衡이란 책에서 이 수레에 대해 "모든 장치가 잘 갖추어져 있고, 움직이기 시작하면 멈추지 않았다"고 기록해놓았다. 공수반으로부터 700여 년이 흘러 『삼국지』에는 제갈량이 목우유마木牛流馬를 발명해 험준한 산길에서도 힘들이지 않고 군량미를 운반할 수 있었다는 유명한 일화도 있다.[7]

서양은 또 어떠했는가. 기원전 800년경에 쓰인 것으로 알려진 호메로스의

1769년에 니콜라 조제프 퀴뇨가 만든 세계 최초의 증기자동차 스케치(위)와 두 번째 모델(아래). 첫 모델은 충돌 후 파괴되어 퀴뇨에게 최초로 교통사고를 일으킨 사람이라는 불명예를 안겼다.

『일리아스』Ilias에도 저절로 움직이는 벌컨의 삼륜거Vulcan's Tricycles에 대한 묘사가 나오며, 르네상스 시대의 천재 레오나르도 다빈치는 태엽의 힘을 이용한 태엽 자동차의 스케치를 남겼고, 만유인력을 발견한 아이작 뉴턴 역시 증기분사식 자동차 모형을 제작했다. 하늘을 날고자 하는 욕망 못지않게 말 없는 마차에 대한 인류의 욕망 역시 이처럼 강렬한 것이었다.

그러나 자동으로 움직이는 이동 수단이 현실에서 가능해진 것은 프랑스의 공병 대위 니콜라 조제프 퀴뇨Nicholas Joseph Cugnot가 1769년에 최초의 증기자동차를 발명하면서 시작되었다. 대포를 견인할 목적으로 만들어진 삼륜식 증기자동차는 무거운 증기 보일러를 사용했기 때문에 15분마다 한 번씩 물을 보충해야 했고 속도는 시속 5킬로미터에 불과했다. 게다가 이 증기자동차는 너무 무거워 운전이 어려웠고 간단한 브레이크 장치마저 없었던 탓에 파리 교외 언덕에서 벽과 충돌한 뒤 화재가 일어나 파괴되고 말았다. 그 덕분에 퀴뇨는 세계 최초의 증기자동차 발명가란 영예와 더불어 최초로 교통사고를 일으킨 사람이란 불명예를 안게 되었다.

영국이 제1차 산업혁명을 성공시켜 세계의 공장이 된 19세기 초, 미국은 막 산업화의 첫걸음을 뗀 수준이었지만 19세기 후반에 이르자 20세기를 변화시킬 엄청난 발명과 기술혁신이 쏟아져 나오기 시작했다. 특히 토머스 에디슨Thomas Alva Edison의 전기 산업과 듀폰사의 화학 산업은 제1차 산업혁명기를 이끈 철강 그리고 면방직 공업과 구분되는 신산업이라 불리며 대단한 각광을 받았다. 이 시기에 미국의 산업은 영국이나 유럽의 대량생산 방식과 다른 미국 특유의 대량생산 방식을 구체화해갔다. 미국식 대량생산 방식이란 전용 공작기계를 사용해 호환 가능한 부품을 대량으로 제조하는 것이었다. 유럽에 비해 숙련 기술자가 부족한 현실적인 어려움 때문에 생겨난 것인데, 부품 간 호환이 가능한 최초의 대량생산 방식은 조면기를 발명한 일라이 휘트니Eli Whitney가 소총 생산에 도입한 방식이다. 지금의 상식으로는 부품 간 호환이 너무나 당연한 일이지만 당시 소총은 같은 회사 제품끼리도 부품을 교환하기 어려울 만큼 정밀도가 떨어졌다.

미국을 모든 사람이 주목해야 할 공업 국가로 탈바꿈시키는 데 가장 중요한 공헌을 한 사람은 전구를 발명한 에디슨이었다. 전기에너지를 빛에너지로 바꾼 에디슨의 전구는 밤을 정복했고, 존 D. 록펠러John D. Rockefeller의 석유램프를 급격하게 대체하면서 방적공장 등에서 심야 작업이 가능하게 만들었다. 1882년 에디슨에 의해 세계 최초의 발전소가 건설되었고, 전등과 전기

모터가 개발되어 전동기를 이용한 전차電車가 거리에서 운행되기 시작하자 누구나 앞으로 세상의 모든 에너지원은 전기가 될 것이며 미래의 이동 수단 역시 전기 자동차가 될 거라고 믿었다. 최근 전기를 이용한 하이브리드 엔진을 장착한 자동차가 실용화되고 있지만 자동차 하면 여전히 가솔린을 연료로 사용하는 내연기관을 먼저 떠올리기 마련이다. 하지만 이런 인식은 헨리 포드가 집 뒤편에 있는 작은 실험실에서 가솔린엔진과 끙끙대며 씨름하던 당시에는 상식이 아니었다.

19세기가 끝나가던 1896년 6월 4일 새벽 세 시, 헨리 포드는 마침내 최초의 포드 1호를 완성했다. 두 대의 자전거를 결합한 것처럼 보이는 네 개의 바퀴에 마차의 차대를 얹고 자신이 직접 만든 2기통짜리 가솔린엔진을 장착해서 '네 바퀴 달린 자전거Quadricycle'를 완성한 헨리는 그제야 포드 1호가 통과하기엔 실험실 문이 너무 작다는 사실을 깨달았다. 당장이라도 실험을 하고 싶던 그는 도끼를 들고 실험실 문짝과 벽을 부숴버렸다. 모두 잠든 고요한 새벽의 디트로이트 거리에서 포드 1호를 운전하면서 그는 자신이 만든 말 없

1896년에 태어난 포드 1호. 마치 두 대의 자전거를 결합한 것처럼 보여서 네 바퀴 달린 자전거로 불리기도 했다.

헨리(오른쪽)가 만든 자동차를 유일하게 이해하고 그를 격려한 토머스 에디슨(왼쪽)

는 마차가 인류의 새로운 이동 수단이 될 거라고 믿었고, 자신이 그 어떤 연구자보다 뛰어나고 새롭고 특별한 것을 만들어냈다고 생각했다. 하지만 대부분의 주변 사람들은 너무 가볍고 앙상해 보이는 그의 자동차를 무시했다.

이런 상황에서 그를 이해하고 격려한 사람은 오직 발명왕 에디슨뿐이었다. 이때부터 헨리는 에디슨과 각별한 우정을 나눴는데, 자동차 산업으로 거부가 된 훗날 에디슨에 대한 존경심을 표하기 위해 에디슨의 초기 실험실을 고스란히 복원하는 사업을 추진했고, 1929년에는 에디슨의 전구 발명 50주년을 기념하기 위한 빛의 축제를 기획하는 것은 물론 모든 비용을 대기도 했다. 기술자로 경력이 쌓이면서 명성이 높아지자 에디슨조명회사는 그에게 회사 업무 전체를 책임지는 감독직을 제안했다. 다만 그에 따른 조건으로 자동차 개발을 포기하고 회사 업무에만 집중할 것을 요구했다. 그러나 헨리는 안정된 직장을 포기하고 미래를 확신할 수 없는 자동차 산업에 뛰어들었다.

자동차 레이서 헨리 포드

1899년 8월, 헨리 포드는 예전부터 자기를 후원해오던 윌리엄 메이버리William C. Maybury를 비롯한 열두 명의 투자자와 함께 자본금 15만 달러로 디트로이트자동차회사Detroit Automobile Co.를 설립한다. 그러나 1980년대의 컴퓨터와 소프트웨어 산업이 그랬듯이 20세기 초반의 자동차 제조업은 변동이 극심한 모험사업 가운데 하나였다. 비록 헨리가 뛰어난 기술자이며 가솔린엔진을 장착한 사륜차를 개발한 발명가이기는 했지만 1900년에서 1908년까지 미국에서는 500개가 넘는 자동차 제조업체가 하루아침에 생겨났다가 사라졌다. 당시 미국의 기계공업은 콜트Colt 권총을 비롯해 싱어Singer 재봉틀, 타자기, 자전거 등 많은 분야에서 대규모 생산 설비를 갖춰가고 있었지만 자동차는 여전히 손으로 제작하는 수준에 머물러 있었다.

헨리 포드가 수석 엔지니어로 일하던 디트로이트자동차도 마찬가지였다. 다른 자동차 제작자들과 마찬가지로 그 역시 실제로는 거의 아무것도 만들지 못했다. 차체와 엔진은 소액 주주인 닷지 형제Dodge Brothers의 공장에서 가져왔고, 헨리는 그저 부품을 조립하는 정도였다. 그나마도 2년 동안 24대를 생산하는 데 그쳤다. 기업의 이익을 앞세우는 자본가들 앞에서 기술자 헨리는 아무런 힘이 없었다.

사실 자동차 산업을 일으킨 기술혁신의 대부분은 유럽에서 일어났지만 자동차가 산업적 기반을 얻은 곳은 미국이었다. 미국은 유럽보다 인구는 적었지만 넓은 땅덩어리 때문에 자동차의 필요성이 더욱 컸다. 그러나 헨리 포드 이전의 자동차는 부자만을 위한 것이었다. 헨리는 자동차를 싸게 팔면 팔수록 더 많은 수요가 창출될 거라 생각했다. 수요가 창출되면 비록 한 대당 이윤은 적더라도 판매량이 늘어 이를 만회할 수 있다는 계산이었다. 만약 그가 생각한 대로만 된다면 자동차는 더 이상 부자의 장난감이 아니라 미국인 누구나 일상생활을 영위하는 데 반드시 필요한 제품이 될 수 있을 것이었다. 하지만 디트로이트자동차의 투자자들은 그의 제안을 받아들이지 않았고 헨리는 결국 이들과 결별할 수밖에 없었다.

헨리는 수많은 자동차 메이커의 틈바구니에서 살아남기 위해 뭔가 특출한 기술이 있다는 것을 보여주어야 했다. 때마침 클리블랜드의 자동차 제작자 겸 카레이서 알렉산더 윈튼Alexander Winton이 디트로이트의 자동차업자들에게 도전장을 내밀었다. 이것을 훌륭한 기회로 생각한 헨리는 자신이 만든 26마력짜리 2기통 자동차를 몰고 윈튼에게 도전했다. 윈튼의 자동차는 40마력의 강력한 엔진을 장착했던 터라 사람들은 모두 윈튼의 승리를 예상했다. 그런데 결과는 헨리 포드의 승리였다.

예상대로 새로운 투자자들이 몰려들었고, 그는 자신의 이름을 딴 헨리포드자동차Henry Ford Co.를 설립할 수 있었다. 하지만 투자자들은 헨리 포드 한 사람만으로는 부족했던지 디트로이트에서 가장 뛰어난 자동차 기술자로 평가받던 또 한 사람의 헨리인 헨리 릴런드Henry Leland를 영입했다. 자동차에 관한 한 누구보다 자신이 최고라고 생각해왔던 헨리 포드는 자존심에 커다란 상처를 받았지만 릴런드 역시 자동차 역사상 가장 뛰어난 기술자 가운데 한 사람임에는 틀림이 없었다. 헨리 포드는 한 사람만 선택하라고 요구했고, 불과 넉 달 만에 자신의 이름을 딴 회사에서 해고당했다.

그를 해고한 헨리포드자동차는 얼마 후 릴런드가 개발한 신모델명을 따서 회사 이름을 캐딜락Cadillac 자동차로 바꾸었다. 이 회사는 장차 포드자동차의 라이벌이 될 제너럴모터스GM에 인수되어 제너럴모터스의 최고급 브랜드가 되었다. 한편 헨리 릴런드 역시 자신의 자동차 회사를 만들었는데 이 회사 이름은 릴런드가 만든 최고급 자동차의 이름을 딴 링컨Lincoln 자동차였다.

링컨자동차는 1922년 헨리 포드의 아들 에드셀에게 인수돼 포드자동차에서 생산하는 최고급 자동차 링컨컨티넨탈이란 브랜드가 되었으니 두 사람은 이후에도 기묘한 인연으로 맺어진 셈이다. 두 번의 뼈아픈 경험에서 교훈을 얻은 헨리 포드는 두 번 다시 남의 밑에서 일하지 않으리라 결심했다. 기술자로서의 자긍심에 상처를 받은 그는 No. 999와 애로우라는 이름의 경주용 자동차를 만들어 또다시 자동차 레이스에서 승리할 수 있었다.

대중을 위한 자동차 T형 모델과
혁신적인 생산성의 비결

자동차 레이스의 승리는 다시 한 번 기회로 다가왔다. 디트로이트의 석탄 상인 알렉산더 맬컴슨Alexander Y. Malcomson이 손을 내민 것이다. 두 사람은 1903년 6월 함께 포드자동차회사Ford Motor Co.를 설립했는데, 이번엔 헨리 포드가 부회장이자 설계자, 기능장이자 공장장이며 총지배인이 되었다. 포드자동차는 A형 모델을 출시한 지 1년 만에 9만 8,000달러의 이익을 냈다. 그러나 경영 2년째에 접어들면서 동업 관계가 틀어지기 시작했다. 헨리는 자동차 산업에 뛰어들 때부터 품었던 뜻을 펼쳐 값싸고 대중적인 자동차를 만들고 싶었지만 맬컴슨은 부자를 위한 고급형 자동차를 만들어야 한다고 주장했다.

 헨리는 자신의 의지를 관철시키기 위해 1년이 넘도록 치열하게 다툼을 벌였고, 결국 맬컴슨의 지분을 모두 인수하는 조건으로 그와 결별했다. 맬컴슨과 결별한 뒤 1908년 10월 1일, T형 모델을 출시할 때까지 그는 A, B, C, F, K, N, R, S형에 이르는 여덟 개의 자동차 모델을 만들면서 자신이 추구하려는 자동차 모델이 무엇인지 실험했다.

내 목적은 대중을 위한 자동차를 만드는 것이다. 가격이 매우 저렴해서 어느 정도의 봉급을 받는 사람이라면 누구나 소유할 수 있고, 신이 창조한 이 넓은 세상에서 가족들과 함께 여가를 마음껏 즐길 수 있을 것이다. 틀림없이 모든 사람이 자동차를 구입할 정도의 경제적 여유가 생길 것이고, 실제로 집집마다 자동차를 소유하게 될 것이다. 말은 도로에서 사라지고 그 대신 자동차가 달리게 될 것이다.[8]

대중을 위한 자동차, 가격이 저렴해서 중산층도 구입할 수 있는 자동차라는 그의 꿈이 실현되기 위해선 넘어야 할 장벽이 너무나 많았다. 우선 도로가 없었다. 대중이 자동차를 마음 편하게 운전하며 어디든 갈 수 있는 상황이 아니었던 것이다. 1900년 무렵 미국에선 도시를 제외한 지역의 포장도로가 불과 320킬로미터에 불과했다. 도시에서 조금만 벗어나면 도로는 울퉁불퉁한 비포장 상태였고, 비라도 조금 내리면 온통 진흙탕으로 변해버렸다. 이 때문에 보통의 자동차를 타고 도시에서 시골로 간다는 것은 흡사 롤러코스터를 타고 아마존 정글로 모험을 떠나는 것과 같았다. 게다가 그런 도로를 달려서 무사히 집으로 돌아온다는 보장도 없었다. 그런데 포드가 만든 T형 모델은 비포장도로조차 거침없이 달릴 정도의 내구성을 갖추었다.

이보다 어려운 문제는 값싼 자동차를 만드는 것이었다. 당시 미국 노동자의 일인당 연평균소득은 500달러 미만이었다. 자동차 한 대의 평균 가격은 2,000달러가 넘었는데, 이것은 그나마 벌이가 좀 더 나은 보통 공장노동자가 일주일 동안 받는 봉급의 100배에 해당했다. 헨리가 생각해낸 유일한 해결책은 T형 모델 한 가지만을 집중적으로 생산해서 생산성을 높이고 제품 가격을 최저로 낮추는 것이었다. 1908년 그가 T형 모델을 생산하기 전까지 미국은 물론 자동차 선진국이라 할 수 있는 유럽의 어떤 자동차 메이커에서도

1910년의 포드자동차 T형 모델. 포드는 처음 자동차 산업에 뛰어들 때부터 값싸고 대중적인 자동차를 만들고 싶어 했다. 그 꿈을 이루게 해준 것이 바로 T형 모델이다.

한 모델만을 대량으로 생산하는 기업은 단 한 군데도 없었다. 헨리는 디트로이트에서 견습 기계공으로 일할 때부터 눈여겨보아온 여러 공장의 시스템을 머릿속으로 떠올리며, 포드자동차의 뛰어난 기술자들과 함께 당시 기준으로는 첨단 설비를 갖춘 기업들을 견학했다. 미국 최대의 우편판매업체 시어스 로벅Sears Roebuck의 일관공정화된 물류 시스템을 살펴봤고, 시카고의 대규모 도축장에 설치된 컨베이어 시스템과 통조림 공장, 철도제어기를 생산하는 주물공장 등을 주도면밀하게 관찰하면서 포드자동차만의 생산 방식을 연구했다. T형 모델을 생산하기 위해 여덟 가지 자동차 모델을 실험했던 것처럼 그는 훗날 '포드주의'라 불리게 될 독특한 생산 시스템과 철학을 구축할 때까지 자신이 공들여 영입한 최고의 인재들과 함께 수많은 생산 시스템을 견학하고 실험했다.

포드가 일으킨 혁명적인 생산 시스템에서 가장 중요한 요소가 무엇일까.

많은 사람이 컨베이어 벨트(조립라인assembly line)의 중요성을 언급하지만 사실 컨베이어 벨트는 생산성 증가에 가장 중요하거나 반드시 필요한 혁신 요소는 아니었다. 그것은 노동자들의 작업을 세밀하게 나누어서 재배치하고 이들을 일일이 관리·감독하는 테일러 시스템도 아니었다. 포드 이전의 다른 업체들에서도 이미 테일러의 방식을 받아들였고 컨베이어 시스템 또한 적용하고 있었기 때문이다. 문제는 테일러주의나 컨베이어 벨트 시스템을 적용한 공장의 노동자들도 여전히 기능별, 그룹별로 설치된 다용도 기계들을 이용해 제품을 생산했고, 한 단계가 끝나면 다음 단계로 이동해가며 작업을 하고 있었다는 점이다. 무엇보다 포드가 이들과 달랐던 점은 자동차 한 대를 제작하는 모든 공정에 따라 거기에 꼭 맞는 도구와 기계를 만들고, 작업에 필요한 기계들을 일일이 작업 공정 순서대로 배치했다는 것이다. 모든 기계는 오로지 한 가지 공정에만 사용되었고, 각각의 공정을 연결하는 수단으로 컨베이어 벨트가 이용되었다.

다시 말해 헨리 포드는 열두 살 때 처음 만나 자신에게 깊은 인상을 주었던 시계의 톱니바퀴처럼 서로 조금의 틈도 없이 맞물린 채 쉴 새 없이 돌아가는 시계 태엽 장치를 공장의 생산 시스템에 적용한 것이다. 조그만 시계 속에 들어차 있는 온갖 기계장치처럼 포드자동차 공장의 기계장치들은 오로지 한 가지 목적으로만 사용되었고, 작업과 작업 사이의 맥을 끊을지도 모를 비연속적인 단계는 최대한 줄였다.

당시 자동차 한 대를 만들기 위해서는 대략 5,000여 가지 부품이 필요했는데, 노동자들은 불필요하게 허리를 굽히거나 고개를 돌릴 필요가 없도록 맞춤된 작업대에서 끊임없이 움직이는 컨베이어 벨트의 속도에 맞춰 동일한 작업을 기계처럼 반복했다. 그 결과 이전에는 750분(12시간 30분)이 소요되던 자동차 조립 시간이 93분(1시간 33분)으로 크게 단축되었다. 이에 따라 최

1913년의 포드 공장. 포드는 한 가지 공정에만 맞는 기계들을 설치하고 그 공정들을 연결하기 위해 컨베이어 벨트를 이용했다.

 초로 출시되던 1908년에 825달러였던 T형 모델의 가격은 1913년에 550달러, 1916년에 360달러, 1920년에는 255달러가 되었다.

 T형 모델은 시장에 출시되자마자 대히트를 기록하며 그해에만 1만 607대가 팔려나갔다.⁹ 포드는 생산 속도를 높이기 위해 포드 T형 모델의 색깔마저 검은색으로 통일해버렸는데, 그 이유는 당시 개발된 도료 가운데 가장 빨리 마르는 색상이 검은색이었기 때문이다. 1914년 포드자동차의 종업원 1만 3,000명은 T형 자동차 26만 7,720대를 생산했는데, 이것은 나머지 299개 자동차 회사에서 6만 6,350명이 생산한 28만 6,770대와 맞먹는 숫자였다. 포드자동차의 노동자 한 사람은 다른 자동차 업체 노동자 여섯 사람 몫의 자동차를 생산해냈다. 어떻게 1만 3,000명의 노동자가 6만 6,000여 명의 노동자와 맞먹는 일을 해낼 수 있었을까? 비법은 무시무시한 노동 강도였다.

일당 5달러와
8시간 노동제의 빛과 그림자

1914년 1월 5일, 헨리 포드는 기자들을 불러놓고 폭탄선언을 했다. 앞으로 포드자동차는 하루 최저임금을 5달러로 인상하고, 9시간 노동에서 8시간 노동으로 근무시간을 단축하며 연말에는 이익분배금으로 1,000만 달러를 내놓겠다고 선언한 것이다. 당시 다른 제조업체의 일당이 평균 2.34달러에 불과했는데, 그것의 두 배가 넘는 임금을 지불하겠다는 선언이었다. 다음 날 『월스트리트저널』Wall Street Journal은 일당 5달러 지급은 '경제적 범죄'에 가깝다고 공격했고, 경쟁 업체와 은행들은 조만간 포드자동차가 망하고 말 거라며 비웃었다. 1938년 최저임금법이 제정될 때까지 미국에는 노동자들의 복지를 위한 사회적 장치가 전혀 존재하지 않았다. 그런 상황에서 기업주 스스로 노동자의 임금을 인상하고, 연말에는 이익분배금까지 지불한다고 선언했으니 경쟁 업체들로서는 기가 막힐 수밖에 없었다. 그러나 노동자들은 "마르크스 대신 포드를!"이라 외치며 그에게 환호를 보냈다.

당장 그다음 날부터 포드자동차 공장 문 앞은 '포드맨'이 되기 위해 찾아온 수많은 노동자들로 인산인해를 이루었고, 질서를 유지하려는 경찰과 충돌해 부상자까지 생길 지경이었다. 헨리는 이들 가운데 자신이 원하는 우수한 인력만을 골라 쓰는 여유를 즐겼다. 보수적인 자본가들은 그를 사회주의자라고 공격했고, 어떤 이는 그를 최고의 자선사업가라고 생각했다. 하지만 정작 헨리 자신은 "인도주의란 아무짝에도 쓸모없는 것"이라고 생각했다. 그에게 신념이 있다면 오로지 한 가지, 좀 더 값싼 자동차를, 좀 더 많이, 좀 더 단시간에 생산해 최대의 수익을 올리는 것이었다.

하루 5달러 임금과 8시간 노동은 노동자들을 배려하기 위한 것이 아니라 사실 그렇게 하지 않으면 안 될 절박한 상황에 처해 있었기에 그가 어쩔 수 없이 선택한 고육지책이었다.

헨리 포드가 일당 5달러와 8시간 노동을 선언하기 직전인 1913년까지 포드자동차 노동자의 이직률은 무려 380퍼센트에 달했다. 시계 톱니바퀴처럼 맞물려 돌아가는 생산라인은 엄청난 노동 강도로 노동자들을 몰아세웠고, 이들은 스스로 기계의 일부 혹은 기계보다 못한 존재로 느껴지는 상황을 견디기 어려워했다. 1,000명의 노동자가 신규로 투입되어도 한 달을 버티는 사람이 100명도 안 되는 상황이었다. 아무리 공정

1935년 1월 14일자 『타임』 표지에 실린 헨리 포드. 5달러 임금과 8시간 노동제라는 폭탄선언을 한 그는 '경제적 범죄'라는 공격까지 받았다. 하지만 이 선언은 포드자동차를 위한 것이었다.

을 단순화하고 부품을 표준화하여 숙련노동의 중요성을 약화시켰다고 할지라도 제품의 품질을 유지하기 어려울 만큼 위험한 수치였고, 더 이상 노동자를 구할 수 없어 공장을 멈춰야 할지도 모를 위기 상황을 의미했다. 게다가 일관 작업라인이기 때문에 누군가 한 사람이라도 의도적으로 실수를 하거나 불순한 의도로 작업 속도를 늦추려고 마음먹는다면 전체 작업에 지장을 초래할 수도 있었다.

"일당 5달러는 우리가 고안해낸 최고의 비용 감축 조치 가운데 하나였다."

훗날 헨리 포드는 이처럼 회고했는데, 이 말은 사실이었다. 그런 순간에 터져나온 폭탄선언은 직원들의 사기를 진작시켰고, 포드자동차의 비인간적인 작업장 분위기를 비판하는 목소리를 누그러뜨리는 효과를 거두었다. 무엇보다 이 선언은 PR 측면에서도 대단히 효과적이었기 때문에 광고비 삭감

효과까지 있었다. 선언 이후 3년간 포드자동차는 1억 달러 이상의 순이익을 남겼는데, 이것은 포드의 임금 상승이 가져온 효과 가운데 가장 극적인 결과물이 무엇이었는지 잘 보여준다. 포드자동차에서 일하는 노동자들이 포드 차를 구입할 수 있을 만큼 부유해졌다는 것이다.

 포드 T형 모델의 엄청난 성공은 언제나 자신의 선택이 가장 옳은 거라 믿어왔던 헨리의 독불장군 성격을 두드러지게 만들기 시작했다. 그는 고임금을 미끼로 노동자들에 대한 통제를 강화해나갔다. 포드자동차는 노동자들의 시간을 효율적으로 통제하기 위해 체크인 시스템(출퇴근시간기록기)을 도입하고, 조립라인을 따라 움직이는 생산 방식이 중단되지 않도록 직원들의 휴식시간을 화장실 가는 시간을 포함해 딱 한 번, 15분의 점심시간으로 제한했다. 작업장에서 노동자들은 작업 기계에 앉거나 기댈 수도 없었고, 작업 시간 중에 휘파람을 불거나 말하거나 담배 피우는 것조차 엄격히 금지되었다. 헨리는 작업장에서 이런 규칙이 잘 지켜지는지 감시하기 위해 회사 내에 '감시자'들을 배치하고 공장을 순회하며 감독하도록 했다. 감시자의 눈을 피하기 위해 포드 공장 노동자들은 입술을 움직이지 않고 말하는 일종의 복화술로 대화를 나눴는데 이것을 '포드 속삭임'이라 불렸고, 감시자들의 주의를 끌지 않기 위해 무표정을 가장하는 것을 '포드화'라 불렸다.

 포드의 노동자 감시 체계는 작업장 밖에서도 멈추지 않았는데, 생산적인 노동을 하기 위해서는 적절한 가정환경과 건전한 생활습관이 필요하다는 이유에서였다. 이처럼 일당 5달러의 임금 정책은 노동자들을 작업장 안과 밖에서 감시하고 참견하는 좋은 구실이 되었다. 이때 헨리 포드가 내세웠던 규칙들을 살펴보면 직원들은 검소하고 절약하는 삶을 살아야 하고, 적당한 집(특히 하숙생을 들이지 않은 집)에서 살아야 하며, 부업을 해서는 안 되었다. 헨리는 특히 여성들의 사회생활에 대해 극도로 혐오하는 태도를 보였는데,

포드자동차에서 근무하는 노동자의 아내는 직업을 가져서도 안 되었고, 노동자 자신은 물론 그 자녀들까지도 좋지 않은 부류의 사람들, 특히 노동조합 관련자나 지지자들과 어울릴 수 없었다. 이민노동자의 경우엔 반드시 영어 공부에 진전을 보여야 하고, 자신의 종교 생활이나 문화생활을 위해 작업 시간을 어기면 안 되었다. 흡연이나 음주, 도박 등 건전한 육체와 도덕적 품성을 해치는 바람직하지 못한 행위도 금지되었다.[10] 1920년대에 이런 헨리 포드를 풍자한 유명한 이야기가 있었다.

월스트리트 주식중개인 한 사람이 불평을 늘어놓았다.

"포드는 정말 사회주의자처럼 말한다니까."

그러자 상대의 대답.

"그래, 하지만 뭐가 문제야. 말만 그렇고 행동은 우리처럼 하는데. 그러면서 탈도 없잖아."

헨리 포드의 독단적인 경영 방식은 노동자들에만 국한된 것은 아니었다. 1919년 헨리는 외동아들 에드셀을 포드자동차의 사장 자리에 오르도록 한다. 그러나 실권은 여전히 자신이 가지고 있었다. 에드셀과 측근들은 변화해가는 시장 분위기에 맞춰 T형 모델에도 변화를 주고 싶어 했다. 예전에 헨리와 함께 T형 모델을 개발하고 판매하는 데 많은 공로를 세운 이들이었지만, 헨리는 어떤 건의도 들어주지 않았고 도리어 회사에서 내쫓았다. 포드자동차 영업망을 구축하는 데 크게 공헌한 제임스 커즌스James J. Couzens는 떠나야 했고, 전부터 헨리와 불편한 관계에 있던 닷지 형제도 떠날 수밖에 없었다. 1919년에서 1921년 사이에 수많은 업무 보좌관, 회계 담당자, 인사 담당자가 쫓겨났는데, 그 가운데에는 판매 시스템과 딜러 조직망을 구축한 노벌 호킨스Noval Hawkins와 제조 분야 담당자 윌리엄 누젠William S. Knudsen도 포함되어 있었다. 호킨스와 누젠은 포드자동차에서 해고되자마자 곧바로 제너럴모터스에 채용되었고, 누젠은 제너럴모터스에서 사장 자리까지 올라갔다.

 헨리는 아들 에드셀을 자신의 뒤를 이을 후계자로 점찍어 놓았었기 때문에 그가 어릴 때부터 우편배달 등 여러 가지 잡무부터 시작해 회사 업무를 익힐 수 있도록 했다. 에드셀은 고등학교를 졸업하자마자 미시간 공장에 자신의 사무실을 마련했고, 25세 때인 1919년엔 포드자동차 사장이 되었다. 재임 기간에 그는 포드자동차가 변화해가는 시대 상황에 발맞춰 따라갈 수 있도록 여러 변화를 추진했지만 아버지 헨리 포드는 T형 모델만 고집했기 때문에 아버지와 자주 충돌할 수밖에 없었다. 크게 문제가 된 것은 에드셀이 자동차 디자인에 대해 아버지와 달리 훨씬 미학적인 태도를 취한 것 못지않게 노동조합에 대해서도 우호적이고 유연한 태도를 보였다는 것이다.

 노동조합에 대한 포드 부자의 태도는 어떻게 달랐을까. 1935년 뉴욕 주 상원의원 로버트 F. 와그너Robert F. Wagner에 의해 만들어진 '와그너 법(노사관계법)'은 미국의 노동자들이 자신의 선택에 따라 자유롭게 노동조합을 만들고 참여할 수 있도록 했다. 얼마 지나지 않아 미국의 많은 제조업체에 노동조합이 설립되었지만 헨리는 온갖 방법을 동원해서라도 노동조합의 설립을 막고자 했다. 1937년 5월, 포드자동차에 노조를 만들고자 하는 사람들이 포드자동차 공장 문 앞까지 일제히 행진하며 모여들자 그는 조직폭력배들을 고용해 이들과 맞섰다.

헨리의 외동아들 에드셀은 후계자로 키워져 25세에 포드자동차 사장에 올랐다. 그러나 자동차 디자인과 노동조합에 대한 태도를 두고 아버지와 알력을 빚다가 49세에 세상을 떠났다.

수많은 사람이 포드의 구사대에 구타당했고 기자들은 필름을 빼앗겼다. 그 와중에 몇 사람의 노동조합 운동가가 목숨을 잃었는데 그중에는 에드셀과 친분이 두터운 지식인도 있었다. 이 사건으로 포드 부자의 사이는 돌이킬 수 없게 되었다. 수많은 사람들이 헨리에 의해 쫓겨나거나 자발적으로 그의 곁을 떠났지만, 아들 에드셀은 아버지의 온갖 무시와 견제에도 불구하고 떠날 수 없었기에 서서히 병들어갔고, 결국 1943년 암을 비롯한 합병증으로 아버지보다 먼저 세상을 떠나고 말았다.

20세기의 물질적 풍요와 노동하는 인간의 그늘

작업의 분할과 단순화, 기계화, 연속화를 편성 원리로 하는 미국식 대량생산 체제는 생산성 향상이라는 관점만 놓고 보면 기계와 노동의 결합을 통한 합리성을 극단적으로 추구한 형태였다. 이 같은 생산 체제는 필연적으로 인간의 기능이나 판단, 주관을 생산 공정에서 철저히 배제하고 정밀한 기계 체제에 맞춰 노동하는 새로운 인간형을 요구했다. 다시 말해 포드주의적 생산 체제에 편입된 노동자는 기계를 조작하는 인간이 아니라 기계에 의해 조작당하는 인간이었던 것이다.

> 산업화 시대가 도래했고, 제품을 만들어내는 전체 과정을 한 사람이 모두 담당하던 시대가 끝나버렸다. 애덤 스미스Adam Smith의 분업 이론이 지배하는 세상이 도래하면서 새로운 보상 체계가 필요하게 되었는데, 이 새로운 세계에서는 생산량을 계산하기 위한 대리 변수로 시간이 매우 유용하게 쓰였다.

사람들은 출퇴근시간기록기를 쓰기 시작했고, 생산량에 관계없이 일한 시간에 따라 돈을 받게 되었다. 바로 이 시점부터 생산량을 늘리려는 경영진과 행복을 추구하려는 노동자 진영의 끊임없는 싸움이 시작되었다. 이 싸움이 한창 고조될 즈음, 최초의 경영 컨설턴트이자 비즈니스 구루인 앙리 파욜Henri Fayol과 프레더릭 테일러Frederick Taylor가 등장했다. 그들은 주어진 시간 내에 생산량을 늘리기 위한 방법으로 시간동작 연구를 창시했다. 직원들에게는 추가적으로 중간휴식, 휴가, 병가, 출산휴가 등의 혜택이 주어졌다. 산업사회에서 생산량을 제한하는 유일한 요소는 시간이었다. 다시 말해 시간만 있다면 무엇이든지 만들어낼 수 있었다. 세상은 시계가 중심이 되어 돌아가기 시작했고, 사람들의 관심과 보상 체제 역시 가장 중요한 기준은 시간이 되었다. 시간당 얼마를 받는지에 따라 성공했는지 그렇지 않은지를 판단하게 되었다. 주어진 시간 내에 일을 마무리한 사람에게 보상을 지급하는 성과급 제도가 처음으로 도입된 것도 바로 이 시기이다.[11]

산업혁명과 자본주의의 시대를 정의하는 방식은 매우 다양하지만, 채플린의 〈모던타임스〉가 풍자하는 대로 해석하면 '시간은 곧 돈'이란 의미다. 이것은 산업 시대의 자본가가 더 많은 자본을 축적하기 위해선 노동자의 시간을 최대한 쥐어짜내야 한다는 것과 같은 말이다. 시간과 화폐의 결합을 자본주의 생산 체제는 '생산성'이란 말로 표현하는데, 이것은 마르크스가 이야기한 자본가와 노동자 간의 '계급투쟁'이 실제로는 자본과 노동 사이에 벌어진 '시간 투쟁'이었음을 의미하는 말이기도 하다. 헨리는 자본과 노동 사이의 시간 투쟁에서 승리하기 위해 노동자들에게 무엇을 선사해야 하는지 잘 알고 있었다. 1926년이 되자 그는 혁신적인 주5일 근무제를 도입했는데, 3년 후인 1929년 11월 경제가 침체에 빠지자 허버트 후버Herbert Clark Hoover

대통령은 그에게 노동자 임금을 삭감하지 말아달라고 부탁한다. 대통령의 요청에 부응하는 의미에서 헨리는 노동자들의 임금을 7달러로 인상했는데, 그 직전에 3만 명의 직원을 해고했다. 물론 남은 직원들은 임금 인상 이전보다 50퍼센트나 늘어난 작업 할당량을 처리해내야 했다.

1920년대 중반부터 포드자동차는 서서히 몰락의 길을 걸었다. 유능한 사람들을 해고한 탓도 있지만 헨리가 끝까지 T형 모델의 변화에 반대하는 고집을 부렸기 때문이었다. T형 모델은 주로 비포장도로가 깔린 시골 농촌 지역에서 운행하는 초보 운전자를 위한 자동차로 개발된 탓에 점차 자동차의 디자인과 쾌적한 승차감을 요구하는 고객들의 요구를 따라갈 수 없었다. 이런 요구를 충족시킨 곳은 제너럴모터스였다. 헨리는 가격이 모든 것을 결정한다고 생각했기에 노동 통제를 강화하여 더 이상 낮출 수 없을 만큼 가격을 낮췄지만 소비자들은 T형 모델을 구입하지 않았다. 결국 그는 디트로이트 부근 하이랜드 파크 공장 가동을 중지시키고 모든 설비를 디어본의 리버루즈 공장으로 이전한 뒤 새로운 자동차 모델을 출시하지 않을 수 없었다. 그러나 워낙 거대한 생산 설비인 데다가 시계처럼 융통성 없이 포드 T형 모델의 생산이라는 한 가지 목적에만 적합하도록 맞춰진 제작기계들을 다른 용도로 사용할 수 없어 포드자동차는 거의 반년 동안 아무것도 생산하지 못했다. 그 결과 손실액은 2억 5,000만 달러에 달했고 시장 점유율은 3분의 1로 떨어져버렸다.

그런데 헨리 포드의 생산 양식과 경영 방식은 엉뚱한 곳에서 주목받았다. 1923년 뮌헨쿠데타의 실패로 감옥에 갇힌 히틀러는 헨리가 쓴 베스트셀러를 읽었다. 이때 그에게 감동을 준 것은 헨리의 경영 방식뿐 아니라 그가 자신과 마찬가지로 지독한 반유대주의자이자 반사회주의자, 반노동조합주의자란 사실이었다. 헨리는 자신이 경영하는 신문 『디어본 인디펜던트』Dearborn

Independent에 반유대주의를 선동하는 글을 80여 차례나 실었다. 세계 최고의 자동차왕이 자신과 같은 생각을 한다는 사실에 크게 고무된 히틀러는 훗날 75세의 생일을 맞은 헨리에게 독일 최고의 훈장인 독일대십자훈장을 수여했다. 독일인이 아닌 외국인 중에서 히틀러에게 이 훈장을 받은 사람은 이탈리아의 무솔리니 이외에 헨리가 유일했다. 사실인지 확인하기 어렵지만 헨리 역시 히틀러와 나치당에 적지 않은 정치자금을 보냈다고 한다.

유일한 자식 에드셀을 앞서 보낸 헨리는 그 4년 후인 1947년 4월 7일, 디어본에서 뇌출혈로 사망했다. 그는 생전에 록펠러나 카네기Andrew Carnegie처럼 많은 기부금을 내진 않았지만 사후에는 포드 재단을 위해 수십억 달러를 기부하도록 했고, 재단은 그의 유산 상속인들이 내야 할 상속세 3억 달러를 절약해주었다. 이후 재단은 자유주의적 사회복지 프로그램들에 후원을 아끼지 않았는데, 이것은 결과적으로 헨리가 말년에 저지른 온갖 기행과 노동조합 탄압, 반유대주의 등의 오명에서 그의 명성을 지키는 데 이바지했다.

헨리 포드가 처음부터 대량생산 시스템에 대한 전반적인 마스터플랜을 가지고 있었을까? 아니면 T형 모델을 좀 더 많은 사람들에게 공급하기 위한 임기응변과 실험이 결과적으로 놀라운 생산 혁신을 이룩한 것일까? 정확히 알 수는 없다. 어쨌든 포드주의 생산 양식과 자동차의 대량생산은 이루 헤아릴 수 없이 많은 변화를 초래했다.

놀라운 경영 혁신은 대서양을 건너 유럽으로, 다시 태평양을 건너 아시아로 퍼져나갔으며, 이념의 장벽을 넘어 볼셰비키 러시아의 주요한 생산 양식이 되었다. 그에 의해 꽃피워진 자동차 산업은 조명용 램프의 연료에 불과했던 석유의 새로운 용도를 찾아내 오늘날 화석연료의 5분의 1이 자동차 연료로 사용되도록 만들었다. 또한 그간의 이동수단이던 말과 노새를 먹이려고 귀리와 건초를 재배하던 땅이 인간을 위한 곡물 재배지로 변모하면서 미국 농업의 구조조정을 촉발했다. 도심과 교외를 연결하며 건설된 도로는 도시의 확장을 가져왔다. 헨리 포드로부터 촉발된 다양한 변화는 도시의 규모와 역할을 변화시켰고, 국가적인 도시계획을 수립하도록 만들었다. 포드주의의 도입으로 20세기 산업의 노동생산성은 50배 향상되었고, 노동자들은 대량생산과 대량소비가 주는 물질적 풍요 속에서 상대적 고임금의 혜택을 누리며 노동하는 주체에서 소비하는 주체로 편입되었다.

마지막으로 헨리 포드가 의도치 않은 변화가 있었다. 전문화된 생산 기계의 도입으로 숙련공의 필요성이 사라지며 노동자들의 단결권을 약화시킨 것으로 평가된 포드주의는 단일 작업장에서 수많은 노동자가 함께 일하게 함으로써 오히려 대단위 노동조합을 건설할 수 있게 해준 것으로 평가받고 있다. 한때 노동조합을 탄압하던 포드주의 시스템이 도리어 노동조합을 강화했다는 이런 평가는, 역설적이긴 하지만 최근 포스트포드주의의 여파로 비정규직 노동자들이 양산되는 현실을 살펴본다면 충분히 이해가 되는 대목이기도 하다.

21세기를 맞은 오늘날, 지구상에는 6억 대의 자동차가 있고 해마다 6,000만 대가 생산되고 있다. 어떤 이는 포드주의의 시대는 끝났다고 하지만 여전히 대부분의 사람은 '시간이 곧 금'인 자본주의적 시간 질서 속에서 자신의 시간을 저당 잡힌 채 산업사회의 무간지옥無間地獄을 살아간다. 미하엘 엔데의 소설 『모모』는 영화 〈모던타임스〉 못지않게 현대modern라는 시간의 의미에 대해 날카롭게 묘파하고 있다. 이 작품에서 회색 사나이들은 평온하게 살아가는 마을 사람들에게 시간을 세라고, 또 돈을 모으려면 시간을 저축하라고 설득한다. 사나이들은 효과적으로 사람들의 시간을 도둑질해가는데, 사람들이 시간을 저축하면 할수록 정작 그들의 시간은 점점 더 빠르게 사라지기 때문이다. 셈을 할 줄 몰라서 시간은 곧 돈이라는 등식에 속아 넘어가지 않은 단 한 사람 모모만이 스스로에게 시간의 꽃들을 보이며 말한다.
"시간은 생명 그 자체요, 생명은 인간의 가슴속에 머물고 있다."
자기계발과 자기경영이라는 포스트포드주의 시대를 살아가는 우리는 자신의 영혼을 저당 잡히지 않은 시간의 주인으로 올바르게 살아가고 있는가?

02

미하일 칼라시니코프

민족해방운동과 테러의 상징, AK-47 돌격소총

세상에 완벽한 결과란 없습니다. 계속해서 노력해 나가야만 합니다. 신은 이렇게 말씀하셨습니다. "복잡한 것은 불필요한 것, 필요한 것은 모두 단순한 것이다." 이것이 제 인생의 모토입니다.

Mikhail Timofeyevich Kalashnikov 1919~.

나치 독일의 침략에서 조국을 방어하기 위해 27세의 젊은 미하일 칼라시니코프가 개발한
AK-47 소총은 이후 반세기가 넘는 세월 동안 수많은 전쟁터와 학살의 현장에서
사용되었고, 반동이 적어 다루기 쉬우며 견고하다는 장점 때문에
좀 더 어리고 약한 소년 소녀들까지 전쟁의 도구로 끌어들이게 되었다.

영화 〈로드 오브 워〉Lord of War, 2005는 실존하는 무기밀매상 몇몇의 생애를 혼합해 만든 가상의 무기밀매상 유리 오를로프(니콜라스 케이지)를 통해 무기밀매의 실제 현장을 묘사한다. 영화가 시작되자마자 카메라와 함께 여러 전장을 종횡무진 누비는 그는 충격적인 메시지를 던진다.

"전 세계적으로 5억 5,000만 정 이상의 화기가 유통되고 있어. 열두 명당 한 명꼴이지. 문제는, 나머지 열한 명을 어떻게 무장시키느냔 거야."

그 말이 끝나기가 무섭게 아프리카 라이베리아의 내전 현장에서 어린 소년병이 머리에 총을 맞아 쓰러지는 것으로 장면이 전환된다. 소년을 죽인 무기는 AK 소총일 가능성이 높다. 전 세계에서 유통되는 6억 정의 소형 살상무기 가운데 최소한 7,000만에서 1억 정 이상이 미하일 칼라시니코프가 발명한 AK 소총으로 추정되기 때문이다.

시인을 꿈꾼 무기설계자

미하일 티모폐예비치 칼라시니코프[1]는 1919년 11월 10일, 겨울에는 영하 40

AK-47을 설계한 러시아의 무기설계자 미하일 칼라시니코프

도까지 떨어지는 러시아연방 중남부 시베리아에 있는 알타이 지방의 쿠루야 마을에서 태어났다. 그가 태어나기 2년 전인 1917년 러시아는 소비에트혁명을 경험했고, 그가 태어나던 해에 소련을 중심으로 공산주의 인터내셔널(코민테른, Communist International)이 결성되었다. 어머니 알렉산드라는 모두 열여덟 명의 아이를 낳았지만 여덟 명만 살아남아 성장할 수 있었다. 어린 시절 그는 병약하고 붙임성이 부족했기 때문에 또래 친구들이 알타이 강에서 수영을 하거나 스케이트를 탈 때 어울려 놀지 못했다. 그 대신 어릴 적부터 기계 만지는 일을 좋아해서 아버지를 졸라 얻은 시계를 분해했다가 다시 조립하는 놀이를 즐겼다. 열네 살 무렵엔 부모님 몰래 고장난 브라우닝 권총을 수중에 넣었는데 주변 사람들 모르게 홀로 권총을 수리하는 데 몰두하곤 했다.

칼라시니코프는 훗날 자서전에서 이처럼 어려서부터 기계 만지는 것을 좋아하긴 했지만 정작 "전쟁이 아니었다면 시인이 되었을지도 모른다"고 회고했다. 실제로 AK-47 돌격소총을 개발해 명성을 얻은 뒤에도 꿈을 버리지 못해 여섯 권이나 되는 책을 펴내기도 했다. 이런 꿈을 품은 사람이 어떻게 유명한 총기개발자가 되었을까. 칼라시니코프는 1926년 중학교를 졸업하고 시베리아 철도의 알마아타(현 알마티) 지부에서 일하게 되었는데, 이곳에서 여러 가지 공학 서적을 읽으며 기계 설계에 대한 기본적인 지식을 얻었다. 철도에서 일하는 동안 기차에 실려 이송되는 전차들을 보면서 전차병을 꿈꾸기도 했는데, 1938년 징병되어 평소 희망대로 전차병 학교에 입학했다. 그리고 훈련받는 동안 틈틈이 무기와 기계 설계에 대해 공부하며 엔지니어로 주변에서 인정받기 시작했다. 그를 눈여겨본 중대장의 권유로 전차에서 발사하는 포탄의 탄수를 계측하는 탄수 계측기 설계 공모에 응모해 상을 받은 것이다. 이때의 공로로 칼라시니코프는 당시 소비에트 적군赤軍 사령관 게오르그 쥬코프Georgii Zhukov 장군을 직접 만나 자신의 발명품을 설명하는 기회도 얻었다. 이런 경험을 통해 기계 설계에 자신감을 얻었지만, 시대 상황은 그로 하여금 평화롭게 공부를 계속하도록 내버려두지 않았다.

　1941년 6월 22일, 히틀러는 320만의 병력과 3,200대의 전차, 70만 마리의 말을 이끌고 소련을 기습했다. 소련과 독일은 상호불가침조약을 맺은 상태였지만, 두 나라 모두 머지않아 전쟁이 발발하리라 예상하고 있었다. 다만 소련은 그 전쟁을 좀 더 나중에 벌어질 일로 생각하고 있었다. 문제는 스탈린이 집권 과정에서 너무나 많은 인사들(그 가운데에는 군 수뇌부도 포함되었다)을 무자비하게 숙청² 했기 때문에 소련은 전쟁 대비 능력이 크게 떨어져 있었다는 것이다.

　독일은 폴란드침공(1939년 9월 1일) 이후 전차부대와 급강하폭격기를 동원하는 공지합동전술(전격전) 교리를 더욱 정교하게 다듬었고 소련 내부 사정에도 정통한 편이었다. 독일은 소련이 군의 규모나 항공기, 전차의

연발 가능한 기관단총 MP-40을 든 독일군. 1944년 1월에 러시아에서 찍은 사진이다.

Mikhail Kalashnikov　055

수에서 우위에 있었지만 무기와 전략의 질적인 측면에서 자신들의 상대가 되지 못할 거라 생각했다. 실제로 개전 당시 소련군이 보유한 전차는 약 2만 4,000대였지만 이 가운데 독일 전차와 대등하거나 성능이 좀 더 나은 신형 전차는 1,000대에도 못 미치는 실정이었다. 소형 화기 면에서도 독일군 병사들은 MP-38과 MP-40 슈마이저Schmeisser 기관단총처럼 연발 사격이 가능한 기관단총SMG으로 골고루 무장했다. 지루한 참호전이었던 제1차 세계대전을 반복하고 싶지 않았던 히틀러의 전격전을 수행하기 위해서 제2차 세계대전에는 화력 집중과 기동력이 필수적이었는데, 기관단총은 이런 작전에 적합한 총이었다. 히틀러는 소련이란 나라가 썩은 문짝 같아서 한 번만 걷어차도 집 전체가 와르르 무너질 거라 자만하고 있었다.

신병 교육 프로그램과
군대 갔다 와야 사람 된다는 전설

군대는 전투와 전투 준비 과정에서 필연적으로 병력을 상실하게 되므로 언제나 신병을 교육하고 훈련해야 한다는 과제에서 자유롭지 못하다. 태어날 때부터 전사로 훈련받은 스파르타 시민은 지중해 일대에서 최고의 문명을 자랑하던 페르시아와의 전쟁에서 고도로 훈련된 전투 기술인 밀집 대형을 선보이며 승리를 거두었고 이로써 그리스 전역의 패권을 거머쥐었다. 그러나 모든 국가 공동체가 스파르타처럼 야만적이며 전인적인 신병 교육 시스템을 갖출 수는 없기 때문에 시대 상황과 무기 체계의 변화에 맞춰 병사들을 교육하는 프로그램도 함께 변모해왔다. 유럽에서 상비군 제도가 도입된 이래 군대는 국가를 유지하는 또 하나의 축인 관료제를 모방하기 시작했는데,

테르모필레 전투에 나서는 레오니다스 왕을 그린 자크 루이 다비드의 1814년작. 스파르타가 페르시아 제국에 맞서 승리를 거둘 수 있던 이유는 무자비한 신병 교육 시스템과 밀집 대형이라는 고도의 전투 기술 덕분이었다.

군대에 대한 행정적 관리와 통제의 수준을 일정하게 유지하는 것은 근대국가의 주요 과업 가운데 하나였다. 전제왕정이 확립된 시기의 유럽에선 관료가 군대의 보급을 통제했고, 세입으로 조달된 자금을 통해 병사들에게 정기적으로 봉급을 지급했으며, 여러 병과로 나뉜 군대는 전장에서 협동 군사 작전을 벌일 수 있도록 훈련받았다.

이렇게 근대 유럽의 군대가 힘들게 도달한 개선점은 대부분 고대 로마 제국이 이미 달성한 군사적 성취였지만, 고대 로마군과 근대 유럽의 상비군은 다른 점이 있었다. 바로 화약 무기의 등장이었다. 전장에 화약 무기가 등장하자 전쟁의 풍경은 화약 혁명이라 불러야 할 만큼 획기적으로 변화했다. 화약 무기 이전에 병사들은 개개인의 체력을 단련하고 단병접전에 활용될 진

점점 더 효율적인 방식으로 총은 개선되어왔다. 위부터 차례대로 심지 화승총, 부싯돌식Flintlock 머스킷, 후장식 라이플needle gun, Kar-98k, M-16.

법陣法 등을 숙지하도록 교육받았지만, 화약 무기의 출현 이후엔 화승총(머스킷musket)의 구조와 사용법에 대해서도 장시간 훈련받아야만 했다. 초기 화약무기인 화승총은 부정확한 조준 등 여러 가지 단점[3] 때문에 효과적인 화력을 얻기 위해서는 일정한 화망을 형성해야 했다.

따라서 교관들은 화승총의 장전과 발사에 이르는 일련의 움직임을 42개 동작으로 구분했고, 구령에 따라 병사들이 일제히 정해진 동작을 취하도록 훈련시켜야 했다. 병사들은 장전에서 발사에 이르는 복잡한 조작법을 무한 반복 훈련을 통해 익혀둬야 했다. 모든 병사가 구령에 맞춰 일정하게 움직일 수 있게 되자 일제사격이 가능해졌고, 화력을 집중해서 적에게 더 큰 타격을 주었다. 그와 동시에 군대는 좀 더 뛰어난 능력과 자질을 획득했다. 이처럼 반복을 거듭하는 훈련 과정을 통해 병사 개개인에 대한 좀 더 확실한 통제가 가능해졌다.

태양왕 루이 14세 이래 유럽 각국의 상비군은 장기복무와 재입대를 장려했고 병사 개개인이 군대에서 쌓게 되는 유대감과 결속감은 사회의 일반 시민이 경험하지 못하는 매우 독특한 체험이 되었다. 개인적으로 뛰어난 체력과 무예를 지닌 전사가 전장에서 보여준 일화와 기사의 무용담은 학교처럼 꽉 짜인 군대의 일과와 훈련 과정 속에 점차 사라져갔고, 그 자리를 끈끈한 전우애와 강철 같은 규율이 채웠다. 근대화에서 앞선 서구 유럽의 군대가 강력한 무력을 갖추게 된 이유를 흔히 물질문명에 기초를 둔 과학의 힘이라고 단정하기 쉽다. 하지만 당시 유럽 군대의 강력한 힘에는 새로운 병사의 출현도 한몫했다. 이들은 반복훈련으로 습득한 규율에 따라 지구 반대편 어딘가에서 지휘관의 한마디에 따라 죽음도 불사하는 새로운 병사들이었다. 18세기 나폴레옹전쟁이나 미국독립전쟁을 다루는 영화를 볼 때마다 품게 되는 의문, 다시 말해서 겨우 수십 미터 거리를 두고 대열을 유지하며 서로 일제

사격을 하고 바로 옆 병사들이 죽어가는데도 대열을 이탈하지 않고 계속 싸우는 양상은 이때부터 생겨난 것이다. 군대에서 이처럼 엄격한 규율에 단련된 성인 남성은 사회에 복귀해서 공장제 노동이나 자본주의적 조직 노동에 종사할 때 이 같은 규율에 익숙지 못한 노동자들보다 쉽게 적응했다. 군대가 사람 만든다는 전설은 이렇게 해서 생겨났다.

화약 무기가 등장한 이래 제1차 세계대전까지의 전투 방식은 보병이 강력한 탄환을 이용해 원거리에서 상대방을 맞출 수 있는 무겁고 긴 총신의 소총(장총)을 사용하는 것이었다. 강한 탄환을 사용했으므로 발사 시 반동이 셌고, 크고 무거운 소총을 다루기 위해서는 건강하고 힘센 성인이어야만 했다. 화승총 이후 노리쇠 장전 방식이 발전했지만, 군대에서는 아직도 단발 소총을 사용했다. 집중된 화망을 구축하기 위해서는 징집된 젊은이들이 오랜 훈련을 받고서 실전에 투입되어야 했다. 이것은 독일의 기습에 제대로 대비하지 못해 전쟁 초 수많은 병력 자원을 잃은 소련으로서는 매우기 힘든 심각한 손실이었다.[4] 그러나 필요는 발명의 어머니라 했던가. 머지않은 장래에 더 쉽게 더 많은 젊은이를 실전에 투입할 수 있을 만큼 값싸고 반동도 적으면서 많은 총탄을 쏘아댈 수 있는 기술혁신이 일어난다.

산업혁명 그리고 맥심 기관총

산업혁명 이후 서유럽 각국은 이를 바탕으로 더욱 강화된 중포와 기관총으로 무장하고 엄청난 화력을 앞세워 아시아와 아프리카를 식민지로 삼았다. 서구 열강의 식민지로 전락한 국가와 민족이 저항할 수 있는 방법은 하루라도 빨리 과학과 기술 그리고 민주주의와 관료제를 비롯한 발전된 국가 체제

원형으로 배치된 여섯 개의 총열이 손으로 돌리는 레버에 의해 작동한 개틀링 기관총은 한 명이 여러 명보다 강한 화력을 발휘하게 해주었다.

를 서구로부터 배우는 길밖에 없었다. 소수의 유럽 지배자들이 다수의 식민지인을 지배할 수 있게 해준 무력은 산업화의 산물인 기관총에서 나왔다. 기관총은 현대 보병 전투의 양상을 바꾸었을 뿐만 아니라 서구 사회가 비서구 세계를 지배할 수 있는 물리적 강제력의 중요한 원천이었다. 1850년대까지만 하더라도 보병 분대가 만들어내는 화력은 실제 전장에 참여하는 병사의 머릿수와 거의 다르지 않았다. 잘 훈련된 보병 사수 한 명은 1분에 대략 서너 발의 탄환을 쏠 수 있었지만, 이것으로 자신들만의 역사와 전통을 유지하는 다른 대륙의 적대적인 세력을 무력으로 제압하기에는 많은 무리가 따랐다. 이 같은 어려움을 해결해준 것이 산업혁명을 토대로 개발된 중포와 기관총 등 현대적 무기 체계였다.

이미 17세기부터 한 명의 사수가 20명 이상의 병사가 가진 화력에 필적할 수 있는 무기에 대해 연구해왔지만 현대적인 의미에서 주목할 만한 기관총은 1861년 리처드 개틀링Richard Gatling에 의해 출현했다. 원형으로 배치된 여섯 개의 총열이 손으로 돌리는 레버에 의해 작동하는 개틀링 기관총은 미국 남북전쟁에서 첫선을 보였고, 1866년 미군에 정식으로 채택되었다. 그러나 초기 개틀링 기관총은 수동으로 총열을 돌려야 했기 때문에 진정한 의미에서 기관총이라고 하기엔 부족했다. 말 그대로 기관총이라면 자체적으로 생성한 동력을 이용해 작동해야만 했는데, 에디슨의 경쟁자이기도 했던 발명가 하이럼 맥심Hiram Maxim이 1884년 이를 실현해냈다. 탄환이 발사될 때 발생하는 가스압을 이용해 총열과 노리쇠가 기관총 내부의 짧은 거리를 움직이는 동안 탄피가 분리되고 새로운 탄이 들어가서 연속 발사되었는데, 연속 발사로 인한 총열의 열기는 물로 식혔다.

> 무기가 빠르게 진보하고 있어서 현지인 전사들이 입수할 수 있는 무기보다 언제나 훨씬 발전된 모델을 사용할 수 있었다는 점에 힘입어 1840년대 이래 제국의 팽창 비용은 이전의 어느 때보다도 큰 폭으로 낮아졌다. 그 비용이 너무나 낮았기 때문에, 영국은 '잠시 멍하니 있는 사이에' 대영제국을 얻었다고 하는 유명한 말도 분명 회화적 과장이기는 하나 결코 틀린 말은 아니었다.[5]

1885년 수단에서 영국의 지배에 저항하는 이슬람 교도의 반란이 일어났다. 이 사건은 1966년 할리우드에서 찰턴 헤스턴 주연의 영화 〈카슘 공방전〉(카스므, Khartoum)[6]으로도 만들어진 적이 있을 만큼 제국주의 팽창의 역사에서 제2차 아편전쟁(1856~1860)과 함께 매우 극적인 무력 충돌 사건이었다. 구세주(마디Mahdi)를 자칭한 무함마드 아마드Muhammad Ahmad는 수만 명의 이슬람 세력을 규합해 수단에서 외세를 추방하고자 성전(聖戰, 지하드)을 일으켰다. 아마드가 이끄는 저항군은 이집트군을 격파했고, 하르툼Khartoum에서 수단의 영국인 총독 찰스 조지 고든Charles George Gordon을 쓰러뜨렸다. 고든 총독의 죽음으로 큰 충격을 받은 영국은 이들을 진압하기 위해 군대를 파견한다.

1898년 허레이쇼 키치너Horatio Herbert Kitchener가 이끄는 영국군은 수단 중동부의 옴두르만Omdurman 평야에서 아마드의 후계자인 칼리파 압둘라Abdallahi ibn Muhammad의 군대에 포위되었다. 영국군은 불과 160명의 보병으로 구성되었고, 이슬람 저항군은 1만 2,000명에 달하는 기병이었다. 전투가 개시되자 창과 칼, 소총으로 무장한 저항군이 말을 타고 전속력으로 돌격해오기 시작했다. 누런 흙먼지가 옴두르만 평야를 메웠다. 전투가 끝난 뒤 움직이는 이슬람 반군은 없었다. 평야는 주인을 잃고 부상당한 말들의 신음소리와 죽어가는 사람들의 비명으로 가득했다. 전투가 아니라 대학살이었다. 저항군 가운데 누구도 영국군에 창을 던질 수 있을 만큼 가까이 접근하지 못했다.[7]

당시 영국군은 44정의 맥심 기관총을 가지고 있었다. 영국 작가 힐레어 벨록Hilaire Belloc은 이런 상황을 "어쨌든 우리는 맥심 기관총을 가졌고, 저들은 갖지 못했다"고 표현했다. 영국과 프랑스는 식민 지배를 위해 현지인을 용병으로 고용했지만 기관총은 오로지 유럽인만 다루도록 지시했다. 유럽의 제국주의 국가들은 1890년 벨기에 브뤼셀에 모여 적도 아프리카 지역에서 노리쇠 장전식 소총의 판매를 금지했는데, 이것은 대량살상무기의 확산 방지를 위한 최초의 국제 협약이었다. 핵폭탄이 개발되었을 때, 너무나 엄청난 위력에 놀란 인류가 더 이상의 전쟁은 일어날 수 없을 거라 믿은 것처럼 19세기 사람들 역시 기관총과 중포의 무자비한 살상력에 대한 두려움 때문에 합리적 이성을 갖춘 유럽인끼리 전쟁을 벌이는 일은 없을 거라고 믿었다.

제1차 세계대전 - 전쟁의 기계화

그와 같은 인식 때문에 『투명인간』, 『타임머신』 같은 SF 소설에서 뛰어난 통찰력을 보여준 H. G. 웰스Herbert George Wells 같은 이조차 제1차 세계대전이 '모든 전쟁을 끝내기 위한 전쟁'이라고 믿었다. 1914년 8월 군인들을 전쟁터로 내보낸 독일의 황제와 장군들은 물론이고, 독일군을 격퇴하라고 자국 병사들에게 총동원령을 내린 프랑스와 영국의 수상과 장군들, 러시아의 차르 역시 이 전쟁이 몇 주 안에 종결될 거라고 예상했다. "한 국가가 다른 국가를 적으로 인식하고 그러한 인식이 충분히 강력하고 길게 이어지면, 그 인식은 결국 사실이 된다"[8] 지만, 민족주의와 국가주의로 인한 배타적 우월주의와 호전적인 애국심에 사로잡힌 나머지 현실에 대해 눈감아버린 결과였다. 이들 국가는 식민지 개척 등 다양한 분야에서 경쟁하며 서로 적대감을 키우고 치열한 군비경쟁에 나섰지만 막상 전쟁이 벌어지면 어떻게 행동할지에 대한 구체적인 계획은 수립하지 않았다.

제1차 세계대전의 주요 당사국 가운데 오직 독일만이 전쟁 계획을 수립했지만 이마저도 너무 오래된 것이라서 철도의 등장이라는 변화된 현실을 반영하지 못했고, 계획대로 전황이 움직이지 않을 때 대응할 수 있는 융통성도 부족했다. 당시 프랑스군 총사령관 조프르Joseph Jacques Césaire Joffre 원수는 다음과 같이 말했다.

> 문서화된 어떤 작전 계획도 없었다. …… 나는 휘하의 모든 병력을 이끌고 공격하겠다는 단호한 결심 외에는 어떤 사전 계획도 갖고 있지 못했다.[9]

전쟁을 효과적으로 수행할 수 있는 다양한 전략을 강구하기보다는 단기

제1차 세계대전 당시 사신死神 역할을 했던 비커스 중기관총을 사용하고 있는 영국군 병사들

간에 적군을 몰아내고 최후의 승리를 거머쥐겠다는 조바심이 앞선 양 진영은 결과적으로 가장 비효율적인 정면대결만 반복적으로 고집했는데, 이것은 당시의 모든 지휘관이 전술적 방어력을 과소평가한 결과였다. 산업혁명의 결과로 탄생한 기관총과 신식 대포는 공격 무기보다 방어 무기로써 훨씬 강력했다. 이런 무기들은 크고 무거웠기 때문에 군대가 빠르게 진격할 때 함께 이동하기 어려웠고, 진격하는 병사들은 각자가 들고 있는 한 자루의 소총에 의지할 수밖에 없었다. 기관총으로 무장한 방어 진지 앞으로 돌격하는 보병은 옴두르만 평야에서 기관총과 맞닥뜨린 이슬람 기병대와 별로 다를 것이 없었다. 공격하는 측에 비해 방어하는 병사들이 소수라 할지라도 안전한 참호 속에서 포격 지원을 받으며 라이플과 기관총으로 사격을 가하는 것만으로도 적들의 공격을 효과적으로 막아낼 수 있었다.

잘 훈련된 병사들은 후장식 신형 라이플을 이용해 1분에 대략 15발의 총탄을 발사할 수 있었는데, 당시 연합군과 독일군이 대량으로 사용했던 맥심과 비커스 기관총은 분당 550~600발의 총탄을 소나기처럼 뿜어낼 수 있었다. 처음엔 대대별로 기관총 두 정이면 충분하다고 여겼지만 전쟁 말기에 이르러서는 한 대대당 48정이 배치되었다. 그 결과 제1차 세계대전 사상자의 80퍼센트가량은 포병과 기관총에 의해 발생했다. 그럼에도 당시의 장군들은 "전쟁을 한다는 것은 언제나 공격하는 것을 의미"한다고 믿었다. 1916년 솜 방어전 첫날에만 6만 명이나 되는 사상자가 기관총에 의해 발생했음에도 영국 육군 지휘관 더글러스 헤이그Douglas Haig 장군 같은 이는 기관총의 위력이 과대평가되었다고 주장하며 여전히 정면공격을 고집했다. 제1차 세계대전에서 기관총은 더 이상 전쟁이 개개인의 능력에 의해서가 아니라 기계화된 화력에 의해 좌우된다는 것을 입증했다.

전격전과 총력전 그리고 소형 화기의 변화

제1차 세계대전이 석탄과 증기로 동력을 얻은 제1차 산업혁명의 결과물이었다면 제2차 세계대전은 석유와 전기로 동력을 얻은 제2차 산업혁명의 결과물이었다. 제1차 세계대전을 통해 비행기와 전차 등 기계를 이용한 무기 체계가 눈부시게 발전했고, 이제 기관총은 물론 대포까지 탑재한 기갑부대가 전장을 누빌 수 있게 되었다. 공군의 지원 아래 기갑부대로 적의 방어선을 돌파해서 후방까지 진격하고, 뒤따르는 보병 부대가 양단된 적군을 소멸시킨다는 전격전blitzkrieg 전술 이론은 제2차 세계대전 이전부터 있었지만 이것을 실전에 도입한 것은 독일군이 처음이었다. 독일군은 1939년 폴란드에

이어 프랑스까지 파죽지세로 몰아붙여 적군이 채 전열을 가다듬기 전에 전쟁을 승리로 이끌었다.

　신속한 진격이 생명인 전격전 특성상 전투는 참호전처럼 원거리에서 벌어지는 것이 아니라 코앞에서 벌어졌다. 보병에게도 무겁고 이동시키기 어려운 기관총이나 단발식 소총보다 가볍고 자동화된 무기가 필요했다. 독일의 총기개발자 휴고 슈마이저Hugo Schmeisser는 제1차 세계대전 중 '베르크만 MP-18'이라는 기관단총을 개발했다. 기관단총이란 권총에 사용되는 탄환처럼 짧고 가벼운 탄환을 기관총처럼 연발로 사격할 수 있도록 만든 소형 화기로, 길고 큰 탄환을 사용하는 노리쇠 장전식 소총보다 화력은 떨어졌지만 가볍고 사용이 간편한 것이 장점이었다. 독일군은 MP-18에서 발전된 MP-40 기관단총으로 보병들을 무장시켰다. MP-40은 제2차 세계대전 당시 사용된 기관단총 가운데 최고 성능을 자랑했으며 생산하기도 쉬웠다. 독일 총기설계자들이 부품을 단순화해서 노리쇠 뭉치와 총열을 제외한 모든 부품을 프

제1차 세계대전 당시 참호에 있는 불가리아 군대. 당시 제식 소총은 성인에게도 너무 길고 무거워서 적진으로 돌격하는 병사들은 소총 대신 수류탄이나 야전삽 등으로 백병전을 벌이곤 했다. 이에 따라 좀 더 가볍고 연발 사격이 가능하도록 개발된 것이 기관단총이다.

Mikhail Kalashnikov　　067

레스를 사용해 제작했기 때문에 높은 생산성과 안전성을 갖추고 있었다.

　독일군은 전격전을 통해 2개월 이내에 대소전對蘇戰을 승리로 이끈다는 계획에 따라 우크라이나, 레닌그라드, 모스크바 등으로 진격했다. 칼라시니코프는 우크라이나 부근 스트리Stryi에 주둔한 제12전차사단 제24기갑연대의 전차장으로 복무하던 중 1941년 10월 키예프 근방으로 진격해오는 독일군을 맞아 브랸스크Bryansk 전투에 참가했다. 독일군과 전투를 벌이기 위해 이동 중 해치를 열고 몸을 바깥으로 노출시킨 그는 전방에 있던 아군 전차가 교전 중에 적 전차가 쏜 포탄에 피격되어 파괴되면서 튄 파편에 맞았다. 이 부상은 전쟁의 양상을 바꾸었다. 다행히 후방 야전병원으로 이송되어 목숨은 건졌지만 그의 뇌리에는 전우들이 독일군의 포화에 산산이 찢기는 광경이 또렷하게 남았고, 입원해 있는 동안 독일군의 소총과 기관단총에 비해 뒤떨어진 소련군 제식 소총에 대한 불만을 들었다. 그는 이런 경험들을 통해 소련군이 사용할 제식 소총을 새롭게 개발해야 한다는 강한 의지를 불태우게 되었다. 당시 소련군 병사들은 주로 모신나강Mosin-Nagant 소총 등으로 무장했는데, 이 소총은 독일군의 Kar-98k와 마찬가지로 노리쇠 장전식이었다. 당시 독일군의 많은 수가 자동사격이 가능한 MP-40을 갖췄기 때문에 주로 단발식 소총으로 무장한 소련 병사들은 전투에서 고전을 면치 못했다.

　단기결전으로 독소전을 승리로 이끌려 한 히틀러의 전략은 소련의 방위력이 예상 외로 강한 데다가 평소보다 일찍 찾아온 러시아 특유의 혹독한 겨울 추위 탓에 파죽지세의 진격을 멈출 수밖에 없었다. 또한 나폴레옹 이래 러시아를 침공한 대부분의 침략군이 느낀 것처럼 러시아 영토는 독일군이 전격전으로 휩쓸어버리기엔 너무나 광대했다. 그럼에도 독일군은 이미 주요 공업지대인 레닌그라드, 키예프를 비롯한 모스크바 서쪽 지역의 군수생산공장 300여 개소를 점령하고 있었다.

이때부터 스탈린은 소련식 사회주의가 구축한 효율적 관료주의를 총동원해 1941년 8월부터 10월 사이에 전체 군수산업의 80퍼센트를 우랄산맥 동쪽으로 이동시켰다. 전쟁이 발발하고 처음 3개월 동안 소련은 철도를 이용해서 새롭게 징병된 250만 명의 병사를 전선으로 이동시키고, 돌아가는 길에 1,523개의 공장을 동쪽으로 이동시키면서 총력전 체계를 갖춰나갔다. 사실 소련은 이미 1931년부터 전쟁을 치르고 있었다. 1930년대부터 스탈린이 추진한 집단화와 공업화는 매우 강압적이었고, 이 과정에서 수많은 노약자와 어린이가 굶거나 얼어 죽었다.

러시아는 제1차 세계대전 당시 만성적인 식량 부족 사태에 직면해 결국 혁명을 경험한 나라였다. 그런데 제2차 세계대전 때 일어난 도시의 식량 부족 사태는 정권에 위협이 되지 않았다. 미국의 식량 지원도 있었지만 근본적으로는 스탈린이 추진한 강압적인 농업집단화 정책 덕분이었다. 비록 자원과 인명의 손실은 컸지만 그 기간에 공업화를 가속화할 수 있었고, 공업화는 소련이 세계대전의 전화를 견뎌낼 수 있는 원동력이 되었다. 이 기간에 제1차 산업혁명 수준에 멈춰 있던 소련은 빠르게 제2차 산업혁명 단계로 넘어갔다. 전시에 개발한 PPSh-41 같은 기관단총은 연방 전체의 크고 작은 공장에서 수백만 정이 생산되었다.

새로운 소총이 절실했지만 당장 전투 현장에서 소모되는 군수품을 충당하기에도 급급했기 때문에 소총을 개발하는 일은 결코 쉽지 않았다. 하지만 칼라시니코프는 입원해 있는 동안 당의 특별한 배려 덕분에 새로운 기관단총 모델을 설계할 수 있었다. 그는 1942년 새로운 기관단총 설계도를 가지고 알마아타 공산당중앙위원회에 출두해 총기 모델의 시제품 제작 허가를 신청했다. 시제품을 만드는 데까지는 성공했지만 그의 첫 번째 총기설계안은 이미 실전 배치되기 시작한 수다예프Alexey Sudayev의 PPS 시리즈 기관단총(한국전쟁 당시 북한군이 사용한 '따발총')을 대체할 수 없었고, 시모노프Sergei Gavrilovich Simonov의 SKS-45 카빈 소총에 밀려 채택되지 못했다. 그러나 이 과정에서 칼라시니코프는 총기 설계자로 인정받게 되었고, 그의 총기 설계 능력을 높이 평가한 당국의 배려 덕분에 그는 전선으로 돌아가는 대신 소련의 국영 조병창RKKA에서 총기 설계에 전념할 수 있었다. 제2차 세계대전이 끝나자 그에게 새로운 개념의 돌격소총을 개발하라는 과제가 내려왔다.

여기서 잠깐, 칼라시니코프의 첫 설계를 제친 시모노프의 SKS-45 카빈 소총을 살펴보자. AVS-36 반자동 소총과 PTRS-41 대전차 소총을 설계한 총기 개발자 시모노프는 1945년 새로운 총기의 시제품을 소련군에 제출해 각종 테스트를 받았는데, 만족할 만한 결과가 도출되자 이 총이 제2차 세계대전 직후 소련군의 제식 화기로 채택되는데 이것이 바로 시모노프 SKS-45 카빈이다. 신뢰도와 내구성, 명중률 등에서 만족스러운 평가를 받았지만 동시대에 개발된 걸작 AK-47과의 경쟁에서 밀려 개발 당사국인 소련에서는 2선급으로 물러나게 되지만 아시아와 유럽의 공산권 국가에서만큼은 AK-47 못지않게 활약한 후 역사 속으로 사라진 소총이었다. SKS-45 개발에서 설계자인 시모노프 외에도 빼놓을 수 없는 것이 이 소총의 운용탄인 7.62㎜×39(M43탄)이다. 훗날 AK-47의 사용탄으로 더욱 유명해진 이 탄환을 처음으로 사용한 총기가 바로 SKS-45였다.

AK-47, 세계 최강 살인 기계의 탄생

전쟁이 끝나갈 무렵 독일의 우수한 총기 설계자 슈마이저가 소련군에 붙잡혀 포로가 되었고, 칼라시니코프와 수다예프, 시모노프를 비롯한 소련의 총기설계자들은 그에게서 새로운 소총 개발에 대한 영감과 기술을 얻을 수 있었다. 많은 이들이 AK-47의 발명가로 칼라시니코프 한 사람만을 생각하지만 그 자신은 이렇게 고백한 바 있다.

"돌격소총과 같이 작동 구조가 복잡한 공업 제품을 한 사람이 단시간에 개발하고 완성한다는 것은 불가능한 일이다."

어째서 이런 말을 한 것일까? 제1차 세계대전 이후 포드주의가 군대에도 도입되었기 때문이다. 생산을 원활히 하기 위해 생산 공정을 단순화하고 표준화해서 비용을 절감하고 생산을 증대시킨다는 기업 시스템은 산업화된 군수품 생산에도 고스란히 적용되었다. 두 차례에 걸친 세계대전 동안 총기 설계자들은 그동안 일반 보병의 제식 소총으로 사용되어온 7.92㎜ 탄환의 화력이 지나치게 강하다는 결론에 도달했다. 이 탄환의 사정거리는 1,000미터에 달하는데 실전 상황에서 전투는 사정거리의 절반도 안 되는 거리에서 벌어졌고, 강한 반동이 정확한 사격에 도리어 장애가 되어 긴 훈련 시간이 필요했다. 이 같은 연구 결과에 따라 독일의 탄환 설계자들은 중간 화력의 탄환을 개발하게 되는데, 이것이 소총탄의 구경에 탄피 길이를 줄여 장약의 양을 줄인 새로운 탄환이었다.[10] 이렇듯 기존의 소총탄과 권총탄의 중간 정도 탄약을 사용한 돌격소총은 소총과 기관단총을 통합해 병사들을 단일한 무장으로 통일시킬 수 있었고, 비교적 원거리 사격도 가능하면서 근거리에서는 기관총 못지않은 엄청난 화력을 쏟아부을 수 있었다. AK-47 역시 처음부터 이 탄환을 사용하도록 설계되었다.

이전까지 보병들은 원거리 사격이 가능하지만 무겁고 반동이 센 노리쇠 작동식 소총 또는 가볍지만 화력이 약해 근거리에서만 사용할 수 있는 기관단총으로 무장해야 했다. 그러나 MP 시리즈 기관단총(정확하게는 MP-18)을

StG44를 쓰는 1943년의 전장. 총기 설계자 휴고 슈마이저는 노리쇠 작동식 소총의 장점과 기관단총의 장점을 결합해 새로운 개념의 자동소총인 StG44 돌격소총을 개발했다.

설계한 휴고 슈마이저는 노리쇠 작동식 소총의 장점과 기관단총의 장점을 결합한 새로운 개념의 자동소총 StG44 돌격소총을 개발하는 데 성공했다. AK-47 돌격소총 개발에는 독일의 StG44를 포함해 제1·2차 세계대전을 경험하며 축적된 대량살상 기술이 큰 영향을 끼쳤다. 이처럼 돌격소총은 한 명의 병사가 기관총에 버금가는 화력을 뿜어낼 수 있게 해주었는데, 그 사용법과 관리법을 단시간에 익힐 수 있으면서도 전장에서 큰 힘을 들이지 않고서도 반동을 제어하며 사용할 수 있게 된 것은 총기 설계의 혁신 못지않게 새로운 탄환의 개발에 기인한 바가 컸다.

칼라시니코프가 일반 사병 출신이었으므로 전쟁에서 돌아온 병사들은 그가 제작한 시제품을 사용해보고 마음 편하게 개선점을 일러주었다. 그중에는 스탈린그라드의 영웅이자 세계 최고의 저격수 바실리 자이체프Vasily Zaytsev도 있었다. 칼라시니코프는 여러 차례 실험을 통해 문제점을 보완했고, 열 차례에 걸친 재설계 과정을 통해 비로소 AK-47 소총의 시제품을 완성할 수 있었다. 1947년 완성된 그의 돌격소총은 소련군의 신형 돌격소총 테스트에 제출되었고, 여러 번의 테스트를 거친 끝에 1949년 마침내 소련군의 제식 소총으로 채택되었다.

심혈을 기울여 개발한 AK-47은 연발 사격이 가능할 만큼 반동이 적었고, 어린아이도 사용할 수 있을 만큼 손쉽게 작동했으며, 구조도 단순해 철판을 눌러 찍어내는 프레스 공법으로도 제작할 수 있었다. 특별히 사격 정확도는 높지 않았지만 설계 당시부터 부품 간격을 넉넉하게 만들었기 때문에 진흙탕이나 모래사막 등 가혹한 조건에서 다소 험하게 다루더라도 작동에 별다른 문제가 없었다. 각각의 부품은 애초부터 고장 날 여지가 없을 만큼 매우 간소화되었기 때문에 총기를 관리하는 병사의 부담도 적었다. 그런 탓에 아무리 초보자라도 일주일에서 보름이면 사용 요령을 충분히 배울 수 있었다. 훗날 칼라시니코프는 단순성과 신뢰성에 우선순위를 두는 자신의 디자인적 특성이 평소 즐겨 읽은 러시아 문학과 성서에서 얻은 러시아적 감수성의 결과였다고 주장하기도 했다.

민족해방운동과 테러의 상징

2007년은 AK-47 소총이 개발된 지 만 60주년이 되는 해였다. 블라디미르 푸틴 러시아 대통령은 AK 소총 개발 60주년 기념식에서 이런 말을 남겼.

"칼라시니코프 소총은 대담한 발명 정신뿐 아니라 러시아 국민들의 재능, 창조적 천재성의 상징이다."

또 AK-47은 러시아가 발명한 최고의 발명품 가운데 하나라고 말하기도 했다.[11] 러시아에서 무기 수출을 담당하는 로소보론사의 관계자는 지난 60년간 AK-47 소총은 해외에서 생산된 모조품과 변형을 포함해서 1억 정 이상

생산되었으며, 세계 47개국 군대에서 사용되고 있다고 자랑하기도 했다. 국제인권단체 앰네스티인터내셔널에서 작성한 「AK-47: 세계 최강의 살인기계」AK-47: The World's Favourite Killing Machine[12] 라는 조사보고서도 이런 사실을 재확인시켜주고 있다. 이처럼 많은 양의 AK 소총이 세계 도처에 퍼져 있는 까닭에 아프리카 등지에서는 이 소총 한 자루를 닭 한 마리 값밖에 안 되는 30달러 이하에도 구입할 수 있다고 한다.

전 세계에 무수히 많은 소형 총기가 있지만 1,000만 정 이상 생산된 경우를 찾기는 어렵다. AK 소총이 이처럼 대량으로 생산되고 유통될 수 있었던 까닭은 무엇일까. 물론 앞서 살펴본 대로 이 총이 지닌 기계적인 우수성, 대량생산의 용이함에도 원인이 있지만 그것만으로는 충분하지 않다. AK 소총이 핵무기보다 더 많은 사람을 죽이는 대량살상무기가 된 데에는 20세기 인류의 역사적 경험이 매우 깊은 관련을 맺고 있기 때문이다. 소련은 혁명 수출이라는 명분으로 식민 지배에서 벗어나기 위해 투쟁하는 여러 나라에 대량의 무기를 거의 공짜로 수출하거나 무상으로 공여했다. 1959년엔 AK-47을 더욱 경량화해서 재료 낭비를 줄이고 생산성을 향상시킨 AKM 소총까지 등장했다. 독립과 해방을 위해 프랑스에 이어 미국이라는 세계 최대의 거인과 전쟁을 치른 베트남 인민은 소련의 기술과 중국의 저렴한 인건비가 만나 생산된 AK 소총(중국 제식 명칭은 56식 소총)으로 무장하고, M-16으로 무장한 미군에 맞서 싸워 마침내 승리를 거뒀다. 베트남전쟁의 승리 때문에 AK 소총은 해방과 투쟁의 상징이 되었고, 1975년 포르투갈에서 독립한 모잠비크에선 국기의 상징으로 삼기도 했다.

AK 소총이 이처럼 널리 보급된 가장 큰 원인이 냉전에 있었다면 냉전의 해체는 더 큰 원인을 제공했다. 1991년 말 소련이 붕괴되자 무기 관리가 허술해졌고, 보수를 제대로 받지 못한 러시아 군인들은 AK 소총을 불법적으로 판매해서 부족한 봉급을 벌충했다. 소련 붕괴 이후 1993년 한 해에만 불법 소화기 거래에 관련된 구소련 장교가 3,000명 이상 적발되었다. 또한 AK 소총은 북한을 비롯한 수많은 나라에서 합법적으로 혹은 불법적인 복제 방식으로 생산되었고, 수많은 지역에서 사용했기 때문에 러시아가 아니더라도 원하기만 한다면 누구라도 합법·불법적인 거래를 통해 획득할 수 있었다. 물론 소련 붕괴 이후 재정난 타계를 위해 돈만 준다면 누구에게든 무기를 팔 용의가 있는 구소련 연방의 국가도 얼마든지 있었다.

 칼라시니코프가 독일의 침공에서 조국을 지키기 위해 만든 AK 소총은 해방의 상징이자 테러의 상징이 되었다. 1972년 팔레스타인의 검은9월단이 뮌헨 올림픽을 피로 물들일 때 사용한 것도 이 총이고, 오늘날 테러의 대명사가 된 알카에다의 빈 라덴Osama bin Laden이 지하드를 선포하면서 곁에 놓아둔 소총 역시 이것이었다. 칼라시니코프가 조국 소련을 지키기 위해 만들었지만 역설적이게도 아프가니스탄 침공(1973~1989)과 체첸 분쟁(1994~1996, 1999~2009)에서 소련의 수많은 젊은이를 희생시킨 것도 이 총이다. 당시 미국의 CIA는 중국에서 대량의 56식 소총을 밀수입해 아프가니스탄의 게릴라 조직인 무자헤딘에 제공했고, 소련은 1989년 아프가니스탄에서 철수할 때까지 전사자 1만 5,000명을 포함한 다수의 사상자를 내야 했다. 이들 대부분은 AK 소총과 RPG-7에 의해 공격받았다. 미국 역시 오늘날 아프가니스탄과 이라크에서 그 대가를 톡톡히 지불하고 있다. 2006년 11월 작가 래리 커해너Larry Kahaner는 『워싱턴포스트』에 기고한 글에서 "이라크에서 미국이 찾던 대량살상무기WMD가 드디어 나왔다. 젊은 미군 병사 3,000명을 저세상으로 보낸 WMD는 핵무기가 아니라 낡은 소련제 AK-47 소총"[13]이라며 미국의 이라크 정책을 비판하기도 했다.

인류의 가장 잔인하고 비열한 무기,
소년병

많은 이들이 이처럼 잔인한 살상무기를 발명한 칼라시니코프가 양심의 가책을 느끼길 바라지만 그는 언론 인터뷰에서 이런 소회를 밝힌 바 있다.

"나의 작품은 내 인생이고, 내 인생은 나의 작품이다. 난 조국을 방어하기 위해 이 소총을 발명했다. 오늘은 그것이 자유와 동의어가 되었고, 나는 이것을 매우 자랑스럽게 생각한다. 나는 부끄럽지 않으며 매우 잘 자고 있다 sleep soundly."

그는 AK 소총을 개발한 공로로 스탈린 훈장을 비롯해 두 차례에 걸쳐 금성훈장을 받았고, 고향 쿠루야에 업적을 기리는 동상이 세워졌고, 명예공학박사가 되었다. 명예직에 가깝지만 러시아 육군 소장 계급장을 단 러시아의 최고령 장군이자 민영화된 이즈마슈Izhmash사의 수석 디자이너로 지금도 신형 AK 소총의 개량 작업에 임하고 있다. 공산 국가여서 특허권을 인정받지 못해 가난할 것이라는 세간의 예상과 달리 그는 개인 별장을 소유하고 있으며, 그의 공적과 AK 소총의 의미를 기리는 칼라시니코프 재단의 설립자로 자신의 이름을 이용한 보드카와 시계 등을 판매하는 사업을 벌이고 있다. 과연 그는 비열하고 잔인한 죽음의 기술자일까?

AK 소총을 생산하는 러시아를 비롯해 소형 살상 무기를 생산하는 국가는 90개국이 넘으며 세계 1,200여 개 공장에서 무기 혹은 무기 관련 물품이 생산되고 거래된다. 합법적인 시장의 규모만 약 40억 달러에 달하고, 암거래 시장의 규모는 10억 달러에 달한다. 한국도 이에 포함된다. 1억 정 이상 생산된 것으로 추정되는 AK 소총을 포함해 세계에는 약 6억 정이 넘는 소형 살상 무기들이 있고, 그 절반 가까운 2억 5,000만 정이 미국에 있다. 미 국민 한

AK 소총을 든 시에라리온의 소년병. AK 소총은 가볍고 다루기 쉬운 데다 매우 저렴하기 때문에 예전에는 병사로 징집되지 않았던 18세 미만의 소년 소녀까지 병사로 이용되고 있다.

사람당 한 정 이상의 소형 살상 무기를 가진 셈이다. 미국의 총기 관련 사업은 연 20억 달러 규모로 업체 수만 해도 200여 개다. 이 가운데 최상위 8대 업체들이 쏟아내는 총기만 연간 5만 정에 달하며 나머지 업체까지 포함하면 300만 정에 이른다.[16] 유럽 역시 8,400만 정의 소형 살상 무기가 있지만 소형 살상 무기로 가장 많은 사람이 희생되는 아프리카에는 유럽이나 미국보다 훨씬 적은 대략 3,000만 정이 있다. 어째서 아프리카에 있는 3,000만 정은 미국에 있는 2억 5,000만 정보다 훨씬 많은 사람을 죽이게 되는 것일까?

『무기 거래의 국제정치학』The Global Politics of Arms Sales, 1982을 펴낸 앤드루 피에르Andrew Pierre 교수는 자신들의 정치적 이해관계가 달린 "핵무기 문제나 국가 간의 굵직한 분쟁은 이슈로 삼으면서도 정작 제일 많은 사람을 죽이는 소형 살상 무기에 대해서는 무관심"한 강대국들을 그 원인으로 지목한다. 라이베리아, 르완다, 콩고 등 서부 아프리카 지역에서는 결혼 예물로 사용되는 다이아몬드와, 휴대전화 필수 재료인 콜탄coltan을 팔아 구입해온 불법 무기로 매년 수천 명이 목숨을 잃는다. 이처럼 불법 무기들이 공공연하게 대량으로 유통되는 한 가지 원인은 냉전 체제에서 대량으로 생산되고 축적된 재래식 살상 무기 때문이다. 소련과 동유럽을 비롯해 세계 각국이 비축한 재래식 살상 무기는 재고량이 워낙 많아서 전쟁이 몇 번 일어난다 해도 모두 사용할 수 없을 정도다.

우크라이나 같은 신생국은 막 독립한 상태였기에 경제도 어렵고 무기 밀매를 막을 법적인 제재 조치 또한 마련되지 못했다. 우크라이나에는 대량의 AK-47 소총과 무기 생산 능력이 있었고, 돈이 필요한 신생 정부는 불법 무기 거래를 눈감아주었다. 실제로 1992년 우크라이나에서는 4조 원가량의 무기가 흔적도 없이 사라지는 사건이 벌어졌다. 이곳에서 사라진 살상 무기는 서부 아프리카를 비롯해 세계 여러 곳의 분쟁 지역에서 다시 나타나 수많은 목숨을 앗아갔다. 제국주의 시절 아프리카에 노리쇠 장전식 소총의 수출을 금지한 강대국이 이번엔 과거 식민지 국민들끼리 서로 죽이도록 부추기는 자동소총을 수출하고 있다. 그 결과 1945년 제2차 세계대전 종전 이후 발발한 전쟁과 내전은 모두 200건이 넘어서고 있으며 이 같은 분쟁은 대부분 식민지배를 겪은 지역에서 발생했다. 최근의 분쟁은 전시보다 전후에 더 많은 폭력 사태가 발생하고 더 많은 사람이 죽어가는 양상을 띠고 있다.

인류가 만들어낸 가장 잔인한 무기는 무엇일까. 히로시마와 나가사키에 투하된 핵폭탄일까? 아니면 제1차 세계대전 이후 실전에서는 한 번도 사용된 적이 없는 독가스일까? 전쟁이 끝난 뒤에도 땅 속에 조용히 묻혀 있다가 지나가는 사람들의 목숨을 앗아가는 대인지뢰일까? 아니면 AK 소총일까? 2007년 『뉴욕타임스』와 세계 인권단체들이 꼽은, 인류의 가장 잔인하고 비

AK-47 분해도. 칼라시니코프가 조국을 수호하기 위해 만든 AK-47. 그러나 이 총은 민족해방운동에 기여하는 동시에 테러의 손쉬운 수단이 되었다.

열한 무기는 바로 소년병이다. 2000년 UN은 18세 미만의 병사를 소년병이라고 공식적으로 규정했는데, 현대적인 개념의 소년병이 출현하기 시작한 곳은 1980년대 초반 아프리카 모잠비크로 알려져 있다. 내전에서 반군 측이 동원하기 시작한 소년병은 곧 정부군까지 확산되었고, 세계의 다른 분쟁 지역까지 널리 퍼져나갔다. 소년병이라 하면 서부 아프리카 지역의 흑인 소년들을 먼저 연상하지만 앰네스티인터내셔널은 현재 85개국 이상에서 50만 명이 넘는 18세 미만 아동이 정부군이나 준군사조직, 민병대를 비롯한 다양한 무장반군에 징집당하고 있다고 보고했다. 그리고 이들 가운데 30만 명 이상이 실제 전투에 투입되고 있다.

AK 소총이 빚어낸 가장 큰 슬픔은 이 소총이 가볍고 다루기 쉬운 데다 매우 저렴하기 때문에 예전에는 병사로 징집되지 않던 18세 미만의 소년 소녀까지 병사로 이용된다는 사실이다. 이들 지역에서 분쟁은 끊임없이 벌어지고 거기서 유래한 비극은 한두 가지가 아니다. 그러나 가장 큰 비극은 아이들이 총알받이, 성적 착취의 도구가 되고 있다는 것이다. 적게 먹고, 비용을 지급할 필요도 없으며 어른들이 시키는 대로, 훈련받은 대로 고분고분 따르는 아이들은 마약과 탄약을 동시에 지급받았다. 환각 상태에 빠진 아이들은 자신이 하는 행동을 제대로 이해하지도 못한 채 명령에 따랐다. 총에 맞아도 죽지 않는다는 부적을 목에 걸고, 총구를 겨냥하면 두려움에 떠는 어른들의 모습에 희열을 느끼며 거침없이 살육을 벌였다.

이런 방식으로 고문당하고 학대받으며 약물에 중독되어 자기 부족 사람들, 마을 사람들, 심지어 부모에게까지 총구를 들이댄 아이들은 분쟁이 끝난다 해도 치유하기 힘든 마음의 상처를 입는다. 성인 병사는 위험이 닥치면 후퇴하라고 훈련받지만 소년병은 어떤 경우에도 후퇴하면 안 된다고 훈련받는다. 살육의 공포에서 깨어나 탈영한 아이들은 반군에게도 정부군에게도 쫓기는 신세가 되었고, 고향으로 돌아가도 받아들여지지 않는다. 내전을 경험한 시에라리온의 유엔 대사인 실베스터 로우Sylvester E. Rowe는 다음과 같이 말했다.

"소형 살상 무기는 한 나라를 파멸에 이르게 하고, 이것이 한 인간의 삶에 얼마나 깊은 영향을 미치는지 살펴봐야 한다. 어린이 한 명이 죽을 때마다 그 나라의 미래가 파괴된다."

미국은 이라크가 테러를 지원하고 대량살상무기를 은닉하고 있다는 명분으로 침공했지만 그곳에서 찾아낸 것은 낡은 AK-47 소총이었고, 이 소총은 지금 이 순간에도 세계 전역에서 아무 이상 없이 잘 작동하고 있다. 닭 한 마리 값이면 살 수 있는 낡은 소총 한 자루가 한 어린이의 미래, 한 사회의 미래, 하나의 우주를 파괴하고 있다. 그러나 진짜 죽음의 상인은 무기 밀거래를 위해 국적을 위조하고 자금을 세탁하는 몇몇 무기밀매업자가 아닐지도 모른다. 실제로 전 세계 무기의 3분의 2는 미국과 러시아가 공급하며, 나머지 대부분도 유럽연합 국가들이 맡고 있다. 2005년 현재 무기 생산업체의 무기 판매액은 2,680억 달러에 달하고, 이 매출액의 절반은 다국적 자본인 다섯 개 대기업이 독식하고 있다. 대량살상무기의 진정한 배후는 강대국의 민영화된 군수자본이다. 어쩌면 우리가 좀 더 높은 배당을 노리며 투자한 자금이 우리 아이들의 미래를 겨냥하는 총탄이 되고 있을지도 모른다.

03

윌리엄 보잉

전쟁과 평화의 두 얼굴을 가진 하늘의 거인

나는 미래의 언젠가는 더욱더 많은 사람들이 매일매일 비행기를 타게 될 것이라고 생각한다. 그때는 모든 사람들이 비행기 여행을 기차여행과 마찬가지로 평범하고 흔한 일로 생각하게 될 것이다. …… 우리는 새로운 속도를 제공하는 기구의 출현과 함께 경제, 사회 그리고 정치적으로 일어나게 될 새로운 혁명의 진정한 담지자들이다.

William Edward Boeing 1881~1956.

민간항공운송 분야에서 신기원을 이룩한 보잉이었지만

보잉의 날개는 언제나 피에 젖어 있었다. 전쟁과 함께 발전해온 항공기술은

인류에게 약간의 비용만 지불한다면 누구라도 하늘을 나는 경험을 할 수 있게 해주었고,

세계를 진정한 지구촌으로 변화시켰지만

다른 한편으로 같은 시간, 같은 하늘 아래 살아가고 있는 사람들은

하루하루를 하늘에서 쏟아질지 모를 공포 속에 살아가고 있다.

"푸른 바다 저 멀리 새 희망이 넘실거린다."

애니메이션에 별 관심 없는 사람들도 이렇게 시작되는 주제곡을 들으면 대번에 〈미래소년 코난〉未來少年コナン, 1978을 떠올린다. 1982년부터 주말 아침마다 KBS-2 TV에서 방영된 〈미래소년 코난〉은 잠꾸러기 어린이는 물론 어른들까지 텔레비전 브라운관 앞으로 불러들였다. 재패니메이션의 신화를 쓴 지브리 스튜디오의 미야자키 하야오宮崎駿와 다카하다 이사오高畑勳가 알렉산더 케이Alexander Key의 SF 소설 『살아남은 사람들』The Incredible Tide, 1970을 원작으로 공동 연출한 이 작품은 어린이나 보는 것이라고 폄하되던 TV 애니메이션의 수준을 격상시켰다는 평가를 받고 있는 걸작이다.

큰 줄거리는 이렇다. 고도의 과학 문명을 이룩한 인류는 핵무기를 능가하는 파괴적인 전쟁 무기로 지구를 파멸 직전의 위기에 빠뜨린다. 이때 간신히 살아남은 사람들은 산업문명의 전통을 이어가는 인더스트리아와 농경 사회인 하이하바 섬에 나뉘어 살고 있다. 인더스트리아의 지도자 레프카는 태양 에너지를 이용해 지난 전쟁에서 인류를 파멸의 위기로 몰아넣은 '기간트Gigant'[1]를 부활시킬 음모를 꾸민다. 하늘을 나는 거대한 초공중 요새인 기간트는 길이 85미터, 폭 176미터, 높이 60미터에 100기가 넘는 대공 포탑과 레

보잉사의 설립자 윌리엄 보잉

이저 무기까지 장착된 전략폭격기였다. 마침내 기간트를 부활시킨 레프카 일당에 대적해 초인적인 힘을 발휘하는 코난과 그의 동료들은 기간트를 추락시키고 평화를 되찾는다.

하야오의 작품 세계에서 두드러진 특징 가운데 하나는 '하늘'과 '비행'의 이미지가 환상적으로 묘사된다는 것이다. 비행기 조립 공장을 운영한 부친 덕분에 하야오는 어려서부터 하늘에 대한 동경을 품고 있었다. 그러나 그의 작품에 등장하는 하늘이 아름답기만 한 것은 아니다. 〈미래소년 코난〉이나 〈바람계곡의 나우시카〉風の谷のナウシカ, 1984, 〈천공의 성 라퓨타〉天空の城ラピュタ, 1986, 〈붉은 돼지〉紅の豚, 1992, 〈하울의 움직이는 성〉ハウルの動く城, 2004 등에서 묘사된 하늘은 평화의 하늘이 아니라 전쟁의 하늘이며, 파괴와 종말의 가능성을 담은 하늘이기도 하다.

미야자키 하야오가 하늘을 환상과 낭만의 대상으로만 인식할 수 없던 까닭은 제2차 세계대전의 전략폭격을 직접 경험한 세대이기 때문이다. 그가 폭격에 대해 느끼는 공포를 은유적이고 간접적으로 표현한다면 이사오는 〈반딧불의 묘〉火垂るの墓, 1988에서 어린 남매의 시선을 통해 폭격의 공포를 직접 묘사한다. 이들에게 하늘에 대한 동경과 함께 공습의 충격과 공포를 심어준 것은 누구였을까? 아마도 그건 날개를 달고 하늘을 나는 고대 신화 속 영웅이나 신이 아닌 바로 '보잉Boeing'이었을 것이다.

1783년 프랑스 아노네에서 몽골피에 형제는 열기구에 사람을 태우고 하늘을 날게 했다.

라이트 형제와 비행의 선각자들

인류에게 하늘은 원시시대부터 신이 머무는 공간이었다. 하늘을 날고 싶어 하는 인류의 욕망에 대해 알아보려면 아주 오래전으로 거슬러 올라가야 한다. 기원전 1500년경 페르시아의 왕 카이 카우스Kai-Kaus는 독수리 네 마리가 끄는 왕좌에 앉아 하늘을 비행했고, 마케도니아의 알렉산드로스 대왕 역시 그리핀Griffin이 끄는 궤짝을 타고 하늘을 날았다고 전해진다. 하늘을 나는 게 당시 기술력으로 불가능한 일이었지만 이런 전설이 남아 있는 까닭은 하늘 곳이 힘과 권위의 상징이었기 때문이다.

인류는 자유롭게 비행하는 새의 움직임을 관찰하는 것으로 하늘을 향한 첫걸음을 내딛었다. 15세기 후반 레오나르도 다빈치는 새의 날개가 지닌 양력(공기역학)의 비밀을 밝혀냈는데, 비행 실험의 초기 선각자들은 깃털로 만든 날개에만 의지해 절벽에서 뛰어내렸고 그렇게 애꿎은 목숨을 잃었다. 천사처럼 날개가 달려 있다고 해도 인간의 가슴 근육은 새처럼 자유로운 비상을 이뤄줄 힘이 없었다. 육체의 힘만으로는 날 수 없다는 사실을 뒤늦게 깨달은 인류는 뜨거운 공기 또는 대기보다 가벼운 기체를 공기 주머니에 담으면 그 힘으로 부력을 얻을 수 있다는 사실을 알게 되었다.

프랑스의 발명가 몽골피에Montgolfier 형제는 1783년 열기구에 사람을 태우고 하늘을 나는 실험을 했는데, 이 실험은 프랑스 국왕 루이 16세와 마리 앙투아네트도 함께 구경 올 만큼 대단한 관심을 끌었다. 그러나 열기구는 자유로운 비행 도구가 아니었다. 좀 더 자유로운 비행을 꿈꾼 독일의 오토 릴리엔탈Otto Lilienthal은 새의 비행을 좀 더 면밀하게 관찰해 글라이더glider를 제작했다. 그는 글라이더를 타고 2,000회 이상 실험을 거듭하면서 죽을 고비를 몇 차례나 넘겼고, 그때마다 입버릇처럼 "희생은 불가피한 것"[2] 이라고 말했다.

이 말은 결국 그의 묘비명이 되었다. 이렇듯 산업혁명이 본격화되기 전까지 인류는 비행을 가능하게 할 만한 동력원을 찾지 못했다. 발명가 하이럼 맥심이 1894년 증기기관을 이용한 비행기를 제작했지만 하늘을 날기에 증기기관은 너무 무거웠다. 인류 최대의 발명과 혁신이 거듭된 19세기 내내 유럽의 발명가들은 온갖 기술을 동원해 '공기보다 무거운 비행 기계'를 발명하기 위해 애썼다. 그러나 그 꿈은 20세기, 대서양 건너의 자전거 수리공 형제에 의해 이루어질 운명이었다. 당시 미국은 에디슨과 헨리 포드, 알렉산더 그레이엄 벨Alexander Graham Bell이 전기, 자동차, 전화 등의 분야에서 놀라운 기술혁신을 거듭하며 새로운 발명의 시대를 맞이하고 있었다. 특히 자동차 산업의 발전으로 등장한 내연기관은 새로운 '날틀'의 출현에 중요한 역할을 했다.

1903년 12월 17일 아침, 노스캐롤라이나 주 키티호크는 살얼음이 얼 정도

1895년에 글라이더를 타는 오토 릴리엔탈의 모습

1903년 12월 17일에 있던 인류 최초의 비행을 기록한 존 T. 대니얼스의 사진. 라이트 형제는 12초간 인류 최초의 동력 비행에 성공했다.

로 추웠고, 초속 12미터의 북풍이 몰아치고 있었다. 라이트Wright 형제는 제비뽑기로 먼저 비행할 사람을 정했다. 동생 오빌Orville이 비행기에 탑승했고 형 윌버Wilbur는 기록을 측정하기로 했다. 오전 10시 35분 5초, 플라이어 1호Flyer I는 활주 레일을 달렸고, 인류 최초의 비행기는 약 12초간 36.5미터를 날았다. 네 차례의 실험을 모두 마친 후 형제는 아버지에게 한 통의 전보를 띄웠다.

> 목요일 아침 신문에 총 4회의 비행 성공을 발표해주세요.
> 메리 크리스마스.[3]

인류 최초의 동력 비행이란 대기록을 세운 미국이었지만 라이트 형제가 동력 비행기에 대한 특허를 3년이나 지나서야 받을 수 있었을 만큼 초창기엔 비행기의 개념조차 제대로 이해하지 못하고 있었다. 비록 인류 최초의 동력 비행이란 영광은 미국에 빼앗겼지만 항공기술은 유럽이 한발 앞서 있었다. 브라질 커피왕의 아들인 아우베르투 산투스두몽Alberto Santos-Dumont, 최초로 도버 해협을 횡단한 프랑스의 루이 블레리오Louis Blériot, 부아쟁Voisin 형제와 파르망Farman 형제, 이탈리아의 잔니 카프로니Gianni Caproni 등이 유럽의 항공기 개발을 이끌고 있었다.

젊은 백만장자 윌리엄 보잉

뒤늦긴 했지만 미국에서도 라이트 형제의 비행기에 관심이 일어나기 시작했다. 라이트 형제의 첫 고객은 미 육군이었다. 미 육군 통신단은 1907년 12월 공기보다 무거운 비행 기계a heavier-than-air flying machine에 대한 입찰 공고를 냈다. 인류 역사상 첫 번째 군용기의 영광을 얻은 것도 라이트 형제의 '플라이어 모델 A'였다. 비행기는 이처럼 탄생 순간부터 전쟁과 깊은 인연을 맺고 있었다. 대서양을 사이에 두고 벌어진 미국과 유럽의 항공기 개발 경쟁은 10년 만에 상당한 무게의 화물과 승객을 실어 나를 수 있는 비행기의 등장으로 이어졌는데, 글렌 커티스Glenn Hammond Curtiss는 1909년 6월 미국 최초의 항공기 제작사 헤링 커티스Herring-Curtiss사를 설립했고, 1911년에는 순양함 펜실베이니아호에서 비행기 이착륙을 시도해 성공했다. 그해 리비아에서 벌어진 이탈리아-터키 간 전쟁에서 비행기가 처음으로 전쟁에 사용되었다.

> 1911년 11월 1일, 비행기에서 투하된 최초의 폭탄이 트리폴리 외곽의 한 오아시스에서 폭발하였다.
>
> "이탈리아군이 비행기에서 폭탄을 떨어뜨렸다"고 다음 날 『다엔스 뉘헤테

르』Dagens Nyheter가 보도했다. "비행사 중 한 명이 폭탄 몇 발을 적 병영에 성공적으로 투하했으며, 결과는 양호하였다."[4]

라이트 형제가 최초의 동력 비행에 성공한 1903년, 예일 대학을 중퇴한 한 젊은 공학도가 부를 얻기 위해 태평양 연안 서북부 지역을 찾았다. 22세의 윌리엄 보잉[5]이었다. 그는 1881년 디트로이트에서 빌헬름 보잉Wilhelm Boeing과 마리 보잉Marie Boeing의 아들로 태어났다. 삼림지대로 유명한 독일 북서부 호엔림부르크Hohenlimburg의 부유한 집안 출신인 빌헬름은 모험을 하고 싶은 강한 열망 때문에 20세 무렵 가족을 떠나 홀로 미국으로 건너갔다. 처음엔 농장 노동자로 일했지만, 훗날 장인이 되는 칼 오트먼Karl Ortmann의 벌목 사업에 합류하면서 본격적으로 사업을 시작했다. 빌헬름은 미네소타 북동부에 있는 메사비 산맥의 삼림지대를 채광권까지 포함해 구입하고 그곳에 저택을 지을 만큼 대단한 성공을 거두었다. 그는 금융업, 철강업, 보험업에도 손을 댔고, 태평양 연안의 워싱턴 주 오션 쇼어즈 일대와 캘리포니아의 삼나무 숲을 매입하는 등 재산을 점점 늘렸지만, 1890년 불과 42세에 유행성 독감으로 사망하고 말았다. 그는 홀로 남은 아내와 윌리엄(8살), 캐롤라인(5살), 막내딸 그레첸(3살)에게 100만 달러에 가까운 유산을 남겼다.

윌리엄의 어머니는 얼마 뒤 재혼해 마리 M. 오슬리가 되었다. 윌리엄은 계부를 별로 좋아하지 않았기 때문에 스위스 브베Vever의 기숙학교로 보내졌는데, 이곳에서 홀로 지내는 동안 내성적이지만 사실에 집착하는 완벽주의자로서의 면모를 갖추게 되었다. 훗날 그의 사무실 벽면에는 다음과 같은 히포크라테스의 말이 적혀 있었다고 한다.

"첫째, '사실' 이외에 다른 권위는 없다. 둘째, '사실' 은 정밀한 관찰에서 얻어진다. 셋째, 연역에 의한 결론은 오직 사실들에서만 얻어져야 한다. 넷째, 경험은 이와 같은 규칙들의 진실성을 증명해준다."

　스위스에 머무는 동안 윌리엄은 아버지의 고향을 방문한 적이 있는데, 제1차 세계대전이 벌어지기 몇 해 전의 일이었다. 미국으로 돌아온 그는 공립학교와 사립학교에서 계속 공부했다. 1899년에서 1902년까지 예일 대학의 셰필드 공대Sheffield Scientific School에서 공부하기도 했는데 졸업하는 대신 워싱턴주 그레이즈 하버에서 새로운 인생을 시작했다. 아버지에게서 물려받은 땅 이외에도 많은 삼림지대를 매입했고, 알래스카 탐사에 장비를 제공하는 등 새로운 사업 영역을 개척했다. 그는 재산을 불리는 재주가 있었다. 1908년 시애틀로 이주한 윌리엄은 그린우드목재Greenwood Timber사를 설립했고, 1910년에는 요트를 만들기 위해 두와미시Duwamish 강변의 히스Heath 조선소를 매입했다. 아버지와 자신에게 부를 가져다준 행운의 광맥을 기념하는 의미에서 자신의 요트를 '타코나이트Taconite' 라 불렀다.

제1차 세계대전—
피에 젖은 이카루스

항공 역사의 초기엔 비행사들이 미국 전역을 비행하며 각종 에어쇼를 선보였다. 1910년 로스앤젤레스에서 열린 에어쇼를 목격한 윌리엄은 비행기의 매력에 빠져버렸다. 비행에 큰 관심이 생긴 그는 1914년 미 해군 대위 조지 콘래드 웨스터벨트G. Conrad Westervelt를 소개받아 비행기의 미래에 대한 대화를 나누며 가까운 친구가 되었다. 윌리엄은 항공학교를 다니며 비행술을 직접 익혔고 항공기 구조도 공부하기 시작했다. 두 사람은 더 나은 비행기를 만들자고 의기투합하여 1916년 시애틀의 유니언 호수 근처에 수상 비행기 격납

1916년 6월 15일에 완성된 보잉의 첫 수상 복엽기 블루빌(B&W Model 1)

고를 만들고 제작에 돌입했다. 그해 6월 15일, 보잉이 만든 최초의 수상 복엽기 '블루빌B&W Model 1'이 완성되었다. B&W란 이름은 보잉과 웨스터벨트의 이니셜을 딴 것이었지만 웨스터벨트는 이 무렵 동부로 발령받아 윌리엄 혼자서 모든 공정을 마무리했다. 시험제작기의 처녀비행에 성공한 윌리엄은 퍼시픽항공산업Pacific Aero Products을 창립했고, 1년 뒤엔 회사이름을 보잉에어플레인으로 바꿨다. 장차 세계에서 가장 큰 항공기 제작사가 될 회사가 탄생하는 순간이었다.

젊고 열정으로 가득하던 윌리엄은 이런 말을 했다.

> 나는 미래의 언젠가는 더욱더 많은 사람들이 매일매일 비행기를 타게 될 것이라고 생각한다. 그때는 모든 사람들이 비행기 여행을 기차여행과 마찬가지로 평범하고 흔한 일로 생각하게 될 것이다. …… 우리는 새로운 속도를 제공하는 기구의 출현과 함께 경제, 사회 그리고 정치적으로 일어나게 될 새로운 혁명의 진정한 담지자들이다.

이처럼 윌리엄은 항공산업의 미래를 의심치 않았지만, 그가 제작한 비행기는 팔리지 않았다. 보잉에 활력을 가져다준 것은 전쟁이었다. 1917년 4월

8일, 윌슨Woodrow Wilson 대통령이 독일에 선전포고를 하면서 미국은 제1차 세계대전에 참전하게 되었다. 비행기가 전투에 사용되면서 보잉사는 미 해군에서 연습기 50대를 주문받을 수 있었다. 해군에 공급할 C형 모델의 납기일을 맞추기 위해 종업원을 12명에서 337명으로 늘렸다.

초기 공중전에서 선보인 공격술은 대단치 않았다. 조종사들은 창을 겨누고 돌진하는 기사들처럼 마주 보고 비행하며 상대방의 비행기에 소총이나 권총을 발사하며 싸웠다. 전쟁이 격화되고 기술이 발전하면서 전투기에 기관총이 장착되기 시작했지만 이 무렵만 하더라도 조종사들은 창공이라는 미지의 신세계를 공유한 소수의 동반자란 인식이 강했다. 예를 들어 1917년 에이스끼리 맞붙은 공중전에서 독일군 에른스트 우데트Ernst Udet의 기관총이 고장 나자 프랑스의 조르주 귀느메Georges Guynemer는 그를 격추하는 대신 불운을 위로하고 각자 기지로 귀환했다.[6] 그 덕분에 우데트는 제1차 세계대전이 끝날 때까지 생존한 독일 조종사 가운데 최고의 격추 대수를 보유한 에이스가 되었고 전후 독일 공군을 재건하는 중요 인물이 되었다. 이들의 일화는 제1차 세계대전을 '창공의 기사들Knight of the Skies'이 치른 마지막 전쟁으로 기억하게 만들었다.

그러나 전투가 격심해지고 전투기 성능이 놀라울 만큼 빠르게 발전하면서 하늘은 더 이상 창공의 기사들이 누비는 낭만적인 공간이 될 수 없었다. 전쟁이 지속된 4년 동안 최신형 전투기도 1년 안에 구식이 될 만큼 항공 기술은 놀랍게 발전했다. 1913년 시속 200킬로미터 남짓 날던 전투기는 1920년 무렵엔 시속 275킬로미터로 날 수 있었고, 1914년 개전 당시 180대 미만으로 시작한 영국 공군은 종전 무렵인 1918년엔 2만 2,000대 이상의 항공기를 보유하게 되었다. 프랑스는 541대에서 2만 4,652대로, 독일 역시 694대에서 출발해 1만 7,000여 대의 항공기를 생산해냈다. 비행기가 사용된 이후 전쟁은 더

1931년, 비행기에 탑승한 에른스트 우데트

이상 전선 근방의 일이 아니었다. 1917년 5월 25일, 독일의 고타Gotha 폭격기 21대는 도버 해협을 건너 영국 폭스턴 시를 폭격했다. 불과 10분 만에 300여 명의 사상자가 발생했다.[7] 독일의 폭격기들이 범위를 점점 확대해 전쟁이 끝날 때까지 런던은 주기적으로 공습당했다. 오랫동안 대륙의 전쟁과는 무관했던 영국 본토 불가침의 신화가 깨지는 순간이었다.

민간항공운송의 신기원을 이룩한 보잉

1918년 11월 11일, 서부전선에서 마지막 총성이 멎으면서 지루한 4년간의 전쟁이 끝났다. 항공기는 이제 죽음을 두려워하지 않는 무모한 모험가나 전투기 조종사들만의 탈것이 아니라 대중적인 운송 수단이 되었다. 훈련받은 수천 명의 조종사와 수천 대의 항공기가 남아돌았다. 전쟁으로 파괴된 유럽의 철도와 도로, 해로를 대신해 항공운송이 주목받기 시작했다. 그러나 전쟁의 피해를 직접 겪지 않은 미국에서는 포드 T형 모델이 잘 닦인 도로를 질주하고 있었기 때문에 보잉사는 심각한 재정 위기를 맞았다. 앞으로도 몇 차례나 반복될 패턴이었다. 전쟁이 끝나고 주문이 끊기자 윌리엄은 회사를 살리기 위해 가구와 축음기 케이스, 코르셋 보정물까지 만들며 공장을 가동시켰고, 주변에서 만류하는데도 개인 재산까지 회사에 투자했다.

그는 "평화 시에 사용할 수 있는 기계를 개발하는 데 모든 에너지를 쏟아부어야 한다"는 사실을 깨달았다. 보잉사는 해군에 납품한 C형 모델을 민간용으로 개수해 C-700 상업용 비행정을 개발했다. 그는 비행기가 평화 시에 어떻게 이용될 수 있는지 실제로 보여주기 위해 캐나다 밴쿠버에서 미국 시애틀까지 육십 통의 편지를 배달했다. 미국에 도착한 최초의 국제 항공우편

시기를 알 수 없는 조르주 귀느메의 탑승 사진. 우데트를 위로한 귀느메처럼 초기의 에이스들은 창공이라는 미지의 신세계를 공유한 소수의 동반자란 인식이 강했다.

이었다. 1919년 금주법이 시행되자 플로리다와 카리브 해를 잇는 항공노선이 만들어지기도 했다. 애주가들은 비행기를 타고 바하마 제도나 쿠바까지 날아가 실컷 술을 마시고 돌아왔다.

1921년이 되자 보잉은 활기를 되찾았다. 윌리엄은 버사 포터 퍼셜Bertha Potter Paschall과 결혼했는데, 두 사람은 버사가 이전의 결혼에서 얻은 두 아들과 함께 살았다. 얼마 뒤 두 사람에겐 윌리엄 보잉 주니어가 생겼다. 1925년 항공우편을 위한 법안이 통과되면서 미 우정국은 우편 항공사들을 선발했다. 오래지 않아 미국에서도 항공운송이 자리를 잡기 시작했고, 곧 유럽을 능가하게 되었다. 보잉은 시카고-샌프란시스코 간 항공우편 노선에 투입될 입찰 경쟁에서 수랭식水冷式 엔진 대신 공랭식空冷式 엔진을 도입한 40A형 우편기를 내세워 승리했다. 완벽주의자 윌리엄 보잉은 기술 우위만이 항공산업의 선두 자리를 유지할 수 있는 비결이라 여겼기 때문에 모든 분야에서 최고

1925년에 개발된 보잉의 40A형 우편기. 제1차 세계대전이 끝난 뒤 회사 경영이 어려워지자 보잉은 평화 시에도 비행기가 쓸모 있음을 증명하기 위해 여러 가지 시도를 한다.

를 지향했다. 이런 그의 노력과 의지는 시장에서 커다란 성공을 거두었는데, 보잉은 1932년 말 민간항공운송의 신기원을 이룩하는 '보잉247'을 개발한다. 보잉247은 215형 폭격기를 기초로 만들어졌는데, 프랫앤휘트니Pratt & Whitney사의 600마력짜리 쌍발 엔진을 달아 열 명의 승객을 태우고 최대 속도 322㎞/h로 1,207킬로미터를 비행할 수 있었다.

첫 비행에 성공하자 미국의 네 개 항공사가 60대를 주문했고, 곧 다른 항공사들도 15대를 주문했다. TWA 항공사 역시 보잉247을 구입하려 했지만 보잉은 주문량에 맞춰 생산 시설을 증대하는 것이 위험한 도박이라 생각했기 때문에 TWA에 2년을 기다려야 한다고 말했다. 그러자 TWA는 기다리는 대신 다른 군용기 생산업체 더글러스Douglas에 신형 항공기를 주문했고, 더글러스는 보잉247을 능가하는 DC-1 항공기를 탄생시켰다. 이후 더글러스는 DC 시리즈로 시작해서 1967년 맥도넬McDonnell과 합병해 맥도넬더글러스McDonnell Douglas가 되어 만든 MD 시리즈까지 민간, 군수 분야에서 보잉과 치열한 경쟁을 벌였다. 보잉은 1997년 오랜 경쟁자 맥도넬더글러스를 인수해 최종 승자가 되었다.

1928년 보잉은 1,000여 명의 직원을 고용한 미국에서 가장 크고 영향력 있는 기업이 되었고, 이때부터 미 국방부와 돈독한 관계를 맺기 시작했다. 보잉은 1929년부터 유나이티드항공운송United Aircraft and Transport Corp, UATC이라는 상호를 사용했는데, UATC는 항공기 제조, 항공운송, 엔진 제작, 조종사 및 정비사 양성까지 포함한 독점적 대기업Trust이 되었다. 1934년 미국 정부는 UATC를 독점기업으로 제소했고, 반독점법[8]에 따라 UATC를 해체하라고 명령했다. 정부의 독점 금지 명령을 받은 윌리엄은 어쩔 수 없이 UATC를 항공기 제조의 보잉에어플레인, 항공운송의 유나이티드항공United Air Lines, 오늘날 유나이티드테크놀로지스United Technologies Corporation가 된 유나이티드크래프트로

1932년 말 민간항공운송의 신기원을 연 보잉247기

분리했다. 유나이티드테크놀로지스의 산하에는 항공엔진 제작 분야의 프랫앤드휘트니를 비롯해 오티스 엘리베이터, 헬리콥터 제작사 시코르스키 항공, 에어컨을 제작하는 캐리어, 와이어 케이블 제작사 에섹스, 선박용 레이더의 다이넬일렉트릭스, 디젤엔진을 제작하는 앰백 등이 있다. 오늘날 이들 기업이 항공과 교통 분야에서 차지하는 위상을 생각해본다면 당시 보잉의 분리 결정이 얼마나 큰 것이었는지 짐작할 수 있다.

아무도 알아주지 않던 보잉을 세계 최고의 항공업체로 키웠고, 대공황이 닥친 1929년에는 사재를 털어 회사를 살려낸 윌리엄은 보잉사의 해체로 큰 충격을 받았다. 결국 그는 회장직에서 물러나 은퇴했고 회사 주식도 모두 팔아버렸다. 1934년 6월 20일, 그는 항공공학의 발전에 기여한 공로로 샌프란시스코에서 대니얼 구겐하임 메달[9]을 수상한다. 이 자리에서 그는 "항공기 제조와 항공운송업 현역에서 물러난 마당에, 대니얼 구겐하임 메달을 수상하는 영광을 안게 된 것은 제 인생의 진정한 전성기라고 할 수 있을 겁니다. 항공기 사업에 바친 지난 세월은 진짜 모험담으로 가득했습니다. 앞으로 진행될 많은 프로젝트들에서 저는 예리하면서 호기심 가득한 관찰자로 물러나 있을 겁니다"라고 말했다.

   창립자의 은퇴에도 불구하고 보잉사는 기술혁신을 거듭했다. 1939년 2월에 팬암PanAm의 주문을 받아 제작한 보잉314(일명 클리퍼Clipper)는 현재까지 제작된 수상기 가운데 가장 거대한 여객용 수상기다. XB-15 폭격기의 설계를 이용해 만든 클리퍼는 날개 폭만 46미터에 달하는 거대한 2층 동체에 현대의 여객기는 상상도 할 수 없는 초호화 객실과 침대칸을 설치해 74명의 승객을 태우고 대서양을 횡단했다. 그러나 제2차 세계대전이 일어나면서 민간항공기 개발은 중단되고 말았다.

상호확증파괴MAD만큼이나 잔인한 전략폭격

전쟁은 초창기부터 항공 기술의 발전을 이끌어왔다. 1939년 9월 1일, 나치 독일은 전차와 급강하폭격기를 앞세워 유럽을 전격전의 충격과 공포로 몰아넣었다. 급강하폭격 개념은 미국에서 탄생했지만 이것을 실전에 도입한 나라는 독일이었다. 1933년 미국을 방문한 우데트는 커티스 헬다이버 복엽기의 수직 강하 시범을 보고, 폭격의 정확성을 높일 수 있는 급강하폭격기를 개발한다. 그 결과 만들어진 것이 Ju-87 슈투카Stuka다. 제1차 세계대전에서 패한 독일군은 베르사유 조약에 의해 무기 개발을 제한받았지만 비밀리에 신형 전투기를 개발했고, 스페인시민전쟁(1936~1939)에서 프랑코Francisco Franco를 지원한다는 명목으로 실전 경험을 쌓았다. 1937년 4월 26일, 독일 공군은 아무런 경고도 없이 스페인 북부의 작은 마을 게르니카를 실험 삼아 무차별 폭격했다. 이 폭격으로 약 7,000명의 게르니카 시민 가운데 1,600여 명이 목숨을 잃었다.

『제공권』The Command of the Air, 1942을 쓴 공군 전략의 선각자 줄리오 두에Guilio Douhet는 다음과 같은 말로 전략폭격strategic bombing의 중요성과 내용을 설명하고 있다.

"하늘의 새들을 모두 잡는다고 그 새를 멸종시킬 수 있는 것은 아니다. 둥지와 알들이 남아 있기 때문이다."

전략폭격 개념은 제1차 세계대전에 이미 만들어졌지만 당시엔 전략폭격을 실행에 옮길 만큼의 기술력이 확보되지 못했다. 그러나 그 이후 축적된 항공기술은 둥지와 알까지 몰살시킬 만한 위력을 가지게 되었다. 제2차 세계대전 때 파죽지세로 전 유럽을 석권한 독일군은 도버 해협에 가로막히자 바다를 건너 영국 본토를 침략하는 대신 공군력으로 영국을 굴복시키려 했다. 제1차 세계대전을 통해 영국이 더 이상 안전지대가 아니라는 사실을 깨우친 영국 공군참모총장 프레더릭 사익스Frederick Sykes는 "장차 다가올 문명국 사이의 전쟁은 전 국민과 산업자원을 걸고 벌이는 생사의 대결이 될 것"이라고 예견했다. 첨단 기술력을 갖춘 서구 문명국가들의 총력전 이론은 냉전이 시작되자 선제 핵공격을 받더라도 보복공격을 통해 상대방 역시 완전히 파괴한다는 상호확증파괴MAD, Mutual Assured Destruction 이론으로 발전해갔다.

제2차 세계대전이 발발하자 보잉의 민간항공기 판매는 사실상 중단되었다. 미국은 대서양 너머의 전쟁에 아직 참전하지 않았지만 전쟁의 기운은 태평양과 대서양 양안에서 밀려왔다. 보잉은 군용기 사업에 본격적으로 진출했고 축적된 기술력을 바탕으로 폭격기 개발에 착수했다. 윌리엄 역시 폭격기 생산을 돕는 자문 자격으로 보잉사에 복귀했다. 보잉을 폭격기의 대명사로 만든 B-17(일명 플라잉포트리스Flying Fortress)은 사실 1934년에 이미 개발되었지만 당시엔 너무 고성능에 가격이 비싸다는 이유로 채용되지 못했다. 그

우데트가 미국에서 수입해온 커티스 헬다이버(위)에서 아이디어를 가져와 만든 급강하폭격기 슈투카(아래)는 전차와 함께 나치 독일이 전 유럽을 공포에 떨게 만든 원동력이다.

러나 전쟁 위험이 커져가는 1939년이 되자 미국 정부도 어쩔 수 없이 B-17 폭격기 39기를 발주했다. 이후 B-17은 전쟁이 끝날 때까지 모두 1만 2,731대가 생산되었고 그 가운데 3분의 1이 격추되었다.

독일 공군이 전술폭격에 집착하는 동안 미국은 장거리 전략폭격에 심혈을 기울였다. 독일의 전술폭격이 국경이 맞닿은 유럽의 전투에 맞춘 것이라면 미국의 전략폭격은 바다 건너에서 벌어질 전쟁에 대비한 것이었다. 독일이 영국마저 점령한다면 미국은 유럽을 통일한 독일과 경쟁해야 할지도 모르는 상황이었다. 미국은 건국 이래 한 번도 본토에서 전쟁을 치러본 경험이 없는 나라[10]였기 때문에 장차 대서양 너머의 전쟁에 대비하기 위해 B-17보다 항속거리가 긴 장거리 폭격기가 필요하게 되었다. 20mm 기관포 6문, 13mm 기관총 16문, 9톤의 폭탄을 싣고도 최대속도 576km/h, 최대 항속거리 9,650킬로미터, 실용상승한도 1만 2,500미터까지 비행할 수 있는 괴물 B-29(일명 수퍼포트리스Super Fortress)가 탄생한 이유였다. B-29는 독일과의 전쟁을 염두에 두고 만들어졌으나 실제로 사용된 곳은 주로 아시아였다.

유럽에선 정밀폭격을 고집한 미국이지만 일본에는 무차별 융단폭격을 가했다. 스탠리 큐브릭 감독의 〈닥터 스트레인지러브: 내가 걱정을 멈추고 폭탄을 사랑하게 된 이유〉Dr. Strangelove Or: How I Learned To Stop Worrying And Love The Bomb, 1964에서 핵폭탄을 사랑하는 전쟁광으로 풍자된 커티스 르메이Curtis LeMay 장군은 목조 가옥이 많은 일본을 초토화하기 위해 신형 네이팜탄 M69를 대량으로 사용했다. M69는 나프타naphtha와 팜유의 혼합물로 아연, 납, 인, 가솔린 등과 섞어 착화력과 연소력을 향상시켰고, 육각형 탄통에 38발을 채운 집속集束소이탄napalm-cluster bomb이었다. M69는 투하 몇 초 후 공중에서 분해되고 지면과 충돌하면서 인화되어 사방 30미터까지 네이팜을 퍼뜨리며 맹렬히 불타오른다.

1945년 3월 9일 금요일 자정, 도쿄에 사이렌이 울려 퍼졌다. 그 지난해 11

1943년 11월 13일 독일 브레멘 상공에 있는 보잉 B-17F(위). B-17을 능가하기 위해 만든 B-29(아래)는 일본 본토를 초토화했다.

월부터 줄곧 폭격을 당해왔지만 주로 낮에 공장과 산업시설을 겨냥해 고공에서 폭탄을 투하했기 때문에 일반 시민은 안심하고 있었다. 그러나 300대의 B-29에 탑승한 폭격기 승무원들은 이번 공습이 이전 공습과 완전히 다르다는 사실을 잘 알고 있었다. 두 시간 반 동안 투하된 약 2,000톤의 네이팜탄으로 인해 26만 8,000채의 집이 불타 100만의 이재민이 발생했고 당일 사망자 8만 3,793명, 부상자 4만 918명에 이후 부상으로 사망한 사람들까지 포함하면 사망자가 10만 명에 이르렀다(사상자는 15만 명 추정). 피해자는 대부분 징병이나 징용 대상이 아닌 여성과 어린이, 노인이었다. 1945년 8월 15일 종전 당일까지 계속된 공습으로 이재민 964만 771명과 사망자 50만 9,649명이 발생했다. 사상자 추정치는 102만 명에 달하는데, 이 가운데서 다시 50만 명이 부상과 후유증으로 사망했다고 추정[11]된다. 아우슈비츠나 트레블린카 Treblinka, 다하우 Dachau의 가스실을 능가하는 살인적인 효율성이었다. B-29가 실전 배치된 1944년 6월부터 1945년 8월까지 15개월 동안 약 16만 800톤의

1945년 3월 10일 폐허가 된 도쿄의 모습. 도쿄 대공습은 이전과 달리 민간인 주거 지역이 공습 대상이었기 때문에 100만 명의 이재민에 사망자가 10만 명에 달했다.

폭탄이 투하되었다. 일설에는 3월의 도쿄 대공습 이후 엿새 만에 폭탄 비축량이 모두 바닥나 폭격이 잠시 멎은 적도 있다고 한다.

핵폭탄을 대신한 전쟁 수단, 전략폭격기

전략폭격의 끝은 핵 공격이었다. 1945년 8월 6일 아침 8시 15분 17초, 히로시마 상공 570미터 지점에서 인류 최초의 핵폭탄이 폭발했다. 핵폭탄은 10만 분의 1초라는 극히 짧은 순간에 섭씨 3만 도에 이르는 불기둥을 뿜어냈고, 1초 후 불기둥은 반경 250미터로 부풀어 올랐다. 버섯구름은 7킬로미터 상공까지 솟아올랐고, 폭발로 인한 열 반응은 16킬로미터 상공까지 미쳤다. 아무런 사전경고 없이 히로시마에 투하된 핵폭탄은 폭발 즉시 그리고 며칠 동안 대략 14만 명을 죽였다. 사흘 후 나가사키에 투하된 원자폭탄으로 7만 명이 더 죽었다. 그 후 5년간 방사능에 피폭된 13만 명이 죽었고, 1975년까지 35만 명 이상이 원폭 후유증에 시달리는 것으로 확인되었다. 전쟁이 끝나고 1960년대 중반이 되자 미사일 기술의 발전이 전략폭격기의 존립 기반을 흔들기 시작했다. 핵탄두를 탑재한 대륙간탄도미사일ICBM을 발사하는 것이 전략폭격기보다 위력이 강하면서 값도 저렴했기 때문이다. 실제로 제2차 세계대전 당시 핵폭탄 개발 비용이 20억 달러였는데, B-29 폭격기의 개발 비용은 30억 달러였다고 한다.

그러나 핵무기는 히로시마와 나가사키 이후에는 한 번도 실전에서 사용되지 않았다. 동서 냉전 기간에 수립된 상호확증파괴 전략은 핵전쟁이 곧바로 인류 멸망과 직결된다는 사실을 일깨웠기 때문이다. 한국전쟁 당시 맥아

더Douglas MacArthur 장군은 압록강과 두만강 일대에 연속적인 핵 공격을 가해 만주와 북한 일대를 핵 오염 지대로 만들어 중공군의 남하를 저지한다는 계획을 수립했지만 다행히도 이 계획은 맥아더의 해임으로 종결되었다. 이후에도 쿠바 미사일 위기 등 몇 차례의 핵전쟁 위기가 있었지만 핵무기는 사용되지 않았다. 역설적이게도 핵무기는 너무나 강력한 파괴력 때문에 사용할 수 없는 무기가 되었고, 그 덕분에 위력은 조금 약하지만 여전히 강력한 파괴력을 지닌 전략폭격기가 살아남았다. B-29 폭격기는 한국전쟁에도 사용되어 1950년에서 1953년까지 3년 남짓한 동안 100만 회 이상 출격했고, 한반도에 47만 6,000톤의 폭탄을 투하했다.

공중전에 제트기가 본격적으로 사용되면서 유엔군은 2,000대의 항공기를 잃었다. 미국을 비롯한 서방의 항공 전문가들은 미그15MiG-15가 선보인 소련의 제트전투기 개발 능력과 우수한 기술력에 순간 경악했다. 지금까지 최고 성능을 자랑하던 미국산 전투기에 버금가는, 아니 일부 영역에서는 오히려 미국산을 능가하는 전투기 개발 기술이 소련에 있다는 것을 보여주었기 때문이다.

전쟁이 끝나자 보잉은 제트엔진을 이용한 폭격기 개발에 나서 1951년 중반 미국 최초의 제트폭격기 B-47(일명 스트라토제트Stratojet)을 개발한다. B-47 폭격기는 9.9톤의 폭탄을 탑재하고 6,437킬로미터를 비행할 수 있었지만 냉전은 더 크고 더 강력한 폭격기를 요구했다. 1952년 4월 15일, 보잉은 B-52(일명 스트라토포트리스Stratofortress) 전략폭격기를 탄생시켰다. B-52는 길이 48.5미터, 날개 길이 56.3미터, 여덟 개의 제트엔진으로 약 22톤(나중엔 27톤)의 재래식 폭탄과 핵무기를 탑재하고 1만 6,013킬로미터를 비행할 수 있다. 이제 미군은 해외 기지가 아니라 본토에서 이륙해 지구상 어디든 폭격이 가능하길 바랐다. 보잉은 707 민항기의 설계를 이용해 공중급유기 KC-135(일명 스트라토탱커Stratotanker)를 만들었다. 이 비행기는 길이 41미터, 날개 폭 39.6미터에 최대속도 940km/h로 제트폭격기와 비슷한 속도로 날면서 2만 5,000갤런의 연료를 공급할 수 있었다. B-52 폭격기 이후 한동안 미국에선 막대한 비용이 드는 전략폭격기 개발이 주춤해졌지만 초강경 보수주의자 레이건 대통령이 등장하면서 B-1(일명 랜서Lancer)과 스텔스(상대의 레이더, 적외선 탐지기 등 모든 탐지 기능에 대항하는 은폐 기술) 기능이 도입된 F-117(일명 나이트호크Nighthawk), B-2S(일명 스피릿Spirit) 같은 최신에 전략폭격기들이 개발되었다. 그러나 B-52는 이런 폭격기들이 모두 퇴역한 이후인 2045년까지 계속해서 전략폭격기의 임무를 수행할 계획이다. 이처럼 장기간 운용되었기에 현재 B-52에 탑승하는 주요 승무원 대부분은 비행기의 기령機齡보다 어리고, 심지어 부모와 자식이 이대에 걸쳐 똑같은 비행기에 승무원으로 탑승하는 일도 있다고 하는데 조만간 삼대에 걸친 승무원도 나올 것이다.

   1950년대 초반에 개발된 기체인데도 B-52 전략폭격기가 이후에 개발된 최신형 폭격기들보다 오래 살아남을 수 있었던 배경 가운데 하나는 B-52의 엄청난 살상 능력이 지닌 현시효과顯示效果 덕분이었다. 걸프전(1991년 1월 17일~2월 28일) 당시 이라크 병사들을 심리적으로 가격한 것은 B-52였다. 미군을 주축으로 한 다국적군은 매일 1,000~1,500회 출격했고, 전략적 요충지 바스라 서안의 이라크 정예 공화국 수비대는 세 시간마다 한 번씩 B-52의 공습을 당했다. B-52는 고성능 집속탄 대신 표준형 500파운드짜리 폭탄만 사용했는데, 지하 벙커에 있는 이라크군에 직접 피해를 주긴 어려웠지만 심리적 효과는 대단했다.

   제공권을 완전히 장악한 다국적군은 이라크 병사들에게 B-52가 어떤 부대를 언제 공격할지 미리 경고하는 전단을 뿌렸다. B-52는 예정된 시간에 예고한 부대를 정확히 공격했는데, 이는 이라크군으로 하여금 B-52의 공습은 도저히 피할 수 없으며 항복만이 살길이라는 무력감에 빠지게 하는 전술이었다. 토마호크 미사일 같은 스마트 무기들은 텔레비전에 방영된 것처럼 이라크의 중요 시설을 정확히 공격했지만 실제 전장의 사기를 꺾지는 못했다. 전선의 일반 병사를 직접 겨냥한 위협이나 공포의 대상은 아니었기 때문이다. 그러나 B-52 폭격기의 대대적인 위협은 집중적이고 파멸적이었으며 일선에서 느끼는 공포와 스트레스는 엄청났다. 그 결과 이라크군의 탈영병 또는 포로 대 전사자 비율은 24.67 대 1로, 탈영병 수치가 높기로 유명한 베트남전의 미군 수치 0.19 대 1을 압도했다.[12]

군산복합체의 출현과 군수산업의 인수합병 전쟁

냉전은 전쟁의 계산법을 바꿔놓았다. 군사비 지출은 미국 경제의 중요한 강장제 구실을 했다. 본토에 폭탄이 터지지 않는 한, 미국은 파괴와 경제혼란 같은 전쟁의 피해를 겪지 않으면서도 과학 발전의 효과와 더불어 국방비 지출로 막대한 경제적 혜택을 얻을 수 있었다. 전후 새롭게 출현한 경제 분야와 기업들은 전쟁억지라는 냉전 논리로 정당화되었고, 군사비 지출은 평화에 대한 투자로 둔갑해 더 많은 군사 비용을 지출할수록 더 많은 평화를 얻을 수 있다고 강변했다. 냉전 해체 이후 잠시 주춤했던 국방 예산은 뉴욕 한복판에서 벌어진 9·11사태 이후 5년간 40퍼센트의 증가를 보여 2006년에는 5,000억 달러에 달했다. 테러와의 전쟁으로 최대 수혜를 받는 이들이 바로 방위산업체다. 미국은 언제 어떻게 군산복합체 국가가 되었을까?

제2차 세계대전 기간에 미국 정부는 약 3,150억 달러의 전비를 지출했다.

1,900여 개의 기업과 계약을 맺었지만 이 가운데 100개의 기업이 3분의 2를 차지했고 그 나머지의 절반을 30개 기업이 가져갔다. 이처럼 편중된 비용 지출이 일부 대기업의 과점을 부추겼고, 중소기업은 대량의 전쟁물자 생산을 요구하는 규모의 전쟁에 참여할 수 없었기 때문에 고전했다. 제2차 세계대전이 시작된 1939년, 100명 이하의 직원을 고용한 기업은 전체 제조업 고용의 26퍼센트를 차지했지만 전쟁이 끝난 1945년엔 19퍼센트로 떨어졌다.[13] 개전 무렵에는 약 17만 5,000개의 소규모 기업이 미국 전체의 일 가운데 70퍼센트를 처리했지만 전쟁 중반인 1943년 3월에는 30퍼센트로 줄어들었다. 정부와의 계약을 사실상 독점하며 안정된 수익 구조를 갖춘 군산복합체들은 이윤이 보장되는 계약을 믿고 방만하고 비효율적인 경영에 젖어들었다.

> 거대한 군사 집단과 대규모 무기 산업이 결탁해 행사하는 영향력은 미국의 새로운 경험이다. 이들은 경제와 정치는 물론 심지어 우리의 영혼에도 심대한 영향력을 행사하고 있다. 우리는 정부 각 위원회에서 이들이 부당한 영향력을 행사하는 것을 막아야 한다.[14]

사실 아이젠하워 대통령은 이 퇴임 연설에 거대한 군사 집단과 대규모 무기 산업 이외에도 의회라는 한마디를 추가하고 싶었을 것이다. 미국의 의원들은 방위계약이 자기 선거구를 위한 고용 창출의 기회임을 알았고, 국방부는 국방 예산이란 거대한 파이를 차지하기 위해서 의회 정치가들에게 파이를 골고루 분배해야 했다. 주주자본주의 때문에 기업들은 배당금에 굶주린 주주들을 만족시키려다 보니 다음 분기나 그 이상의 미래를 생각하는 전략적인 투자를 구상하기 어려워졌다. 전쟁에서 승리하기 위한 군사적 기술혁신R&D에 대규모 자금을 투자한 것은 기업이 아니라 미 연방정부였고, 첨단기술이란 과실을 통해 경쟁력을 확보한 것은 기업이었다. 군사적 기술혁신의 결과물인 원자력, 원격통신 개선, 항공역학, 레이더, 냉방장치, 반도체 등은 미국 기업의 경쟁력을 향상시켰고, 군산복합체의 거대한 먹이사슬은 미국을 자유민주주의가 아닌 국방자본주의 국가로 변모시켰다.

제2차 세계대전 때 군용기 생산과 개발에서 우위를 차지한 보잉이었지만 전후 민간항공 분야에서는 맥도넬더글러스에, 군용기 분야에선 록히드Lockheed에 밀리는 상황이 되었다. 국방부 장관을 지낸 맥나마라Robert S. McNamara는 보잉이 국방부와 지나치게 밀착 관계에 있다고 생각해 보잉을 견제했다. 1965년 보잉은 미 공군이 추진하는, 대륙 간 횡단이 가능한 차세대 초대형 수송기(C-5 갤럭시Galaxy)[15] 개발 프로젝트를 따내기 위해 록히드와 경쟁했으나 패배하고 말았다. 계약에 실패한 보잉은 위기를 타개하기 위해 민항기 분야에 승부수를 던졌다. 당시 민항기 시장에서 가장 많이 팔리는 비행기는 맥도넬더글러스의 MD 시리즈였다.

보잉은 공중급유기 설계를 바탕으로 미국 최초로 네 발의 제트엔진을 가진 여객기 보잉707을 개발했다. 당시만 하더라도 민간여객기는 대개 터보프롭엔진을 달았기 때문에 보잉은 제트 여객기를 개발한다는 사실을 경쟁사들에 숨기고 비밀리에 개발을 앞당겼다. 보잉707은 속도와 안정성, 181개의 객석으로 항공사에 엄청난 수익을 안겨주었고 대량 운송을 가능하게 만들었다. 윌리엄은 아내와 함께 보잉707의 첫 공개 행사에 참석해 민간항공 제트 시대의 개막을 축복했다. 보잉은 뒤이어 록히드와 벌인 초대형 수송기 경쟁에서 실패한 기종의 설계를 변경해 새로운 초대형 민항기를 개발했는데, 이것이 바로 오늘날까지 민항기의 대명사가 된 보잉747이었다. 군용기 경쟁에서 밀리면서 민항기 사업을 택한 보잉의 성공으로 마틴Glenn L. Martin, 컨베어Convair, 록히드 같은 경쟁사들은 민항기 분야를 포기했다.

세계 민간 항공기 시장에서 가장 널리 쓰이는 보잉747기

「마태복음」은 1장 1절부터 17절까지 "아브라함이 이삭을 낳고 이삭은 야곱을 낳고 야곱은 유다와 그의 형제를 낳고" 하는 식으로 아브라함에서 예수 그리스도에 이르는 탄생의 계보를 헤아린다. 이에 필적할 만한 것이 1990년대 미국 방위산업 인수합병의 계보일 것이다. 컨베어는 제너럴다이내믹스에 항공 분야를, 맥도넬더글러스에 미사일 분야를 각각 매각하며 사라졌고, 제너럴다이내믹스는 마틴마리에타에 우주항공 부문을, 포트워스Fort Worth 분야를 록히드에, GE에어로스페이스와 로랄을 마틴마리에타에 팔았는데 마틴마리에타는 다시 록히드와 합병하여 록히드마틴이 되었다. LTV와 웨스팅하우스, 리튼인더스트리스, TRW, 그러먼은 노스롭과 합병해서 노스롭그러먼Northrop Grumman이 되었고, E시스템즈, 텍사스인스트루먼트와 휴즈의 전자부문은 레이시온에 합병되어 레이시온Raytheon이 되었다. 로크웰과 마그나복스, 맥도넬더글러스, 휴즈의 우주항공 부문은 보잉에 인수되었다. 1990년대까지 미국의 방위산업체는 서른다섯 개 업체에 달했지만 록히드마틴을 비롯해 노스롭그루먼, 보잉, 레이시온 등 6개사로 정리되었다.

베트남전쟁 이후 쌍둥이 적자에 시달리던 미국의 방위사업 분야는 레이건 대통령이 강력하게 추진한 신보수 강경정책 덕분에 제2의 전성기를 만났으나 1990년대 냉전이 해체되면서 이후 10년 동안 국방 예산 감축, 무기 획득비용 급증, 경쟁 심화 등 엄청난 시장 변화를 맞았던 것이다. 더 이상 냉전의 혜택을 기대할 수 없게 된 방위산업체들은 인수합병을 통해 살길을 찾아 나섰다. 오랫동안 경쟁 관계에 있던 보잉과 맥도넬더글러스의 합병이 성사된 것도 사실은 클린턴 행정부의 개입 때문이었다. 지난 10여 년간 록히드마틴이 세계 최대의 방위산업체로서 부동의 1위지만 기업의 실제 매출은 보잉이 록히드마틴을 크게 앞선다.

윌리엄 보잉은 B-52 폭격기가 실전 배치된 이듬해인 1956년 9월 28일, 그가 사랑한 요트 타코나이트 선상에서 사망했다. 시신은 공식적인 장례 없이 가족에 의해 화장되어 캐나다의 브리티시컬럼비아 주 연안에 뿌려졌다. 그

단위: 백만 달러

연도	전년도 방위산업 매출		전년도 총매출		총매출 중 방위산업 매출(%)	
	록히드마틴	보잉	록히드마틴	보잉	록히드마틴	보잉
2008	39,550	31,082	42,731	60,900	92.5	51.0
2007	36,090	30,800	39,620	61,530	91.0	50.0
2006	34,225	29,200	37,213	54,845	98.0	56.1
2005	34,050	36,464	35,526	52,457	95.8	58.1
2004	30,097	27,360	31,824	50,500	94.6	54.2
2003	23,337	22,033	26,578	54,000	87.8	32.6
2002	22,502	19,000	23,990	58,200	93.8	32.6
2001	18,000	17,000	25,329	51,321	71.1	33.1
2000	17,800	16,250	25,000	58,000	69.8	28.0
1999	16,000	15,600	26,000	56,200	63.8	27.8
총계/평균	271,651	238,789	313,811	557,962	86	42

출처: 디펜스뉴스[16]

는 베트남전쟁이 한창이던 1966년 12월 15일, 오하이오 주 데이튼의 항공 명예의 전당에 헌액되었다.

보잉 몰락의 위기와
미국의 탈제조업화 현상

중국의 개혁개방 이후 2002년 말까지 미국 기업의 대對중국 직접 투자액수는 400억 달러에 육박하는데 이는 홍콩의 투자액수에 이어 세계에서 두 번째로 큰 규모다. 같은 시기인 1990년대부터 미국 경제의 탈제조업화가 급속히 추진되면서 제조업 비중이 크게 줄었다. GNP 대비 제조업 생산액 비율은 1990년 1/4분기에 19.1퍼센트였다가 2003년 2/4분기에 13.6퍼센트로 하락했고, 제조업의 고용 비중 역시 축소돼 비농업 부문 전체 고용자 대비 제조업 부문 고용자의 비율은 1990년 3월 16.3퍼센트에서 2003년 6월 11.3퍼센트로 하락했다. 제조업 부문 고용자 수는 1998년 3월 1,764만 명에서 2003년 9월 1,456만 명으로 300만 명 넘게 떨어졌으며 계속 감소하는 추세다. 첨단기술의 집약체인 방위산업은 미국이 세계적으로 경쟁력을 갖춘 유일한 제조업 분야로, 기반시설을 미국 내에 둘 수밖에 없다. 미국 정부와 정치인이 방위산업을 중시할 수밖에 없는 이유도 그것이다.

미국 제조업의 위기는 거의 모든 산업 분야가 무역적자를 보이는 동안에도 계속 흑자를 낸 미국 최대의 수출기업 보잉이 흔들리는 현실에서도 엿볼 수 있다. 보잉707과 보잉747을 개발해 민간항공 분야에서 절대적 우위를 차지하던 보잉은 1990년대 중반 100퍼센트 컴퓨터 그래픽(컴퓨터 그래픽이란 말 자체를 보잉이 만들었고, 당시 설계 프로그램이 오늘날 CAD의 원형이다)으로 설계된 최초의 하이테크 민항기인 보잉777을 제작했다. 미국의 경기침체가 심각하던 1990년대 초반, 보잉은 대규모 해고를 단행했다. 그런데 1990년대 중반부터 민간항공기 수요가 폭증하기 시작했다. 보잉은 수요를 맞추기 위해 1995년부터 18개월 동안 3만 2,000명의 기술 인력을 새로 고용했지만 이들은 숙련공이 아니었다. 문제는 예상보다 심각했다. 1997년 말 수주한 물량은 940억 달러에 달했지만, 조립에 필요한 부품을 구하지 못했다. 1990년대 초반의 집단 해고로 항공산업의 기초 인프라인 부품제조업까지 흔들렸기 때문이다. 여기에다 최대 고객인 아시아에서 대규모 외환위기가 발생하면서 주문도 잇따라 취소되었다. 보잉은 최대 물량을 수주했지만 납기 일정을 제대로 맞추지 못해 손실을 내고 말았다. 위기였다. 하지만 대량 해고를 경험한 노동자들은 경영진을 신뢰하지 않아 대규모 노사분규가 발생했다. 간신히 노사분규를 해결하자 2001년에 9·11사태가 발생하면서 세계 민항기 시장이 다시 한 번 위축되었다.

　게다가 보잉의 도덕성이 의심받는 스캔들까지 터졌다. 차세대 전투기 개발에서 록히드마틴의 F-22에 패배한 보잉이 경쟁사의 전前 직원을 고용해 스파이 활동을 시켰다는 것으로, 미국 군수산업 역사상 최대 스캔들이었다. 이런 사실이 폭로되자 미 국방부는 보잉과 체결한 180억 달러(약 22조 원) 규모의 767 공중급유기 임대·구매 계약의 집행을 보류하고, 의회는 청문회를 열었다. 최고경영자 필 콘디트Phil Condit가 전격 사임했고, 2006년 5월엔 형사고발을 피하는 대가로 6억 1,500만 달러를 배상하기로 결정했다. 그러나 끝이 아니었다. 2006년 4월, 보잉의 부품구매 담당자였던 지닌 프리위트 등 세 명이 회사를 상대로 소송을 제기했다. 이들의 내부고발에 따르면 부품공급업체 AHF 두커문AHF Ducommun사가 1994년부터 2002년까지 납품한 수천 개의 부품이 연방항공청 규정상 부적격 부품이었음에도 보잉이 이를 묵인했다는 것이다. 이들은 보잉이 부적격 부품을 보잉 737, 747, 757, 767, 777 등 민간항공기와 미국 공군과 해군에 납품되는 군용기에도 널리 사용했으며, 내부고발자들이 계속해서 문제를 제기하자 해고했다고 주장했다.

잇단 스캔들에 휘말린 보잉은 민간항공기와 군용기 분야의 경쟁사 에어버스Airbus에 밀리기 시작했다. 차세대 공중급유기는 에어버스의 모기업이자 유럽 최대의 군수산업체인 유럽항공방위우주산업EADS에 돌아갔고, 민간항공기 분야의 세계 점유율 1위도 에어버스에 빼앗겼다. 그러나 진짜 문제는 지금까지 세계 시장을 선도해온 미국의 항공산업이 더 이상 세계 시장을 주도해나갈 수 있는 독보적인 기술력을 확보하지 못하고 있다는 것이다. 지금까지 보잉은 개발과 생산 라인을 모두 미국에 두었으나 차세대 여객기 보잉 787(드림라이너Dreamliner)의 개발을 위해 일본의 미쓰비시중공업, 후지중공업 등과 손을 잡지 않을 수 없었다. 보잉787의 전체 부품 가운데 75퍼센트 이상이 외주 생산인데 이 가운데 60퍼센트가 일본에서 생산되는 것이다. 방위산업 분야 1위인 록히드마틴 역시 F-22와 F-16의 핵심기술인 블렌디드 윙-바디Blended Wing-Body와 액티브 페이즈드 어레이Active Phased Array 레이더 기술 등을 일본에 빚지고 있다. 차세대 전투기의 단독 개발을 고집한 일본은 미국의 강압에 밀려 차세대 전투기를 미국과 공동개발하고, 이 과정에서 일본이 획득한 기술은 다른 곳에 전용할 수 없지만 반대로 미국은 일본의 기술을 아무런 제약 없이 이용할 수 있다는 내용의 미일 과학기술협정을 맺었다.

레이건 대통령은 일본과 '하이테크 마찰'까지 불사해가며 일본의 단독 개발을 저지하는 데 총력을 기울였다. 미국은 유럽의 에어버스와도 수차례 통상마찰을 빚었지만, 냉전 해체 이후 미국의 군사적 독주를 견제하고 스스로의 항공산업과 기술을 보호하려는 유럽연합의 단호한 의지를 꺾을 수 없었다. 유럽연합과 프랑스는 미국산 전투기를 저렴하게 구입하는 대신 자체적으로 유로파이터와 라팔을 개발하는 독자 노선을 걸었다. 2009년 퇴임한 이상희 국방부 장관은 기획재정부 장관에게 국방 예산 삭감을 항의하는 공개서한[17]을 띄웠다. 서신에는 "흔히들 진보·좌파정부라 불리는 지난 정부에서도 평균 8.9퍼센트의 국방비 증가를 보장" 했다는 내용이 있다. 이를 뒷받침할 만한 증거가 스톡홀름국제평화연구소SIPRI의 2009년 연감에 나온다. 이 자료에 따르면 노무현 대통령 집권기인 2004년에서 2008년까지 세계 무기 시장에서 미국 무기가 차지하는 비중은 전체에서 31퍼센트로 1위였는데, 이 시기 미국산 무기를 가장 많이 구입한 나라는 15퍼센트를 구매한 한국이었고, 그다음이 중동 지역에서 미국의 이해관계를 대변하는 이스라엘로 13퍼센트, 이라크에 침공당했던 아랍에미리트가 11퍼센트를 차지해 그 뒤를 따랐다. 보잉F-15K가 한국의 차세대 전투기로 채택되는 과정에도 많은 우여곡절이 있었고, 문제점을 지적한 당시 현역 공군 장교는 감옥에 가야 했다.

오늘날 인류의 상당수는 약간의 비용만 지불한다면 누구라도 평화롭게 하늘을 나는 경험을 할 수 있고, 원하는 곳 어디든 하루 만에 도착할 수 있는 놀라운 일상 속에 살고 있다. 그러나 같은 시간, 같은 하늘 아래 또 다른 수많은 사람들은 하루하루를 하늘에서 쏟아지는 공포 속에 살아간다. 미야자키 하야오가 염려한 초거대 병기 기간트는 당분간은 등장하지 않을 것이다. B-52 이후 새로운 대형 전략폭격기 개발 계획이 없기 때문이다. 그러나 영화 〈터미네이터〉 시리즈가 비극적으로 묘사하는 무인전폭기와 2족 보행 전투 로봇은 이미 이라크, 아프가니스탄 등지에서 실제로 사용되거나 가까운 미래에 등장할 가능성이 매우 높다. 기술혁신을 통한 전쟁의 비인간화는 그렇지 않아도 비인간적인 전쟁의 미래에서 인간의 역할을 점점 지워나가고 있으며, 마침내 인간 자신을 배제하게 될 것이다. 기술혁신을 통한 항공기의 미래를 꿈꾼 윌리엄 보잉은 과연 어떤 하늘을 꿈꾸었던 것일까.

04

샘 월튼

유통혁명의 근원이자 근로빈곤의 양산자,
월마트

이 모든 일들이 내게 강한 인상을 주었다.
지금은 기억나지도 않지만, "나는 절대 가난뱅이가 되지 않을 테야"라고
다짐한 것도 아마 그때였던 것 같다.

Samuel Moore Walton 1918~1992.

전 세계 15개국에 5,000개가 넘는 월마트 매장에서는 150만 명 이상의 직원들이 일한다.
미국 내 노동인구 123명 가운데 1명이 월마트에서 일하고,
미국인 10명 가운데 9명이 일 년에 한 번 이상 월마트에서 물건을 구입한다.
그러나 월마트 직원 대부분은 법이 정한 최저임금에도 미치지 못하는 근로빈곤 계층이다.

리들리 스콧 감독의 〈아메리칸 갱스터〉American Gangster, 2007는 1960년대 뉴욕 할렘가를 배경으로 미국 자본주의의 변천사를 암흑가 마약상의 부침浮沈을 통해 잘 보여준다.

"대형화된 상점이 길모퉁이 가게를 대신하고, 맥도날드가 작은 음식점을 몰아냈어. 중간 거래자와 전문적 소상인의 자부심은 이제 죽어버렸어."

영화 도입부에서 조직의 우두머리 범피 존슨(클라렌스 윌리암스 3세)은 대형 유통업체들이 즐비하게 들어선 맨해튼 8번가를 걸으며 이렇게 한탄한 데 이어 거대한 할인점에 들어가 한숨을 내쉰다.

"주인이 있어야 (돈을) 뜯어내든가 말든가 하지. 여긴 종업원뿐이야. 책임 있는 놈이 아무도 없어."

이 말은 늙은 조직폭력배 두목이 돈 뜯어내기 어렵게 변화된 세상에 던지는 한탄이지만, 한편으론 사회적 중간계층의 몰락을 의미하는 역설이기도 하다. 범피가 죽자 오른팔 프랭크 루카스(덴젤 워싱턴)가 두목이 된다. 그는 베트남전쟁으로 혼란스러운 틈을 타서 마약 생산지인 태국과 베트남을 오가며 순도 높은 고품질의 마약을 중간거래상 없이 직접 거래한다. 이렇게 생산자와 소비자 사이의 중간유통 단계를 최대한 생략한 프랭크는 고순도의 질 좋은 마약에 블루매직이란 자체 브랜드Private Label, PL를 붙여 싼 가격에 판매하면서 일순간에 부를 거머쥔다. 그는 마약밀매 조직을 만들면서 조직원들을 철저하게 가족 중심으로 구성했다. 그리고 마약으로 얻은 수익을 흥청망청 쓰는 대신 치밀하게 조직을 관리하고, 주일을 지키는 믿음직한 맏아들로서의 역할을 다한다.

분노의 포도가 익어가던 시절, 경제대공황

영화에 묘사된 프랭크의 모습은 파는 물건이 마약이란 점만 빼면 월마트Walmart의 창업자 새뮤얼 무어 월튼과 별다를 바가 없다. 1918년 3월 29일 오클라호마 주 킹피셔에서 태어난 샘 월튼은 생산자와 직접 계약을 맺고 물건을 대량으로 구매해 중간 이윤을 없앤 값싼 물건을 소비자에게 공급했으며, 비용을 절감할 수만 있다면 스스로 PL 상품을 제작해 판매하는 수고로움도 마다하지 않았다. 그는 근검절약하고 솔선수범하는 프로테스탄트적인 기업가 윤리를 평생 동안 실천했는데, 예를 들면 월마트에서 만든 싸구려 모자를 쓰고 낡은 픽업트럭을 타고 다니며 매장을 일일이 직접 챙겼다. 그 결과, 슈퍼마켓 하나로 시작한 유통제국 월마트는 미국 최대 유통기업이 되었고, 세계의 비즈니스 관행을 변화시키는 거대한 흐름을 만들어냈다.

그를 이런 기업가로 만든 경제 관념은 어떻게 생겨났을까? 그의 나이 열 살 무렵 경제대공황이 시작되었는데, 그 모습은 존 스타인벡John Ernst Steinbeck의 소설 『분노의 포도』The Grapes of Wrath, 1939에 적나라하게 묘사되고 있다. 잠시 소설을 들여다보자. 오클라호마에서 대를 이어 농부로 살아가던 조드 일가는 경제대공황의 여파와 기계를 이용한 대규모 농장의 출현으로 농토를 잃고 새로운 희망의 땅이라는 캘리포니아로 간다. 가난과 굶주림, 가진 자의 핍박 속에 가족을 하나하나 잃어가던 사람들이 캘리포니아에 도착했을 때 발견한 것은 여전히 지속될 수밖에 없는 빈곤의 풍경이었다. 광활한 농장에 오렌지와 포도가 가득 열렸지만 100만 명에 이르는 이주노동자들은 영양실조와 굶주림으로 죽어갔다. 농장주들은 굶주림에 지친 사람

월마트의 창업자 샘 월튼의 1936년 모습

들이 떨어진 과일로 연명하려는 것을 막기 위해 오렌지를 불태우고 썩어버린 감자도 주워가지 못하도록 파수꾼을 풀었다. 대공황 시대엔 수백만 명이 굶주렸음에도 가격을 유지하기 위해 멀쩡한 밀과 감자를 태워 없애거나 바다에 쏟아버리는 일이 자행되었다. 스타인벡은 이렇게 말했다.

"사람들의 눈에는 패배의 빛이 떠오르고, 굶주린 사람들의 눈에는 북받쳐 오르는 분노가 번뜩인다. 사람들의 영혼 속에는 분노의 포도가 가득 차서 가지가 휘도록 무르익어 간다. 수확의 때를 향하여 가지가 휘도록 무르익어 간다."

농토를 빼앗기고 일자리를 찾아 전국을 떠돌아야 했던 이주노동자들에겐 '적색분자'라는 빨간 딱지가 붙었다. 가장 극심한 피해를 입은 오클라호마 출신 이주노동자들은 오클라호마의 돼지란 의미로 '오키 Okie'라 불렸다.

샘 월튼의 아버지 토머스 깁슨 월튼 Thomas Gibson Walton 과 어머니 낸시 리 월튼 Nancy Lee Walton 역시 오클라호마에서 농사를 지었다. 그러나 소농으로는 전망이 없다고 판단해 샘이 다섯 살 되던 해에 농사를 접고 미주리 주로 이주한

대공황 시대에 오클라호마 주의 수많은 농부가 기회의 땅 캘리포니아로 떠났다. 일용노동자로 죽도록 일하면서도 가난을 벗어나지 못한 이들은 오클라호마의 돼지라는 의미로 '오키'라고 불렸다.

뒤, 다른 농부들을 상대로 감정평가사 일을 시작한다. 소로Henry David Thoreau는 『월든』Walden, 1854에서 부자가 되기 위해 열심히 일할수록 더욱 많은 빚을 지게 되고 평생 가난에서 벗어날 수 없는 농부들에 대해 이야기했다. 물려받은 농장을 경영하기 위해 농부들은 빚을 져야 했다. 대규모 기계화 영농이 도입되면서 타산을 맞출 수 없게 되자 그들은 토지를 은행에 저당 잡혀 농기계를 구입했으나 자본력을 갖춘 대규모 농장과는 도저히 경쟁할 수 없었다. 소규모 농장과 소작농으로는 수지를 맞출 수 없다고 판단한 은행은 이들을 내쫓았다. 샘의 아버지가 한 일이 바로 토지 가격을 평가해 농부들에게 대출을 알선해주고 나중에 농장을 빼앗고 내쫓는 일이었다.

내가 성장하는 동안 아버지는 갖가지 직업을 섭렵했다. 은행가이자 농부였으며, 농자금 대출 감정인이자 보험과 부동산 분야의 대리인이기도 했다. 대공황이 시작되자 불과 몇 달 만에 아버지는 모든 일자리를 잃고 결국 큰아버지 소유의 월튼저당회사에 다니게 되었다. 그곳은 메트로폴리탄생명보험의 지점이었다. 아버지는 메트로폴리탄사의 장기 연체된 농자금 대출 건을 취급했다. 이 대출들은 대부분 채무불이행 상태였다. 매달 29일과 30일, 31일 사흘 동안에 아버지는 집안 대대로 그 땅을 소유해온 선량한 사람들로부터 수백 개의 농장을 회수해야 했다. 나는 아버지와 몇몇 농장을 방문하곤 했다. 그것은 말 그대로 비극이었고 아버지에게도 견디기 힘든 일이었다. 하지만 아버지는 최대한 농장주들의 자존심을 건드리지 않으려고 애를 썼다. 이 모든 일들이 내게 강한 인상을 주었다. 지금은 기억나지도 않지만, "나는 절대 가난뱅이가 되지 않을 테야"라고 다짐한 것도 아마 그때였던 것 같다.[1]

가난한 집안의 모범생 아들

토머스는 성실하게 일했지만 그의 가족도 대공황을 피해갈 수는 없었다. 그는 여러 곳을 전전하며 생활비를 벌기 위해 애썼지만 아이들 학비를 벌기도 어려웠다. 자신도 가계에 보탬이 되어야 한다는 현실을 일찌감치 깨달은 샘 월튼은 일고여덟 살 때 신문과 잡지를 판매하기 시작해 대학에 가서도 계속 그 일을 했다. 당시만 하더라도 가난한 집 아이들은 고등학교만 졸업하거나 더 일찍 학업을 중단하고 생업을 찾아나서야 하는 경우가 많았다. 샘은 지금

학업을 중단하면 당장은 가족에게 이득이 되겠지만 미래를 예측하면 고등학교를 마치고 되도록 대학까지 진학해야만 가난에서 벗어날 수 있다고 생각했다.

타고난 천재는 아니었지만 모든 분야에서 최선을 다하던 그는 고교 시절 우등생 명단에서 빠진 적이 없었다. 교내 다른 활동에도 열심이었다. 학생회장을 맡기도 했고 농구와 미식축구 선수로도 뛰어난 활약을 했다. 특히 미식축구에서는 쿼터백을 맡아 1935년 미주리 주 고등부 우승을 거두기도 했다. 누구보다 지는 것을 싫어했던 그는 자신이 쿼터백을 맡은 동안 한 번도 진 적이 없다는 것이 늘 자랑이었다. 데이비드힉맨고교를 졸업하고 미주리 대학에 진학해 경영학을 공부하면서도 돈을 벌기 위해 레스토랑 웨이터, 신문 배달, 수영장 안전요원 등으로 일했다. 대학에서도 다양한 활동을 했는데,

1931년 2월 시카고에서 공짜 음식을 나눠주는 알 카포네의 가게 앞에 무직자들이 줄을 섰다. 가게 전면에는 '무직자에게 공짜 수프, 커피, 도넛을' 이라고 쓰여 있다.

학군단ROTC에서 예비 장교로 훈련받았고 이웃 대학들과의 연합 모임인 뷰럴 성서연구회의 회장으로 활동했다. 훗날 그는 독실한 기독교인은 아니지만 언제나 신앙을 염두에 두고 살아왔다고 고백했다.

대학을 졸업하고 펜실베이니아 주에 있는 명문 경영대학원 와튼스쿨에서 공부를 계속하고 싶었지만 아무리 열심히 일해도 졸업할 때까지의 학자금을 마련하지 못한다는 사실을 깨닫고는 학업 대신 취업의 길을 선택했다. 당시 그가 입사하고 싶었던 곳은 잡화소매업 분야에서 두각을 나타내던 J. C. 페니J. C. Penney와 시어스로벅이었다. 다행히 두 곳 모두 그를 원했다. 시어스로벅은 우편주문판매라는 새로운 판매 기법을 도입해 승승장구하고 있었고, 1980년대 K마트에 밀리기 전까지 미국 최대의 소매업체로 오랫동안 매출 1위를 차지한 회사였다. 그러나 샘 월튼은 시어스로벅 대신 직접 고객을 상대할 수 있는 페니를 선택했고, 아이오와 주 데모인의 페니 상점에 월급 75달러를 받는 견습사원으로 채용되었다.

이곳에서 일하던 어느 날 페니 체인점의 사주 제임스 캐시 페니James Cash Penney가 이 상점을 방문해 점원들 앞에서 직접 리본 몇 가닥과 싸구려 포장지로 상품을 그럴듯하게 포장하는 시범을 보였다. 샘 월튼은 그 모습에서 깊은 인상을 받았다. 포장 솜씨 때문이 아니었다.

'사장이 직접 매장을 돌며 영업을 해야 점원들의 사기가 오르는구나.'

이때의 깨달음 덕에 훗날 그는 전국에 있는 월마트 매장을 즐겨 돌아다니

J. C. 페니 체인점의 사주 제임스 캐시 페니. 직접 매장을 방문하는 방법으로 직원들의 사기를 올리던 그의 모습에서 샘 월튼은 깨달음을 얻었다.

게 되었다.

페니 체인점에서 유통업을 맛본 샘은 18개월 만에 그곳을 그만두었다. 제2차 세계대전이 발발하자 학군단 출신으로서 곧바로 입대해야 할 거라는 생각에서였다. 그러나 신체검사 결과 심장에 약간의 이상이 발견되어 입대가 연기되었다. 잠시도 빈둥거리기 싫었던 그는 오클라호마 주 털사 근방에 있는 듀폰 화학공장에서 입대 전까지 일했는데 여기서 평생의 반려가 될 헬렌 롭슨Helen Robson과 사랑에 빠지고 말았다. 부유한 금융가 집안 출신인 헬렌은 자신의 미래에 대해 확실한 계획을 세워둔 샘과 마찬가지로 강한 의지와 건강한 신체, 매우 열정적인 에너지를 지닌 여성이었다. 소위로 임관한 샘은 1943년 오클라호마 주 클레이모어에서 헬렌과 결혼했다. 이듬해 큰아들 롭이 태어났고, 뒤를 이어 존과 짐, 앨리스가 태어났다. 샘은 1945년 대위로 제대할 때까지 항공기 공장이나 전국에 흩어진 포로수용소의 안전을 감독했다. 2년간의 군대 생활을 마친 뒤 그는 본격적인 사업을 시작하기로 마음먹었다.

셀프서비스와 슈퍼마켓이 일으킨
제1차 유통혁명

샘 월튼은 1945년 아칸소 주 뉴포트에서 하나의 매장으로 사업을 시작했다. 두 번째 가게를 연 것은 칠 년이 흐른 뒤였고, 사업이 정상 궤도에 오른 것은 1960년대 중반 '대형 할인점'이라는 새로운 유형의 사업을 시작하면서부터였다. 그가 단 한 곳의 매장으로 출발해 38개의 월마트 체인을 갖기까지는 25년이 걸렸다. 그러나 한번 발동이 걸린 대형 할인점 사업은 1970년부터

2000년에 이를 때까지 초고속 성장을 거듭했고, 2009년 현재 월마트는 미국과 그 밖의 나라에 5,000여 개의 매장과 150만 명에 이르는 임직원을 거느린 초거대 기업 가운데 하나가 되었다.[2] 샘 월튼이 월마트라는 새로운 형태의 대형 할인판매점 아이디어를 사업에 도입해 짧은 시간에 급격한 성공을 거둔 것처럼 여겨지지만, 이것은 그 스스로 부인하는 것처럼 여러 가지 면에서 사실이 아니다.

> 세월이 흐른 뒤에 사람들은 월마트가 한 중년 남자의 위대한 아이디어로 하룻밤 사이에 굉장한 성공을 거두었다고 생각한다. 하지만 월마트의 성공은 하룻밤 사이에 이루어진 것이 아니다. 그것이 만들어지는 데는 뉴포트 시절부터 1962년 최초의 월마트를 개점할 때까지 무려 17년이 걸렸다.[3]

사실 이런 아이디어는 이미 예전부터 존재해왔다. 이런 아이디어를 통한 1930년대의 유통혁명은 역설적이게도 대공황 때문에 일어났다.

경제학에서 공황이란 자본주의적 생산 방식에 내재하는 근본적 모순으로, 일반적으로는 과잉생산 공황, 시장에서 수요와 공급의 균형이 급격히 파괴되는 현상을 의미한다. 또 돈이 없어서가 아니라 반대로 돈이 넘쳐서 일어나기도 한다. 은행이나 민간에 투자할 돈은 많이 있지만 돈을 투자해 수익을 얻을 만한 곳이 없을 때, 다시 말해 돈을 생산 수단(제조업)에 투자해서 새로운 제품을 생산하고 이 제품을 소비자에게 판매해 수익을 얻을 수 없을 때도 공황이 일어난다. 1930년대의 대공황은 제1차 세계대전 이후 미국으로 쏟아져 들어온 돈으로 생산 설비에 막대한 투자를 했으나 소비가 예상대로 증대되지 않으면서 생긴 것이다. 자유주의 시장 원리에 따르면 원칙적으로 '보이지 않는 손'에 의해 시장에서 생산된 제품의 가격이 하락하고 소비자들이 하락한 가격만큼 더 많은 물건을 소비해주는 선순환이 이루어지면서 경제공황이 발생하지 않는다. 그러나 실제로는 수익 조건이 악화된 자본가들이 노동자의 임금을 삭감하거나 미지급하게 되고, 소득이 줄어든 노동자, 즉 소비자들이 상품을 구매할 수 없어 소비가 더욱 위축되는 현상이 발생하게 된다. 시장이 위축되면서 자본의 이익은 더욱 줄고 결국 더 많은 노동자가 해고당하는 악순환이 반복되면서 경제공황에 빠지는 것이다.

유통업에 가격파괴price destruction 바람이 불고 대형 슈퍼마켓들이 출현하게 된 변화의 원인은 무엇일까.

첫째, 불경기에 따라 소비자들이 위축되어 조금이라도 저렴한 물건을 구매하고자 했다. 둘째, 대량생산으로 자동차 가격이 하락하면서 누구나 자동차를 소유할 수 있게 되자 상점과의 거리에 크게 구애받지 않게 되었다. 셋째, 냉동기술이 발달해서 식품의 보존 기간이 늘어나자 대량 구매로 구입 단가를 낮출 수 있게 되었다. 넷째, 브랜드 및 포장으로 규격화된 생산품의 발달때문에 사전판매pre-selling 방식과 각 영역의 상품 통합에 의해 일괄구매one-stop shopping 방식의 소비가 늘어났다. 다섯째, 셀프서비스와 체크아웃 방식을 통해 인건비가 절감되었고, 현금 직거래 방식으로 외상 매출과 배송비 부담이 줄면서 가격파괴가 가능해졌다. 그러나 이 모든 것을 가능하게 만든 가장 중요한 핵심 요소는 기존 식료품 잡화점의 규모(매장 면적 250제곱미터 내외)를 능가하는 대형 슈퍼마켓(2,000제곱미터 내외)의 등장이었다. 본격적인 '규모의 경제'가 도입된 것이다.

사실 월마트가 대형 할인점이라는 완전히 새로운 개념의 사업 형태를 개발한 것이 아니었다. 월마트는 자신들이 미 전역에서 세 번째로 셀프서비스를 도입한 상점이라고 자랑하지만 이 방식은 1912년에 이미 캘리포니아의 알파베타 푸드마켓Alpha Beta Food Markets과 워즈 그로서테리아Ward's Groceteria에서 쓰인 제법 오래된 방식이다. 1930년 롱아일랜드 섬에서 마이클 쿨런이 열었던 대형 슈퍼마켓의 시초 킹 쿨런King Kullen에서도 이미 셀프서비스를 실시했다. 체인점 방식의 슈퍼마켓 사업 역시 신시내티의 앨버스 슈퍼마켓Albers Supermarket이 1933년에 이미 시작했고, 오늘날 대형 마트를 생각하면 자동으로 떠올리게 되는 쇼핑카트는 1937년 오클라호마의 험프티 덤프티 슈퍼마켓Humpty Dumpty supermarket이 처음으로 도입한 것이었다.⁴ 샘 월튼이 월마트를 창립하기 훨씬 이전에 오늘날 우리가 아는 '기업형 슈퍼마켓Super Super Market'의 형태는 사실상 완성되어 있었다.

미국의 서부 개척시대를 다룬 영화에서 흔히 볼 수 있는 전통적인 잡화점grocery은 매대 앞에 주인이나 점원이 서 있다가 손님이 물품을 주문하면 진열장이나 창고에서 물건을 꺼내주는 형태였다. 달라지지 않은 것이 있다면 과거에는 손님들이 말이나 마차를 끌고 가게에 온 것처럼 현대의 고객들 역시 자가용을 이용해 매장을 찾는다는 것이다. 월마트의 성공은 서부 개척시대 이래 현재까지 먼 거리를 이동해 물건을 한 번에 대량 구매하는 미국적인 삶의 방식americanization이 전 세계로 일반화된 결과에서 비롯된 것이라 할 수 있다. 경제위기로 인한 불경기는 소비를 위축시켰고, 좀 더 많은 소비자를 독점하기 위해 시작된 가격파괴 바람은 자본력이 약한 중소상인들을 몰락시켰다. 대형 슈퍼마켓의 등장으로 기존의 소규모 식료품 잡화점 가운데 3분의 1이 문을 닫아야 했기 때문에 1930년대에도 가격파괴 경쟁을 선도한 대형 슈퍼마켓은 이미 적지 않은 사회문제가 되었다.⁵ 중소상인들은 이에 맞서 정부에 호소하는 등 살아남기 위해 저항했지만 그럼에도 오늘날 미국에서 잡화상은 더 이상 소규모 식료품 잡화점을 의미하지 않는다.

특히 미국의 유권자(소비자)들은 스스로 물건을 선택할 수 있는 셀프서비스가 미국식 정치 문화인 자유민주주의를 상징하는 훌륭한 제도라고 생각

규격화된 슈퍼마켓(위)과 대비되는 1922년 디트로이트의 잡화점(아래). 1930년대에 등장한 기업형 슈퍼마켓은 이전의 잡화점과 달리 규모의 경제를 실현해냈다.

했다. 앤디 워홀이 잘 묘파하듯 캠벨수프 통조림 더미에서 기껏해야 다른 캠벨수프 통조림을 고르는 자유지만 말이다.

월마트의 도약, 지역 상권을 장악하라

제2차 세계대전이 시작되자 미국은 전시특수 상황 아래에서 완전고용에 도달했고, 전후엔 초강대국이 되어 엄청난 풍요를 누렸다. 전쟁에서 돌아온 병사들이 결혼해 가정을 꾸리고 아이를 낳았고, 그러한 베이비붐은 풍요의 시대를 구가하는 미국에 새로운 소비문화를 만들어냈다.

27세가 된 샘 월튼은 그동안 모은 5,000달러와 장인 릴런드 S. 롭슨Leland Stanford Robson에게 빌린 2만 달러를 합쳐 아칸소 주 뉴포트에서 벤 프랭클린 상회의 체인점을 개업했다. 비록 대학에서 경영학을 공부하기는 했지만 페니 상점에서 18개월 일한 경험밖에 없던 그는 주변 상점들을 배회하면서 조금이라도 나은 점이 있다면 배우려고 애썼다. 이런 습관이 평생 바뀌질 않아서 월마트의 회장이 되어서도 경쟁 업체를 기웃거리다 쫓겨나는 등 남의 아이디어를 베껴온다는 사실을 그는 조금도 부끄러워하지 않았다. 이런 노력 덕분에 뉴포트의 월튼 상점은 아칸소 주 최고의 상점이 되었다. 그런데 장사가 너무 잘되던 것이 문제였다. 건물주가 임대차계약을 갱신해주는 대신, 가게를 빼앗아 자기 아들에게 주려고 한 것이다. 월튼은 지역 최고의 상점을 만들었지만 재계약에서 우선권을 갖는다는 옵션을 빠뜨리는 바람에 뉴포트를 떠날 수밖에 없었다.

뉴포트에서 겪은 경험은 뼈저린 것이었지만 가게를 처분하며 5만 달러를

샘 월튼이 자기 이름을 걸고 처음 연 가게 월튼스 염가 판매점. 아칸소 주 벤톤빌 소재의 이 가게는 현재 월마트의 관광센터로 운영되고 있다.

벌었고 그의 나이는 아직 32세에 불과했다. 그는 아칸소 주 북서부에 자리 잡은 인구 3,000명의 한적한 시골마을 벤톤빌에서 다시 시작했다. 처음으로 자신의 이름을 건 월튼스 염가 판매점Walton's Five and Dime을 열었고 셀프서비스를 도입했다. 월튼의 가게는 얼마 안 가 또다시 그 지역에서 최고의 상점이 되었다. 작은 지역에서 할인점을 운영하면서 그는 한 가지 깨달음을 얻었다.

'소도시나 작은 마을에서 운영하는 소매점은 남들이 미처 생각하지 못한 새로운 사업 영역이구나. 싼값에 물건만 제대로 공급할 수 있다면 매우 전망 있을 게 틀림없어.'

한마디로 유통업의 매력에 눈을 뜬 것이다. 이 발상대로 그는 남들보다 좀 더 값싼 상품을 구하기 위해 픽업트럭을 몰고 각지의 생산 업체를 찾아다니며 직접 상품을 실어 날랐다. 그는 소비자의 심리를 이용하는 데도 탁월한 수완을 발휘했는데, 예를 들어 '완두콩 통조림 한 개를 팔아 2센트가 남는다면 우유 한 통은 원가로 팔아도 남는 장사'라고 생각해 우유를 고객을 끌어들이는 '미끼상품loss leader'으로 내놓았다. 조삼모사朝三暮四 같은 짓이었지만 사람들은 값싼 우유를 구입하기 위해 벌떼처럼 몰려들었고 다른 상품들도 우유와 함께 구입해갔다.

월튼의 주변 사람들은 대도시가 아닌 중소 도시에서 대형 할인점으로 이익을 내기는 거의 불가능하다고 생각했다. 소규모 지역사회의 소비자는 똑같은 물건을 구입하더라도 대도시 주민보다 비싼 값을 치러야 했다. 먼 거리를 이동해야 하는 운송비 부담이 컸고, 지역 상인들은 대도시 체인점만큼 상품을 싸게 구입할 수 없었기 때문에 자연히 가격이 높아진 것이다. 소규모 지역의 소비자가 대도시의 소비자보다 물건을 비싸게 구입해야 한다는 것은 반대로 소규모 지역의 소비자에게 대도시 소비자에게처럼 값싸게 물건을 공급할 수만 있다면 지역 상권을 장악하는 것은 물론 이익도 충분히 거둘 수 있다는 것을 의미했다.

1960년대 초반 대도시 상권들은 이미 울워스Woolworths와 시어스로벅 등 대기업들이 장악하고 있었다. 이들은 새로 소매업에 뛰어들 태세를 갖추었는데, 샘 월튼은 아직 이들과 전면전을 치를 만한 자금이나 규모를 갖추지 못했고, 대기업들 역시 월마트가 앞으로 무자비한 경쟁 상대로 떠오를 것이라곤 상상도 하지 못했다.

월마트 창립자 샘 월튼은 평생 미국 남부의 소박한 시골 청년 같은 이미지로 대중에게서 호감을 끌어냈다. 그를 처음 본 사람은 누구도 매장 앞에서 순박하게 웃는 그가 미국 최대 부호라고 생각하지 못했다. 그러나 그는 결코 호락호락한 사람이 아니었다. 고등학교 때부터 줄곧 넘치는 승부욕을 불태웠고, 항상 자신보다 앞선 기업들, 더 많은 자금을 지니고 사업 규모가 더 큰 업체들과 경쟁해서 결국 승리를 거뒀다.

가장 강력한 도전자였던 K마트를 파산하게 만들고, 영원히 1위 기업에 머물 것 같던 시어스로벅을 물리치고, 세계 최대의 유통 제국 월마트를 건설할 수 있었던 진짜 비법은 무엇이었을까?

월마트가 일으킨 제2차 유통혁명, 물류센터

1960년대 월마트가 출발할 때, 이 기업을 눈여겨본 사람은 아무도 없었다. 대도시는 이미 더 큰 기업들이 상권을 장악했기 때문에 월마트는 그저 그런, 중소 도시에서 싸구려 상품을 싼값에 판매하는 흔하디흔한 할인 체인 업체 가운데 하나였을 뿐이다. 그러나 월마트는 대도시로 들어가 다른 업체들과 경쟁하는 대신 지역 상권을 장악해 역으로 대도시를 포위하는 전략을 수립했다. 치열한 유통경쟁에서 살아남을 방법은 남들보다 저렴한 가격에 물건을 판매하는 것이었다. 월마트는 '매일매일 최저가 판매Every Day Low Price' 라는 저가할인 정책을 특정 세일기간이 아니라 평상시에도 늘 실시했다.

샘 월튼이 남들보다 훌라후프를 싸게 공급하기 위해 식구들과 함께 다락방에서 훌라후프를 직접 제작했다거나 낡은 픽업트럭으로 직접 물건을 실어 날랐다거나 싸구려 경비행기를 구입해 목 좋은 터를 공중에서 둘러보았다는 이야기는 유명하다. 이것은 모두 월마트의 신화를 돋보이게 만드는 화려한 장식이었지만, 사실 그 이상의 비법이 있었다.

누구보다 값싼 물건을 구입하기 위해서는 더욱 큰 '규모의 경제'가 필요하다는 사실을 샘 월튼은 간파했다. 그는 한 지역에 거대한 월마트 물류센터를 세우고, 생산 업체에서 대량의 물건을 값싸게 구매해 물류센터로 옮겼다. 이 물류센터는 마치 국제공항의 물류센터처럼 첨단 디지털 기술을 통해 체계적으로 관리되었고, 새롭게 열리는 매장들은 물류센터를 중심으로 방사선放射線 형태로 촘촘하게 세워졌다. 어떤 지역도 예외는 없었다. 월마트는 마치 바이러스가 증식하는 것처럼 한 지역을 모두 월마트로 채운 뒤에야 다른 지역으로 건너갔다. 한번 월마트가 들어선 지역에서는 마치 중세의 흑사병이 휩쓸고 간 도시처럼 기존의 재래식 상점, 중소 규모의 마트는 물론 대도시에서 월마트와 경쟁하던 업체들마저 줄줄이 문을 닫았다. 1960년대를 거치며 미국의 주거생활에 큰 변화가 온 것도 월마트의 성장을 도왔다. 도심의 부동산 가격이 오르면서 도심이 공동화, 슬럼화되고 중산층이 대거 교외로 빠져나간 것이다. 경쟁 업체들의 성장이 둔화되면서 월마트는 더욱 공격적인 확장에 나서기 시작했다.

아칸소 주 벤톤빌에는 월마트 본사가 있다. 이곳을 방문하기 전에는 공급이라는 게 실제로 어떻게 이뤄지는지 실감한 적이 없었다. 월마트 물류센터의 면적은 120만 평방피트(11만 제곱미터, 한국 국회의사당의 약 100배 면적―필자 주)에 달했다. 나는 안내자와 함께 조망대에 올라가 상품들이 실제로 어떻게 움직이는지 볼 수 있었다. 건물의 한쪽에는 수십 대의 월마트 대형 트레일러들이 수많은 공급자로부터 실어온 갖가지 제품 상자들을 쏟아내고 있었다. 크고 작은 제품 상자들은 각각의 탑재 창구에서 바로 컨베이어 벨트 위에 실려 움직이고 있었는데, 이들 제품 상자들은 다시 더 큰 컨베이어 벨트 위로 합쳐졌다. 마치 작은 개천들이 강의 본류로 합쳐지는 모습과 흡사했다. 트럭들은 하루 24시간 일주일 내내 컨베이어 벨트 위로 제품 상자들을 쏟아붓는데, 컨베이어 벨트의 길이가 거의 20킬로미터에 달한다고 한다.[6]

사세가 확장되며 규모가 급속도로 커지자 월마트는 더 이상 중소 도시의 작은 업체들이나 상대하는 촌뜨기 공룡이 아니었다. 육식 공룡을 사냥하는 거대 공룡의 본능이 눈을 뜨기 시작한 것이다. 처음엔 생산업자로부터 싸게 물건을 구입하기 위해 노력하던 월마트가 이제는 생산업자들에게 제조원가를 더 낮추도록 압력을 가하기 시작했다. 가격만 저렴하다면 미국이 아닌 세계 어디에서나 물건을 구매했기 때문에 제3세계의 값싼 노동력은 월마트의 이윤을 보장해줄 수 있었다. 새로운 기술이나 아이디어를 기꺼이 받아들였던 샘은 아직 컴퓨터가 생소하던 시절에 이미 본사와 각 매장 그리고 납품업체 사이를 연결하는 전산 시스템과 전자문서 교환, 바코드 시스템 등 최첨단 IT 기술은 물론 자체적으로 인공위성을 세 대나 보유해 전 세계적인 가격동향 점검, 물류, 재고처리 등에 활용하는 선진 유통기법을 도입했다. 월마트는 2004년 한 해에만 약 2,600억 달러의 상품을 구매해 미 전역을 촘촘하게 둘러싼 108개의 물류센터로 이루어진 공급 사슬을 통해 3,000개가 넘는 매장에서 판매했다. 그러나 월마트 제국을 이끄는 진정한 힘의 원천은 따로 있었다.

월마트 제국의 진정한 비법, 근로빈곤

가난한 농부의 아들로 태어난 샘 월튼과 그의 가문은 오늘날 전 세계에서 가장 부유한 존재들이다. 이들은 세계 최대의 소매 체인을 소유한 미국의 대표적인 고용주로, 미국 내 노동인구 123명 가운데 1명이 월마트에서 일하고, 미국인 10명 가운데 9명이 일 년에 한 번 이상 월마트에서 물건을 구입한다. 이들이 벌어들인 재산도 놀랍지만 그보다 놀라운 것은 이들이 지난 30년간 미국의 비즈니스 관행을 변화시키고 세계 경제의 아슬아슬한 귀감이 되었다는 점이다. 이들은 어떻게 매일 가장 싼 값에 물건을 팔면서도 전 세계에서 가장 부유한 사람들이 될 수 있었을까?

> 월튼 가문은 1992년에 샘 월튼이 죽은 이후부터 지금까지 계속 포브스 400의 상위권을 지배했다. 2006년에는 월튼의 미망인 헬렌과 자녀들 그리고 며느리 크리스티가 6위, 7위, 9위, 11위를 차지했다(헬렌 월튼은 2007년에 사망했다). 이들의 재산은 모두 777억 달러였는데 이는 2위인 워런 버핏보다 65억 달러 많고, 1위인 빌 게이츠보다 45억 달러 적은 액수였다.[7]

2007년 현재, 월마트는 해마다 3,880억 달러의 매상에 순수익만 127억 달러에 달하는 것으로 알려지고 있다. 샘 월튼이 죽기 전 네 자녀에게 분배한 재산은 이후에도 계속 불어나 이들의 재산을 모두 합치면 1,500억 달러에 달할 것으로 추산된다.

월튼 가문과 월마트가 축적한 재산은 단순히 규모의 경제만으로 성취한 것이 아니다. 전 세계 15개국의 5,000개가 넘는 월마트 매장에서 일하는 150만 명 이상의 직원들 가운데 노동자는 한 사람도 없다. 샘이 자신이 고용한 모든 노동자를 '노동자나 점원, 피고용인'으로 부르는 대신 '판매공동경영자 혹은 공동소유자associates'라 부르기를 원했기 때문이다. 그는 처음부터 노조 설립에 반대했고, 1996년 중국에 진출하기 전까지는 어떤 나라에서도 노조 설립을 허용한 적이 없다(중국은 법적으로 노조 설립을 강제하는 국가다). 심지어 캐나다 퀘벡의 월마트 점원들이 노조를 만들자 매장 자체를 폐쇄하기도 했다. 월마트의 무노조 경영 방침은 너무나 유명해서 같은 방침을 내세우는 삼성과 쌍벽을 이룬다. 월마트의 경영수첩Management Handbook에는 다음과 같은 말이 적혀 있다.

"여러분은 월마트 경영팀의 일원으로서 노동조합 결성에 대한 우리의 제1방어선입니다. 여러분은 …… 동료들을 포섭하려는 노동조합의 꾐에 대해 항상 경계할 필요가 있습니다." [8]

샘 월튼은 월마트에 고용된 모든 점원이 '주인의식'을 지니고 일하기를 원했기 때문에 직원들에게 월마트의 주식을 시장 가격보다 다소 싼 값에 구입할 수 있도록 하거나 수익을 자동으로 배분하도록 했다. 그러나 이런 소액 주주로서의 권리를 즐기려면 동종 업계에서도 바닥을 기는 최저임금을 감내해야 했고, 주식에서 배분되는 수익은 거의 혜택이라 볼 수 없을 만큼 적었다. 미국 내 저소득층이 주류를 이루는 월마트 매장 점원들은 보통 시간당 8~9달러, 한 달에 1,200달러 내외의 봉급을 받는데 이것은 법이 정한 최저임금에도 미치지 못하는 액수다. 게다가 이들의 근무시간엔 영업 준비 시간이 포함되지 않는다.

샘 월튼은 자신의 점원들이 주인의식을 가지고 '고객은 항상 옳다'고 믿으며 친절한 서비스로 응대하길 바라지만, 월마트에 신규 채용된 종업원 가운데 70퍼센트가 일 년을 버티지 못하고 다른 직장을 찾아 떠난다. 그러나 월마트는 이에 아랑곳하지 않는다. 고용을 희망하는 이들이 몇 배는 많기 때문이다. 월마트는 미국 최대 기업이면서도 이곳에서 일하는 노동자들의 의료보험료를 책임지려 하지 않는다. 결국 부족분은 국민의 세금으로 채워지고 있다. 월마트의 노동 착취와 여성 노동자에 대한 차별 관행을 취재해 『여성 판매원이 부족하다: 월마트에서의 노동권 쟁취를 위한 투쟁』Selling Women Short: The Landmark Battle for Workers' Rights at Wal-Mart, 2002을 펴낸 언론인 리자 페더스톤Liza Featherstone은 월마트의 실상에 대해 다음과 같이 비판한다.

미국 최대 기업 가운데 하나인 월마트는 법정 최저임금을 지키지도 않고 의료보험비를 지불하지도 않으며 여성 노동자를 차별하는 등의 문제점으로 비판받고 있다.

미국 납세자들은 월마트의 정규직원들에게 돈을 지불하고 있습니다. 그들이 더 많은 의료보험, 공공주택, 저소득층을 위한 식권을 필요로 하기 때문입니다. 월마트 직원들이 자급자족하지 못하는 데에는 갖가지 설명이 많습니다. 샘 월튼이야말로 미국식 성취의 상징으로 받아들여지고 있기 때문에 이는 정말 대단한 모순이 아닐 수 없습니다. 월마트가 공화당을 지지하는 것이야말로 정말 정직하지 못하며 문제가 많다고 할 수 있습니다. 월마트의 선거운동 기부금 가운데 80퍼센트는 공화당으로 갑니다. 그러나 공화당은 월마트가 의존하는 공적 부조 프로그램을 보통 지지하지 않습니다. 사실 월마트야말로 의료보험 확산에 적극 참여해야 하는데도 말입니다. 월마트는 적어도 자신들이 직원들에게 필요한 혜택을 줄 수 없다면 우리가 보다 복지혜택을 늘려야 한다는 사실을 인정해야 합니다.[9]

월마트는 단지 세계의 비즈니스 관행과 노동 조건만 변화시킨 것이 아니라 강력한 시장지배력을 통해 보수적인 가족주의와 미국 사회의 주류 기독교 복음주의를 전파하고 미국 문화를 획일화한다는 비판도 함께 받고 있다. 월마트를 비롯한 대형 마트는 한곳에서 모든 물건을 구입하는 원스톱 쇼핑을 추구하는데, 이곳에서 파는 문화 상품은 구매담당자의 사전검열을 거친 것이다. 월마트가 워낙 거대한 유통망을 장악하고 있기 때문에 실제 소비자들이 원하는 상품이라 해도 월마트를 비롯해 월마트화된 대형 마트에서 이런저런 이유로 거절당한 상품은 구입할 수가 없다. 예를 들어 보수적인 가족주의에 반하는 음반이나 책, 잡지 등은 월마트 매장에서 판매될 수 없으며 반기독교적인 분위기를 띤 문화 상품 역시 매장에 진열되지 못한다. 흔히 사람들은 기업이 이데올로기와 무관하며 단지 비즈니스 차원에서 결정을 내릴 뿐이라고 생각하지만 이처럼 거대 유통업체들이 시장을 지배하는 현실에서 기업 권력이 시민의 자유와 대중의 삶에 미칠 수 있는 영향, 새로운 빅브라더로 작동하는 방식에 대해 의심하고 경계하지 않는 한, 시장의 민주주의가 시민의 민주주의를 통제할 가능성은 언제나 존재한다.

신종 인플루엔자보다 무서운 근로빈곤의 월마트화

물론 월마트를 옹호하는 목소리도 있다. 이들은 어쨌든 월마트가 가난한 이들에게 100만 개 이상의 일자리를 마련해주었다고 말하지만, 월마트가 근로빈곤working poor에 시달리는 일자리 100만 개를 만든 지난 30년간 미국에선 그보다 몇 배나 빠른 속도로 괜찮은 직장들이 사라져가고 있다. 월마트의 영업 방식에서는 해외 노동력에서 매장 내부 노동력에 이르기까지 최저 가격을 요구하는데, 이 방식은 노동자들을 영구히 가난에서 벗어나지 못하도록 만든다. 이것이 세계화의 또 다른 이름, 월마트화WAL-Martization다.

월마트는 강력한 구매력을 바탕으로 소규모 경쟁사들을 시장에서 퇴출시키고, 압도적인 시장점유율을 바탕으로 제조업체들에게 잔인한 원가절감을 요구한다. 만약 그 요구대로 하지 못하는 납품업체라면 월마트가 장악한 시장에서 퇴출될 것을 각오해야 한다. 전 세계 6만 5,000여 개의 납품업체들은 월마트의 요구 수준에 맞추기 위해 노동자의 임금과 복지 수준을 크게 떨어뜨리거나 값싼 인건비를 쫓아 중국으로 떠났다. 월마트는 자신들만 근로빈곤을 양산하는 것이 아니라 경쟁 업체와 납품 업체도 비용절감을 위해 이를 따라하지 않을 수 없도록 강제했고, 수많은 기업이 어쩔 수 없이 혹은 기꺼이 월마트를 따라갔다. 오늘날 월마트를 지탱하는 것은 미국은 물론 세계 곳곳에서 월마트의 이익을 위해 구금과 구타 등을 감수하며 반인권적 상황에서 일하면서도 빈곤을 벗어날 수 없는 노동자들의 눈물이다. 그리고 중국을 비롯한 중남미, 아시아, 아프리카 등지에서 최저임금에도 못 미치는 임금을 받고 일하는 하청업체 노동자들의 피땀이다. 바로 그것이 성공의 법칙에 따라 월마트가 동료와 동반자 들을 대접하는 방식인 것이다.

월마트는 세계 곳곳에 진출해왔지만 한국에서는 토종 할인점 브랜드인 이마트에 밀려 결국 철수하고 말았다. 이마트는 어떻게 월마트에 승리할 수 있었을까? 그 원인은 크게 두 가지로 요약할 수 있다. 첫째는 이마트가 월마트의 방식을 철저하게 벤치마킹한 결과이고, 둘째는 월마트가 한국 소비자들의 구매 패턴에 맞추는 지역화, 토착화를 시도하는 대신 기존 방식을 한국에도 고스란히 적용하고자 했기 때문이다. 한 달에 서너 번 정도 몰아서 냉동식품 위주로 장을 보는 미국 소비자들과 달리 한국 소비자들은 신선한 야채와 생선을 구입하기 위해 거의 매일 장을 보는데 월마트는 기존 방식대로 매장을 운영했다. 미국에서 월마트는 주로 저소득층이 이용하는 곳인 데 반해 한국에서 대형 마트는 중산층이 즐겨 소비하는 곳이다. 한국 사회에서 쇼핑이란 다분히 과시욕을 동반하는 행위인데, 아무 장식 없는 창고형 매장의 월마트는 한국의 중산층 소비자들을 유혹하지 못했다. 그에 반해 이마트는 야채와 생선 등 신선한 식료품을 중심으로 한국 소비자들의 구매 욕구를 자극했고, 백화점과 유사한 분위기의 문화센터를 운영하면서 백화점은 아니더라도 백화점에 준하는 쇼핑 공간으로 인식하게 만들었다.

이마트의 성공에 고무된 한국 언론은 앞다퉈 이마트의 놀라운 승전 소식을 외국산 브랜드에 맞선 토종 브랜드의 성공으로 자랑스럽게 내세웠지만 월마트가 한국에서 철수한 이후 최근까지 진행되는 결과는 '월마트화'와 다르지 않다. 2010년 현재 대형 마트 중에서도 신세계 이마트, 홈플러스, 롯데마트 등 이른바 빅3의 매출은 이마트 12조 5,000억 원, 홈플러스 10조 9,000억 원, 롯데마트 8조 7,000억 원 등 이들 3개사가 거둬들인 매출만 32조 1,000억 원(2010년 한국 정부 예산의 11퍼센트)에 이른다. 그 결과 이마트 같은 대형 마트가 들어선 곳의 지역 상권이 붕괴되어버리는 사태가 연이어 벌어지고 있다. 어느덧 포화 상태에 이른 대형 마트들은 이제 역으로 이보다 조금 작은 규모의 기업형 슈퍼마켓Super Supermarket, SSM으로 골목 상권마저 장악하려 들고 있다. 최근 재래 상권을 비롯한 지역의 소상인들이 연합해 정부와 언론에 호소하며 SSM을 저지하기 위해 애쓰고 있지만, 장기간 지속되는 불경기의 여파 속에서 과연 여론을 움직이고 소비자들의 선택을 받을 수 있을지는 미지수다.

경영혁신과 마케팅 분야에서 세계적 구루(?)로 평가받는 톰 피터스는 이런 말을 했다.

"샘 월튼이야말로 헨리 포드와 쌍벽을 이룰 만한 세기의 기업가."

그가 내린 평가와는 다른 의미에서 이 말에 동의하지 않을 수 없다. 헨리 포드가 1916년 포드자동차에서 일하는 종업원의 임금을 두 배 이상 올려 이들을 중산층으로 만드는 데 큰 공헌을 했다면, 반대로 샘 월튼은 그로부터 50년 후 월마트의 종업원들을 다시 가난뱅이로 만드는 데 큰 공헌을 했기 때문이다. 〈아메리칸 갱스터〉에서 프랭크 루카스가 판매한 것은 마약이었지만, 샘 월튼은 근로빈곤을 판매했고 이것을 세계화시켰다. 포드자동차는 노동자의 임금을 올려 T형 모델을 누구나 구입할 수 있게 만들었지만, 월마트는 노동자의 임금을 최대한 삭감해 이들이 매일 저가할인 상품을 판매하는 월마트가 아니면 다른 곳에서 소비할 엄두를 내지 못하도록 만들었다.

만약 소비자들이 모두 값싼 마약에 중독된다면 마약밀매상은 엄청난 이득을 올려 자기 가족과 투자자들에게 그에 걸맞은 이익을 줄 수 있을 것이다. 그러나 소비자이자 노동자인 사람들이 값싸고 질 좋은 마약에 중독되어 더 이상 마약을 구입할 수 없을 만큼 가난해진다면 마약밀매상은 누구에게 마약을 팔 수 있을까?

05

모리타 아키오

소니 워크맨이 일으킨 개인주의 혁명

> 고객들은 무엇이 가능한지 모른다. 헨리 포드가 사람들에게 무엇을 원하느냐고 물었다면 그들은 아마 '자동차가 아닌, 더 빠른 말'이라고 대답했을 것이다. 대중은 무엇이 가능한지 모르지만 우리는 알고 있다. 만약 3만 대 이상 팔리지 않으면 회장을 그만두겠다.

盛田昭夫 1921~1999.

패전의 절망 속에 빠진 일본 경제를 부흥시키고,
일본은 물론 세계의 전자산업을 이끌며 Made in Japan의 신화를 쓴 소니의 창립자
모리타 아키오. 음악을 좋아했던 전자공학자이자 소니의 경영자였던 그가
어디에서나 음악을 듣고 싶다는 마음으로 개발한 워크맨이 초래한 개인과 사회의
관계 맺기 방식의 변화는 구텐베르크의 활판인쇄가 미친 영향에 비견될 만한 것이다.

프랑스 영화감독 뤽 베송은 1990년 〈니키타〉La Femme Nikita로 할리우드의 주목을 받았다. 이후 할리우드에 진출해 감독한 첫 작품 〈레옹〉Leon, 1994이 전 세계 흥행에 성공하면서 국내에도 널리 알려지게 되었다. 그는 이 영화들에서 육체적, 정신적으로 미성숙하던 여성이 가혹한 현실을 경험하며 점차 성장해가는 과정을 보여주는데, 이 두 편의 영화는 살인청부업자가 주인공이라는 점 외에도 기묘한 공통점이 하나 더 있다. 소니Sony 워크맨Walkman이 등장한다는 것이다.

니키타(안느 빠릴로)는 마약에 취한 채 세상과 담쌓고 살아가는 뒷골목의 불량소녀다. 그녀는 함께 어울려 다니는 불량배 친구들과 약물을 훔치기 위해 깊은 밤, 문 닫힌 약국을 턴다. 친구들이 약국을 난장판으로 만드는 동안, 그녀는 탁자 밑 좁은 공간에 들어가 앉는다. 신고를 받고 출동한 경찰과 친구들 사이에 총격전이 벌어지는 동안에도 꼼짝하지 않는다. 마침내 친구들이 모두 죽고 경찰관이 다가왔을 때 니키타는 흐리멍덩한 표정으로 경관을 쳐다본다. 그녀의 귀에는 워크맨 리시버가 꽂혀 있었다. 〈레옹〉에서 최고의 악역을 보여준 게리 올드만은 마약단속반DEA 반장이자 마약을 빼돌리는 부패 경찰 스탠스 필드로 출연한다. 언제나 귀에 소니의 노란색 이어폰을 꽂고 있는 그는 광적인 분노를 폭발시키며 마틸다(나탈리 포트만)의 가족을 몰살시키기 직전에도 마치 환청을 듣는 사람처럼 춤을 춘다. 이 영화들에서 워크맨은 세상과 단절한 인간을 표현하는 중요한 소도구로 사용되었다.

> 비디오 세상은 얼굴을 대면하는 상호 접촉을 싫어한다. 그것은 다만 기계와 상호 접촉할 것을 요구한다. 중심가로 걸어가 보라. 주변의 세상에는 무관심한 채 이어폰으로 음악을 듣고 있는 수많은 사람들을 바라보라. 소니 워크맨과 유사한 사운드 기계들의 홍행은 대단히 상징적이다. 저 얼굴들을 보아라. 그들은 공허하다. 이어폰으로 듣고 있는 개인들은 모든 외부의 자극을 차단하였다. 그는 스스로 사로잡힌 청취자인 것이다.[1]

오늘날 카세트테이프를 사용하는 워크맨은 대부분 단종되었지만 소니에서 생산하는 소형 휴대용 전자기기들에는 옛 영화를 상기시키려는 듯 여전히 워크맨이란 상품명이 붙어 있다. 본래 워크맨은 1979년 소니에서 생산한 소형 휴대용 전자기기의 상품명에 불과했다. 그러나 전 세계적으로 3억

소니 워크맨 WM A602 모델

8,500만 대가 팔린(유사 제품들까지 포함하면 그 수치를 가늠할 수 없는) 소니 워크맨은 오늘날 더 이상 단순한 상품명이 아니다. 비록 초창기엔 문법에도 맞지 않는 '저패니시Japanish'란 조롱을 받았지만, 워크맨은 이제 옥스퍼드 영어사전에도 당당히 수록되어 있다. 20세기 일상생활의 변화와 개인의 사유체계에 끼친 워크맨의 영향력은 단순히 사전에 등재된 정도에서 멈추지 않는다. 워크맨이 초래한 개인과 사회의 관계 방식에 대한 변화는 감히 구텐베르크의 활판인쇄가 인류에 미친 영향에 비견될 만한 것이기 때문이다. 이 같은 변화가 처음부터 의도된 것은 아니었지만 지난 40년간 세계 전자제품 시장을 석권해온 소니와 모리타 아키오로부터 시작된 것은 분명하다.

사장으로 키워진 사람

소니의 창업주이자 최고경영자였던 모리타 아키오가 1986년에 펴낸 자서전 『메이드 인 저팬』Made in Japan의 서두는 히로시마에 원자폭탄이 투하되었다는 소식을 처음 접한 순간에서 시작된다. 태평양전쟁이 막바지에 이른 1944년 오사카 제국대학 물리학과를 졸업한 그는 한 무리의 과학자와 기술자로 구성된 연구팀에서 열 유도 무기와 야간투시 사격 장비를 개발하던 24세의 젊은 해군 장교였다. 그는 원자폭탄 투하 소식을 듣고 동료들에게 이렇게 말했다.

"지금 당장 연구를 중지하는 것이 좋을 것 같네. 만약 미국인들이 원자폭탄을 만들어낼 수 있다면 모든 분야에서 그들을 따라잡기란 애당초 틀린 일이니까 말일세."

이 말에 주변 사람들은 깜짝 놀라고 말았다. 당시 일본이 민간인들에게까지 옥쇄玉碎를 강요하던 억압적인 분위기였다는 점을 생각해보면 군인으로

소니의 공동 창립자이자 회장 모리타 아키오

서 감히 입에 담을 수 없는 말이었다. 남들 몰래 단파 라디오를 입수해 어느 정도 전황을 파악하고 있었다 하더라도 아는 것과 말하는 것에는 큰 차이가 있다는 점에서 이 일화는 모리타 아키오라는 인물이 지닌 품성을 잘 보여준다. 이처럼 자신만만하게 의견을 피력할 수 있었던 것은 어려서부터 서구의 문화와 기술을 접할 수 있었던 남다른 성장 배경 덕분이다.

아키오는 1921년 일본 나고야 근처의 고스가야 마을에서 질 좋기로 유명한 사케(청주)를 빚어내는 양조장의 당주 모리타 큐자에몽盛田久左衛門과 그 부인 슈코收子 사이에서 장남이자 15대 계승자(당주)로 태어나 커다란 정원과 테니스 코트, 운전사 딸린 자가용과 시중드는 하인이 있는 부유한 환경에서 성장했다. 어머니 슈코는 사족(士族, 무사 가문) 출신으로 슬하에 3남 1녀를 두었는데, 아버지 큐자에몽은 장차 양조사업을 이어받을 장남에게 각별한 애정을 쏟았다. 가족 가운데 유일하게 장남만이 아버지와 겸상을 할 수 있는 봉건적인 가정 분위기 속에서 아키오는 어린 시절부터 미래의 경영자로 성장하도록 남다른 교육을 받았다. 그는 처음부터 사장이 되기 위해 태어났고 평생을 경영 일선에서 보냈다.

나는 항상 "너는 처음부터 사장이다. 너는 우리 가문의 장손이야. 그것을 기억해야 한다"는 말을 들어왔다. 나는 언젠가는 우리 회사의 최고경영자로서, 우리 가문의 당주로서 아버지의 후계자가 될 것이라는 사실을 잊어서는 안 되었다. 나는 또한 젊었을 때 거듭거듭 주의를 받은 것이 대단히 중요하다고 생각한다. "네가 사장이기 때문에 다른 사람들을 지배할 수 있다고 생각하지 마라. 네가 하기로 결정한 것을 분명히 해라. 그리고 다른 사람에게 하라고 요구한 것은 끝까지 네가 책임을 져야 한다." 나는 아랫사람들을 꾸짖거나 어떤 문제에 대해 비난을 할 사람을 찾는 것은 좋지 못한 일이라고 배웠다.[2]

봉건적 가부장 질서에 충실한 부친이었지만 그는 일본에서 가장 먼저 서구식 경영학을 도입한 게이오 대학에서 수학할 만큼 신문물을 받아들이는 데에도 적극적이었다. 일본 근대화의 상징적 인물이자 메이지유신의 사상적 배경을 이루는 인물로 손꼽히는 후쿠자와 유키치福澤諭吉가 1858년 설립한 게이오 대학은 서양의 새로운 사상과 문물을 도입하는 데 앞장섰다. 게이오 대학은 당시의 국가주의적이고 권위주의적인 제국대학帝國大學에 대한 대안으로 설립되었으며, 정부의 간섭을 배제하고 자유로운 학문 분위기를 조성함으로써 개인의 발달을 중요시했다. 큐자에몽은 동생을 파리로 유학 보냈고, 서양음악을 좋아하는 아내를 위해 당시 자동차 한 대 값의 3분의 1이나 하는 거금을 들여 최신식 축음기를 구입하기도 했다.

큐자에몽이 구입한 신형 축음기는 이전의 축음기보다 월등한 음질을 들려주었는데, 이때의 경험으로 아키오는 기계에 대해 관심을 두게 되었다. 수학과 물리학을 특히 좋아해 방과 후 시간이 날 때마다 집 안에 갖춰진 개인 실험실에서 기계를 분해하고 조립하는 등 온갖 실험을 즐겼다. 전통적인 가업보다 서구의 신기술에 커다란 흥미를 느끼게 된 그는 부모를 설득해 경영학 대신 물리학을 전공했다. 고교 시절엔 아버지의 경제적 도움으로 일본의

소니의 공동 창립자인 이부카 마사루. 마사루는 기술 혁신 분야를, 아키오는 경영과 마케팅 분야를 담당하여 소니를 세계 최고의 자리에 올려놓았다.

여러 곳을 비롯해 친척들이 사는 조선과 만주까지 여행했다. 그가 계획한 청소년기의 마지막 목적지는 미국이었지만 태평양전쟁이 발발하면서 미국행은 10년 정도 뒤로 미뤄졌다.

대학을 졸업하고 군에 입대한 그는 일선에 나가 개죽음을 당할 바엔 차라리 해군에서 무기 개발에 참여하는 것이 낫겠다고 생각했다. 이곳에서 그는 머지않은 장래에 함께 소니를 창립하게 될 이부카 마사루井深大를 만난다.

이부카 마사루는 어떤 사람이었을까. 1908년 홋카이도에서 태어난 그는 모리타 아키오보다 열세 살이나 많았지만 두 사람은 평생 친구로 지내며 변치 않는 우정을 쌓았다. 그리고 마사루는 기술혁신 분야에서, 아키오는 경영과 마케팅 분야에서 일하며 소니를 전후 세계 최고의 전자제품 메이커로 성장시켰다. 아키오가 어려서부터 경영자 수업을 받았다면 마사루는 학창 시절부터 '학생발명가 이부카'라는 평판을 얻을 만큼 엔지니어로서 탁월한 능력을 인정받았다. 그는 대학 시절에 이미 축음기를 직접 조립했고, 1933년 파리에서 열린 만국박람회에서 자신이 개발한 제품으로 발명 부문 금상을 받기도 했다. 두 사람은 장차 전쟁이 끝난 뒤에는 완전히 새로운 일본이 출현하게 될 것이며 그때는 자신들과 같은 젊은 기술자와 새로운 기업이 필요하게 될 거란 사실을 예감하고 있었다.

1945년 9월 2일, 도쿄 만에 정박한 미주리호 선상에서 일본이 항복문서에

서명하면서 전쟁은 완전히 끝났다. 남겨진 것은 폐허뿐이었다. 일본은 전쟁으로 국부의 약 25퍼센트를 상실했고, 주요 도시는 폭격으로 모두 파괴되어 도시 거주자 가운데 47퍼센트가 지붕도 없는 곳에서 살았다. 아키오와 마사루가 '도쿄통신공업주식회사(도쓰코東通工)'를 창업하던 1946년 무렵 일본의 1인당 국민소득은 17달러에 불과했다.

아무런 희망도 긍지도 느낄 수 없던 시대, 이들은 일본 국민에게 꿈과 희망이 되는 기업을 만들겠다는 일념으로 소니를 창업했다. 회사 창립식에서 마사루는 10여 쪽에 달하는 설립취지서를 낭독했는데 여기에는 장차 소니의 기업 경영 이념이 될 내용이 담겨 있었다. 취지서에서 그는 '소니가 기술자에 의해, 기술자를 위해 세워졌으며 설립의 첫째 목적은 기술자들이 기술의 기쁨과 사회적 책무를 인식하고, 마음껏 일할 수 있는 안정된 일터를 만드는 데 있다'고 밝히고 있다. 이들은 추악한 이윤 추구를 배제하고, 규모의 확대만을 추구하지도 않을 것이라고 말하면서 장차 해외 최신 기술의 도입, 무선통신에 관한 자료를 두루 갖춘 도서관 운영, 전자기술에 대한 기본 지식을 일반에 계몽하는 강습회 개최 등도 함께 도모할 것이란 내용[3]을 담아냈다. 한마디로 두 젊은이는 전쟁 이전의 재벌들과는 다른 기업을 만들겠다고 선언을 한 것이다.

트랜지스터 국산화로 시작된
일본의 전자산업

일본 기업의 역사는 곧 재벌의 역사였다. 에도 막부가 정국을 안정시키자 조닌町人이라는 상인 계층이 출현하면서 자본주의의 맹아가 싹트기 시작한다.

일본을 대표하는 재벌그룹 미쓰이三井는 17세기에 무사 출신인 미쓰이 다카토시三井高稜가 막부의 비호를 받는 직속 상인이 되면서 시작되었다. 막부의 비호를 받으며 성장한 미쓰이 가문은 훗날 막부 타도 운동이 벌어지자 자신들을 비호해준 막부를 배신하고 신정부 인사들에게 막부 타도에 쓰일 군자금으로 금 1,000냥을 상납했다. 그리고 그 대가로 정부 관련 사업의 막대한 이권을 차지할 수 있었다.

미쓰비시三菱 역시 비슷하다. 1867년, 에도 막부가 천황에게 국가 통치권을 돌려준 대정봉환大政奉還4으로 일본은 혼란스러웠다. 그 틈을 타서 도사土佐번의 재정 관리 출신 이와사키 야타로岩崎彌太郞가 도사번의 직영 물산회사를 차지하며 미쓰비시가 시작되었다. 미쓰비시는 1874년 일본이 대만을 침략하자 군수품 수송을 전담하면서 비약적으로 성장했다. 1906년에서 1910년까지 일본의 여러 기업들은 권력의 비호 아래 본격적인 인수합병을 벌이며 재벌 체제를 구축해나간다. 이처럼 재벌그룹들이 급속도로 성장할 수 있던 이유는 권력과의 결탁 때문이었지만 제국주의 일본의 팽창 과정에서 일어난 대만 침략, 조선 침략, 청일전쟁, 러일전쟁, 제1차 세계대전 등 전쟁 특수 덕분이기도 했다. 전쟁을 돈벌이로 삼고 권력과의 유착을 통해 사세를 확장할 수 있었던 일본의 재벌들은 군국주의 일본이 제2차 세계대전의 소용돌이로 빠져들어가는 것을 수수방관하거나 전쟁에 적극 동참했다.

전후 일본을 점령한 연합군최고사령부GHQ는 일본을 다시는 전쟁을 일으킬 수 없는 국가로 만들기 위해 정치·경제적으로 여러 가지 정책을 추진한다. 그 가운데 하나가 일본의 전통적인 기업 조직 '재벌Zaibatsu, 財閥'의 해체였다. 태평양전쟁 전까지 미쓰이, 미쓰비시, 스미토모住友, 야스다安田 등 4대 재벌그룹은 일본 전체 자본금의 25퍼센트를 차지하고 있었다. 몇몇 가문이 차지한 재벌그룹들이 문어발식 확장을 거듭한 결과, 자회사가 300여 개에 이르는 재벌까지 있었다. 1945년 11월, 연합군최고사령부는 4대 재벌의 해체 지령을 발령하고, 이듬해 8월에는 지주회사정리위원회를 설치해 다섯 차례에 걸쳐 4대 재벌을 비롯해 지방에 있던 23개 중소 재벌까지 해체하도록 한다. 그러나 미국이 주도하던 이런 개혁 정책은 때마침 들이닥친 냉전과 한국전쟁 발발로 인해 미완의 상태로 중도에 종료되고 말았다. 재벌은 지금까지 그룹의 중추 역할을 해온 거대 은행들을 통해 다시 기업집단 형태로 통합되었는데 이를 '계열Keiretsu, 系列'이라 부른다.

전후 재벌 해체가 추진되던 공백기 동안 도쿄 지역에만 수백 개의 기업이 우후죽순처럼 생겨났다. 1997년 외환위기 이후 한국 재벌기업들이 투자에 주춤한 동안 벤처 열풍이 분 것과 흡사한 열기였다. 벤처 거품이 빠지면서 이들 기업이 줄줄이 사라졌듯이 당시 일본에 세워진 대부분의 기업도 초반부터 만성적인 자본 부족에 시달리다가 창업할 때와 마찬가지로 빠르게 사라져갔다. 그러나 아키오와 마사루가 설립한 도쓰코는 이들과 다른 길을 걸었다. 마사루의 장인 마에다 다몬前田多聞은 외교관 출신으로 미일 관계와 국제 정세에 정통했고 금융계에도 폭넓은 인맥을 가지고 있었다. 그는 사위 마사루와 야심만만한 동업자 아키오의 사업을 위해 제국은행의 만다이 준지로 회장 등을 소개해주었고, 재정 지원을 받을 수 있도록 압력을 행사했다. 또 대단한 부호였던 모리타 가문의 재정지원 역시 이들이 남들보다 좋은 조건에서 사업을 시작할 수 있는 배경이 되었다. 그러나 도쓰코가 성공하게 된 것은 무엇보다 확실한 기술력을 확보하고 있었기 때문이다. 이들은 서구에서도 제품화된 지 얼마 안 된 테이프레코더의 국산화에 성공했고, 때마침 불어닥친 영어교육 붐에 운 좋게 편승하면서 위기를 극복해나갈 수 있었다.

패전 직후 일본 경제는 크게 두 번의 부흥 기회를 맞았다. 첫 번째는 제국주의 일본이 한반도를 식민지배하며 뿌린 씨앗이 분단과 전쟁으로 돌아오면서 얻은 기회였다. 한국전쟁 발발로 말미암은 전쟁 특수는 일본의 산업생산력을 급속히 팽창시켜 전쟁 이전 수준을 넘어설 수 있게 해주었고, 개인 소비지출 역시 전쟁 이전 수준을 웃도는 규모로 회복되었다. 그 이후에는 지속된 냉전으로 인해 반공의 보루가 되어 전후 배상 문제에서도 특혜를 받았다. 두 번째 기회는 트랜지스터의 국산화를 발판으로 한 전자산업의 성공이었다. 전쟁 이전에 섬유산업은 일본의 가장 중요한 산업이었으나 다양한 합성섬유의 발명과 식민지 국가들의 해방으로 더 이상 유지하기 어려워졌다. 전후 일본은 부가가치가 높은 중화학공업 제품의 수출로 외화를 벌어들여야 했는데, 비무장화가 추진되면서 오랫동안 군수에 의존해온 중화학공업이 일시적으로 타격을 받았다. 장기적으로 군사비 지출이 감소하면서 일본 정부는 중화학공업 육성에 힘을 기울일 수 있었으나, 중화학공업으로 선진국과 경쟁하기 위해서는 아직 더 많은 시간이 필요했다. 그 시간과 자본을 벌어준 것이 바로 소니였다. 소니가 트랜지스터를 국산화하면서 시작된 전자산업의 호황은 이후 일본 경제를 끌어가는 견인차 역할을 한다.

다양한 트랜지스터들. 1947년에 벨연구소에서 발명해낸 트랜지스터는 진공관을 대체할 수 있는 최첨단 제품이었다.

여기서 잠깐, 트랜지스터transistor에 대해 알아보자. 1947년 미국 벨연구소의 윌리엄 쇼클리Wiliam Shockley 등에 의해 처음으로 발명된 트랜지스터는 당시로서는 지금의 나노 기술에 필적할 만큼 최첨단 기술이었다. 트랜지스터는 부피가 큰 데다 많은 전력을 소비하던 진공관을 대체할 수 있는 놀라운 발명품이었지만 개발 당시에는 진공관과 비교해 여전히 부족한 점이 많았다. 진공관에 비해 소형이고 소비 전력도 적은 장점이 있었지만, 잡음이 많았고 기껏해야 가청 주파수 대역 정도만 증폭할 수 있을 정도로 주파수 특성이 좋지 못했으므로 산업적으로 응용할 수 있는 분야가 매우 한정되어 있었다.

벨연구소에서 트랜지스터를 개발했다는 소식을 들은 아키오와 마사루는 직접 미국을 방문해 특허권 사용계약을 체결했다. 오늘날엔 '기술력의 소니'라고 하지만 이때까지만 하더라도 소니는 이름도 없는 풋내기 전자업체에 불과했다. 소니의 기술자들은 고주파 트랜지스터 개발에 박차를 가했고 마침내 1955년 6월, 고주파 트랜지스터의 개발 및 국산화에 성공한다. 소니는 그해 8월 일본 최초의 트랜지스터라디오 TR-55를 발표했는데, 이것은 미국의 텍사스인스트루먼트가 개발한 것에 비해 겨우 한 달 늦은 것이었다. 소니는 일본의 다른 산업 분야가 선진국 수준을 미처 따라잡지 못하는 동안 전자산업 분야에서 선진국과 어깨를 나란히 했다.

NO라고 말할 수 있는 일본의 힘, 소니

저유가와 경제부흥으로 일본 내수시장이 활황을 맞이하고 있었다. 하지만 아키오는 세계 시장, 특히 미국에 진출하지 못하면 일본 기업에 미래가 없다고 생각했다. 그는 삼류로 취급받는 '메이드 인 재팬'이 세계 일류 제품이 되기 위해선 반드시 미국 시장에서 성공해야 한다는 일념으로 온 가족을 동반하고 미국행을 선택했다. 그는 다른 외국 기업의 브랜드를 부착하는 조건으로 제품을 생산해 큰 수익을 올릴 수 있는 기회가 있었지만 끝까지 자사 브랜드를 고집했다. 세계 시장에 '소니'라는 브랜드를 확립하지 못한다면 미국 시장에 발판을 마련하기도 전에 패배하리라는 생각에 내린 결단이었다. 그는 도쓰코란 이름으로는 세계적인 기업이 될 수 없다고 판단해 1958년 소니라는 브랜드를 기업 명칭으로 사용하도록 했다. 1960년에 소니 아메리카를 설립하는 등 적극적인 미국 진출이 성과를 내면서 일본 기업으로는 최초로 1970년 뉴욕증권거래소에 상장하는 결실을 거두었다.

이때부터 소니는 점차 아키오 회장 개인의 카리스마적 지도력과 판단에 의존하는 기업이 되어갔다. 그의 결정은 워크맨의 개발과 판매 과정에서 볼 수 있듯 커다란 성공을 거두는 기반이 되었다. 하지만 베타 방식의 VTR을 고집하거나 미니디스크MD를 개발하고, 무리한 사업 확장과 철수를 반복하는 등 커다란 손실을 자초하기도 했다. 그러나 아무도 아키오 회장의 카리스마를 거스를 수 없었고, 그를 비롯한 최고경영진은 이사회나 노조에서 아무런 견제도 받지 않았다.

아키오는 전문경영인으로서 걸출한 카리스마와 탁월한 리더십으로 소니를 세계 굴지의 대기업으로 성장시켰다. 그는 이렇게 단언했다.

"소니는 항상 개척자다. 결코 다른 기업들을 뒤쫓아가려는 생각을 하지 않는다."

그의 말처럼 소니는 항상 최고였고 언제나 최초여야만 했다. 첨단 기술력으로 무장한 소니 제품의 하드웨어라면 세계 어떤 시장에서도 통한다는 자신감이 허황된 것만은 아니었다. 실제로 소니는 1959년 세계 최초의 트랜지스터텔레비전을 개발했고, 1979년 필립스와 함께 세계 최초로 컴팩트디스크CD를 개발으며, 같은 해 워크맨을 세계 최고의 히트 상품으로 만들었다. 1980년엔 일본 최초로 CCD 비디오카메라를, 1986년엔 세계 최초로 8mm VTR을, 1990년엔 세계 최초로 8mm 캠코더를 개발했다. 원자폭탄 투하 당시 도저히 미국을 따라잡을 수 없을 거라던 아키오의 절망은 1988년 CBS레코드를, 1989년 컬럼비아영화사를 인수하며 서서히 오만으로 변해갔다.

사실 워크맨 개발 직전에 소니의 사정은 좋지 않았다. 비디오테이프의 표준경쟁에서 베타맥스 방식을 고집하다가 VHS 진영의 연합전선에 밀려 막대한 손실을 자초한 상황이었다. 필립스와 공동으로 개발한 CD를 이용한 제품들이 출시될 때까지는 아직 시간이 필요했다. 이 시기에 소니를 구원한 것이 바로 워크맨이었다. 워크맨 개발에 대해서는 많은 이야기가 있지만 이 제품이 만들어진 직접적인 요인은 해외 출장길에 기내에서도 스테레오 음악을 듣고 싶다는 마사루의 개인적 소망을 들어주기 위한 것이었다. 소니의 기술팀은 저널리스트용으로 설계된 모노 방식의 테이프 레코더 '프레스맨'의

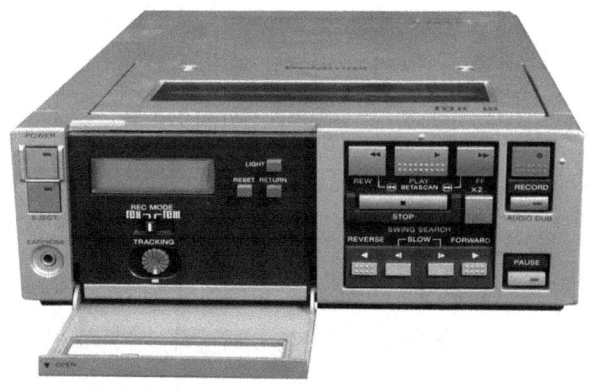

소니의 베타맥스 포터블 제품. 기술력의 소니라고도 하지만 베타맥스를 밀어붙이다가 막대한 손실을 자초하는 등 아키오의 카리스마를 견제하지 못해서 워크맨 개발 직전 사정이 좋지 못했다.

盛田昭夫

녹음 기능을 제거하는 등의 개조를 통해 나흘 만에 스테레오 방식의 워크맨을 만들었다. 회사를 위기에서 구원한 최고의 히트 상품이 최고경영진의 요구로 만들어진 개인적인 장난감에서 출발했다는 사실은 역설적으로 일본 기업의 의사결정 구조가 지닌 취약한 단면을 보여주는 것이기도 했다.

모두들 녹음 기능조차 없는 워크맨의 상품성에 대해 반신반의했고, 시장조사 결과도 긍정적이지 않았다. 하지만 아키오는 조사 결과를 받아들이지 않았다.

"나는 시장조사가 잘 이루어져야만 성공할 수 있다는 말을 믿지 않는다."

그는 오히려 자신만만해하기까지 했다.

"고객들은 무엇이 가능한지 모른다. 헨리 포드가 사람들에게 무엇을 원하느냐고 물었다면 그들은 아마 '자동차가 아닌, 더 빠른 말'이라고 대답했을 것이다. 대중은 무엇이 가능한지 모르지만 우리는 알고 있다. 만약 3만 대 이상 팔리지 않으면 회장을 그만두겠다."

그로부터 20년 뒤인 1999년 미국 경제지 『포천』Fortune은 워크맨 개발을 역사상 가장 뛰어난 의사결정 가운데 하나로 선정해 당시 그의 판단이 옳았음을 증명해주었다. 영국의 저명한 비즈니스 저널리스트 스튜어트 크레이너Stuart Crainer 역시 『75가지 위대한 결정』이란 책에서 모리타 아키오의 결정이 위대했다고 평한다. 그러면서도 아키오의 결정을 '운이 따른 선견지명'으로 분류[5]했다.

아키오는 모든 것이 점차 대형화되어가는 가전제품의 트렌드를 역류하는 방향을 선택했지만, 그것은 전자매체가 더 이상 가정을 중심으로 소비되지 않는 현실을 정확하게 파악한 결과였다. 예전에 집house이라는 공간은 기껏해야 옷과 이불을 넣어두는 옷장과 라디오, 식기를 정리하는 찬장 정도가 살림살이의 전부였으나 소비 사회가 본격화된 오늘날의 집은 대형 텔레비전과 오디오가 결합된 AV 시스템, 냉장고, 에어컨, 컴퓨터, 공기정화기, 식기세척기 등으로 가득 차 마치 가전제품 대리점의 진열장을 고스란히 옮겨온 것처럼 보인다. 과거엔 가족 구성원 모두 거실에 모여 텔레비전을 시청했지만 베이비붐 세대가 부모 세대가 되자 새롭게 출현한 신세대들은 자신만의 전자제품을 요구했다. 워크맨 이전 세대에게 포터블(휴대용, portable)이란, 가정이 아닌 야외에서도 '남들과 함께 음악'을 즐길 수 있는 도구였지만 워크맨 이후 세대에게는 '나 홀로 음악'을 들을 수 있도록 해주는 도구를 의미[6]했다.

워크맨의 성공 신화에 가려 잊히기 쉬운 것 가운데 하나가 카세트테이프라는 음원 소스가 주는 매력이다. LP 음반의 음질보다 다소 뒤처질 수밖에 없었지만 카세트테이프는 LP가 줄 수 없는 강력한 매력을 워크맨을 통해 선사했다. LP에 수록된 음원은 소비자에겐 기성ready-made화된 리스트만 반복해야 하는 것을 의미했지만, 카세트테이프는 녹음·복제를 통해 자신만의 선곡 리스트를 만들 수 있게 해주었다. 이런 경험은 훗날 아날로그에서 디지털로 건너가는 길목에서 소비자들이 자각한 가장 중요한 권리이자 변화였다. 소비자들에게 소비적 주체라는 존재 방식을 자각하게 만든 것이 소니였다. 그러나 소니는 이 점을 진지하게 받아들이지 않았고, 결국 인터넷 네트워킹으로 무장한 소비적 개인주의자들의 역습에 무력해지고 말았다. 소니의 몰락은 아키오의 생전에 이미 시작되었으나 당시 소니는 승승장구하며 최전성기를 보내고 있었기에 그는 이런 사실을 미처 깨닫지 못했다.

아키오는 오래 전부터 일본에서 천황 다음의 영예라는 경제단체연합회(게이단렌經團聯) 회장직을 내심 원했고 비밀리에 이를 추진해왔다. 1993년 드디어 게이단렌 회장직을 제의받은 그는 평소 아침마다 즐기던 테니스를 하던 중 뇌출혈로 쓰러지고 만다. 이날은 그가 게이단렌 차기 회장으로 선출되었다는 공식 발표가 있기로 한 날이었다. 쓰러진 지 두 달 만에 일어나 또

한국에서 극우정치인으로 유명한 도쿄지사 이시하라 신타로, 모리타 아키오는 그와 공저를 내기도 했다.

다시 세계 여러 곳을 여행하며 영국의 엘리자베스 2세 여왕, GE의 잭 웰치 회장 등을 만났지만 그 뒤로는 하와이에서 장기간 요양해야만 했다. 그리고 1994년 11월 25일, 아키오가 소니 본사에 제출한 회장 사직원이 정식으로 수리되었다. 그가 소니 회장 재임 시절에 인수한 컬럼비아영화사(소니픽처스)가 막대한 손실을 감수할 수 없어 상각 처리된 지 꼭 일주일 만이었다. 1997년 12월 평생 동지 이부카 마사루가 89세의 나이로 세상을 떠났고, 그로부터 2년 뒤인 1999년 모리타 아키오 역시 급성폐렴에 걸려 뒤를 따랐다.

전쟁의 폐허를 딛고 우뚝 솟은 소니와 일본 경제의 극적인 성공은 일본 국민과 모리타 아키오의 자신감을 회복시켜주는 계기가 되었다. 이 시기에 일본 기업들은 "더 이상 미국에서 배울 것이 없다" 또 "이제 더 이상 쫓아갈 목표가 없다"며 한껏 들떠 있었다. 이런 과도한 자신감은 때때로 주변 국가들의 심기를 불편하게 만들었는데, 아키오 역시 워크맨 탄생 10주년에 즈음하는 1989년 일본의 극우파 정치인이자 소설가인 이시하라 신타로石原慎太郎와 함께 극우적인 내용이 담긴 『NO라고 말할 수 있는 일본』'No' と言える日本을 출간하며 정치적 정체성을 드러내기도 했다(나중에 미국에서 이 책이 번역 출간되려 하자 아키오는 자신의 발언 부분을 모두 삭제해달라고 요청하기도 했다). 그는 전쟁 전에 태어난 일본인으로는 드물게 어려서부터 서구 문화에 매우 친숙한 조건에서 성장했고, 일본의 최고경영자 가운데서도 가장 개방적이고

세계적인 경영 마인드를 보여주는 기업인이란 평가를 받아왔다. 그러나 그는 부친과 마찬가지로 매우 가부장적인 경영관을 지닌 인물이기도 했다. 모리타 아키오는 미국 제조업의 경쟁력 약화 원인을 강력한 노조에서 찾았고, '가족'처럼 운영되는 일본식 기업 경영 방식이 일본 경제가 지닌 경쟁력의 핵심이라고 생각했다.

'종신고용제'에 안주해버린 일본의 노동자들

실제로 일본 경제가 세계적인 경쟁력을 확보할 수 있었던 밑바탕에는 일본 기업의 수많은 노동자들이 바친 헌신적인 희생이 있었다. 종업원과 회사가 공동 운명체라는 일체감과 결속력을 바탕으로 일본의 노동자들은 일벌레란 야유를 참아가며 신기술 개발과 품질관리에 몰두했다. 사실 노사화합을 중시하는 경영 방식은 일본만의 것이 아니었다. 제조업이 산업의 중심 역할(포드주의)을 하는 구조에서는 정도의 차이가 있을 뿐, 생산성 향상을 위해 사회적으로 자본과 노동이 서로 타협하는 시스템(코포라티즘corporatism)이 요구되었다. 제조업 분야에서 노동생산성의 향상을 도모하기 위해선 상대적으로 임금 상승률이 낮은 수준에서 유지되어야 했기 때문이다.

 임금 상승률이 낮은 수준에서 유지되는 대신, 일본 기업은 종신고용을 통해 노동의 안정성을 보장해주었다. 이런 방식의 경제 시스템은 모리타 아키오가 자서전에서 회고하듯 일본의 자본가 계급이 원했기 때문에 생긴 제도가 아니라 GHQ가 추진했던 노동정책의 부산물이었다. 그러나 종신고용이라는 안정적인 노동조건 아래에서 일본의 노동조합은 상대적으로 매우 취약해졌고, 산업화된 다른 민주주의 국가에 비해 일본의 노동조직은 국가 정책 결정 과정에서 훨씬 체계적으로 소외[7]되었다.

평소 모리타 아키오는 "남의 밥그릇을 깨지 않는 것"이 자신의 경영철학이라고 주장해왔다.

"나의 경영 이념은 소니와 이해관계에 있는 모든 사람에게 행복을 선사하는 것이다. 특히 직원 행복이 나의 최대 관심사다. 그들은 한 번밖에 없는 인생의 가장 소중한 시기를 소니에 맡긴 사람들이기 때문에 반드시 행복해져야 한다. 그들이 세상을 떠날 때, '소니에서 근무해 정말 행복했다'고 생각하도록 만들어주는 것이 나의 사명이다."[8]

소니도 다른 일본 기업들과 마찬가지로 평생고용제를 유지했다. 소니가 특이했던 점은 아키오가 일본식 인재선발 제도를 지나치게 학벌 위주라 하여 1966년부터 이력서에 출신 학교를 적지 못하게 했다는 것과 일본의 전통적인 연공서열제 대신 실력 위주의 승진제를 도입했다는 것이다. 그러나 그의 사후, 그가 직접 선발하고 가르친 경영 후계자들은 여러 면에서 그의 가르침을 따르지 않았다.

소니에서 바이오 노트북을 개발한 기획자 미야자키 다쿠마宮崎琢磨가 퇴사한 뒤 펴낸 책 『소니 침몰』[9]에 이런 실상이 세세하게 기록되어 있다. 겉으로는 학력으로 차별하지 않는다고 홍보했지만 실제로는 학력이 선발의 중요한 기준이었으며 경직된 인사 시스템과 무책임한 경영진 때문에 소니는 몰락을 자초했다는 것이다.

1980년대 일본의 경제적 성공은 미일 무역 분야에서 엄청난 흑자로 이어진다. 만성적인 재정 적자와 무역 적자, 이른바 쌍둥이 적자로 인한 재정 손실을 더 이상 감당할 수 없게 된 미국 정부는 1985년 9월 뉴욕의 플라자 호텔에서 선진5개국G5 재무장관 회의를 개최해 미 달러화의 강세를 진정시키기 위한 합의를 이끌어내는데, 이것이 그 유명한 '플라자 합의'다.

달러 강세를 진정시키고 수출 산업의 경쟁력을 유지하기 위해 엔화 강세 정책을 펼치기로 한 일본 정부는 외환시장에 적극적으로 개입한다. 그 결과 엄청난 엔고 열풍이 불어닥치게 되는데 이것이 거품경제의 시작이었다. 금리 인하를 통해 자금 공급을 대폭 늘리는 금융완화 정책 때문에 시중 자금은 갈 곳을 잃었고, 이 자금들은 부동산 투기와 주식 열풍을 부채질하는 데 쓰였다. 소니 역시 이 시기에 CBS와 컬럼비아영화사를 인수하고 보험사업 분야에 진출하는 등 과거 자신들은 규모의 확대만을 추구하지 않을 것이라며 재벌그룹과의 차별화된 기업 이념으로 내세웠던 소중한 가치를 스스로 포기한다. 마침내 1991년 거품이 꺼졌을 때 일본은 '잃어버린 10년'이란 장기 불황의 늪으로 빠져든다.

제2차 세계대전 이후 잿더미가 된 일본이 이룩한 고도성장의 뒤안길에서 노동자들은 정치적 목소리를 내거나 기업경영에 참여하지 않았다. 아무런 정치적 권한도 갖지 못한 대신 이들은 빈부격차가 없는 사회, 일 억 일본인이 모두 중류 계층이라 자부하며 살 수 있는 '일억총중류—億總中流 사회'라는 신화에 안주해왔다. 그러나 거품경제가 무너지고, 세계 산업 구조가 제조업 중심에서 금융·서비스업 중심으로 빠르게 변화해가는 와중에 일본 기업들은 커다란 위기에 봉착하게 된다. 비록 우리나라처럼 외환위기는 없었지만 장기간 지속된 경기침체 속에 일본 기업들은 종신고용제와 연공임금제를 폐지하고 경영 개선을 위한 구조조정에 나섰다. 미국식 신자유주의를 강력하게 추구했던 고이즈미 총리의 개혁은 선진국 가운데 가장 낮은 실업률을 자랑하던 일본을 미국 못지않게 심각한 실업 천국으로 만들었다.

워크맨 대 아이팟

소니 역시 이 위기를 피해갈 수 없었다. 소니는 2003년에서 2005년 사이에 3만 명의 직원을 해고했고 이후 더 많은 노동자의 정리해고 계획을 발표했다. 1990년대 이후 소니는 일본이 처한 현실을 총체적으로 보여주는 기업이 되었다. 일본은 여전히 국내총생산GDP 대비 연구개발R&D 투자 비중이 세계 3위이며, 보유 특허 수도 미국보다 많다. 그러나 애플이나 구글처럼 디지털 시대를 대표하는 기업이 없다. 소니 또한 한때 트리니트론 브라운관을 개발해 전 세계 TV와 방송 모니터 분야를 석권했지만, 차세대 TV의 핵심 부품인 LCD 개발 시기를 놓치는 바람에 후발주자 삼성에 추월당하는 등 전통적인 제조업 분야에서까지 뒤처지고 있다. 얼마 전까지 부동의 1위로 여겨져온 미국 캠코더 시장에서도 삼성전자와 캐논에 1위 자리를 빼앗겼고, 뒤늦게 진출한 소프트웨어와 게임, 엔터테인먼트산업 분야에서는 마이크로소프트, AOL 타임워너 등과 극심한 경쟁에 시달리며 수익성이 악화되고 있는 실정이다.

무엇보다 자존심을 긁는 것은 소니를 대표하는 워크맨 같은 개인 휴대용 음향기기 분야에서 애플의 아이팟i-pod에 밀려 삼류 제품 취급을 받는 현실이다. 워크맨은 지난 20년간 휴대용 음향기기의 대명사였고, 수많은 경쟁업체에서 워크맨을 따라 제품을 출시했지만 무엇도 워크맨을 대신할 수 없었다. 그러나 소니는 '대중은 무엇이 가능한지 알지 못한다'는 오만에 젖어 디지털 시대, MP3라는 변화의 흐름에 제대로 대응하지 못했다. 1990년대 중반부터 워크맨의 뿌리를 흔들 MP3가 아날로그 음악을 대체할 디지털 음악의 표준으로 받아들여지고 있었는데, 그 사실을 제대로 인식하지 못했다. 소니는 조악한 음질의 MP3 플레이어 대신 자신들이 개발한 고품질의 MD 플레이어가 시대의 대세가 될 거라 예상했다. 놀랍게 발전한 MP3는 초고속 인터넷 환경이 비약적으로 확대되면서 역으로 기존 음반시장을 뒤흔들기 시작했다. 그러나 MP3 다운로드는 그 자체로는 수익사업이 될 수 없었다.

그 사이를 비집고 들어온 것이 애플의 아이팟이다. 2001년 세상에 출현한 아이팟의 음질은 소니의 MP3 워크맨보다 떨어지는 편이었다. 그러나 아이팟에는 워크맨에 존재하지 않는 편리한 인터페이스 '아이튠즈'가 있었다. 아이팟을 사용하는 사람들은 음반을 구입하는 대신 마음에 드는 음원을 골라 신용카드로 결제하고 곧바로 다운로드해서 음악을 즐기는 신선한 경험을 했다. 그러나 소니는 버그와 호환성 문제로 악명 높은 자사 프로그램 '소닉스테이지'를 고수했다. 아이팟은 이전의 아날로그 시대에 만들어진 전자제품과는 완전히 다른 발상에서 출발한 제품이다. 과거의 전자제품들이 하드웨어가 먼저 만들어진 뒤에야 그에 합당한 소프트웨어가 만들어지는 형태로 진화해왔다면, 아이팟은 먼저 MP3라는 소프트웨어의 형태가 만들어진 뒤 비로소 그에 적합한 하드웨어로 만들어졌고 이 둘을 아이튠즈라는 네트워크 미디어 프로그램을 통해 연결했다. 이 같은 변화의 핵심을 이해하지 못

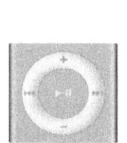

애플의 다양한 기기. 소니 워크맨은 개인 음향기기 분야에서 애플의 아이팟에 밀려 삼류 취급을 받고 있다.

하는 한 워크맨은 뛰어난 하드웨어적 성능을 갖췄음에도 아이팟을 추월할 수 없을 것이다. 워크맨은 13년 만에 1억 대 판매를 기록했지만, 아이팟은 출시 5년 만에 간단히 이를 돌파해버렸다.

가까운 미래에 사람들을 사로잡을 개인용 미디어 플레이어는 어떤 것이 될까. 이미 통신과 결합한 스마트폰이라는 형태가 빠르게 진화해나가고 있다. 소니는 워크맨이란 브랜드명을 고수하면서 새로 개발된 휴대폰도 '워크맨폰'이라 이름 붙였지만, 휴대폰 산업 역시 애플이나 구글 같은 소프트웨어 기반 업체의 지배권 아래 편입되어가는 실정에 발 빠르게 대응하지 못하고 있다. 전문가들은 앞으로 인터넷 기반 플랫폼을 갖추지 못한 하드웨어 기업은 소프트웨어 업체의 하청업체로 전락해갈 것이라고 전망한다. 최근 한국에서는 삼성전자가 소니를 추월했고 그 폭이 점차 커져가는 상황에 대단히 만족하는 분위기지만, 오래 전부터 소니를 목표로 해온 삼성전자 역시 하드웨어적 제조업체이기 때문에 기술 변화의 속도를 따라잡지 못한다면 언제라도 소니의 전철을 밟을 수밖에 없을 것이다.

오랫동안 위기를 겪으면서도 참아오던 소니 이사회는 2005년 마침내 이

소니는 조악한 음질의 MP3 플레이어 대신 자신들이 개발한 고품질의 MD 플레이어가 대세가 되리라 오판했다.

데이 노부유키出井伸之 회장을 경질하고, 소니 역사상 최초로 외국인 CEO 하워드 스트링어Howard Stringer를 영입했다. 더 이상 CEO 개인의 카리스마와 결정으로 잘못된 투자를 반복할 수 없다는 판단으로 미국식 경영 방식을 받아들여 이사회의 권한을 대폭 강화하기로 했다는 소식도 들려온다. 2009년은 소니가 워크맨을 개발한 지 만 30주년이 되는 해였지만 이전의 10주년, 20주년과 달리 아무런 기념행사 없이 조용히 지나갔다.

거대한 스펙터클과
나르시시즘의 세계를 선사한 워크맨

1450년경 구텐베르크에 의해 상업적 활판인쇄가 발명되면서 좀 더 많은 사람들이 책을 소장하게 되었고, 16세기에서 18세기에 이르는 동안 더욱더 많은 사람들이 문자를 해독할 수 있게 되었다. 책 읽는 대중의 출현은 독서의 형태를 변화시켰다. 근대 이전까지 독서란 교회나 학교 같은 공동체 안에서 행해지는 공적인 행위로, 오늘날 우리가 연상하는 묵독默讀이 아니라 낭독朗讀을 의미했다. 근대 이전까지 눈으로만 글을 읽는 행위는 손으로 직접 책을 베껴야 하는 필경사에게만 허용되었으나 15세기에 이르러서는 책이 대중화되면서 소리 내어 읽는 낭독보다 눈으로만 읽는 묵독이 일반화되었다. 필립 아리에스Philippe Arie's는 이와 같은 '독서의 개인화' 현상이야말로 근대 문화가 이룩한 가장 중요한 변화였다고 말한다.

묵독의 방식을 완벽하게 익힌 사람들에게 그것은 이전과는 전혀 다른 미증유의 세계를 열어주었다. 첫째, 묵독은 지적인 작업을 급격히 변모시켰다.

이제 지적인 작업은 더 많은 텍스트들과의 개인적인 대질 작업, 암기, 책 속에서 눈으로 발견한 내용들의 참조 작업 등과 같이 본질적으로 개인의 내면적인 행위가 되었다. 둘째, 묵독은 개인적인 신앙심과 사적인 경건성을 더욱 진작시킴으로써 사람들로 하여금 교회의 중재와 훈육에 의해 규제되는 것과는 다른 방식으로 신과 관계를 맺을 수 있도록 해주었다. 개인과 신 사이의 직접적인 관계를 전제로 하는 탁발 수도회의 영성운동과 근대의 신심운동, 그리고 개신교 그 자체는 모두 묵독이라는 새로운 독서 방식에 크게 의존했다. 묵독은, 적어도 몇몇 사람들에게는 성경이나 신앙서에 대한 깊이 있는 독서를 통해 믿음을 함양시킬 수 있는 기회를 제공했던 것이다. 셋째, 홀로 침묵하는 가운데 비밀스럽게 글을 읽는 것은 이전에 금지되었던 대담함을 허용했다. 그 결과 필사본의 시대였던 중세 말기 이래 이미 이교도적인 텍스트가 유통되었고 비판적인 사상이 표현되었으며 적당히 채색된 외설서들이 유행했다.[10]

묵독으로 변화된 문자 사회는 낭독 그리고 구어 사회와 크게 구별된다. 개인이 겉으로 표현하는 행동이나 언어가 내적인 상태와 다를 수 있는 자유가 허용되는 것을 의미하기 때문이다. 마셜 매클루언Marshall Mcluhan은 『구텐베르크 은하계』The Gutenberg Galaxy, 1962에서 인쇄 문화가 인간을 귀耳라는 마법의 세계에서 시각의 세계로 옮겨 놓았다고 말한다.

역설적이게도 소니의 모리타 아키오가 개발한 청각적 수단인 워크맨은 개인이 원하는 순간, 어디서나 사회와 차단되는 청각의 장벽을 제공함으로써 스펙터클한 시각의 세계를 더욱 강화하는 도구가 되었다. 워크맨을 통해 인류는 '구텐베르크 은하계'를 건너 새로운 스펙터클의 세계를 경험하게 된 것이다. 워크맨은 현실과 영화의 경계를 모호하게 만들었다. 1930년대 대공황에 시달리던 사람들은 어두컴컴한 극장에서 스크린에 비추는 대형 스펙터클 영화 〈오즈의 마법사〉를 통해 경제위기의 어려움을 견뎌냈다.

"Somewhere over the rainbow, way up high. There's a land that I heard of once in a lullaby …… Birds fly over the rainbow, why, oh why can't I?

(저 멀리 무지개 너머 어디엔가 높은 곳에 있는 꿈의 나라, 새도 날아가는데 어찌해서 인간인 나는 날아갈 수 없겠는가?)"

이 노래를 듣는 동안엔 누구나 무지개 저편의 세상을 얻었다. 그러나 워크맨이 탄생한 뒤로는 굳이 어두컴컴한 극장을 찾는 수고조차 할 필요가 없게되었다. 워크맨 사용자들은 굳이 배우에게 자신을 투사할 필요가 없어졌고 극중 인물을 이해하려고 노력할 필요도 없어졌다. 버튼을 누르는 순간 워크맨은 노란 구두가 되어 우리를 오즈의 나라로 이끌었다. 워크맨은 이처럼 거대한 나르시시즘의 세계를 모든 개인에게 선사했다. 귀에 이어폰을 꽂고 좋아하는 음악을 플레이하는 순간, 만원 버스와 지하철에 시달리던 출퇴근 시간은 기분 좋은 여행이나 영화의 한 장면처럼 느껴진다. 본질적으로는 개인이 선택한 음악의 힘이지만, 그 음악을 들려주는 개인 휴대용 미디어는 워크맨이었다. 워크맨의 플레이 버튼을 누르는 순간, 세상은 지극히 사적인 공간이 되고 일상의 풍경은 영화의 한 장면이 되었다. 워크맨은 모든 사람들을 영화의 주인공으로 만들었다.[11]

68운동의 핵심 운동가이자 탁월한 문화비평가인 기 드보르Guy Debord는 현대 자본주의 물질문명과 미디어 혁명이 가져온 지각 능력의 변화를 『스펙터클의 사회』Society of the Spectacle, 1967라 표현한다. 그가 말하는 '스펙터클'이란 단순한 시각적 이미지가 아니라 '이미지들에 의해 매개된, 사람들 간의 사회적 관계' 또는 '대상화된 세계관'을 의미한다.

현대적 생산조건들이 지배하는 모든 사회들에서, 삶 전체는 스펙터클들의 거대한 축적물로 나타난다. 직접적으로 삶에 속했던 모든 것은 표상으로 물러난다.[12]

기 드보르는 '현실 세계가 단순한 이미지들로 바뀌는 곳에서는 단순한 이미지들이 현실적인 존재가 된다'는 주장을 통해 마르크스의 이데올로기론을 독창적으로 변주해낸다. 1960년대 청년문화가 청바지와 통기타로 상징되는 공동체 문화, 반전평화운동을 통해 사회를 변혁하려는 의지를 표출했다면, 1980년대 워크맨은 개인주의와 소비문화에 포섭된 X세대를 상징하는 아이콘이자 이를 기술적으로 완성한 최초의 전자 미디어가 되었다. 아날로그 매체든 디지털 매체든 또는 워크맨이든 아이팟이든 사회공동체적 입장에서 보자면 이와 같은 개인용 미디어 플레이어는 개인과 사회의 관계를 파편화하고 개인을 고립시켜 더 이상 사회현상에 아무런 관심도 두지 않는 자아매몰自我埋沒을 추동하고 있다. 인간이 이용하는 미디어가 인간을 잠식하는 미디어로 변화하기 시작한 것이다.

미국의 정치학자 로버트 D. 퍼트넘Robert David Putnam은 『나 홀로 볼링』에서 팍스 아메리카나Pax Americana를 구가한 미국이 경제적 풍요와 질 높은 교육, 사회경제적 지표의 호전에도 불구하고 어째서 더 많은 사람이 삶에 대해 느끼는 주관적 만족도가 하락하고 청소년 자살률이 높아지는지 그 원인을 찾고자 했다. 그가 주목한 것은 나 홀로 볼링을 즐기는 인구가 늘어나는 현상이었다. 그는 전체적으로는 볼링을 즐기는 인구가 늘어남에도 다른 이들과 함께 볼링을 즐기는 사람은 줄어드는 나 홀로 볼링 현상이 미국의 사회적 자본을 붕괴시키는 결과를 초래하고 있다고 분석했다. 사회적 자본social capital이란 "개인들 사이의 연계connections, 그리고 이로부터 발생하는 사회적 네트워크, 호혜성recirocity과 신뢰의 규범"을 가리키는 말로, 다시 말해서 각각의 개인이 지닌 '시민적 품성civic virtue'이 아무리 뛰어나더라도 서로 고립되어 있다면 이들이 공동체에 미치는 효과는 미미하다는 개념[13]이다.

  사실 이 현상은 미국만의 문제가 아니라 전 세계가 공통으로 앓고 있는 문제다. 공교롭게도 워크맨의 출현과 거의 동시에 미국에서는 레이건 대통령이 당선되었다. 워크맨의 전성기는 신보수주의와 신자유주의가 전 세계에 퍼져나가던 시기와 거의 정확하게 일치한다. 비록 사회적 자본 붕괴의 원인을 모두 워크맨에 돌릴 수는 없지만 최소한 그 출발점이 워크맨이었다는 사실은 부인하기 어렵다. 그런 의미에서 스티브 잡스의 아이폰과 마크 주커버그 등의 소셜 네트워크 서비스SNS가 중동 지역 이슬람 국가의 민주화를 보여주는 재스민 혁명의 기폭제가 되었다는 사실은 더욱 의미심장하다. 그러나 스마트폰과 SNS는 과연 새로운 혁명의 씨앗이 될 수 있을까? 역동적인 소셜 네트워커들의 출현은 대중민주주의의 발전이란 측면에서 매우 고무적인 현상이긴 하지만, 미디어 혁명의 한가운데에 있는 우리 세대로서는 그 결과를 섣불리 예단하기는 어렵다. 하지만 SNS는 물론 현재까지 진화된 그 어떤 뉴 미디어・뉴 커뮤니케이션 기술 장치도 스스로 정치화된 주체들보다 전복적일 수는 없을 것이다.

06

조지 갤럽

침묵하는 다수의 마음을 읽은
과학적 여론조사의 선구자

만약 정부가 인민의 의지에 기초하고 있어야 한다면, 누군가는 나서서 그 의지가 무엇인지를 밝혀내야 합니다. 점점 더 많은 사람들이 점점 더 많은 일들에 대해서, 후보자들뿐만 아니라 이슈들에 대해서도, 공식적으로 또 비공식적으로 여론조사를 통해서 투표를 하게 될 겁니다. 그건 아주 좋은 일입니다. 실제의 권력은 정부가 아니라는 것을 우리에게 깨우쳐주는 것은 뭐든지 좋은 것이죠. 우리가 바로 정부입니다.

George Horace Gallup 1901~1984.

단순한 말이나 주장이 아니라 침묵하는 다수의 가슴에 담긴 목소리를
확인할 수 있는 방법으로 조지 갤럽이 개발한 과학적 여론조사 기법이 출현하면서
이후 여론조사는 정치가의 선거 전략부터 기업의 제품 개발에까지 널리 이용되고 있다.
현대의 민주주의는 그런 의미에서 조지 갤럽에게 큰 빚을 지고 있다.
그러나 여론조사의 과학성이란 신화 뒤에는 여전히 여론을 자신들에게 유리하게 만들려는
권력과 자본의 힘이 작동하고 있다.
과연 과학적 여론조사는 의심할 바 없는 진실의 목소리를 들려주고 있는가?

키아누 리브스, 알 파치노, 샤를리즈 테론 등이 출연한 영화 〈데블스 에드버킷〉 Devil's Advocate, 1997은 통계의 기본 원리와 허실, 미국 사법제도의 허점을 잘 보여주고 있다. 소도시의 변호사에 불과하지만 재판에서 연전연승하며 주가를 올리던 변호사 케빈 로막스(키아누 리브스)에게 어느 날 뉴욕의 큰 로펌에서 고액의 스카우트 제의가 들어온다. 그는 로펌으로 자리를 옮긴 뒤 맞이한 첫 재판에서 내심 고객이 유죄라고 생각하지만 멋진 솜씨를 발휘해 무죄로 만든다. 배심원 제도의 허점을 이용한 것인데, 무작위로 차출된 배심원들을 세밀하게 관찰한 뒤 유죄를 선고하거나 불리한 의견을 제시할 만한 인물을 배심원기피신청을 통해 제외시켜나가는 것이다.

영화에서 피고에게 불리한 배심원을 제외시키는 과정은 사법제도의 허점을 드러내는 것이자 여론조사가 빠질 수 있는 허점을 보여주는 것이기도 하다. 배심원은 전체 시민(여론조사의 모집단)의 의견을 대표하는 사람(여론조사의 표본)들로, 배심원 제도는 전체 시민의 의견을 일부 시민의 판단을 통해 결정하는 미국 사법제도의 중요한 원리 가운데 하나다. 또한 전체를 대표하는 일부(의 의견)를 통해 전체(의 의견)를 판단하는 것은 통계의 중요한 원리이자 여론조사의 기본 원리다.[1] 여론조사는 모집단population 가운데 일부인 표

과학적 여론조사의 창안자 조지 갤럽

본sample을 택하여 전체가 어떠하리라는 추측을 하는 것이기 때문이다. 아마도 조지 갤럽[2]이 〈데블스 에드버킷〉을 보았다면 틀림없이 이 대목에서 여론조사public opinion poll의 개척자로서 여론조사의 가장 중요한 두 가지 윤리적 원칙, 즉 독립성independence과 객관성objectivity을 앞세워 반론을 제기하고 싶어 했을 것이다.

오늘날 전 세계에서 일부 국가를 제외한 많은 나라가 대외적으로 민주주의democracy를 표방하고 있다. 민주주의란 말 그대로 '대중에 의한 지배'를 뜻하는 말이며 민주주의를 떠받치는 양대 기둥, 법치주의constitutionalism와 여론public opinion이 각각 그 형식과 내용을 맡고 있다. 예컨대 대한민국의 헌법 제1조는 모두 2항으로 구성되어 있는데, 1항은 "대한민국은 민주공화국이다", 2항은 "대한민국의 주권은 국민에게 있고, 모든 권력은 국민으로부터 나온다"고 규정한다. 그렇기 때문에 민주주의를 표방하는 많은 국가에서 국민에게서 권력을 위임받은 정부와 정치인들이 말끝마다 '국민의 뜻'을 앞세워 나라를 통치하고 '국민의 이름으로' 전쟁을 벌이며 '국민의 안녕과 질서 유지'를 위한다는 명목으로 국민을 억압한다. 선거 기간을 제외하고 누가 '침묵하는 다수Silent Majority'의 목소리에 귀 기울이며 누가 이들의 목소리가 전체 국민의 의지라는 것을 알려줄 수 있을까? 어쩌면 조지 갤럽은 이런 의문에 대해 가장 정확한 답은 아닐지라도 현실적으로 가장 유효한 방법을 제시한 인물일 것이다.

과학적 여론조사의 창안자

조지 갤럽은 1901년 11월 18일 미국 아이오와 주 제퍼슨에서 농장주이자, 마을 중심가에 커다란 빌딩 두 채를 소유한 조지 헨리 갤럽George Henry Gallup과 네티 데이븐포트 갤럽Nettie Davenport Gallup 부부 사이에서 태어났다. 조지 갤럽이 회고한 바에 따르면 부친은 기본적으론 농부였지만 농장·목장 경영, 주식, 부동산 투자 등 다방면에 관심이 많아 이런저런 취미에 몰두한 괴짜 스승이었다. 그는 어린 아들에게 언제나 '수평적 사고'(lateral thinking, 상상력을 발휘해서 새로운 방식으로 사고함으로써 문제 해결을 시도)를 하라고 강조했는데, 이것이 훗날 갤럽으로 하여금 표본 추출에 의한 '과학적 여론조사'라는 새로운 아이디어를 만들어내는 영감으로 작용하게 되었다.

아이오와 주립대학에 입학해 저널리즘에 대해 공부하는 동안 가세가 기울어 조지 갤럽은 경제적으로 매우 어려운 처지에 빠졌다. 그러나 부지런하고 성실했던 그는 학교에서 장학금을 받는가 하면 수영장에서 아르바이트를 하며 학비를 충당했고, 3학년이 되자 학보 『데일리 아이오언』The Daily Iowan의 편집장이 되었다. 그는 학교 밖에서도 구독자를 끌어들이고 광고를 확보해서 대학신문의 재정을 충당하는 방식으로 재능을 드러냈다. 또한 여름방학에도 쉬지 않고 『세인트루이스 포스트 디스패치』St. Louis Post-Dispatch지를 위해 일일이 구독자들을 방문해 진행하는 설문조사를 맡아서 진행했다. 무더운 여름 집집마다 돌아다니며 똑같은 질문을 반복해야 하는, 단조롭고 지루하기 짝이 없는 일이었지만 이것은 앞으로 그가 하게 될 여론조사의 기초를 다지는 일이었다. 그는 이때의 체험으로 신문과 잡지 독자들의 관심사를 측정할 수 있는 방법에 대해 고민하게 되었다.

1923년 학부를 졸업한 그는 아이오와 주립대학에서 저널리즘 강사로 일하며 심리학 대학원 과정을 이수해 1925년 심리학 석사 학위를 받았다. 같은 해 12월 27일 그는 정치적 야망을 품은 언론인 출신 알렉스 밀러Alex Miller와 올라 뱁콕 밀러Ola Babcock Miller 부부의 둘째 딸로 2년 연상인 오필리아 스미스 밀러Ophelia Smith Miller와 결혼해 세 아이(알렉 밀러, 조지 H. 3세, 줄리아 갤럽 래플린)를 두었다. 1928년 조지 갤럽은 아이오와 주립대학에서 심리학 박사 학위를 취득하는데, 학위논문 제목이 「신문 내용에 대한 독자의 관심도를 규정하는 객관적 방법」An Objective Method for Determining Reader Interest in the Content of a Newspaper이었다. 그는 이 논문에서 이미 과학적으로 선정된 표본을 사용하는데, 당대의 정치·사회·경제적 이슈에 대한 대중의 태도를 측정하려는, 일생에 걸친 열정이 싹튼 시기도 이때였다. 이듬해 갤럽은 아이오와 대학을 떠나 디모인 시에 있는 드레이크 대학에서 저널리즘을 가르치는 교수가 되었다.

옥수수와 비료의 상관관계를 밝힌 통계조사와 아이오와 코커스

조지 갤럽의 선조가 미국에 도착한 1630년대부터 갤럽 가문은 1932년 조지 갤럽이 저널리즘과 광고학을 가르치기 위해 일리노이 주 소재의 노스웨스턴 대학으로 옮겨가기 전까지 아이오와 주에 뿌리내리고 있었다. 아이오와라는 지역 배경은 조지 갤럽이 훗날 표본 추출에 의한 과학적 여론조사라는 방식을 창안하는 데 적잖은 영향을 미쳤다.

미국 중서부에 있는 아이오와 주는 가장 높은 곳도 해발 500미터 정도밖에 되지 않는 낮고 완만한 평원지대로 토질이 매우 비옥해서 가장 중요한 산업이 농업이다. 옥수수밭 한가운데 야구장을 건설한다는 영화 〈꿈의 구장〉

Field of Dreams, 1989의 배경 역시 아이오와였다. 실제로 가도 가도 끝없이 이어지는 옥수수 농장을 볼 수 있다고 하는데, 그런 까닭으로 아이오와 대학의 연구 역시 지역 특성과 밀접하게 연관되어 발전해왔다. 예를 들어 통계학에서 기본이 되는 분석 기법인 회귀분석回歸分析, regression analysis이 이 대학에서 처음 개발되었다. 회귀분석이란 둘 또는 그 이상의 변수 간의 관계를 파악함으로써 특정한 변수(종속변수)의 값을 한 개 또는 그 이상의 다른 변수(독립변수)들로부터 설명하고 예측하는 통계 기법이다. 이 분석의 장점은 예측prediction과 최적화optimization에 있다. 아이오와 대학에서 이런 분석 방법을 개발해낸 목적은 사실 옥수수의 성장과 비료의 양 사이의 상관관계를 알아보기 위해서였다. 통계학에 기초를 둔 조지 갤럽의 과학적 여론조사 방법이 출현할 수 있던 배경 역시 이와 무관하지 않았다.

비록 조지 갤럽이 아이오와를 떠난 뒤의 일이지만, 아이오와 주는 뉴햄프셔 프라이머리New Hampshire primary와 더불어 세계에서 가장 강한 권력을 행사하는 미국 대통령 선거를 가늠해볼 수 있는 아이오와 코커스Iowa caucus[3]가 4년에 한 번씩 개최되는 것으로 유명해졌다. 50개 주와 워싱턴 D. C.의 연방 국가인 미국은 매우 복잡한 방식의 대선을 치르는 것으로 유명한데, 직선제인 우리나라와 달리 대의원에 의한 간접선거 방식을 취하고 있기 때문이다. 2000년 대선에서 잘 드러났지만 미국의 선거제도는 유권자들이 선거에 참여하기가 매우 어렵게 되어 있다. 미국은 우리나라처럼 주민등록제도가 없어 선거관리위원회가 투표 관련 유인물을 발송할 수 없고, 투표에 참여하기 위해선 유권자 스스로 선거관리사무실로 찾아가 선거인 명부에 등록해야만 한다. 주마다 선거 방식이 조금씩 다르지만 크게 프라이머리와 코커스라는 두 가지 방식으로 구분할 수 있다.

프라이머리 방식은 쉽게 말해 2002년 우리나라 민주당 경선을 떠올리면

된다. 이른바 '국민 경선'으로 치러진 이 선거에서 당내 기반이 취약한 군소 후보에 불과하던 노무현 후보가 16대 대통령이 된 원동력은 민주당 당원이 아닌 국민 참여 경선의 힘이었다. 즉, 당원이 아닌 일반인도 누구나 참여할 수 있는 예비선거가 바로 프라이머리다. 그에 비해 코커스란 선출하고자 하는 후보가 속해 있는 정당의 당원만 참여할 수 있는 폐쇄형 선출 방식으로, 미국에서는 지역별로 오픈 프라이머리와 개방형, 준개방형, 폐쇄형, 준폐쇄형 등의 방식이 혼용되고 있다.

인구도 적고 대도시도 거의 없는 아이오와 주에서 개최되는 코커스가 어떻게 해서 미국 대선의 결과를 가늠하게 하고, 여론의 향배에 커다란 영향을 미칠 수 있었을까? 아이오와 코커스가 중요한 이유는 워터게이트 사건 와중에 치러진 1972년 대통령 선거 때부터 50개 연방주 가운데 가장 먼저 개최되는 예비선거가 되었기 때문이다. 특히 아이오와 코커스의 예측력이 돋보이게 된 것은 1976년 민주당 예비선거에서 당시 무명에 가까웠던 지미 카터James Carter 후보가 이곳에서 승리한 뒤 그 여세를 몰아 대통령에 당선되는 등 이후 치러진 여러 차례의 대선에서 아이오와에서 승리한 후보가 대통령이 되었

아이오와 코커스가 미국 대선에서 중요한 의미를 지니게 된 때는 1976년이다. 무명의 민주당 후보 지미 카터가 아이오와 코커스의 승리를 바탕으로 대통령이 되었기 때문이다.

기 때문이다. 또 다른 이유는 이 지역이 다른 주에 비해 문맹률과 유색인종 비율이 낮고, 정치와 정부의 정책에 관심이 많은 당원이 참여하는 코커스 제도 자체의 특성 때문이기도 하다. 아이오와 코커스는 책임감 있는 당원들이 후보 경선에 적극적으로 참여함으로써 후보의 인물 검증과 정책토론 등이 활발하게 벌어지는 참여민주주의의 산 증거로 기능하며, 언론을 통해 이 과정을 지켜본 미 국민에게 후보와 후보의 정책을 검증할 수 있는 기회를 제공하고 있다. 그러나 과학적 여론조사의 신봉자인 조지 갤럽은 아이오와나 뉴햄프셔 같은 특정 주의 선거 결과만으로 전체 선거의 향방을 짐작하는 것은 여론의 추세를 본다는 점에선 중요할지 몰라도 과학적인 여론조사와는 무관하다고 생각했다.

마케팅·광고 분야 최초의
리서치 전문가

이십 대부터 일찌감치 아이오와, 드레이크, 노스웨스턴 대학 등에서 강의를 시작한 갤럽은 1932년 뉴욕의 유명한 광고회사 영앤루비컴Young & Rubicam의 시장광고조사 책임자로 초빙되었다. 당시 미국은 대공황의 여파에서 미처 벗어나지 못한 상황이었기에 광고마케팅 책임자들은 좀 더 적은 비용을 들여 더 나은 판매 실적을 올릴 수 있는 매체가 무엇인지, 어떻게 하면 대중의 기억에 상품의 이미지를 좀 더 강하게 각인시킬 수 있는지에 대해 커다란 관심이 있었다. 영앤루비컴의 마케팅·광고 분야 리서치 책임자가 된 갤럽은 직접 고안한 여러 가지 방법을 현장에서 응용해볼 수 있는 기회를 얻게 되었는데, 당시 개발된 조사 기법은 오늘날에도 마케팅, 광고, 미디어 및 시청자 조사 등 다양한 분야에서 활용되고 있다.

갤럽은 텔레비전, 라디오 등 방송매체와 신문, 잡지 등 인쇄매체의 광고를 접한 소비자가 어떤 광고를 더 오랫동안 기억하는지 알아보기 위해 최초로 전국적 규모의 라디오 청취자 조사를 실시했는데, 이때 자신이 고안한 동시방법coincidental method을 이용했다. 동시방법이란 현재도 텔레비전이나 라디오 등의 시청률 조사를 위해 사용되는 방법 가운데 하나로 방송이 진행되는 상황에서 전화 등을 통해 청취자에게 직접 묻는 방식이다. 이 방식은 방송이 끝난 뒤 물어보는, 청취자의 기억에 의존하는 회상법recall method에 비해 즉각적이고 정확도가 높았다. 또한 임팩트 기법impact method도 만들어냈는데, 텔레비전과 인쇄물의 광고 효과를 측정하는 이 방식 역시 현재까지 널리 쓰이는 카피 테스트 과정 가운데 하나다. 이것은 광고 직후에 매체와 광고에 대해 질문하고 24시간 뒤에 그 광고가 재노출된 수치를 광고 직후의 수치와 비교하는 방식이다.

컬럼비아 대학에서 저널리즘에 대해 강의하던 갤럽은 1937년 교수직을 사임하고 영앤루비컴의 부사장이 되어 1947년까지 일했다. 1935년엔 뉴저지 주 프린스턴에 미국여론조사연구소American Institute of Public Opinion를 설립했고, 1939년엔 청취자여론조사연구소Audience Research Institute를 설립하는 등 여론조사의 이론과 방법론을 정립해나가기 시작했다. 이 두 연구소는 조지 갤럽이 1958년에 설립한 갤럽연구소Gallup Organization와 함께 그가 세상을 떠난 1984년까지 계속해서 새로운 여론조사 방식과 조사방법론을 연구한 곳이다.

조지 갤럽은 청취자여론조사연구소의 운영을 위해 영국 출신의 데이비드 오길비David Ogilvy를 고용했다. 그는 옥스퍼드 대학을 중퇴하고 광고회사에 취업했지만 좀 더 발전된 광고시장에 진출하기 위해 미국으로 건너온 신출내기 광고인이었다. 갤럽은 그에게 자신이 터득한 조사 분석 기법을 비롯해 많은 것을 가르쳤고, 오길비 역시 갤럽의 조사 분석이 필요한 새로운 영역을 개척했다. 1940년대 미국의 영화 산업은 전성기를 맞이하고 있었지만 여전히 수요(관객)를 예측할 수 없는 모험 산업이었다. 갤럽은 할리우드 영화사들을 위한 조사 분석 프로그램을 만드는 데 앞장섰다. 데이비드 셀즈닉David O. Selznic, 월트 디즈니Walt Disney, 새뮤얼 골드윈Samuel Goldwyn 등 내로라하는 할리우드 제작자들은 갤럽의 조사 분석 프로그램을 도입해 영화의 스토리 아이디어가 대중에게 어떤 반응을 얻어낼지, 스타들의 흥행 실적이 어떨지, 영화가 대중 속으로 얼마나 파고들었는지, 시사회 반응 등을 측정해 영화의 흥행 가능성과 수익률을 예측할 수 있었다. 실제로 골드윈이 제작한 영화 〈우리 생애 최고의 해〉The Best Years of Our Lives, 1946는 갤럽에 의해 가장 많은 조사 분석을 거친 영화 가운데 하나로, 이 해는 물론이고 이후로도 한동안 아카데미 영화제에서 가장 많은 오스카 트로피를 거머쥔 영화가 되었다(1959년 〈벤허〉Ben Hur, 1959가 11개 부문을 수상하며 이 기록을 깼다).

장모를 위한 정치 여론조사와 1936년의 대성공

오늘날 갤럽이란 이름은 그 자체로 여론조사를 뜻하는 말이 되었지만 갤럽 이전에도 여론조사는 존재해왔다. 최초의 여론조사는 1824년 미국의 『해리스버그 펜실베이니언』Harrisburg Pennsylvanian지가 앤드루 잭슨Andrew Jackson 대 존 퀸시 애덤스John Quincy Adams의 대통령 선거를 앞두고 행한 지상투표紙上投票식 여론조사였다. 1800년대 말부터 모의선거나 예비투표 방식의 여론조사가 미국에서 보편화되었고, 20세기에 접어들면서 급성장한 신문과 잡지 등 대

최초의 여론조사는 1824년 미국의 『해리스버그 펜실베이니언』지가 앤드루 잭슨(왼쪽) 대 존 퀸시 애덤스(오른쪽)의 대통령 선거를 앞두고 행한 것이다.

중매체들이 앞다퉈 선거 여론조사를 보도하기 시작했다.[4]

1932년 조지 갤럽의 장모 올라 뱁콕 밀러는 아이오와 주 국무장관secretary of state[5]에 입후보했다. 민주당 주지사 후보로 선거에 나갔다가 낙선하고 이듬해인 1927년 심장마비로 세상을 떠난 남편 대신 나선 것이다. 남편 생전엔 평범한 가정주부이자 어머니였지만 그녀 역시 당원으로 열심히 활동했고 미국애국여성회Daughters of the American Revolution에서 회장을 맡는 등 여성참정권 운동에 적극적으로 참여해왔다. 그러나 여성이었기 때문에 올라 뱁콕 밀러가 당선하리라고 예상하는 사람은 거의 없었는데, 사위 조지 갤럽은 여론조사를 통해 당선을 예측했다. 아이오와 주 최초의 여성 장관이 된 올라는 1937년 세상을 떠날 때까지 두 차례 더 재선되며 여성의 정치적 지위 향상을 위해 노력했는데, 특히 장관 시절이던 1934년 과속에 의한 고속도로 사고를 방지하기 위해 창설한 순찰대는 오늘날 고속도로 순찰대의 원조로 평가받고 있다.[6]

올라 뱁콕 밀러의 당선을 예측한 조지 갤럽은 1935년 미국여론조사연구소를 설립했는데, 이때부터 여론조사의 생명이라 할 수 있는 '독립성'과 '객관성'이라는 두 가지 윤리적 원칙을 수립하고 이를 철저하게 준수했다. 그는 여론조사의 독립성과 객관성을 확보하기 위해서는 공화당이나 민주당 같은 정치집단이나 특정 이익집단에서 어떠한 자금 보조도 받아서는 안 되며, 이들이 후원하는 조사를 수행해서도 안 된다고 생각했다. 갤럽

조지 갤럽이 정치 여론조사에 뛰어든 계기는 장모 올라 뱁콕 밀러의 주 국무장관 선거였다. 여론조사를 바탕으로 그는 장모의 당선을 예측했다.

은 이 원칙을 고수하기 위해 각양각색의 정치적 스펙트럼을 대표하고 특별한 어젠다를 보유한 기관의 무수한 조사 의뢰를 거절했다. 그는 여론조사라는 새로운 사업 분야의 개척자로서 여론조사의 진정한 목적은 진실을 찾는 일, 다시 말해 사람들의 진짜 '뜻'을 알아내는 일에 있으며 이 같은 목적을 달성하기 위해서 무엇보다 중요한 원칙이 독립성이라고 믿었다. 이 원칙은 갤럽이라는 이름을 세계에서 가장 믿음직한 여론조사 브랜드로 만들었다.

조지 갤럽은 선거를 위한 여론조사는 단지 여론조사에 대한 대중의 신뢰와 이미지를 제고하기 위해 마지못해 하는 일이라고 주장했지만 자신이 1936년의 여론조사에서 거둔 극적인 승리에 대해서만큼은 기회가 있을 때마다 강조했다. 당시 여론조사로 가장 유명한 곳은 1890년에 창간된 『리터러리 다이제스트』 Literary Digest라는 잡지였다. 1920년 이 잡지는 여섯 개 주의 사람들에게 워런 하딩 Warren Harding과 제임스 콕스 James Cox 중 누구에게 투표할 것인가를 묻는 우편엽서를 발송했고, 회수된 우편엽서를 기초로 하딩이 대통

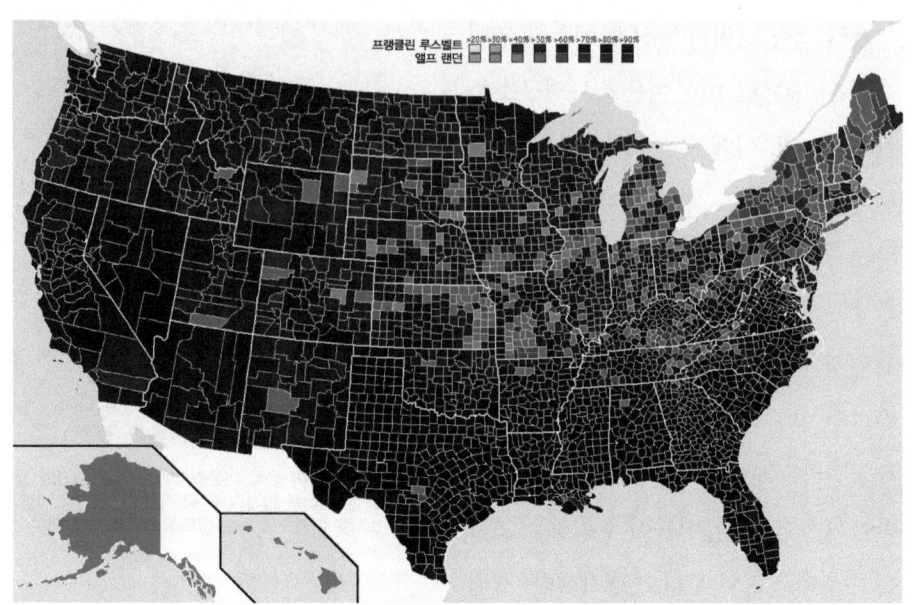

1936년 대선에서 여론조사기관 가운데 갤럽만 프랭클린 루스벨트의 당선을 예측했다.

령에 당선될 것이라는 사실을 정확히 예측하면서 대중의 주목을 받기 시작했다. 이후『리터러리 다이제스트』는 1924년, 1928년, 1932년 선거의 결과를 정확히 예측하면서 당대 최고의 뉴스 잡지로 떠올랐다.

1936년 프랭클린 루스벨트Franklin D. Roosevelt 대 앨프 랜던Alfred Landon의 대통령 선거를 앞두고 『리터러리 다이제스트』는 전화번호부와 자동차등록부에 있던 1,000만 명에게 50만 달러라는 거금을 들여 무기명 투표용지를 발송했는데 당시 기준으로 세 가구당 한 장꼴로 엽서를 발송한 것이었다. 그 가운데 200만 명 이상이 보내온 답장을 통해 도전자인 공화당의 랜던 후보가 루스벨트 대통령을 57퍼센트 대 43퍼센트라는 압도적인 차이로 이길 거라는 결과가 나왔다. 그런데 조지 갤럽은 그 예측 결과에 도전했다. 그는 『리터러리 다이제스트』의 예측 결과는 잘못됐으며 어째서 틀렸는지를 신문에 기고했다. 이에 분개한 『리터러리 다이제스트』의 편집자는 이런 반응을 보였다.

"우리들의 여론조사가 앞으로 어떤 결과를 보여줄 것인가에 대해 틀리다 맞다는 식으로 예언되기는 처음이다. …… 우리의 통계학적인 친구 조지 갤럽에게 말해두고자 한다. 『리터러리 다이제스트』는 항상 백발백중했던 이 구식 방법을 앞으로도 밀고 나갈 작정이다."

그러나 이 자신만만한 말과 달리 2주 후 실시된 선거 결과 루스벨트는 62.5퍼센트의 지지율로 37.5퍼센트의 지지밖에 얻지 못한 랜던 후보를 큰 표차로 따돌리고 대통령 재선에 성공했다. 갤럽의 예측 오차율은 1퍼센트였다. 결과를 정확히 예측한 덕분에 그의 이름은 거의 매일 언론에 오르내렸고, '갤럽'이란 이름은 곧 여론조사를 뜻하는 일상용어가 되었다.

최고의 성공에서
최악의 실패로

역대 선거 여론조사 역사상 최악인 19퍼센트의 오차를 기록한 『리터러리 다이제스트』는 더 이상 버티지 못하고 1938년 폐간되어 『타임』지에 흡수되고 말았다. 선거 결과 예측에 실패한 직후 이 잡지는 다음과 같은 기사를 내보냈다.[7]

"왜 『리터러리 다이제스트』지로부터 무기명 투표용지를 받은 시카고 유권자 다섯 명 가운데 한 명만이 응답했는가? 그리고 왜 응답을 한 5분의 1의 유권자들 중에서는 공화당원들이 우세했는가? …… 언제나 공공서비스라고 여겨왔던 분야에서 민주당원들보다 공화당원들에게 더 많은 협력을 얻고 있었다. 공화당원들이 우체통에 더 가까이 사는가? 민주당원들이 일반적으로 가상투표를 지지하지 않는가?"

자신들의 실패 원인에 대해 도무지 납득할 수 없다는 것이었다. 그들은 미처 깨닫지 못했지만 그런 주장에는 이미 그들이 실패한 원인 가운데 상당 부분이 녹아 있었다.

『리터러리 다이제스트』가 실패한 가장 큰 이유는 응답률이 불과 22퍼센트에 그쳤을 뿐만 아니라 전화번호부와 자동차등록부를 기준으로 추출한 1,000만 명의 표본이 경제대공황으로 양극화되어 있던 당시 미국의 유권자들을 기준으로 하면 지나치게 부유한 사람만 선정한 결과를 빚었기 때문이다. 전통적으로 부유한 계층이 공화당을 지지한다는 것을 생각해보면 공화당 당원들만 우체통 가까이 살았기 때문이 아니라 그들이 추출한 표본의 설계 자체가 잘못되었기 때문이라는 것을 알 수 있다. 이런 오류는 모든 여론조사기관이 저지를 수 있는 무수한 잘못 가운데 하나일 뿐이었다. 한껏 주가를 올리던 갤럽 역시 1948년 해리 트루먼Harry S. Truman 대 토머스 듀이Thomas E. Dewey의 선거에서 그에 못지않은 커다란 실패를 경험했다.

여론조사는 대규모 모집단을 투영하기 위해 작은 표본을 사용하는 방법에 기초를 두는데, 여론조사의 방법은 대체로 ① 표본 설계와 표본 추출 ② 설문지 작성 ③ 면접원 교육과 설문지 테스트 ④ 조사 대상자 인터뷰 ⑤ 자료 입력과 결과 분석의 순서로 진행된다. 모집단은 조사의 중심인 구성 요소들의 거대한 전체 집단을 의미하고, 표본은 이런 모집단에서 추출한 작은 집단을 뜻한다. 표본 추출, 여론조사, 표본오차한계 계산 등과 같은 용어는 표본과 모집단의 관계에 초점을 맞춘 것이다. 정확하게 추출된 표본은 모집단의 대용물이 되므로 표본을 조사하는 것만으로도 조사자들은 거대한 모집단의 구성 요소를 조사하기 위한 시간과 노력을 절약할 수 있다.[8] 갤럽은 모집단 전체를 조사하지 않고, 소수의 표본을 추출하는 여론조사 방식에 대한 사람들의 의구심을 풀어주기 위해 다음과 같이 손쉬운 비유를 들어 설명하곤 했다.

> 가정주부가 수프를 만들 때 한두 숟가락 떠서 맛을 본다. 만일 수프가 충분히 휘저어져 있다면 한두 숟가락 맛을 보는 것만으로 조미료나 재료의 배합 정도를 알 수 있기 때문이다. 이와 마찬가지로 환경 감시원이 저수지의 수질을 검사할 때에도 얼마 안 되는 물을, 아마도 대여섯 지점에서 두서너 방울씩 채집해 검사할 것이다. 극히 작은 수량임에도 불구하고 환경 감시원은 화학적, 세균학적인 오염물질의 존재를 정확히 알아낼 수 있다.
>
> 진료소나 병원에서 실시하는 혈액검사는 더 좋은 예가 될 것이다. 의료진은 단지 한두 방울의 혈액을 검사하는 것으로 피검자 혈액의 이상 여부를 알아낸다. 체내 혈액 전체의 상태를 확인하기 위해 일부러 1리터의 혈액을 빼낼 필요는 없다.[9]

1948년의 대통령 선거에서 갤럽을 비롯한 로퍼Roper, 크로슬리Crossley 등 내로라하는 여론조사기관은 공화당 후보 듀이가 초반부터 5~6퍼센트포인트 차이로 꾸준히 앞서나갔기 때문에 투표를 불과 며칠 앞두고 여론이 반전할 수도 있다는 가능성을 예측하지 못했다. 그러나 이들 기관이 선거를 앞두고 여론조사를 중단한 일주일여의 짧은 기간에 트루먼 후보는 100여 차례나 선거 유세를 했고, 선거 시점에 이르렀을 때는 민심을 사로잡을 수 있었다. 선거 전날 갤럽을 비롯한 크로슬리, 로퍼는 큰 표 차로 듀이가 승리할 것이라는 결과를 발표했다. 심지어 『시카고 데일리 트리뷴』Chicago Daily Tribune지는 듀이의 승리를 지나치게 확신한 나머지 '공화당 듀이 후보 대통령 당선Dewey Defeats Truman'이라는 헤드라인이 찍힌 신문을 미리 배달해 신문 역사상 최대

1948년 대선에서 내로라하는 여론조사기관들은 공화당 듀이 후보의 승리를 점쳤다. 오보를 낸 『시카고 데일리 트리뷴』을 손에 들고 기뻐하는 해리 트루먼.

의 오보를 기록하기도 했다.

   과학적인 여론조사의 신뢰성을 입증해가던 초반이었기에 여론조사에서 처음으로 실패를 맛본 갤럽은 자신의 실패를 도저히 용납할 수 없었다. 그는 자신의 조사에 확신을 품었기 때문에 뇌물이나 투표용지 조작 등이 있었을지 모른다는 의혹을 제기했으나 곧바로 철회하고 실수를 겸허히 인정했다. 개표가 완료되고 승리를 확인한 트루먼 대통령은 만면에 미소를 띠운 채 자신의 패배를 예측한 여론조사기관들의 예상과 자신의 패배를 예측 보도한 신문을 들고 사진을 찍었다. 트루먼 대통령의 조롱거리가 된 갤럽은 한 연설에서 이렇게 말했다.

     저는 트루먼 대통령에 대해 대단한 존경심을 품고 있습니다. 왜냐하면 그는 자신이 믿는 것을 위해 싸웠기 때문이죠. 저도 마찬가지의 일을 하려고 합니다. 이 나라에 여론조사의 중요성이 있는 한, 그리고 누군가가 더 나은 방법을 발견할 때까지, 저는 사람들이 그들의 복지에 있어 아주 중요한 이슈들에 대해 어떤 견해를 갖고 있는지 알리는 일을 하며 계속 전진해나갈 것입니다.[10]

어떤 역사학자들은 선거 전날 내린 비 때문에 농촌 지역을 기반으로 한 공화당 성향의 유권자들이 투표장을 찾지 않아 트루먼이 재선에 성공했다고 주장하기도 한다. 하지만 갤럽은 이런 주장에서 변명거리를 찾아내는 대신 자신의 조사 방식에서 잘못된 것이 무엇인지 재검토하기 시작했다. 1936년의 조사에서 갤럽이 『리터러리 다이제스트』보다 정확한 결과를 예측할 수 있었던 것은 그가 할당표본 추출 quota sampling 방식을 이용했기 때문이다. 할당표본 추출이란 비확률표집 nonprobability sampling 방식의 하나로, 모집단이 갖는 특성의 비율에 맞추어 표본을 추출하는 방법이며 예를 들어 인구 비례에 따라 표본을 할당하는 방식 같은 것이다.

1940년대 후반 급격한 도시화에 따라 많은 사람이 도시로 이주했지만 이런 변화를 제대로 반영하지 못한 할당에 따라 표본을 설계했기 때문에 갤럽은 제대로 된 여론을 반영할 수 없었다. 갤럽은 이때의 실패에서 교훈을 얻어 여론조사를 실시할 때마다 거기에 사용된 방법론을 재검토해서 수정했고, 할당표본 추출 대신 무작위선정 방식인 확률표본 추출 probability sampling 방식을 채택한다. 현재 대중적인 조사 방식인, 표본오차를 함께 발표하는 방법이 확률표본 추출의 예다. 갤럽은 실패를 변명하거나 좌절하는 대신 실패를 통해 좀 더 나은 조사 방법을 만들어내기 위해 노력했다. 그 노력 덕분에 1948년의 대통령 선거는 조지 갤럽의 생존 기간에 예측에 실패한 유일한 대통령 선거로 남았다.

가장 신뢰할 만한
여론조사기관으로 성장한 갤럽

뼈아픈 실패 이후 갤럽은 끊임없이 여론조사의 허점에 대해 연구했고, 신뢰성에 의문을 품는 이들이 과학적인 여론조사를 이해하도록 돕기 위해 노력했다. 그 결과 갤럽의 여론조사는 민감한 사안을 다루면서도 독립성과 객관성을 적절히 유지해왔다는 평가를 받았다. 갤럽은 교육과 사법제도, 고위 공직에 가장 적합한 사람을 찾아내는 방식을 포함한 정치 분야에서의 개혁에 대한 시민들의 의견을 청취했고, 이를 분석하고 제시하는 여론조사를 통해 국가 중대사를 결정하는 국면에서 더 많은 사람의 의견이 표명되고 반영될 수 있도록 공헌했다. 또한 제2차 세계대전이 발발하기 직전, 여러 학자의 조력을 받아 약 50여 개 국가를 대표하는 독립적인 조사 기구의 연합체로 갤럽 국제조사연구소Gallup International Research Institute를 설립했는데, 한국갤럽은 1974년 6월 설립되어 1979년에 이 단체에 가입했다.

    갤럽은 선거 결과 예측 자체에는 그다지 큰 사회적 의미를 두지 않는다고 기회가 있을 때마다 이야기했으나 여론조사의 정확성을 증명하는 도구로 선거만큼 확실한 것은 없었다. 제조업을 비롯한 여러 분야의 기업들은 갤럽의 여론조사 방법이 지닌 상업적 가치에 주목해 대중의 호감을 측정하는 수단으로 여론조사를 널리 이용해왔고, 그 결과가 광고와 제품의 개선에 반영되었다. 그러나 그는 여론조사가 단지 제품 판매나 기업이 더 많은 이윤을 얻기 위한 상업적인 경향을 분석하는 것이기보다 세계적으로 산재해 있는 여러 문제를 해결하는 하나의 방식으로 각 개인, 집단의 생각과 감정을 이해하는 수단이 되기를 희망했다. 그는 궁극적으로 여론조사가 대중의 희망을 정부에 전달하는 도구로 기능하기를 꿈꿨고, 실제로도 오늘날 그의 과학적 여론조사 기법을 응용한 여론조사는 정부가 정책을 평가하는 수단으로 또는 선거에 의해 심판받기 전에 검증할 수 있는 방식으로 이용되고 있다.

역사학자 리처드 리브스Richard Reeves는 갤럽의 생애 마지막 몇 년 동안 그를 인터뷰했다. 민주주의에 있어 여론조사가 어떤 효과를 내느냐는 질문을 받았을 때 갤럽의 대답은 솔직하고도 확신에 차 있었다.

"만약 정부가 인민의 의지에 기초하고 있어야 한다면, 누군가는 나서서 그 의지가 무엇인지를 밝혀내야 합니다. 점점 더 많은 사람들이 점점 더 많은 일들에 대해서, 후보자들뿐만 아니라 이슈들에 대해서도, 공식적으로 또 비공식적으로 여론조사를 통해서 투표를 하게 될 겁니다. 그건 아주 좋은 일입니다. 실제의 권력을 가진 존재는 정부가 아니라는 것을 우리에게 깨우쳐주는 것은 뭐든지 좋은 것이죠. 우리가 바로 정부입니다. 그들(정부)은 (국민에게 주권이 있다는) 민주주의를 믿거나 믿지 않거나 하겠죠."

미래 예측을 점쟁이의 영역에서 과학의 영역으로 옮긴 조지 갤럽은 말년에 이르러 20세기의 가장 영향력 있는 미국인 가운데 하나가 되었고 수많은 연구자와 정치인, 경영자의 조언자로서 정신적 스승Guru으로 자리 잡았다. 해마다 배출되는 노벨 경제학상 수상자가 2011년 현재까지 70여 명에 달하지만 이름이 인용되는 횟수와 빈도에서는 갤럽 한 사람을 당해내지 못한다. 조지 갤럽은 1984년 7월 26일 스위스 츄쉰겔Tschingel에서 휴가를 보내다 급작스러운 심장마비로 세상을 떠났다. 그의 죽음 이후에도 갤럽은 꾸준히 성장해서 63개국에 회원사를 두고, 100여 개국에서 다양한 여론조사를 실시하는 최고의 여론조사 기관으로 군림하고 있다.

여론조사 기업에서
경영 컨설팅 기업으로 변질되다

조지 갤럽의 사후 수많은 기업이 여론조사 기업 갤럽의 인수에 관심을 보였다. 1988년 10월 네브래스카 주 링컨 소재의 SRI Selection Research, Incorporated의 제임스 클리프턴James Clifton은 4년여에 걸친 마라톤협상 끝에 갤럽의 부회장 알렉 밀러 갤럽Alec Miller Gallup과 인수합병에 합의한다. 이 합병을 통해 갤럽은 사업 영역을 여론조사에서 경영 컨설팅 분야로 확장하게 되었고, 경영 컨설팅은 갤럽의 주요 사업이 되었다. 사실 이러한 변모는 급작스러운 것이라기보다 조지 갤럽의 생존 당시 이미 그 씨앗이 뿌려져 있는 것이었다. 갤럽은 이미 수십 년 동안 다양한 분야와 이슈에 대해 수많은 계층, 세대의 사람을 조사해왔고 그 과정에서 엄청난 데이터가 축적되었다. 이런 연구 자료는 어떤 조직에서 특정한 지위나 역할에 적합한 자질을 갖춘 사람들을 선발하는 것은 물론 제품의 판매와 마케팅 분야 등에서 매우 효과적으로 쓰일 수 있었다.

1980년대부터 1990년대 사이 세계적으로 불어닥친 품질관리와 경영혁신의 바람은 조언자 역할에 국한되던 경영 컨설팅을 정신적 스승을 의미하는 '구루'의 경지로 승격시켰다. 이 변화는 갤럽에 매우 중요한 변신의 기회를 주었는데, 갤럽과 같은 여론조사 기업은 미국을 비롯한 세계 여러 나라의 기업에 전통적인 회계 원칙을 적용하는 것만큼이나 일관되고 신뢰할 만한 자료를 공급했고, 고객 만족도 측정 등 다양한 분야의 조사 작업을 대행했다. 이와 같은 노력을 통해 갤럽은 창립 이래 최고의 수익과 성장이라는 과실을 맛보게 되었다. 그러나 수익이 있는 곳이라면 어디에나 발생하는 경쟁자는 갤럽이 새롭게 개척한 분야에도 생겨났다.

1990년대 후반부터 사업 환경이 변모하고 전 지구화가 진행되면서 기업간 경쟁 역시 매우 치열해졌다. 품질혁신 경쟁에 주력하던 기업 경영진들은 점차 품질혁신만으로는 치열한 세계 시장에서 살아남을 수 없다는 사실을 깨달았고, 이제는 고객들뿐만 아니라 기업 내부의 종업원 관리 문제에 대해서까지 관심을 기울이게 되었다. 예를 들어 작업장 분위기, 직원들 사기, 작업 시스템의 변화 등 다양한 분야에서 이른바 생산성 증대를 위한 쥐어짜기가 필요해진 것이다. 갤럽은 소비자에 대한 품질만족조사 프로그램뿐만 아니라 종업원들을 관리하고 조사 분석하기 위한 프로그램도 개발했다. 기업과 소비자, 종업원 간의 매우 사소한 상호작용이 기업의 사회적 관계, 생산성, 종업원의 건강과 수명에 어떤 영향을 미칠 수 있는지 분석해 그 결과를 내놓았고, 이외에도 기업 구성원들의 인성이 기업의 생산성에 미치는 영향 등에 대해서도 연구해 여러 가지 경영 컨설팅 프로그램을 만들어냈다.

2002년 갤럽은 세계 최초의 웹 데이터 시스템 갤럽 브레인을 개발했는데, 이 시스템은 갤럽이 지난 65년간 조사 분석해온 수많은 사람에 대한 수백만 가지의 기록과 인류에게 영향을 끼쳐온 수많은 이슈에 대한 의견 추적 데이터를 제공하고 있다. 갤럽 브레인은 기업 경영자들을 위해 특별히 디자인된 정보자원 시스템으로, 여기에 접속하기만 해도 소비자의 소비 습관, 가계저축 금액, 주식시장, 실업에 대한 불안 등 다양한 정보를 얻을 수 있다.

소설가 아서 코난 도일Arthur Conan Doyle이 창조한 셜록 홈즈는 자신의 놀라운 추리력에 경탄하는 왓슨 박사에게 이런 말을 했다.

"개인은 전혀 알 수 없는 수수께끼지만 집단 속에 들어가면 어떤 수학적 확실성을 가지고 규정할 수 있지. 한 사람의 인간이 이제부터 무엇을 할 것인가를 예측하기란 어렵다네. 하지만 평균적인 사람들이 하려고 하는 것은 정확하게 맞힐 수 있어. 개인은 시시각각으로 변하지만 집단 중의 평균적 인간상은 항상 일정하거든."

집단 속 개인의 행동 양식에 대한 셜록 홈즈의 통찰이야말로 갤럽이 우리의 일상을 면밀히 관찰하고 조사하여 얻고자 하는 정보일 것이다. 다시 말해 우리가 익명이 보장된다는 안도 속에 제공한 수많은 개인적인 의견과 정보들이 하나의 집합 속에 축적되어 누군가에게 우리들의 행동 방식에 대한 구체적인 정보로 제공되는 것이다.

여론을 대변한다는 언론의
검증되지 않는 과학, 여론조사

갤럽은 조사원이라는 직업에 대해 "예상이 적중하면 당연한 일을 한 것으로 간주되지만 틀리면 묵묵히 혼자서 얼굴을 붉히고 있어야만 하는 것 외에 어떤 것도 할 수 없는 매우 고독한 직업"이라고 말했고, 장 자크 루소는 "여론이야말로 세계 최고의 여왕이며 그것은 국왕의 권력에도 복종하지 않는다. 국왕들은 바로 이 여왕에게 직접 시중을 들어야 하는 노예"라고 외쳤다. 광복 이후 오랫동안 권위주의 정부 아래 속내를 숨기며 살아가는 데 길들여진 한국 사회는 여론조사를 통해 의견을 피력하는 것에 아직도 낯설어한다. 2010년 6월 2일에 치른 지방선거에서 여론조사로는 집권여당의 우세라는 예측이 나왔다.

선거 결과가 이 예측과 크게 어긋나자 여론조사에 대한 비판이 쏟아졌다. 당시 한나라당의 패배를 예측한 여의도연구소 부소장 김현철은 한 일간지와의 인터뷰에서 "1987년 대선에서 (김영삼, 김대중 후보가) 허무하게 졌잖아요. 선거 후에 보니까 노태우 후보 측에선 한국갤럽과 같이 조사해서 정확히 예측하고 있었더군요. 우리도 체계적으로 해야겠다 싶어서 중앙여론조사연구소를 차린 거예요"[11]라며 당시 분위기를 전했다. 김영삼 전 대통령의 차남이기도 한 김현철은 한국 정치에 여론조사를 본격적으로 도입한 인물로 널리 알려져 있다.

갤럽 이래 표본 추출에 대한 과학성 시비는 거의 사라졌지만 선거 여론조사의 역사가 180년을 넘어 200년을 향해 가는 선진국에서도 정치 여론조사에서 때때로 예측에 실패하는 경우가 있다. 1992년 영국 총선에서 투표 전 여론조사에서는 노동당이 승리해 정권을 계속 잡을 것으로 나타났지만 결과는 보수당의 승리였다. 노동당을 지지하는 사람들은 자신의 성향을 적극적으로 드러낸 반면, 보수당 지지자들은 혹시라도 구태의연한 사람으로 비춰질까 봐 적극적으로 의견을 나타내지 않거나 노동당을 지지하는 것으로 거짓 답변을 했기 때문이다. 선거 여론조사에서 집권 여당에 대한 지지율이 실제 지지율보다 높게 나타나곤 하는 한국과는 정반대의 경우였지만, 어떤 이유에서든 조사대상자가 자신의 속마음을 숨긴다면 여론조사는 이를 극복하기가 매우 어렵다. 2000년 미국 대선에서 여론조사 전망치는 공화당의 조지 W. 부시 후보가 민주당의 앨 고어 후보를 2~4퍼센트포인트 차이로 앞설 것으로 전망했다. 선거 결과 역시 재검표까지 가는 난항 끝에 부시의 대통령 당선으로 귀결되었지만 이것은 미국의 이상한 선거 방식 때문이었을 뿐 실제 표는 고어가 더 획득한 것으로 밝혀져 문제가 되기도 했다. 또 2004년 대선에서도 여론조사에선 재선을 노리는 공화당의 부시 후보와 민주당의 존 케리 후보가 막상막하의 대결을 펼칠 것으로 예상했지만 부시의 손쉬운 당선으로 판명 나기도 했다.

이런 경우는 객관적이고 독립적인 여론조사를 실시했음에도 예측이 어긋나거나 틀린 경우에 해당하지만, 한국에서는 아예 여론조사라 부를 수도 없는 것이 여론조사의 탈을 쓰고 보도되는 경우도 왕왕 있었다. 2007년 가을

광주광역시에서 한나라당 지지도가 열린우리당을 근소하나마 앞선 것으로 나타났다는 여론조사 발표가 있었는데, 여론조사 전문가들은 이 발표에 코웃음을 쳤다. 전국에서 1,000명의 표본을 추출해 실시된 이 조사에서 광주 지역에 할당된 표본은 불과 27명에 불과했던 것이다.[12] 고작 27명의 표본으로 광주에서 한나라당 지지도가 더 높게 나온 것처럼 해석하는 것이 얼마나 우스운 일인지는 굳이 여론조사 전문가가 아니라도 누구나 알 수 있다.

진짜 문제는 이처럼 쉽게 확인될 수 없는 좀 더 깊숙한 곳에 있다. 『월간조선』 1997년 6월호는 「한국의 20세 여대생들의 정치 이미지 조사」라는 기사를 실었는데, 이 기사에 따르면, 만 스무 살의 여대생들은 정치라는 단어를 듣는 순간 부정부패를 연상했다고 전하면서 응답자의 70퍼센트가 정치에 관심 없다고 했지만 응답자의 90퍼센트 이상이 다음 대선에서 반드시 한 표를 행사하겠다고 답했다. 이렇게 거창하게 요약된 '한국의 20세 여대생들의 정치 이미지' 는 어떻게 나온 것일까? 이 조사 결과는 이화여대 사범대학 사회생활교육과 2~3학년생 59명을 대상으로 한 설문조사에서 나왔다.[13] 과연 이들이 한국의 20대 여대생을 대표할 수 있는 표본일까?

침묵하는 다수의 여러 이름, 공중과 대중

여론조사는 한국 사회에서 공직 후보자를 선출하는 가장 중요한 변수가 되고 있다. 가장 극적인 사례는 여론조사가 만든 대통령이라 해도 과언이 아닐 노무현 대통령 당선 과정이었다. 민주당 내부 경선이 치러지던 2002년 3월, 광주 지역 경선 며칠 전에 발표된 한 방송사의 여론조사 결과에서 노무현 후보가 한나라당의 이회창 후보를 1.1퍼센트포인트 차로 이기는 것으로 나타나자 광주 지역 대의원의 표심이 이인제 후보에서 급격히 노 후보로 쏠리는 일이 일어났다. 민주당 대선 후보로 결정된 직후 노무현 후보와 정몽준 후보 간의 단일화 역시 노 후보가 정 후보에게 4.6퍼센트포인트 차로 앞선 여론조사 결과 덕분이었다. 2007년 당내 지지도가 뒤처진 이명박 후보가 당내 경선에서 박근혜 후보에게 이길 수 있었던 것도 여론조사의 가산점 덕분이었다.

조지 갤럽은 여론조사의 결과는 표본대상 선정뿐만 아니라 어떤 질문을 어떻게 던지느냐에 따라서도 달라질 수 있다고 말했다. 실제로 미국 갤럽이 실시한 한 여론조사에서 '자녀가 직업으로 정계에 입문하는 걸 원하느냐'고 물었는데, 이 경우 아들과 딸 가운데 누구를 먼저 언급하느냐에 따라 다른 결과가 나왔다. 아들을 먼저 물어본 그룹에서는 아들 22퍼센트, 딸 24퍼센트의 비율로 찬성률이 나왔으나, 딸을 먼저 물어본 다른 그룹에서는 딸 41퍼센트, 아들 42퍼센트로 찬성률이 두 배가량 높이 나온 것이다. 이에 대해 갤럽 측은 '아들에 대해 질문을 받았을 때는 순수하게 자식의 정계 입문만을 생각했겠지만 딸에 대해 먼저 질문을 받은 부모 가운데 상당수는 아마도 남녀평등 의식에 대한 조사로 받아들였을 것'이라고 해석한다. 이처럼 같은 주제라도 질문의 표현 방식이나 전제에 따라 여론조사의 결과는 달라질 수 있다. 마찬가지로 대통령 후보 경선이나 단일화 과정 역시 조사 시기를 조금만 앞당기거나 늦췄다면 혹은 표본 추출을 조금만 달리했더라면 그 결과가 어땠을지는 아무도 예측할 수 없을 것이다. 이처럼 여론조사가 단순히 여론을 측정하는 수단을 넘어 책임 있는 정당의 공직 후보를 결정하는 주요 변수가 되는 상황이지만, 우리 사회에서 여론조사 기관을 검증하거나 비판적으로 감시하는 기관은 사실상 전무하다.

C. W. 밀스C. Wright Mills는 사회학의 고전 『파워엘리트』The Power Elite, 1956에서

공중public과 대중mass을 다음과 같이 구분하고 있다.

공중은 ① 의견을 받는 편과 거의 같은 숫자의 다수가 그들의 의견을 말하는 것으로서 ② 공중에 의해서 표명된 의견에 곧바로, 효과적으로 반응을 나타낼 기회가 보장되는 공적公的인 커뮤니케이션이 존재하고 있으며 ③ 그러한 토론을 통해 형성된 의견이 효과적인 행동으로서, 기존의 권위 질서에 대항하는 행동으로까지도 실현될 수 있는 통로가 용이하게 발견될 수 있고 ④ 권위적인 제도가 침투하지 못함으로써 공중은 그들의 행동에 상당한 자율성을 가질 수 있다.

이와 대조적으로 대중은 ① 다수의 사람들은 단순히 의견을 받아들이는 수동적인 존재에 불과하다는 점을 들 수 있다. 여기에서는 공중 사회라 해도 그것은 매스미디어로부터 영향을 받아들이는 개인들의 추상적인 집합체에 불과한 것이 되고 만다. ② 지배적인 커뮤니케이션이 너무나 잘 조화되어 있기 때문에, 개인이 신속하고도 효과적인 반응을 나타낼 수 없도록 하든가 아니면 어렵게 하고 있다. ③ 하나의 의견이 행동으로 실현되는 데 여러 가지 권위에 의한 통제를 받게 된다. 권위적인 기구가 그와 같은 행동화의 통로를 조직적으로 통제하고 있다. ④ 대중은 제도화된 권위로부터 어떠한 자율성도 가지고 있지 못하다. 제도화된 권위의 담당자가 이들 대중에 침투, 토론을 통하여 의견을 형성할 수 있는 자율성을 모조리 빼앗아버리고 만다.[14]

여론조사라는 제도화된 권위로 뒷받침된 말 앞에서 공익은 그 힘을 잃기도 하고 얻기도 한다. 그러나 아무리 뛰어난 조사 기법이 개발된다 할지라도 여론조사는 침묵을 계량화할 수 없다는 사실을 기억해야 한다. 그것은 우리가 발언할 수 있는 기회와 권리를 포기하지 말아야 하며, 가능하다면 굳이 여론조사나 언론에 의해 여론이 수동적으로 대변되거나 계량될 때까지 기다릴 필요가 없다는 뜻이기도 하다.

조지 갤럽은 여론조사가 점이나 예언이 아니라 과학이 되기 위해서는 과학적 여론조사 기법의 개발 못지않게 독립성(정치적 중립성)과 객관성이 보장되어야 한다고 주장하면서 여론조사를 제대로 보고 이해하기 위해 "전화로 조사된 것, 우편으로 조사된 것, 입후보자나 정당 혹은 관련 단체에 의해 조사된 것, 과거의 모든 선거, 특히 최근 선거에 관한 조사 결과를 복사하여 제공받을 수 없는 것, 조사 과정이 자세히 명기되지 않는 것—결과를 발표할 때 표본의 크기, 인터뷰를 실시한 날짜와 시간, 사용한 질문지, 조사 대상과의 면접 방법, 의뢰자 등을 명기하고 있지 않은 것, 예비선거 단계에서 조사된 것"[15]과 같은 방식으로 진행된 여론조사에 대해서는 경계심을 품고 의심해봐야 한다고 말했다.

정치, 경제 분야에 직접적인 이해관계가 있는 정당이나 관변단체, 기업의 연구소가 발표하는 여론조사 결과가 아무런 여과 과정 없이 언론에 의해 과학적 여론조사인 양 인용되고, 여론조사 기관 출신의 경영인이 권력자의 측근이 되어 여론을 농단할 때 여론조사는 언제라도 민중을 순치시키기 위한 사이비 과학으로 전락할 수 있다.

07

에드워드 버네이스

프로파간다의 캡틴 아메리카 혹은 PR의 아버지

대중의 관행과 의견을 의식과 지성을 발휘해 조작하는 것은 민주주의 사회에서 중요한 요소이다. 사회의 이 보이지 않는 메커니즘을 조작하는 사람들이야말로 국가의 권력을 진정으로 지배하는 '보이지 않는 정부'를 이룬다.

Edward Louis Bernays 1891~1995.

민주공화국의 주인은 국민이며 모든 권력은 국민으로부터 나온다고 하지만
국민을 지배하는 관행과 의식은 그 사회의 권력자들과 지배 이데올로기에 의해 나온다.
에드워드 버네이스는 사회의 관행과 의식을 효과적으로 지배하는 방법으로
PR과 프로파간다를 선택했으며, 효과를 좀 더 극대화하기 위해 때로는 정보조작도
서슴지 않았다. 보이지 않는 지배로부터 과연 우리들은 자유로운가?

2009년 하반기 최고의 인기를 누린 텔레비전 드라마는 누가 뭐래도 〈선덕여왕〉이었다. 여러 장면이 사람들의 입에 오르내렸으나 그중에서도 가장 인상적인 대목은 웬만한 정치학자의 통치론 강의를 능가할 만큼 탁월한 설전이 이어진 미실과 선덕(덕만)의 리더십에 대한 논쟁이었다. 덕만은 정치적 경쟁자인 미실이 차지하던 신권神權을 빼앗은 뒤 첨성대를 만들어 천문과 기상에 대한 정보를 백성들과 공유하고자 했다. 그러자 미실은 덕만에게 경쟁에도 규칙이 있다면서 천문기상에 대한 지식을 백성에게 알려주려는 것은 지배의 규칙을 어기는 일이라며 다음과 같이 말한다.

> 무엇으로 왕권을 세우고 조정의 권위를 세우겠습니까. 공주님! 세상은 종으로도 나뉘지만 횡으로도 나뉩니다. 세상을 종으로 나누면 이렇습니다. 백제인, 고구려인, 신라인. 또 신라인 안에서는 공주님을 따르는 자들, 이 미실을 따르는 자들. 하지만 세상을 횡으로 나누면 딱 두 가지밖에 없습니다. 지배하는 자와 지배당하는 자. 세상을 횡으로 나누면 공주님과 전 같은 편입니다. 우리는 지배하는 자들입니다. 미실에게서 신권을 빼앗으셨다면 공주님께서 가지세요. 그걸 버리고 어찌 통치를 하려 하십니까? 백성은 진실을 부

담스러워합니다. 희망은 버거워하고요. 소통은 귀찮아하며 자유를 주면 망설입니다. 백성은 떼를 쓰는 아기와도 같지요. 그래서 무섭고 그래서 힘든 것입니다.

권력이 정보의 독점 혹은 지배에서 나온다는 미실의 지적은 현실 정치에서도 핵심을 이루고 있다. 과연 이들의 논쟁은 신정일치神政一致, 전제왕정이나 귀족만이 지배계급으로 통치하던 과거의 이야기일까? 일정한 연령에 이르면 남녀노소, 빈부의 차이 없이 누구나 1인 1표를 행사하는 보통선거의 시대, 인터넷을 통한 다중지성이 논의되는 세상, 누구나 여론의 주인공이 되고 누구나 뉴스를 만들어낼 수 있는 웹2.0과 SNS의 시대, 피지배계급이나 이름 없는 대중이 주인이 된 현대 사회에서는 더 이상 통용될 수 없는 이야기일까?

대중을 자발적 복종의 길로 이끈 사람

18세기 계몽사상에서 시작된 과학·이성·진보의 힘은 19세기에 이르러 유럽의 체제를 크게 바꾸어놓았다. 증기기관, 내연기관, 무선통신, 사진, 영화 등 다양한 분야에서 일어난 새로운 발명과 미국대륙횡단철도, 유라시아횡단철도, 대양 운송 등 철도와 기선의 출현으로 촉발된 산업화와 도시화는 농업 사회의 낡은 체제를 파괴했고, 도시로 유입된 다수의 노동자 계층이라는 새로운 사회 구조를 생성시켰다. 이 같은 변화는 사회적으로 전통적 생산 수단을 현대화하도록 강요(문화적 재생산을 차단)했고 인구의 이동성을 높여 도시의 거대화를 초래했다. 자유주의·자본주의 모델이 끝없는 물질적 풍요를 약속했고, 언론·상거래·과학적 탐구의 자유·노동의 유동성과 확대된 선거권에 기초한 민주적 자치自治에 대해 각성한(영국의 경우 1867년 도시 소시민, 노동자, 1884년 광산노동자, 농민, 1918년 남성 보통선거, 1928년 보통선거 확립) 시대이기도 했다.

발전된 생산력은 세계 인구를 크게 증대시켰는데, 1900년 당시 16억 3,000만 명에서 2000년 무렵 60억으로 폭발적인 증가세를 보였다. 산업화와 도시화, 새로운 기술의 출현은 대중의 의식 역시 크게 변화시켰고, 교육받은 중산층과 소수 기술노동자 계층의 대두로

대중이 자기도 모르게 복종하도록 만든 사람, 에드워드 버네이스

새로운 형태의 매스미디어들이 등장했다. 이를테면 신문은 1700년대부터 소책자나 정보지 형태로 출발해서 18세기에 이르러 일간지가 일반화되었고 1840년대에 대중잡지가, 1920년대에는 라디오가, 1940년대에 텔레비전이 출현했다. 영국에서 대중적인 독자를 겨냥한 카툰 잡지 『펀치』Punch가 창간(1843년)되었고, 사진 출현 등으로 인해 범람한 포르노그래피가 사회문제로 등장하기 시작한 것도 이 무렵이다. 그러나 전통적 지배계층은 간신히 문맹을 벗어난 대중에 싸늘한 시선을 보내는가 하면, 한편으론 위기의식에 사로잡혔다.

당시 영국의 교육자이자 문화이론가 M. 아널드Matthew Arnold는 대중의 출현을 경계하며 다음과 같이 말하기도 했다.

"대충 교육받은 다수가 아닌, 수준 높은 교육을 받은 소수가 항상 인류의 지식과 진실의 기관 구실을 해왔다. 말의 뜻을 충분히 새겨보면 지식과 진실

은 결코 인류의 대다수가 획득할 수 있는 것이 아니다."

이때의 지배 엘리트들은 대중사회의 도래를 기존 사회 체제의 붕괴를 초래할 위험 요소로 보았다. 자유주의 사상가 밀John Stuart Mill과 토크빌Alexis de Tocqueville 역시 확대된 민주주의(보통선거)로 인해 수적으로 증가한, 그러나 정치적으로 무지하고 무관심한 대중을 선출된 소수가 오도해서 민주주의가 변질되는 것을 새로운 전체주의적 횡포로 생각했다. 이런 우려는 현실로 나타나기도 했다.

> 보수주의, 자유주의, 사회주의와 같은 '이즘'들은 정치가 교양인의 일이었던 시대에 처음 만들어져, 상대방의 감성과 이성에 호소하는 교육받은 사람들이 모인 가운데 끈질기고 학구적인 의회 토론을 거치면서 구체적인 형태를 갖추었다. 고전적인 '이즘'은 그 사상을 뒷받침하는 철학과 그 이즘들의 강령을 검토함으로써 설명하는 것이 아주 자연스럽다.
> 하지만 이와 대조적으로 파시즘은 대중정치 시대에 급조된 새로운 고안물이었다. 파시즘은 세밀하게 연출된 의식과 감정이 가득 실린 수사를 적절히 사용하여 사람들의 정서에 주로 호소했다.[1]

대중사회의 출현은 피할 수 없는 일이었으나 사회주의는 대중을 각성시켜야 할 노동계급으로만 해석했고, 보수주의는 기존 질서에 도전하는 적대적 세력으로, 자유주의는 자신들과 마찬가지로 교육받은 시민들만을 진정한 정치 세력으로 인정했다. 이들 정치 세력은 모두 대중을 정치권력의 진정한 파트너로 인정하지 않았다. 다양한 층위와 욕망을 지닌 대중을 이념적 프레임으로만 파악한 기존의 정치 이념들이 놓친 틈새를 파고든 것이 바로 파시즘이었다. 파시즘은 대중의 각성된 정치의식을 위험하게 여기거나 무시

1928년 밀라노 궁 앞을 행진하는 파시스트들. 사회주의, 보수주의, 자유주의 등 기존 정치 세력은 대중을 정치 권력의 파트너로 인정하지 않았다. 이런 정치 이념들이 놓친 틈새를 파고든 것이 바로 파시즘이었다.

한 보수주의와 자유주의, 반대로 대중이 지닌 보수성(대중은 무산계급의 자의식과 더불어 기존 사회질서를 유지하려는 보수 성향을 함께 지녔다)을 제대로 이해하지 못한 사회주의의 공백을 파고들었다. 자유주의는 파시즘에 대항할 만한 세력과 대안을 조직화해내지 못했고, 보수주의는 사회주의를 견제하기 위한 손쉬운 정치 세력으로 파시즘을 선택했다.

제2차 세계대전이 끝나고 나서야 지배계급은 대중의 동의와 설득 없이 기존처럼 '좋은 집안 출신의 교육 잘 받은 사람들이 사회적 명성과 존경'에 의지해 '국가를 통치하려는 지배 방식' 자체가 문제였다는 사실을 확인했다. 그로부터 좌우를 막론하고 민주주의를 정치 체제로 선택한 국가의 지배계급은 대중과 여론을 정치적으로 이용하거나 통제하는 법을 배우지 못하고

서는 더 이상 지배 체제를 유지할 수 없다는 사실을 깨닫게 되었다. 오늘날 'PR의 아버지' 또는 '정보조작의 대부'로 불리는 에드워드 버네이스는 바로 그런 시대에 태어나 강제력을 동원하지 않으면서도 국가와 지배 엘리트의 의지대로 대중을 '자발적 복종'의 길로 들어서게 만드는 방법이 무엇인지 깨닫고 그 기초를 놓은 사람이었다.

프로이트의 조카로 태어난 에드워드 버네이스

에드워드 버네이스[2]는 1891년 오스트리아의 수도 빈에서 일라이 버네이스 Ely Bernays와 정신분석학자 지그문트 프로이트의 여동생 안나 프로이트 Anna Freud 사이에서 태어났다. 아버지 일라이는 부모의 도움을 기대할 수 없는 처지였기에 일찌감치 스스로 앞길을 개척해야 했다. 혼외정사로 자식까지 두었기 때문에 일라이와 친구 사이였던 프로이트는 동생의 결혼에 반대했고 두 사람의 결혼식(1883년)에도 참석하지 않았다. 이 불편한 관계는 일라이가 부인과 어린 버네이스를 데리고 미국 이민길에 오르던 1892년까지 계속되었다. 프로이트는 훗날 장성한 조카 버네이스가 자신의 주요 저서 『정신분석학 입문』을 영어로 번역해 미국에 널리 알린 공로를 감사하게 여겼고, 버네이스 역시 심리학자로서 세계적인 명성을 얻은 삼촌을 자신의 성공을 위해 적절히 활용했다. 또 그의 저서를 통해 접한 무의식의 세계를 대중 홍보 선전 전략에 접목시켰다.

미국에 도착한 일라이는 맨해튼농산물거래소에서 곡물수출상으로 일하면서 가족을 부양하기 위해 애썼다. 생계의 발판을 마련하기 위해 미친 듯이 일에 파묻혔고, 자수성가한 부모들이 흔히 그러하듯 자녀에게 엄한 규율을 강조했다. 어린 버네이스는 아버지를 만족시키지 못하는 자신을 무능력하다고 여기며 한편으론 쉽게 역정을 내는 무뚝뚝한 아버지를 두려워했다. 자식의 교육을 위해서라면 돈을 아끼지 않은 부친 때문에 풍족한 환경에서 사립학교에 다닐 수 있었지만 경기불황의 여파로 곡물시장이 위축되면서 상황이 악화되자 중도에 공립학교로 전학할 수밖에 없었다.

이곳에서 버네이스는 처음으로 자신과 처지가 다른 노동계급의 자식들과 교육받게 되었다. 어쩌면 처지가 다르다는 자기합리화를 통해 스스로 이들과 차별화를 꾀했을지도 모를 일이다.

> 처음으로, 나는 세계적인 뉴욕의 다양한 부분과 접촉을 했다. 이제 나는 내가 살고 있는 사회가 생각했던 것보다 훨씬 더 복잡하다는 것을 깨달았다. 나는 8B반에 있는 남자애들이 나처럼 말하고 생각하며 행동하지 않는 것을 보고 놀라워하면서 혼돈을 느꼈다. 그들의 가족 배경은 나와는 달랐다. 나는 가난한 아일랜드, 이탈리아, 러시아와 폴란드계 이민자 출신의 불우한 아이들보다 훨씬 더 보호받는 인생을 살았다는 점을 깨달았다. 그들은 내가 알고 지내던 아이들보다 거칠고 힘들게 살며 더 호전적이었다. 주먹은 생존을 위한 도구로서 역할을 하고, 턱에 날리는 오른손 펀치 한 방이 토론을 끝내는 결정적인 도구였다. 나는 이런 사람들이 존재하고 있었다는 것을 전혀 알지 못하고 있었다.[3]

졸업하기 직전, 1년에 불과한 짧은 공립학교 생활이었지만 이곳에서의 강렬한 체험은 그에게 세상을 이루는 두 부류의 사람들에 대해 깊은 인식을 심어주었다. 이후 그는 자신이 엘리트주의자임을 숨기지 않았고, 언제나 지배당하는 자보다 지배하는 자가 되기를 꿈꿨다. 고등학교에서는 다양한 클럽 활동을 하며 특히 교내신문과 도시역사클럽에서 두각을 나타냈다. 기회가 있을 때마다 연극을 관람하러 브로드웨이에 가거나 도서관에서 책에 파묻혀 지내며 풍부한 교양을 쌓았다. 부친 일라이는 아들이 자신의 뒤를 이어 농업문제 전문가가 되길 희망했지만 그는 그럴 의사가 없었다. 그러나 아버지의 뜻을 거스를 용기도 없었기 때문에 1908년 코넬 대학 농업대학에 진학했다. 뉴욕의 고급주택가에서 성장한 그에게 미국 중서부의 농촌에서 성장한 학우들은 매우 낯선 존재였다. 그는 식물생리학이나 동물관리학 같은 농학 분야에 관심이 없었기 때문에 낙제만 간신히 면할 정도였다.

1912년 대학을 졸업한 21세의 버네이스는 언론 분야에서 자신의 경력을 시작하고 싶었다. 당시 미국은 거대한 변화의 소용돌이 한가운데 있었다.

이미 현대성의 모든 것을 갖춘 나라, 20세기 초의 미국

미국의 20세기는 19세기 말에 이미 시작되었다. 이 시기 미국에서는 산업, 농업혁명, 민주화, 중앙집권화, 도시화 같은 20세기적 특성(근대화)이 구체적 현실로 나타났다. 비록 청교도적인 엄격한 문화와 여성참정권 제한 같은 전근대적인 풍토가 공존하긴 했으나, 다른 국가들이 근대에 도달하기 위해 지불한 시련과 기간에 비해 미국은 독립전쟁 이후 20여 년이라는 짧은 기간에 양당 체제를 비롯한 합리적 근대국가 체제를 갖출 수 있었다. 20세기가 시작되는 1900년까지 미국이 경험하지 않은 유일한 현대성의 실험은 대규모 국제전이었다. 그러나 미국인 대부분은 유럽의 어떤 전쟁에 대해서도 미국이

초연하게 중립을 지키는 것이 가장 바람직한 정책이라 여기는 강력한 고립주의의 전통을 고수하고 있었다.

남북전쟁의 경제적 원인이 되기도 한 농업 분야의 발전은 영국의 산업혁명 과정 못지않게 잔인했다. 당시 미국 농업이 지닌 가장 큰 문제는 농업 인구가 너무 많은 데 비해 농업 자본이 과소한 것이었으므로, 농업에 종사하던 수많은 이가 토지를 빼앗기고 도시의 하층 노동자로 편입되는 것은 불가피했다. 그러나 '아메리칸드림'은 비록 이민 1세대는 가난할지라도 그 이후 세대는 앞 세대보다 훨씬 나은 삶을 누릴 수 있으리라는 기대와 희망을 주었다. 1900년 7,500만 명이던 미국 인구는 1920년에 이르자 1억 명을 넘어섰다. 구대륙에서 끊임없이 유입되는 이민과 아메리칸 드림이란 희망이 유지되는 한 미국은 산업적 역동성에서 유럽을 크게 앞지를 수 있었다. 20세기 세계의 모습을 변화시킨 위대한 발명, 이를테면 전화, 전등, 축음기, 내연기관 등은 대개 19세기 미국에서 나온 것이다. 토머스 에디슨은 과학기술을 응용해 실생활을 개선하는 데 크게 이바지했고, 헨리 포드는 1908년 최초의 조립라인 공장에서 포드 T형 모델을 양산하기 시작했다. 이처럼 미국은 당시 산업 분야에서 가장 혁신적인 국가였고, 문화적으로도 야구, 래그타임(ragtime, 재즈의 전신인 피아노 음악), 보더빌(vauderville, 춤과 노래가 가미된 버라이어티쇼) 등 매우 독창적인 도시 문화가 창조되는 곳이었다.[4]

대학을 졸업한 버네이스는 『내셔널 너서리맨』National Nurseryman이란 원예 잡지에 취직하면서 사회에 첫발을 내딛었다. 그러나 아직 자신이 가야 할 길에 대해 확신이 없던 그는 얼마 뒤 잡지사를 그만두고 아버지가 일했던 맨해튼 농산물거래소에서 건초와 귀리 같은 곡물의 화물상환증을 작성하며 무료하게 시간을 보냈다. 화물선 관리인 자격으로 파리에 가서 곡물 무역에 대한 해외 전보를 해석하기도 했다. 사람들과 사귀기 좋아하는 활기찬 성격의 그에게는 지루하고 따분하기 그지없는 일이었다. 직장을 그만두고 뉴욕으로 돌아온 그는 한동안 아버지의 도움으로 미래를 계획하며 한가로운 시간을 보낼 수 있었다. 1912년 12월, 우연찮게 만난 고교 동창 프레드 로빈슨이 자신이 소유한 『메디컬 리뷰 오브 리뷰』Medical Review of Reviews와 『다이어테틱 앤 하이제닉 가제트』Dietetic & Hygenic Gazette의 운영을 도와달라고 하자 버네이스는 당장 이 제안을 수락하고 함께 일하기 시작했다.

두 사람은 잡지를 성공시키기 위해서라면 어떤 위험이라도 기꺼이 감수할 준비가 되어 있는 야심만만한 젊은이들이었다. 때마침 이들의 야심을 충

1878년 유명한 불법낙태 시술자를 체포하는 앤서니 컴스톡을 그린 그림. 컴스톡의 영향하에 있던 20세기 초 미국은 성을 금기시하는 분위기였다.

족시켜줄 만한 투고가 들어왔다. 매독에 걸린 채 결혼해 매독이 있는 아이를 낳게 되는 남자의 이야기를 다룬 외젠 브리외Eugene Brieux의 희곡 작품 〈손상된 상품〉Damaged Goods에 대한 한 의사의 비평이었다. 버네이스는 이것이야말로 그들이 기대하던 문제적 비평, 사회적 의제를 환기시킬 수 있는 중요한 원고라는 사실을 깨달았다. 당시 미국은 빅토리아 시대의 영국에 비견될 만큼 성에 대해 금기시하는 분위기였다. 그런 상황에서 성적 접촉에 의해 전파되는 질병을 소재로 한 연극을 공개적으로 이야기하는 것은 큰 문제를 야기할 수도 있었다.

이런 분위기를 주도한 인물 가운데 하나는 남북전쟁에 북군으로 참전한 바 있는 앤서니 컴스톡Anthony Comstock이었다. 그는 1873년 스물여덟의 나이로 사회악근절협회를 창설하고, 의회에 압력을 가해 우편으로 피임 기구를 배달하거나 피임 정보를 제공하는 행위를 불법으로 규정하는 컴스톡 법안을 통과시켰다. 지금도 미국 사회의 진보와 보수를 가늠하는 중요한 기준 가운데 하나가 '나태'지만, 그는 '피임'까지도 음란정보로 간주해 여성 인권과 보건복지 향상을 위해 싸운 많은 이들을 고발해 감옥에 보내거나 자살에 이르도록 할 만큼 심한 모욕을 주었다. 심지어 버나드 쇼George Bernard Shaw의 『인간과 초인』Man and Superman, 1903 같은 작품조차 관객들을 오염시킬 수 있다며 일반인에게 노출되지 않도록 뉴욕시립도서관에 압력을 행사하기도 했다.[5] 컴스톡 법안은 1971년에 가서야 폐지되었는데, 버네이스는 이런 분위기에서 과감하게 잡지에 비평을 게재한 것이다.

원대한 사고 big think,
대중의 인식과 행동 양식을 변화시키는 PR

그의 의도대로 보수적인 독자들이 충격에 빠졌고, 이 비평은 사회적 이슈가 되었다. 그러자 다른 한편에서 그를 지지하는 이들이 생겨났다. 버네이스는 예술 표현의 자유와 여성 인권을 옹호한다는 명분을 앞세워 존 록펠러 2세 John D. Rockefeller, Jr., 윌리엄 밴더빌트 부인, 프랭클린 루스벨트 부부, 진보적 교파인 뉴욕 유니테리언 교파의 존 헤인즈 홈즈 John Haynes Holmes 목사 등 권위 있는 사회적 명사들의 지지를 얻어냈다. 20세기 초 미국은 대자본가에게는 이른바 황금시대 Golden Age 라고 불릴 만한 시기였다. 존 D. 록펠러, 앤드루 카네기, J. P. 모건 John Pierpont Morgan 등 미국식 자본주의를 만들어낸 거인 대부분이 이 시대의 인물이었다. 버네이스는 비록 유대인이었으나 상류 사회의 분위기를 잘 알고 있었으므로 이들의 지지를 얻을 수만 있다면 강력한 힘이 될 것이라는 사실을 알고 있었다.

또 대중의 마음을 얻기 위해서는 자신이 팔고자 하는 물건이나 상품을 직접 광고 advertising 할 것이 아니라 대중의 인식과 문화를 변화시킴으로써 자신이 원하는 바를 얻을 수 있다는 사실도 깨달았다. 그것이 바로 PR Public Relation 의 시작이자 끝이라는 사실도 함께 말이다. 이후 그는 홍보를 대행하면서 여러 가지 전략을 구사했지만 구체적인 철학은 언제나 한결같았다. 그는 제품이나 서비스를 판매하는 것이 아니라 완전히 새로운 행동 양식과 문화에 대한 인식의 변화를 추구했다. 이런 자신의 철학을 '원대한 사고 big think' 란 말로 즐겨 표현했다. 프로이트의 심리학에서 깊은 영향을 받은 그는 대중의 무의식에 한번 뿌리박힌 인식과 행동 양식은 언제나 새로운 사회적 통념, 즉 문화가 되어 오랜 세월을 두고 다른 인식의 도전이 없다면 지속적으로 영향을 줄 수 있다는 사실을 잘 알고 있었다. 버네이스의 원대한 사고는 그의 선전 이론을 충실하게 따른 제자이자 독일의 선전상이던 괴벨스Joseph Goebbels에 의해 '원대한 거짓말은 대중을 믿게 할 수 있다'는 말로 반복되었다.

"대중의 관행과 의견을 의식과 지성을 발휘해 조작하는 것은 민주주의 사회에서 중요한 요소이다. 사회의 이 보이지 않는 메커니즘을 조작하는 사람들이야말로 국가의 권력을 진정으로 지배하는 '보이지 않는 정부invisible government'를 이룬다."[6] 이 말에서 엿보이듯 버네이스가 생각한 국가 권력의 진정한 지배자는 대중이나 평범한 시민이 아니었다. 그는 "보이지 않는 정부는 소수의 손에 집중되는 경향이 있다. 그 이유는 대중의 의식과 습관을 지배하는 사회기구를 조종하는 데 들어가는 비용 때문이다. 예를 들어 5,000만 명을 대상으로 광고를 내보내려면 그 비용이 어마어마하다. 대중의 생각과 행동을 주도하는 지도자 집단을 설득하는 데 들어가는 비용 역시 엄청나다"[7]며 젊은 공화국 미국의 실질적인 지배자들이 누구인지 간파하고 있었다. 미국의 민주주의는 언제나 국민 대다수의 여론에 효과적으로 반응하는 것을 목표로 했으나 독립선언 이후 실제로 미국의 정치를 지배하고, 이들이 지키고자 한 것은 거의 언제나 소수 지배 세력의 이해였다.

버네이스는 잡지와 연극의 성공을 위해 성 담론을 상업적인 자극제로 이용하면서도 한편으론 매독과 공중보건, 치료에 대한 논란을 대의명분으로 하여 권위 있는 지지자를 구한 경험을 평생 동안 활용했다. 이를 계기로 언론홍보 대행인press agent이란 새로운 직업을 가지게 된 그는 이후 1914년부터 1917년까지 연극 〈키다리 아저씨〉Daddy Long Legs와 러시아발레단의 미국 홍보, 이탈리아 성악가 엔리코 카루소Enrico Caruso의 미국 공연 등을 성공적으로 이끌면서 명성을 쌓게 된다.

지배계급과 피지배계급의 갈등

19세기가 끝나고 진짜 20세기가 시작되자 미국 사회에서는 지배계급과 피지배계급 사이의 갈등이 용광로처럼 끓어오르기 시작했다. 1905년 시카고에서 사회주의노동당의 대니얼 드 리언Daniel De Leon, 서부광산노동자연합의 윌리엄 헤이우드William Haywood, 사회당의 유진 뎁스Eugene V. Debs 등의 주도하에 미국노동총연맹American Federation of Labor, AFL의 보수적인 지도와 자본주의 수용에 불만을 품은 서부광산노동자연맹, 통일금속노조 등 7개 단체 5만여 명이 참가하여 세계산업노동자동맹Industrial Workers of the World, IWW이 결성되었다. '워블리스Wobblies'란 별명으로 불린 이들은 미국 내 모든 노동자의 산업별 조직화와 자본주의 제도 폐지를 목적으로 하는 혁명적 조합 운동을 확립하고자

20세기 미국 사회에선 지배계급과 피지배계급 사이의 갈등이 용광로처럼 끓어올랐다. 1914년 뉴욕에서 일어난 세계산업노동자연맹(IWW)의 시위.

1911년 3월 25일 트라이앵글 블라우스 공장에서 노동자 146명이 화재로 목숨을 잃었다. 공장 노동자들을 효과적으로 통제하고 관리하기 위해 공장 문을 항상 잠가놓았기 때문이다.

했다. 미국의 산업자본주의와 노동자들이 처한 잔인한 풍경을 묘사한 업튼 싱클레어Upton Sinclair의 소설 『정글』The Jungle, 1906과 소설을 통해 미국의 파시즘을 경고한 잭 런던Jack London의 『강철군화』The Iron Heal, 1908가 출간된 것도 이 무렵이다.

1911년 3월 트라이앵글 블라우스 공장에서 일하던 노동자 146명이 화재로 목숨을 잃는 사건이 발생했다. 회사는 공장 노동자들을 효과적으로 통제하고 관리하기 위해 공장 문을 항상 잠가놓았기 때문에 꼼짝없이 갇힌 여성들은 작업대에서 산 채로 타 죽거나 잠긴 비상구 앞에서 질식해 숨졌다. 이듬해 매사추세츠 주 로렌스에서 2만 3,000여 명이 참여한 섬유 파업이 일어났다. 수많은 여성이 공장에서 노동자로 일하거나 사회에 진출했지만 미국 여성은 정치에 참여할 수 있는 권리, 투표권이 없었다. 해마다 봄이 오면 뉴욕 여성들은 여성참정권을 요구하는 시위를 벌였다.

1913년 9월엔 록펠러 일가가 소유한 콜로라도 남부의 러들로Ludlow 석탄 광산에서 조합 조직가 한 명이 살해되면서 대규모 파업이 일어났다. 파업이 시작되자 광부들은 회사가 제공한 광산촌 오두막에서 쫓겨났고, 록펠러 측이 고용한 자경단원들은 기관총과 라이플로 무장한 채 이들을 습격했다. 사망자와 부상자가 늘어났지만 콜로라도 주정부는 광부들을 보호하기 위한 아무런 조처도 취하지 않았다. 마침내 주방위군이 출동하자 광부들은 이들이 자신들을 보호하기 위해 출동한 줄 알고 환영했다. 그러나 주방위군의 급료는 록펠러 측에서 지급하고 있었다. 해를 넘겨 1914년 4월 20일, 파업에 참여한 광부와 가족들이 임시로 설치한 천막촌을 향해 주방위군의 기관총 사격이 시작되었다. 여자와 어린이들은 총격을 피하기 위해 천막 아래 구덩이를 파고 피신했는데, 해가 지자 주방위군은 천막촌에 불을 질렀다. 다음 날, 천막촌의 폐허 옆을 지나던 전화보선공이 한 천막 아래 구덩이를 덮은 철제 침대를 들추자 온몸이 시커멓게 타고 뒤틀린 채 숨져 있는 어린이 열한 명과 여성 두 명의 시신이 발견됐다. 이것이 훗날 '러들로 학살Ludlow Massacre'로 알려진 사건이다.

1914년 한 해 동안 미국에서 산업재해로 숨진 사람만 3만 5,000명이었고 부상자는 70만 명에 이르렀다.[8] 역설적이게도 러들로 학살을 계기로 록펠러 일가와 록펠러 재단은 미국을 대표하는 공익기업이자 사회사업가, 자비심 넘치는 자본가로 칭송받게 된다. 이 같은 인식의 전복이 일어날 수 있었던 것은 록펠러 일가가 현대 PR의 아버지로 에드워드 버네이스와 쌍벽을 이룬

콜로라도 러들로 광산에서 광부들이 파업을 일으키고 임시로 천막촌을 설치했다. 이 천막촌을 지켜보는 주방위군.

아이비 리Ivy Ledbetter Lee를 고용해 이미지 개선을 위한 전략적 홍보를 꾸준히 펼친 결과였다. 당시 미국은 사상적으로는 자유주의, 경제적인 면에서는 자유자본주의의 전성기를 구가하며 세계에서 가장 앞선 양당 중심의 공화정과 민주주의⁹ 체제를 갖추었지만 노동자들이 처한 현실은 가혹했다. 이런 분위기에서 제1차 세계대전이 벌어졌다.

제1차 세계대전과 프로파간다의 캡틴 아메리카

1917년 4월 6일, 우드로 윌슨 미국 대통령은 독일에 선전포고를 하며 제1차 세계대전에 참전했다. 이 소식을 들은 버네이스는 즉시 입대하고자 했으나 본인의 희망과 관계없이 신체검사 결과 평발과 시력적인 결함 때문에 입대할 수 없었다. 재검을 요청했지만 현역 전투병으로 입대하는 것은 불가능했다. 오스트리아 출신 유대계 미국인이며 163센티미터로 체격이 왜소했던 그는 조국 방위에 앞장서는 애국적인 국민이란 사실을 입증하고 싶어 했다. 그

1915년 5월 7일 독일 잠수함 U-20에 의해 민간 여객선 루시타니아호가 침몰했다. 미국은 이 사건으로 대중의 애국주의를 불러일으켜 참전 명분을 만들었다.

가 이처럼 군에 입대하기 위해 노력한 데에는 여러 이유가 있었다. 우선 선전포고를 전후해 고조된 애국주의적 열기가 독일을 비롯한 적국 출신 시민에 대한 혐오감을 부추겼고, 전쟁으로 인한 경기 불황과 수요 감소로 일거리가 줄어든 데다 무엇보다 PR 능력을 전쟁과 정치에 접목시켜 보고 싶다는 야심이 그를 부추겼기 때문이다.

> 정치는 미국 최초의 대기업이었다. 따라서 기업은 정치에서 모든 것을 배운 데 비해 정작 정치는 기업으로부터 생각과 제품의 대량 보급 방법을 별로 배우지 못했다는 사실은 아이러니가 아닐 수 없다.[10]

PR이라는 개념은 자본주의가 출현하기 이전에는 사실상 존재하지 않았기 때문에 이것이 자본주의의 산물이라고 생각하기 쉽다. 그러나 엄밀히 말해 PR은 자본주의의 직접적인 산물이라기보다 생산력 증대와 대중사회 출현이 겹쳐진 결과물이다. 모든 상품(특히 사치품)의 소비자가 확실히 결정되어 있던 귀족들의 장원 체제나 잉여생산물이 발생할 수 없을 만큼 생산력이 낮은 시대에는 광고가 전혀 필요치 않았다. 산업혁명과 도시화의 여파로 19세기에 이르러 잉여생산물이 축적되고, 생산자와 소비자 사이의 실체적 거리가 멀어져 생산자들이 더 이상 이득을 내지 못하는 상황이 초래되면서 광고가 주목받기 시작했다. 광고에서 놀라운 혁신이 일어난 순간은 대개 대중이 구매 여력이 있음에도 높은 생산력 때문에 잉여생산물이 과잉된 상황에서 일어났다. 광고와 선전, PR이 위기를 맞이하는 순간은 경기불황 등의 이유로 수요 자체가 줄거나 결핍 상황이 초래될 때였다.[11] 이런 결핍이 가장 극대화되는 순간은 언제일까? 바로 전시戰時였다.

제1차 세계대전은 미국 역사상 최초의 대규모 국제전이자 독립 이후 구대륙(유럽)의 정치 상황에 개입하지 않는다는 고립주의 전통을 무너뜨린 최초의 전쟁이었다. 더구나 윌슨 대통령은 1916년에 치러진 선거에서 '승리 없는 평화peace without victory'란 구호로 전쟁 불참을 공약으로 내세운 사람이었다. 윌슨은 참전 명분으로 "세계를 민주주의에 알맞도록 만들기 위한" 전쟁이라고 내세웠지만 많은 사람이 왜 자신과 아무 상관도 없는 먼 나라의 전쟁에 나가서 목숨을 잃어야 하는지 이해하지 못했다. 사회주의의 영향을 받은 노동자들은 이 전쟁이 제국주의 식민지 경쟁의 결과로 촉발된 자본가 계급의 전쟁이라 규정하며, 왜 노동자 계급의 자식들이 그들 대신 총알받이로 나서야 하는지 의문을 표했다.

그럼에도 미국에서만 약 400만 명의 젊은이가 징집되었고 이 가운데 11만 6,000여 명이 전사했다. 비록 전사자 규모 면에선 독일의 180만 명, 프랑스의 160만 명, 영국의 80만 명에 비교할 수 없지만 단지 14개월의 참전 기간과 서부전선에만 투입된 미군의 상황을 고려해보면 이 인명 손실은 엄청난 것이었다.[12] 전쟁에 반대하고 그 정당성에 의문을 제기하는 국민들을 참여시키기 위해 미 정부가 구사한 전략은 오늘날까지도 지속되고 있다. 우선 독일의 무제한 잠수함 작전으로 희생당한 루시타니아Lusitania호 격침 사건[13]을 이용해 대중의 분노와 애국주의를 격발시켰고, 다른 하나는 국수주의적 열정에 사로잡힌 대중과 권력을 동원해 전쟁에 반대하는 이들을 비난하거나 테러를 가하는 양상이 나타났다. 당시 노동계를 대표하던 유진 뎁스는 1917년 간첩법을 어겼다는 이유로 10년 징역에 처해졌으며 노동운동은 탄압받았다. 이후로도 오랫동안 미국은 시시때때로 악명 높은 '적색 공포'에 시달렸다.

입대가 좌절된 버네이스는 자신의 재능을 미국 정부의 전쟁 수행 능력을 극대화하는 데 사용하기로 마음먹었다. 우선 정부가 전쟁 비용을 마련하기 위해 발행한 채권과 우표 판매를 도왔고 신병모집 집회를 홍보했고 애국적인 음악축제의 홍보를 기획했다. 심지어 일반 음악회에서도 한 곡 정도는 반드시 군대에 대한 노래를 포함시키도록 했다. 이런 노력이 인정받은 덕분인지 아니면 전쟁 수행을 위해 선전 활동이 필요하다고 느낀 정부의 선택인지는 알 수 없으나 1918년 마침내 그에게도 능력을 맘껏 펼칠 수 있는 기회가 왔다. 조지 크릴George Creel이 이끄는 연방공보위원회Committee on Public Information, CPI에 발탁된 그는 탁월한 선전 혹은 정보조작 능력을 선보였다. 그는 크릴을 비롯해 자신의 지적 영웅인 월터 리프먼Walter Lippmann 등과 함께 독일 등의 적성국을 야만적인 거짓말쟁이로 호도했고, 미국은 언제나 진실을 전하는 민주주의의 수호자로 묘사했다.

당시 에드워드 버네이스와 연방공보위원회의 업적에 대해서는 히틀러마저 독일이 제1차 세계대전에서 패배한 것이 선전 능력에서 뒤졌기 때문이라고 말할 정도였다. 이처럼 대단한 선전전을 치러냈지만 전쟁의 참혹한 실상

제1차 세계대전 당시의 미군 징병 포스터. 버네이스가 참여한 연방공보위원회는 적성국을 야만으로, 미국을 진실로 포장하는 등 대단한 선전전을 선보였다.

이 알려지기 시작하자 사람들은 '선전(프로파간다propaganda)'이란 말 자체를 혐오하기 시작했다.

본래 신앙이나 가치관 또는 관습의 체계적인 보급을 의미하는 '선전'이란 말은 1622년 교황 그레고리우스 15세Gregorius XV가 바티칸의 구교 세력이 신교개혁파에 대응하기 위해 설립한 종교 조직을 '신앙의 전파를 위한 교단 Congregatio de Propaganda Fide'이라 부른 것에서 유래했다. 18~19세기 동안 대부분의 유럽 언어권에서 선전은 일반적으로 정치적 신념의 유포, 종교적 복음의 전파, 상업광고 등을 지칭하는 중립적인 의미로 사용되었다.[14] 이처럼 중립적인 의미였던 선전 혹은 프로파간다라는 말이 부정적이고 어두운 말처럼 인식되기 시작한 것은 비교적 최근으로, 제1차 세계대전 당시 미국 정부가 전쟁의 진상을 왜곡하고 전쟁에 비협조적인 대중을 동원하기 위해 PR을 악용한 결과였다.

전쟁이 끝나고 고국으로 돌아온 병사들이 펴낸 회고록과 일기, 역사적 성찰이 이어지면서 정부의 선전이 얼마나 많은 것을 왜곡하고 대중을 기만해 왔는지 알려지기 시작했다. 전쟁을 이끄는 탁월한 전략가로 알려졌던 장군들은 시대에 뒤처진 전략을 맹종하며 병사들을 소모품처럼 기관총과 대포의 일제사격 앞으로 쏟아부었고, 열렬한 애국심에 대한 호소는 진보된 군사기술 앞에 대량으로 희생당한 병력을 보충하기 위한 술수라는 사실이 알려졌다. 전쟁이 민주주의 전파를 위한 것이 아니라 친영국계 금융기업, 군수산업, 우익 집단 등 다양한 이익집단이 결탁해 명분도 없는 외국의 살육 현장으로 국민을 내몬 것이라는 사실도 밝혀졌다. 정부의 선전이 의도한 것은 적국 시민의 사기를 떨어뜨리기보다는 자국 시민을 전쟁에 좀 더 적극적으로 동원하려는 것이었고, 이를 위해 뻔뻔한 거짓말과 과장, 검열과 의도된 오보를 통해 전쟁의 진실이 알려지지 않도록 했다는 사실을 깨달은 국민들은 분노했다. 전쟁에 대한 오래된 경구 가운데 하나인 "전쟁이 시작되면 가장 먼저 희생되는 것은 진실"이란 말이 확인된 것이다.

제1차 세계대전이 끝난 뒤에 정부의 선전은 민주주의 국가에서도 여전히 이루어졌다. 다만 선전기관들은 '선전'이란 부정적인 말 대신 '공보'나 '국정 홍보', '대중교육' 같은 완곡한 표현을 선호했다. 선전이라는 용어를 사용하기 꺼린 이유는 선전이 정보조작, 왜곡과 사실상 동의어가 되었으므로 민주주의가 추구하는 이상과 양립할 수 없다는 새로운 인식에 도달했기 때문이다. 그러나 전쟁을 전후해 탁월한 선전전략가로 자리매김한 버네이스는 선전이란 말이 지닌 본래의 중립적인 이미지를 회복하고, 대중사회와 민주주의 정치체제 아래 선전이 지닌 힘과 의미를 강조하기 위해 1928년 『프로파간다』Propaganda를 펴낸다. 물론 출간의 진정한 뜻은 홍보전문가로서 자신이 지닌 투철한 직업관과 전문지식을 널리 알리고, 결과적으로 고객client들에게 에드워드 버네이스와 계약하라고 홍보하기 위해서였다. 책은 의도대로 대단히 성공적이었는데, 유대인을 벌레만도 못한 존재로 혐오하던 독일의 선전상 괴벨스조차 유대인인 그를 스승으로 초빙해서 가르침을 받고 싶어 할 정도였다.

여성을 흡연으로 이끈
자유의 횃불

"선전과 교육의 유일한 차이점은 실제로 관점일 뿐이다. 사람들은 자신이 믿는 것을 주창하는 것은 교육이고, 믿지 않는 것을 주장하는 것은 선전이라고 한다." [15]

이 말에서 엿보이듯 버네이스는 원하는 메시지만 전달될 수 있다면 그것이 선전이라 불리든 교육이라 불리든 개의치 않았다.

비슷한 시기에 괴벨스도 비슷한 말을 남긴 바 있다.

"선전은 정신적 인식을 전할 필요도 없거니와 점잖을 필요도 없다. 성공에 이끄는 것이 좋은 선전이다."

전쟁이 끝나자 버네이스는 전시에 사용한 선전 수법을 변형해 평화 시에 기업이 대중의 소비를 촉진하고 민주주의에 대처하는 데 쓸 수 있도록 만들었다. 그는 언제나 투철한 민주주의자이자 남녀평등주의자였지만 이런 사상보다 우선했던 것은 선전가로서의 직업적인 본능이었다. 그가 어떤 식으로 능력을 발휘했는지 한번 살펴보자.

1922년 버네이스는 도리스 플라이쉬만Dorris E. Fleischman과 결혼했는데 자신에게 홍보를 의뢰한 월도프－아스토리아 호텔에서 신혼여행의 첫날밤을 보냈다. 투숙객 명부에 각자의 이름을 적을 때, 그는 아내에게 결혼 전 처녀 시절의 성을 적게 했다. 이 일로 버네이스는 일석이조의 결과를 얻었다. 우선 결혼하고도 남편 성을 따르지 않고 처녀 때 성을 고수한다는 이미지를 아내에게 심어 한창 유행하던 여권운동의 새로운 상징으로 만들었고, 자신을 남녀평등주의자로 홍보하면서 그와 동시에 호텔에는 명성을 높일 수 있는 기회를 주었다. 그러나 이들 부부의 결혼생활을 지켜본 딸 앤은 "아버지는 어머니가 집 밖에서는 페미니스트가 되고, 집 안에서는 19세기식의 아내가 되기를 원했다"며 버네이스가 생전에 단 한 번도 가사노동을 분담한 적이 없다고 말했다.[16]

제1차 세계대전 이전까지만 하더라도 미국의 담배 시장을 주도한 것은 주로 파이프 담배였고, 가늘게 만 궐련은 여성이나 피우는 담배로 인식되었다. 그러나 전쟁 기간에 병사들이 참호에서 파이프 담배를 피우기 어려웠기 때문에 궐련이 보편화되기 시작했다. 전후 남성의 흡연이 급속도로 증가하면서 담배회사들은 큰 수익을 얻었는데, 버네이스를 고용한 아메리칸토바코 사는 수익을 극대화하기 위해 여성 흡연 인구의 증대를 원했다. 버네이스는 날씬한 몸매를 위해선 식후 달콤한 디저트 대신 담배를 피우라는 슬로건을 내세웠다. 흡연 여성을 늘리기 위해 유명 패션 잡지의 편집자들에게 배우, 운동선수, 아름다운 여인, 사교계 여성의 마른 몸매를 부각시키도록 했고, 의료계의 권위자들을 내세워 담배가 구강을 살균하는 효과가 있다고 발언하게 만들었다. 그 덕분에 유명 레스토랑 디저트 메뉴에 담배가 포함되었고, 현명한 주부는 부엌 선반에 생활필수품으로 담배 놓는 곳을 따로 마련해야 한다는 말이 생길 정도였다.

버네이스와 아메리칸토바코의 럭키 스트라이크 PR 캠페인은 크게 성공해서 여성 흡연율이 높아졌다. 그러나 담배회사는 대부분의 여성들이 활동하는 시간대의 상당 부분을 집이 아닌 외부에서 보내지만 남들의 눈을 의식해 담배를 피우지 못한다는 사실을 알게 되었다. 담배회사는 여성들이 더 많은 담배를 소비해주길 바랐다. 그러자면 거리에서도 담배를 피울 수 있어야 했다. 버네이스는 여성이 원하는 곳 어디에서나 담배를 피울 수 있는 권리를 여성

아메리칸토바코는 여성 흡연을 증대하기 위해 버네이스를 고용했다. 버네이스는 날씬한 몸매를 위해선 식후 달콤한 디저트 대신 담배를 피우라는 슬로건을 내세웠다.

의 권익 향상을 위한 상징으로 조작하기 위해 '자유의 횃불Torches of Freedom' 퍼레이드를 기획하고 언론의 이목을 끌기 위해 사전에 세밀한 준비를 했다. 우선 시위에 참석하는 여성들은 날씬하고 매력적이어야 했고, 여권운동가가 동참해서 이것이 상업적인 PR이 아님을 보증해야 했다. 자신이 나서면 시위의 정체가 탄로 날 것을 염려해서 비서 버사 헌트Bertha Hunt의 이름을 빌려 사교계와 패션계, 여성계 인사들에게 편지를 보내 시위에 동참해줄 것을 호소했다. 물론 시위를 위한 담배로 럭키스트라이크가 준비되어 있었다.

1929년 3월 31일, 드디어 맨해튼 5번가에서 수많은 여성이 담배를 피워 물었다. 사건은 곧바로 언론에 앞다퉈 보도되었고, 여성의 거리 흡연을 놓고 격렬한 찬반논쟁이 벌어졌다. 몇 주 뒤 브로드웨이의 극장은 남성 전용 흡연실에 여성의 입장을 허락했고, 5주가 흐른 뒤 뉴욕의 극장 대부분에 여성 전

Edward Bernays

용 흡연실이 마련됐다. 하지만 버네이스 자신은 생전에 단 한 번도 담배를 피운 적이 없었다. 심지어 결혼 전에는 하루에 한 갑씩 담배를 피우던 아내도 남편의 반대로 담배를 끊어야만 했다. 어쨌든 아메리칸토바코의 럭키스트라이크 매출은 그 후 세 배 이상 올라 3,200만 달러의 순수익을 기록했다.

거대 권력의 지배 아래 놓인 자유의지

일상의 어느 부분에서 우리는 스스로의 자유의지에 따라 행동한다고 생각하지만 실은 거대한 권력을 행사하는 독재자들의 지배를 받는다. 예를 들어 어떤 남성이 양복을 구입한다고 가정해보자. 그는 자신의 취향과 개성에 따라 자신이 선호하는 옷을 고른다고 생각한다. 하지만 실제로는 런던의 어느 이름 없는 멋쟁이 재단사의 명령에 따르고 있을 확률이 높다. 이 인물은 멋쟁이 신사와 왕족의 후원을 받는 어느 소박한 양복점의 과묵한 경영자다. 그는 영국의 상류사회 신사들에게 회색 대신 푸른색을, 스리 버튼 대신 투 버튼을, 지난 시즌보다 통이 4분의 1인치가량 좁은 소매를 추천한다. 이 양복점을 찾는 유명 인사 고객은 그의 제안을 받아들인다.[17]

버네이스가 했던 말의 핵심은 거대한 권력을 행사하는 독재자들에게 대중이 지배받으면서도 스스로의 자유의지에 따라 행동한다고 믿게 만든다는 것이다. 그는 같은 방식으로 미국인의 아침 식탁에 '베이컨과 에그'가 주요 메뉴로 오르게 만들었다. 산업사회에 접어들면서 미국인들은 아침 식사를 간소하게 먹는 추세였기 때문에 베이컨 매출이 저조해졌다. 베이컨 제조사

비치넛패킹Beechnut Packing에 고용된 버네이스는 다른 사람의 시장을 빼앗는 것보다는 시장 자체를 키우는 방식이 유리하다고 생각했다.

우선 저명한 의사들을 상대로 아침 식사 방식에 대한 설문조사를 실시했다. 물론 기름진 베이컨을 먹는 것이 좋은지, 간소하게 먹는 것이 좋은지를 묻는 것이 아니라 아침 식사를 든든히 하는 것이 좋은지 간소하게 하는 것이 좋은지를 묻는 것이었다. 결과는 아침을 든든히 먹는 쪽이 건강에 유익하다는 의견이 우세했다. 버네이스는 이 사실을 언론에 공표했고, 설문조사 발표 후 베이컨과 달걀의 판매가 급증하면서 베이컨과 달걀은 미국 어휘사전에 아침 식사의 대표 음식으로 등재되었다. 그는 제품이나 서비스를 판매하는 대신에 이벤트를 만들었고, 새로운 뉴스거리를 원하는 언론에 그들이 원하는 것을 만들어주었다. 사회적으로 권위 있는 인사들의 보증까지 덧붙여서 말이다.

홍보전문가로서 그의 명성은 나날이 높아져갔다. 그는 본래 세안용으로만 이용되던 비누의 새로운 용도를 개발해내기도 했다. 1923년 P&G사는 아이들이 씻기 싫어하고 거추장스러워하는 비누의 소비를 촉진할 방법에 대해 그에게 도움을 요청했다. 그는 PR을 실시하기에 앞서 설문조사를 실시했고, 아이들이 비누에 대해 친숙하게 느낄 수 있도록 태도를 먼저 개선해야 한다고 느꼈다. 1924년 그는 전국비누조각대회를 조직했고, 큰 상금을 걸어 언론의 주목을 끌어내는 데 성공했다. 우선 첫 번째 대회에서는 일반 조각가, 건축가 및 여러 분야 예술인들이 참가해 450킬로그램이 넘는 대형 아이보리 비누를 멋지게 조각하도록 했다. 이듬해 대회부터는 일반인과 학생들이 참여하는 국민적인 행사로 발전시켰다. 그 결과 비누 조각은 공립학교 미술시간의 정규 과정에 포함되었고, P&G의 비누조각대회는 1961년까지 37년간 지속되었다. 매년 수백만 명의 어린이들이 자발적으로 비누 판촉행사에 동원되었지만 이들은 그저 독창성과 예술성을 겨루는 대회에 참가한다고 느낄 뿐이었다. 버네이스는 이외에도 재선을 앞두고 이미지 개선 작업이 필요했던 캘빈 쿨리지Calvin Coolidge 대통령의 대선캠프에 참가해 그의 이미지를 바꿔놓는 데 성공했고, 전기 발명 50주년 기념행사를 '빛의 황금 축제'로 명명하며 세계적인 축제로 이끌었다.

민주주의를 위협하는 프로파간다의 달인들

1933년 나치의 중요한 지휘자 가운데 한 사람인 괴벨스는 독일의 유대인에 대해 파괴적인 캠페인을 진행할 때 그 수법을 유대계 미국인 에드워드 버네이스의 책과 이론에서 가져왔다고 한다. 버네이스의 책은 히틀러의 『나의 투쟁』Mein Kampf, 1925과 더불어 괴벨스의 서재에 잘 진열되어 있었다. 이 소식을 듣고 버네이스는 "충격을 받았다"고 했다. 그러나 그는 "나는 그 어떠한 인간의 활동도 사회적 목적으로 사용될 수 있고, 반사회적으로 오용될 수 있다는 것을 알았다"[18]고 말했다.

    PR의 창시자라고 할 수는 없으나 에드워드 버네이스는 한 사람의 직업인으로서 자신이 일한 분야에서 투철한 직업의식을 바탕으로 최선을 다했다. 풍부한 교양으로 자기계발에 앞장섰고, 회사를 운영하는 데에도 탁월한 관리 능력을 선보였다. 그의 불타는 열정은 아직 미성숙한 분야였던 PR을 전문적인 영역으로 개척했고, 홍보를 직업을 넘어선 학문의 반열에 올려놓는 데 크게 이바지했다. 엘리트주의자로서 그는 미국의 정치가 어중이떠중이 같은 대중이 아니라 충분히 교육받은 지배 엘리트에 의해 지도되어야 한다

나치의 선전장관 괴벨스는 독일의 유대인에 대해 파괴적인 캠페인을 진행할 때 그 수법을 유대계 미국인 에드워드 버네이스의 책과 이론에서 가져왔다고 한다. 사진은 1932년에 베를린에서 연설하는 히틀러 뒤에 선 괴벨스.

고 믿었고, 애국자로서 미국이 세계를 지도하는 국가가 되어야 한다고 생각했다. 그러나 그는 선전이 추구하는 목적을 달성하기 위한 방법의 윤리성과 진실을 외면했다.

그는 1995년 세상을 떠나기 전 흡연의 해악에 대해 깨우치고 담배를 적극적으로 홍보하고 선전한 것에 대해 후회했다. 그러나 그가 진정으로 후회하고 반성했어야 할 일은 유나이티드프루트컴퍼니United Fruit Company의 홍보(PR)를 대행하면서 저지른 정보조작spin과 그 결과로 초래된 과테말라의 민주정부 전복이었어야 하지 않을까. 쿠데타 이후 과테말라는 세계 최장기 내전을 치렀고, 그러면서 숱한 민간인 학살이 자행되었다. 자세한 내용은 9장 「새뮤얼 제머리」편을 참조하기 바란다.

그는 자신이 행한 수많은 PR 캠페인과 프로파간다에 대해서 그저 직업이었다거나 당시에는 제대로 된 정보를 알 수 없었으므로 실수도 있었다고 말하고 싶을지도 모르겠다. 괴벨스의 선전 작업이 반드시 버네이스의 방식을 따랐다거나 그가 영감을 선사한 것이라고 말할 수 없을지도 모른다. 그러나 수많은 유대인을 가스실로 보낸 아돌프 아이히만Karl Adolf Eichmann 역시 "나는 그저 명령에 따랐을 뿐이다"라고 말했다.

20세기 들어 전성기를 맞이한 대중매체는 이란성 쌍둥이이자 어둠의 자식인 선전과 함께 등장했다. 두 차례의 세계대전을 치르면서 수많은 젊은이가 목숨을 잃었고, 점점 더 많은 사람이 정부가 주장하는 전쟁의 명분에 동의하지 않게 되었다. 국가 권력은 제 의도대로 대중을 동원하기 어렵게 되었다. 그래서일까. 20세기 후반부터 전쟁 여론을 주도하는 것은 정부나 군인이 아니라 전쟁홍보대행사의 몫이 되어가고 있다.

> 총탄이 날아다니는 전쟁터와 전혀 동떨어진 워싱턴에서 팩스와 전화(현재는 인터넷과 이메일)로 국제 여론을 유도하는 이런 방식은 윤리적으로 의문의 여지를 남긴다. …… 그러나 뚜렷한 부정이 없는 한, 국제 분쟁을 사업 대상으로 선택한 PR 기업을 모두 나쁘다고 책망하기는 어렵다. 정보의 세계화가 급속히 진행되고 있는 현재 PR의 '전쟁터'가 지구 규모로 확대되고 있다는 현실을 직시하는 일이 무엇보다 중요하다.[19]

그러나 오늘날 정치권력의 선전과 정보조작보다 위험하고 심각한 문제는 오랜 기간 피 흘리며 만들고 지켜온 민주주의가 기업 권력에 의해 위협받는 현실이다. 기업의 권력을 보호하기 위해 기업은 충분한 비용을 지불할 능력과 의지가 있으며 실제로도 그렇게 하고 있다. 우리는 자본주의가 제공하는 '상품의 민주화Democracy of Goods'를 누리고 있다. 오늘날 우리는 개인의 연령,

성별, 인종과 교육, 사회적 계급과 상관없이 누구나 충분한 비용(돈)만 지불한다면 과거 귀족이나 누릴 수 있던 호사스런 상품과 서비스를 제공받을 수 있게 되었다. 그 대가로 우리가 잃은 것은 무엇일까? 기업 권력은 과거 비판 이론의 근거지이자 생산지였던 대학을 장악했고, 지식인을 고용해 기업체 산하의 연구소think tank에서 권위 있는 지식을 생산하고 유포시킨다. 기업이 자본을 대고, 기업이 연구하고, 기업이 제공하는 정보는 자본이 장악한 언론을 타고 대중에 전달된다. 대중은 이것이 진실이라고 생각한다. 생태운동가 반다나 시바Vandana Shiva는 이런 지식을 '정복당한 지식subjugated knowledge'이라고 부른다.

세계적인 다큐멘터리 제작자이자 탐사보도 전문 기자 존 필저John Pilger는 1970년대 스탈린주의 독재 치하의 체코슬로바키아에서 비밀리에 다큐멘터리를 제작하면서 소설가 제네르 우르바네크Zdenek Urbánek를 만났다.

"독재 치하에서 우리가 서방세계의 당신들보다 한 가지 면에서는 더 행운아라고 할 수 있다. 우리는 신문과 방송에서 보도되는 것은 선전과 거짓말이라는 것을 알기 때문에 아무것도 믿지 않는다. 우리는 선전의 이면, 보도의 행간을 읽도록 배웠다. 우리는 진실은 언제나 전복적이라는 것을 알고 있다는 것이다. 이 점이 당신들과 다르다." [20]

필저는 우르바네크의 이 증언을 통해 아이러니하게도 자유 사회에서 검열이 어떻게 작동하는지 이해하게 되었다고 말한다. 그는 대외적으로 보자면 서로 적대적인 관계처럼 보이는 미국의 공화당과 민주당이 한목소리로 '자유를 위해 싸우자'고 말할 때 이들은 결국 한통속이라 말했다. 미실과 덕만을 횡으로 나누었을 때 같은 편이었듯이 정치와 기업, 언론과 지식인들이 모두 한통속이라면 과연 당신은 진실을 제대로 보고, 듣고, 알고 있다고 말할 수 있을까?

"생각하는 대로 살지 않으면 사는 대로 생각하게 된다" 지만 우리가 살아가는 이 시대엔 "생각하며 살지 않으면 보여주는 대로 믿게 된다"로 바뀌어야 할 것이다.

08

로버트 우드러프

콜라를 통한 세계화,
코카콜로니제이션의 대부

내 혈관 속에 흐르는 것은 피가 아니라 코카콜라입니다.

Robert Winship Woodruff 1889~1985.

달콤하고 검은 설탕물에 불과한 코카콜라를 전 세계인이 즐기는 음료로 만든
로버트 우드러프. 인류는 코카콜라와 함께 미국식 민주주의, 미국식 문화 그리고
아메리칸드림이라는 달착지근한 몽상의 노예가 되었다.

영화 〈부시맨〉 The Gods Must Be Crazy, 1980에서 주인공 카이(니카우)는 아프리카 칼라하리 사막에 살고 있는 부시맨 부족(산San족)이다. 비행기 조종사가 코카콜라를 시원하게 마신 뒤 밖으로 병을 던져버리지 않았다면 일생 동안 현대 문명과 접촉할 일도 없었을 카이는 갑자기 하늘에서 떨어진 콜라 병을 줍고는 신들이 보낸 선물이라고 생각했다.

부족은 이 신기한 물건이 반죽 밀대부터 악기에 이르는 다양한 쓰임새가 있음을 알게 된다. 그러나 필요로 하는 사람은 여럿인 데 반해 병은 하나뿐이었기 때문에 평화롭던 공동체에 분란이 일어나기 시작한다. 콜라 병 하나 때문에 시작된 말다툼은 결국 주먹다짐으로 이어진다. 깜짝 놀란 장로들은 회의를 열어 신들이 콜라 병을 보내준 것은 아무리 생각해봐도 실수 같으니 처음 발견한 카이에게 지구 끝까지 가서 버리고 오라고 명령한다.

영화는 문명사회를 처음으로 접하는 카이가 경험하는 다양한 사건과 충돌을 한 편의 코미디로 보여준다. 비록 광고 마케팅 기법인 PPL Product Placement이지만 코카콜라가 현대 물질문명을 대표하는 아이콘이라는 데 이의를 제기할 사람은 없을 것이다. 다만, 영화에서 쓸모 있는 것으로 묘사된 것은 내용물이 아니라 빈 병이었다는 것이 역설적이다.

세계에서 가장 유명한
코카콜라의 비밀

코카콜라는 2011년에도 718억 달러로 브랜드 가치 1위를 차지했는데, 지난 10년 동안 『비즈니스위크』(BusinessWeek, 현재 『블룸버그 비즈니스위크』)를 비롯한 여러 기관에서 선정하는 브랜드 가치 순위에서 정상의 자리를 놓친 적이 없다. 오늘날 기업이 생산하는 상품의 브랜드는 그 무엇보다 중요한 기업의 자산 가치로 자리매김했지만, 최근에 들어서는 브랜드가 상품을 넘어 도시와 국가에까지도 중요한 경쟁력과 가치로 영향을 미치는 현상이 나타나고 있다. 다른 기업들이 뒤늦게 브랜드의 가치를 깨닫고 이미지 개선에 공을 들이기 시작했다면 코카콜라는 이미 120년 전부터 자사 브랜드가 대중의 뇌리에 깊숙이 각인될 수 있도록 갖은 노력을 기울여왔다.

　1990년대부터 기업들은 치열한 품질 경쟁을 벌였고, 그 결과 생산하는 제품의 기능과 품질이 균일해지면서 기술혁신을 통한 품질 우위만으로는 소비자의 선택을 기대할 수 없게 되었다. 이런 상황에서 살아남기 위해서는 자사 제품이 경쟁사 제품보다 대중에 친숙하고 우호적인 이미지로 다가가야만 했다. 다시 말해 모든 상품이 다홍치마일 때 이왕이면 친숙하고 유명한 브랜드, 럭셔리한 고급 브랜드라고 널리 알려지고 인식되는 제품을 선호하게 된다는 것이다. 최근 기업은 물론 국가까지 나서서 브랜드 전략을 수립하려는 이유가 여기에 있다. 코카콜라가 이처럼 일찍 브랜드의 중요성을 깨달았다는 것은 역으로 코카콜라엔 애초부터 내세울 만한 기술이나 품질이 없었다는 뜻이기도 하다. 코카콜라로서는 당연히 인정할 수 없는 사실이겠지만 말이다.

　세계에서 가장 유명한 단어가 무엇일까. 'OK'다. 그러면 두 번째는 무엇일까. '코카콜라' 다. 코카콜라가 진출한 나라는 200여 개국으로, 냉전 이후 지금까지 국제연합UN에 가입한 192개 회원국보다 많다. 이처럼 코카콜라는 세계적으로 너무나 유명한 브랜드지만 또 너무나 많은 비밀과 의혹에 휩싸여 있는 브랜드이기도 하다. 대표적인 몇 가지만 이야기해보면, 코카콜라에는 코카인 성분이 들어 있기 때문에 한 번 맛을 보면 끊을 수 없다거나 코카콜라는 '머천다이즈Merchandise 7X' 라 불리는 일곱 가지 비밀 재료가 그것들만의 배합법을 통해 만들어지는데 7X의 비밀에 대해서는 미국 식품의약국 FDA도 예외를 인정할 만큼 중요한 비법이라서 코카콜라의 회장과 부회장만 알고 있으며, 이들은 코카콜라의 제조법이 영원히 사라지는 것을 막기 위해 절대로 같은 비행기에 타지 않는다거나 코카콜라의 맛은 처음부터 지금까지 한 번도 변한 적이 없으며, 코카콜라의 맛을 변화시키려 한 시도는 코카콜라를 사랑하는 미국 시민들은 물론 전 세계 팬들의 반대로 결국 무산되었다는 등의 일화가 있다.

그런데 이런 이야기들의 절반은 맞고 절반은 틀렸다. 인간이 달에 가고 생명체 구성의 신비까지 게놈 연구로 밝혀지는 마당에 코카콜라가 숨기는 재료 배합의 비밀쯤은 웬만한 대학 실험실에서도 밝혀낼 수 있고 실제로 꽤 여러 차례 밝혀지기도 했다. 사실 코카콜라의 비밀은 유명한 식당의 숨겨진 비법이 알고 보니 '아지노모도(일본이 개발한 화학조미료의 대명사)' 였더라는 이야기처럼 싱거운 것이지만, 120년 역사를 자랑하는 코카콜라를 지탱해준 신화이기도 하다. 코카콜라의 비밀이 세계에서 가장 유명한 비밀임에도 여전히 유지되는 까닭은 코카콜라가 그 비밀들을 필요로 하기 때문일지도 모른다.

코카콜라에
비밀이 필요한 까닭

코카콜라는 1886년 5월, 미국 조지아 주 애틀랜타에서 약국과 실험실을 운영하던 존 S. 펨버튼John Styth Pemberton에 의해 최초로 만들어졌다. 당시엔 페루의 코카 잎, 서아프리카의 콜라 열매, 설탕, 카페인, 레몬즙, 바닐라 추출물, 캐러멜, 오렌지, 육두구, 계피, 고수, 레몬 오일 같은 여러 성분을 이리저리 배합해 치료제를 겸한 탄산수를 판매하는 것이 대유행이었다. 사실 말이 좋아 치료제지 이 무렵 미국은 도시의 경계를 조금만 벗어나도 야생의 미개척지가 펼쳐지던 시절인 만큼 실제로는 민간요법 수준에 불과했다.

고대인은 자연 상태에서 탄산을 함유하는 광천수에 신비한 치료 효험이 있다고 믿었다. 산소를 처음 발견한 영국 화학자 조지프 프리스틀리Joseph Priestley가 비싸고 구하기 어려운 천연 탄산수를 대신해 인공적으로 탄산수(소다수)를 만드는 비법을 발명한 1767년 이래 탄산수는 미국인이 즐기는 일상생활의 일부가 되었다. 펨버튼은 여러 가지 약재와 향료에 약간의 알코올을 섞은 탄산수를 만들어 특히 두통에 약효가 있다고 해서 '브레인 토닉Brain Tonic'이란 이름으로 판매했는데, 이때까지 코카콜라 제조의 비밀 같은 건 아무도 궁금해하지 않았다.

다만 그가 사용한 약재 가운데 한 가지는 분명히 코카인이었는데, 이때까지

1886년 코카콜라를 탄생시킨 존 펨버튼

코카인은 모르핀보다 중독성이 없다고 여겨졌기 때문에 전혀 비밀이 아니었다. 심지어 아직 젊은 의사에 불과하던 프로이트는 코카인을 기적의 신경성 질환 치료제라고 확신했다. 그래서 절친한 친구에게 코카인을 정기적으로 처방해 중독자로 만들었고, 사랑하는 약혼녀 마르타의 건강과 발그레한 뺨을 위해 보내주기까지 했다. 하긴 헤로인도 처음에는 비습관성 기침약으로 판매됐으며 모르핀 중독 치료제로 인기를 끌었다. 미국의 세인트제임스 선교회는 모르핀 중독자를 대상으로 무료로 헤로인 샘플을 공급하는 운동을 펼치기도 했다.[1] 어쩌면 그런 시대였기에 오늘날 청소년 비만과 각종 성인병의 원인으로 지탄받는 코카콜라가 치료제로 취급될 수 있었을 것이다.

코카콜라가 등장하고 몇 해 뒤인 1894년 노스캐롤라이나 주 뉴번에서 약사로 일하던 케일럽 브래덤Caleb Bradham은 소화불량에 특효가 있다는 음료를 팔기 시작했다. 소화효소의 일종인 펩신pepsin이 들어 있던 그 음료는 훗날 '펩시콜라'가 되었다. 미국의 양대 콜라 제조업체가 100년 넘게 치르게 될 마케팅 전쟁이 시작되었지만 당시엔 누구도 그 사실을 알지 못했다. 이 무렵 미국에는 이미 수백 가지 콜라 브랜드가 있었기 때문이다.

콜라 제조는 그리 대단한 비밀이 아니었다. 향료와 약재에 대한 지식을 어느 정도 갖추고 탄산수를 제조할 설비만 있다면 누구라도 어렵지 않게 치료제를 사칭한 탄산음료를 제조해서 팔 수 있었다. 코카콜라가 위대한 점은 약효가 탁월했기 때문이 아니라 이토록 수많은 경쟁자를 물리치고 생존했기 때문이다. 이처럼 다양한 브랜드와의 경쟁 속에서 살아남기 위해 코카콜라는 120년 전부터 브랜드에 투자하지 않을 수 없었다.

엔조이!
제품을 판매하지 않는 코카콜라

코카콜라 브랜드를 널리 알리기 위해 펨버튼은 광고를 매우 중요하게 생각했는데, 이런 말까지 할 정도였다.

"만약 나에게 2만 5,000달러가 있다면 2만 4,000달러는 광고하는 데 쓰고 나머지 1,000달러로 코카콜라를 만들겠다. 내 말대로만 하면 우리 모두 부자가 될 것이다."

그는 자신의 생각에 동조한 주변 사람 몇몇을 끌어들여 펨버튼케미컬컴퍼니를 만들었고, 이 회사는 당연히 막대한 비용을 광고에 지출했다. 우리 위 세대는 광고CF를 일컬어 약 선전이라 불렀는데, 초기 국내 광고 시장을 주도한 제품들이 바로 의약품이었기 때문이다. 의약품과 콜라는 둘 다 제조 단가에 비해 판매가가 무척 높고 광고비용을 감당할 만큼의 높은 마진율을 누린다는 공통점이 있다. 우리가 마시는 콜라 한 캔을 뽑기 위해 자판기에 돈을 넣으면 그 돈은 어떻게 배분될까? 그 돈의 95퍼센트는 광고와 포장비, 회사 이익금이며 재료비가 아니다. 그래서 코카콜라컴퍼니의 임원들은 물론 광고대행사 직원들도 곧잘 이런 말을 한다.

"우리들은 몽상을 판매한다. 사람들은 제품이 아니라 이미지를 마신다."[2]

코카콜라는 미국의 일반적인 기업보다 많은 법정 소송과 공방 끝에 세워진 회사이기도 하다. 펨버튼이 세상을 뜨고 몇 년이 흐른 1891년, 코카콜라 브랜드는 우여곡절 끝에 다른 동업자들과 친분도 없던 아사 캔들러Asa Candler에게 단돈 2,300달러에 넘어갔다. 이에 반발한 동업자들도 펨버튼식 콜라를 제조했다. 동업자 가운데 한 사람이자 코카콜라라는 브랜드명을 짓고 지금까지 변치 않는 스펜서체 로고를 확립시킨 프랭크 M. 로빈슨Frank Mason Robinson

은 캔들러의 편에 섰다. 두 사람은 다른 이들과 치열한 소송을 벌인 끝에 승리했고, 이때부터 코카콜라에는 제조법의 비밀이란 신화가 만들어진다.

캔들러는 오늘날 우리가 아는 코카콜라 브랜드 이미지의 기초를 처음으로 닦은 사람이다. 코카콜라를 인수한 뒤 콜라의 무료 시음권을 나눠주는 새로운 마케팅 방법을 동원하는 등 코카콜라의 발전을 위해 수많은 노력을 기울였는데, 그가 회사를 인수할 무렵에 콜라는 더는 치료제가 아니라 알코올이 함유되지 않은 소프트드링크에 불과했고, 코

오늘날 우리가 아는 코카콜라 브랜드 이미지의 기초를 닦은 아사 캔들러. 보틀러와의 계약에서 그가 저지른 큰 실수는 지금까지도 마케팅 분야에서 반면교사가 되고 있다.

카인은 매우 위험한 마약이라는 사실이 밝혀졌다. 독실한 기독교인이던 캔들러는 이때부터 코카콜라에 마약 성분을 없앤 코카 잎을 사용했다. 아직까지 콜라는 병에 담겨 팔리는 음료가 아니라 약국형 잡화점인 드럭스토어drug store에서 고객이 요구하면 즉석에서 제조해 잔에 담아 파는 음료였다. 콜라 원액은 여러 가지 재료를 섞은 상태에서 적당한 양의 물에 320배의 설탕을 녹여 걸쭉한 시럽으로 제공되었는데, 특유의 톡 쏘는 탄산 맛이 없다면 콜라는 검고 달콤한 설탕물에 불과했다.

1894년 벤저민 토머스Benjamin Thomas와 조지프 화이트헤드Joseph Whitehead는 캔들러를 찾아가 자신들에게 코카콜라를 병에 담아 파는 보틀러bottler 사업의 계약특허권을 달라고 요구했다. 보틀러는 코카콜라를 포함해 코카콜라가 생산하는 여러 제품을 유통, 생산, 판매할 수 있는 권리를 가진 회사를 일컫

Robert Woodruff

는 말이다. 두 사람은 자신들이 코카콜라 브랜드를 더 널리 알리고 더 많은 사람이 코카콜라를 맛보도록 할 수 있다고 설득했다. 캔들러가 이들의 열정에 감복한 덕분인지 아니면 보틀링 사업이 얼마 안 가서 망할 거라고 생각한 때문인지 알 수 없지만, 결국 콜라 원액 1갤런(약 3.785리터)당 1달러에 불과한 금액으로 원액을 제공하겠다는 계약을 맺었다. 문제는 계약의 만료 시한을 정해놓지 않았다는 것이다. 캔들러는 보틀링으로 팔리는 콜라 제품이 그리 많지 않을 거라 판단했다.

얼마 지나지 않아 예측은 보기 좋게 빗나갔다. 드럭스토어에서 팔리는 콜라보다 병 콜라의 매출이 훨씬 높았던 것이다. 뒤늦게 계약을 변경하려 했지만 누구에게나 잘 팔리는 코카콜라를 1갤런당 1달러에 무기한으로 공급받아 자기 지역에서 독점하는 권한을 가진 보틀러들이 계약 내용을 변경할 까닭이 없었다. 이 계약은 지금까지 '캔들러의 실수'라 불리며 코카콜라가 세계적인 브랜드로 성장한 이후에도 큰 대가를 치르게 만들었지만, 거꾸로 보틀러 시스템은 코카콜라를 남부 지역을 넘어 미국 어디에서나 널리 알려진 브랜드로 만들었다.

"사람들이 코카콜라라는 것을 바로 느낄 수 있는 병이 필요하다"는 캔들러의 판단으로 태어난 컨투어 병. 코카콜라의 병 디자인은 시간에 따라 변화되어왔지만 네 번째 컨투어 병과 같은 기본 틀은 유지되고 있다.

캔들러는 코카콜라 역사에 남을 또 한 가지 중요한 결정을 내렸다. 코카콜라가 유사 제품들과 확연히 구분되기 위해서 "어두운 곳에서도 사람들이 코카콜라라는 것을 바로 느낄 수 있는 병이 필요하다" 생각해 디자인 공모전을 연 것이다. 1915년에 열린 디자인 공모전을 통해 당선된 코카콜라 '컨투어 병Contour Bottle'은 20세기 가장 뛰어난 디자인으로 평가되는데 이 병의 디자인적 가치만 4조 원에 이른다고 한다. 디자이너들은 코카콜라의 원료가 되는 콜라 열매를 본뜨기 위해 백과사전을 뒤졌지만 실물 사진을 구할 수 없자 콜라 열매와 흡사한 코코아 열매를 본떠 디자인했다고 하는데, 당시 유행한 밑이 좁은 주름치마를 닮아서 '허블스커트 병'이라고도 불렸다. 이 병의 특색 있는 디자인으로 시대를 초월해 다른 브랜드와 차별화하는 데 성공한 코카콜라는 상품 포장으론 최초로 1915년 미국 특허청에 등록한 제품이 되었다. 통일된 브랜드 이미지를 지속적으로 이어 나가기 위해 코카콜라가 얼마나 세심한 곳까지 신경 쓰는지 알기 위해선 멀리 갈 것도 없이 동네 구멍가게에서 코카콜라 캔만 살펴봐도 된다. 코카콜라 클래식의 모든 캔 제품에는 코카콜라 병 모양의 이미지가 새겨져 있기 때문이다.[3]

문제아 로버트 우드러프의 등장

1916년 애틀랜타 시장이 된 캔들러는 경영에서 손을 떼고, 1919년엔 어니스트 우드러프Ernest Woodruff에게 2,500만 달러를 받고 회사를 팔았다. 어니스트는 아들만 셋을 두었는데, 장남 로버트 우드러프는 훗날 가장 오래 사장으로 재임하면서 코카콜라를 세계적인 브랜드로 성장시켰다.

그러나 어렸을 때 로버트는 모든 면에서 부모의 기대와 정반대로 행동하는 소년이었다. 청교도적인 엄격한 집안 분위기에서 성장한 그는 어려서부터 부친을 극복해야 한다는 열등감에 시달렸다. 학업에 아무런 흥미도 느낄 수 없어서 고등학교를 낙제했는데, 부친은 그를 남자답게 기른다며 근방에 있던 조지아군사학교에 진학시켰다. 1908년 군사학교를 간신히 졸업하고 과거 코카콜라 사장이던 캔들러 가문과 깊은 인연이 있는 조지아 주 에모리 대학에 진학했지만 거기서도 적응하지 못했다. 이듬해 대학 총장은 부친에게 직접 편지를 썼다.

"아드님에게 이번 학기에 다시 학교로 돌아갈 것을 권고하는 것은 별 효과가 없을 듯하군요. …… 아드님은 이곳에 적응하는 법을 배우지 못했습니다. 게다가 자주 결석을 해서 모범적인 학생이 되기는 어려워 보입니다."[4]

불과 19세의 나이에 대학을 중퇴한 자식에게 아무런 기대도 할 수 없던 부친은 그가 자기 마음대로 살도록 내버려두었다. 육체노동자로 사회생활을 시작한 로버트는 현실에서 더 많은 것을 공부하면서 자신의 특출한 재능을 발견했다. 좀 더 나은 일자리를 찾아 이곳저곳을 전전하던 중 화이트자동차의 남동부 지역 영업사원이 되어 탁월한 실적을 올렸고, 곧 회사의 영업 매니저가 되었다. 그러나 제1차 세계대전이 일어나 군복무 때문에 직장을 그만두어야 했다. 군수사령부에 근무하는 동안 그는 화이트자동차의 트럭이 군납 제품이 될 수 있도록 애썼는데, 이때의 경험은 훗날 제2차 세계대전에서 더 큰 성공을 거둘 수 있는 밑바탕이 된다. 전쟁이 끝나고 회사로 돌아온 그의 연봉은 이미 7만 5,000달러에 달했고 더 나은 조건으로 그를 채용하겠다는 다른 회사와 협상까지 하게 되었다.

이 무렵 코카콜라는 제1차 세계대전의 여파로 설탕의 국제가격이 폭등해 매우 어려운 상황에 놓였다. 보틀러들은 전쟁이 끝나면 다시 1달러로 가격을 하락시키기로 약속한 뒤에야 비로소 콜라 원액 1갤런당 1달러 75센트의 인상을 허용할 만큼 캔들러와 맺은 계약을 고수하려 들었다. 경영상의 어려움을 겪던 부친은 아들이 코카콜라 경영에 참가해 가업을 이어가길 바랐다. 코카콜라의 고향 애틀랜타에서 태어난 로버트는 코카콜라가 어떤 제품인지 충분히 알고 있었지만, 자신이 그 일을 잘해낼 수 있을지 고민했다. 그동안 자신이 판매해온 것은 그게 무엇이든 사람들에게 효용을 지닌 물건이었지만, 그저 단순한 설탕물에 불과한 코카콜라는 실제로는 아무짝에도 쓸모없는 물건이었기 때문이다. 33세

코카콜라컴퍼니 역사상 가장 오래 사장으로 재임한 로버트 우드러프는 코카콜라를 세계적인 브랜드로 성장시켰다.

가 된 1923년 그는 고심 끝에 아버지의 제안을 받아들이기로 한다.

실제인지 확인할 수는 없지만, 일설에는 그가 사장에 취임하자마자 제일 먼저 한 일은 그동안 코카콜라컴퍼니에서 일한 영업 담당자들을 일시에 해고해버린 것이었다고 한다. 그리고 만 하루가 지나자 영업 직원들을 모두 재고용했다. 하루 동안 그들이 무슨 생각을 했는지 알 수 없지만, 로버트는 그 일로 단 하루 만에 아버지가 경영하던 회사의 모든 조직을 장악할 수 있었다. 사실 유무를 떠나 이 일화는 로버트 우드러프의 과감하며 다소 괴팍한 성격을 잘 보여준다. 실제로 그는 인재를 선발할 때 자신의 마음에만 든다면 학력 같은 것은 고려하지 않았다. 그중에는 로버트에게 세금을 독촉하러 왔다가 채용된 세무서 직원, 그를 괴롭힌 경쟁사 직원, 멀리 쿠바에서 망명한 젊은 청년 로베르토 고이주에타Roberto Goizueta도 있었다. 고이주에타는 로버트의 뒤를 이어 코카콜라컴퍼니의 CEO가 되었다.

애국심과 기업 이익 사이에서

코카콜라는 미국에서 여전히 잘 팔렸지만 매출 증가세가 점차 둔화되어갔고, 캔들러의 실수 때문에 미국 내 보틀링 사업은 회사의 실질적인 이득으로 연결되지 못했다. 코카콜라 본사와 미국 내 보틀러들 사이에 몇 차례 법정 공방까지 있었지만 계약 내용을 크게 변화시킬 수는 없었다.

 때마침 펩시콜라가 빠른 속도로 시장점유율을 높이며 코카콜라를 추적하기 시작했다. 로버트 우드러프는 코카콜라의 세계화를 통해 새로운 시장을 개척해야 한다고 판단했다. 그가 선택한 방식은 스포츠 마케팅이었다. 코카콜라는 1928년 제9회 암스테르담 올림픽과 1930년 제1회 우루과이 월드컵부터 후원을 시작해 지금까지 거의 매번 올림픽과 월드컵의 공식 후원사가 되었다. 그 덕분에 제1차 세계대전의 후유증을 심각하게 앓던 독일에 코카콜라의 해외지사를 설립할 수 있었고 제2차 세계대전이 일어나기 전까지 코카콜라의 해외매출 1위는 독일이었다. 로버트 우드러프는 독일의 정치계 인사에까지 줄을 대고 있었는데, 물론 그들이 나치당원이라는 사실은 전혀 문제가 되지 않았다.

 화이트자동차와 군수사령부에서 일하면서 고위층과의 인맥을 만드는 것이 기업 경영에 얼마나 큰 이득이 되는지 잘 알게 된 우드러프는 자신의 유명한 별장으로 유력 정치인을 비롯해 고위 인사를 초대해 그들과 함께 사냥과 파티를 즐기며 돈독한 인연을 맺었고, 이들을 코카콜라의 고문이나 자문위원으로 위촉해 공식적으로 후원했다. 코카콜라는 주로 남부에 지지 기반을 둔 민주당의 대선 후보들을 전통적으로 지원해왔지만 공화당 후보였던 전쟁 영웅 아이젠하워 Dwight David Eisenhower 장군은 개인적으로 코카콜라를 너무나 좋아했기 때문에 공화당 후보라는 사실과 관계없이 그를 지원하기로 했다. 아이젠하워 대통령 시절 백악관의 공식 콜라는 당연히 코카콜라였다.

코카콜라의 지원을 받았던 민주당의 존 F. 케네디John F. Kennedy 대통령은 로버트 우드러프에게 영국 대사 자리를 제안하기도 했다. 케네디와 대결한 닉슨Richard Nixon은 우드러프의 별장에서 그의 눈 밖에 나는 짓을 몇 차례나 했기 때문에 결국 코카콜라의 지원을 받지 못했지만 그 대신 펩시콜라의 지원을 받을 수 있었고, 그가 대통령에 당선되자 백악관의 공식 콜라는 펩시로 바뀌었다. 흐루쇼프(흐루시초프, Nikita Khrushchyov)와 만난 닉슨이 펩시의 모스크바 진출을 지원해서 펩시는 경쟁 업체 코카콜라를 누르고 소련에 먼저 진출할 수 있었다. 조지아 주 출신의 지미 카터를 대통령으로 만들기 위해 코카콜라는 자사의 홍보전문가와 전세기를 내주는 등 적극적으로 지원했고, 카터 재임 중 백악관은 코카콜라가 장악했다. 카터를 물리치고 대통령에 당선된 레이건은 다시 펩시콜라로 바꿨고, 그의 대통령 재임 기간에 펩시콜라는 드디어 군납 음료가 될 수 있었다. 그 전까지 군에 납품되는 콜라는 오로지 코카콜라뿐이었다.

마이클 베이가 감독한 영화 〈진주만〉Pearl Harbor, 2001에서도 코카콜라는 중요한 소품으로 등장한다. 일본군의 기습을 받아 혼란에 빠진 병원에서 간호사들이 헌혈할 피를 담기 위해 급하게 조달한 것이 바로 코카콜라 병이었다. 코카콜라 병이 등장한 까닭은 물론 PPL 때문이었겠지만 콜라 병에 수혈할 피를 담았던 것은 실화였다. 로버트 우드러프와 코카콜라컴퍼니는 제1차 세계대전의 교훈을 잊지 않았다. 전쟁은 모든 기업에 중요한 기회이자 위기라는 사실을 뼈저리게 절감했던 것이다. 더군다나 로버트는 군수사령부에서 근무한 경험을 통해 조만간 미국도 참전할 것이며 그렇게 되면 설탕을 비롯한 여러 물자가 전쟁 물자로 사용되기 위해 배급제로 전환될 수밖에 없다는 사실을 잘 알고 있었다.

제2차 세계대전 당시 최초의 흑인 여성 파일럿이던 윌라 비어트리스 브라운의 인터뷰 사진. 코카콜라는 이처럼 전쟁과 연결 지어 코카콜라의 애국 이미지를 고취하려 했다.

실제로 로버트는 진주만 기습이 일어나기 전부터 전쟁에 대비하기 시작했다. 1939년과 1940년 사이에 코카콜라는 주요 임원 가운데 몇 사람을 전시 경제 관리를 맡은 정부 위원회인 산업위원회에 들여보냈다. 또 로비 책임자 가운데 한 사람인 에드 포리오Ed Forio를 설탕 배급제를 관장하는 전시생산위원회War Production Board에 진출시켰다. 로버트는 참전 병사들의 사기를 진작시키는 데 코카콜라가 얼마나 소중한 음료인지 광고하기 시작했고, 병사들이 자주 모이거나 들락거리는 장소라면 어디에서나 코카콜라를 맛볼 수 있도록 했다.

코카콜라로 군대의 사기를 드높이려면, 우선 군인들에게 코크를 마시는 습관을 들여야 했다. 이를 위해 코카콜라는 1930년대 공장에서 썼던 방법을 사용하여, 군대 내에 자동판매기를 설치하고 '갈증해소 휴식시간'이 건강에 얼마나 좋은지를 홍보했다. 군 병원, 적십자 센터, 국가보안군 병영, 재향 군인회, 군인들이 오가는 역, 점점 늘어나는 군 기지에서 코카콜라는 술의 대용품으로 각광을 받기 시작했다. 이로써 코카콜라는 설탕 배급제에 상관하지 않고 원액을 마음껏 생산해 훈련장이나 기지를 비롯해 군인들의 생활 장소에 공급할 수 있게 되었다. 군대는 코카콜라의 새로운 시장인 셈이었다.[5]

전쟁 기간에 1,600만 명의 미국인이 군복을 입었고 전쟁 말기에도 1,100만 명이나 되는 젊은이가 군대에 있었다. 제1차 세계대전에 비해 네 배나 많은 수치였는데, 미국인 11명 가운데 평균 1명꼴로 군복을 입은 셈이었다. 전쟁이 벌어지자 로버트는 자발적으로 코카콜라 공장 창고에 비축해둔 2만 3,000포대의 설탕을 군에 팔았다. 그리고 모든 언론을 불러놓고 코카콜라가 얼마나 애국적인 기업인지 선언했다.

"우리는 제복을 입은 모든 사람들이 그가 어디에 있든지 우리 회사의 비용이 얼마가 들든지 간에 코카콜라 한 병을 5센트에 살 수 있도록 모든 노력을 기울일 것입니다."

미군 PX와 코카콜로니제이션

로버트 우드러프는 실제로 전쟁 내내 이 약속을 지켰다. 병사들에게 코카콜라를 공급하기 위해 이동 제조 설비를 만들었고, 공장마다 군대에서 월급을

제2차 세계대전 당시 콜라 원액을 독일에 수출하지 못하는 상황을 대비해 코카콜라가 만든 것이 환타다.

받는 군무원 자격의 직원 두 명이 기술관으로 파견되었다. 그들은 장교 대접을 받으며 시간당 1,370병의 콜라를 생산했다. 기지에 주둔하는 동안 PX에서 콜라를 구입한 병사들은 치열한 전투가 끝나고 찾아온 잠깐의 휴식 시간에 코카콜라를 마시며 고향을 떠올렸고, 점령지 주민들에게 초콜릿, 추잉 껌과 함께 우정을 표현하는 물건으로 가장 미국적인 선물인 코카콜라를 선사했다. 아이슬란드, 북아프리카, 영국, 프랑스, 남태평양, 일본 등 세계 곳곳에 74개의 코카콜라 이동 제조 공장이 세워졌고, 전쟁이 끝나자 이 공장들은 모두 코카콜라의 해외 공장이 되었다.

다만, 미군 병사들이 몰랐던 사실 한 가지는 자신들이 코카콜라를 마시며 고향을 생각하는 동안 전선 너머 독일의 코카콜라 해외지사에서 독일 병사들을 위해 환타를 생산했다는 것이다. 로버트 우드러프는 전쟁이 일어나면 독일의 코카콜라 지사에 콜라 원액을 공급하지 못하게 될 거란 사실을 잘 알고 있었다. 전쟁 기간에 독일에서 코카콜라의 지위를 잃을 것을 염려해 본사에서 기술자들을 파견해 콜라를 대체할 만한 음료를 개발할 수 있게 지원했다. 그 결과 만들어진 것이 바로 환타다. 이 음료는 전쟁이 끝날 때까지 꾸준히 생산되었고, 독일은 물론 독일이 점령한 유럽에서 상당한 인기를 끌었다. 전쟁이 끝나고 나서 미군과 함께 코카콜라가 왔었던 것처럼 독일군과 함께 환타가 왔었다는 사실을 적당히 잊을 무렵, 환타는 코카콜라컴퍼니의 정식

음료 브랜드가 되었다.

예수의 죽음과 부활 이후 기독교가 세계 종교가 되는 과정에서 열두 제자보다 더 큰 역할을 한 인물이 사도 바오로였다. 그가 이처럼 놀라운 역할을 한 데에는 물론 영적인 힘이 뒷받침되었기 때문이지만 그 역할이 가능하도록 만든 현실적인 힘은 그가 지닌 로마시민권에서 나왔다. 로마 치하의 평화, 즉 팍스 로마나는 로마 군대의 창칼만으로 이루어진 게 아니라 그들이 정복한 갈리아와 게르마니아에 건설된 대형 공중목욕탕에서 비롯된 것이었다. 오늘날 팍스 아메리카나의 근원은 미국이 냉전 이후에도 전 세계에 걸쳐 꾸준히 확장하는 미군 기지와 PX다. 제2차 세계대전을 거치며 미국은 세계 최강대국의 지위에 올랐고, 미군이 지나간 곳 어디에서나 아메리칸드림이 싹텄다. 풍요가 넘치는 미국식 사회 모델은 세계를 강타했고 유럽에서도 문화적 자긍심이 드높은 프랑스조차 이런 현상을 문화적 충격이란 의미에서 '미국 쇼크'[6]라 불렀다.

실제로 베트남전쟁에 참전했던 작가 황석영이 그때의 경험을 바탕으로 집필한 소설 『무기의 그늘』에서 그는 미군 PX를 "큰 함석 창고 안에 벌어진 디즈니랜드", "CBV 폭탄 한 개로 길이 1마일, 너비 4분의 1마일에 걸쳐서 100만 개 이상의 쇠 파편을 뿌릴 수 있고, 300에이커를 단 4분 동안에 동물과 식물이 살지 못할 고엽枯葉 지대로 만들 수 있는 기술을 가진 나라의 국민들이 사용하는 일상용품을 파는 곳", "아메리카는 세계에서 가장 크고 가장 위대한 나라입니다, 라는 표어가 적힌 방패를 들고 로마식 단검을 들고서, 성조기의 옷을 입고 낯선 고장마다 나타나는 엉클 샘의 지붕 밑 방", "원주민을 우스꽝스러운 어릿광대로 바꾸고 환장하게 만들고 취하게 하며 모조리 내놓게 하고, 갈보와 목사와 무기밀매업자가 사이좋게 드나들던 기병대 요새의 잡화점"이라 말한다.

바나나와 한 줌의 쌀만 있으면 오손도손 살아가는 아시아의 더러운 슬로프 헤드들에게 문명을 가르친다. 우윳빛 비누로 세수하는 법과, 가슴을 시원하게 하는 코카콜라의 맛이며, 향수와 무지개 색 과자와 드로프스와 레이스 달린 잠옷과 고급 시계와 보석반지를 포탄으로 곤죽이 되어버린 바라크 위에 쏟아낸다. 아시아인의 냄새나는 식탁 위에 치즈가 올라가고 소녀들의 가랑이 속에서 빠져나간 콘돔이 아이들의 여린 손가락 위에서 춤춘다. 한 번이라도 그 맛과 냄새와 감촉에 도취된 자는 결코 죽어서라도 잊을 수가 없다. 상품은 곧바로 생산자의 충복을 재생산해낸다. 아메리카의 재화에 손댄 자는 유 에스 밀리터리의 낙인을 뇌리에 찍는다. 캔디와 초콜리트를 주워 먹고 노래를 흥얼거리며 자라나는 아이들은 저들의 온정과 낙천주의를 신뢰한다. 시장의 왕성한 구매력과 흥청거리는 도시 경기와 골목에서의 열광과 도취는 전쟁의 열도에 비례한다. PX는 나무로 만든 말馬이다. 또한 아메리카의 가장 강력한 신형 무기이다.[7]

1950년 5월 15일자 『타임』 표지는 한 팔로 지구를 부축하는 코카콜라의 마크가 장식했다. 이는 코카콜라에 의한 세계화를 의미하는 것이었다.

제2차 세계대전이 끝나고 5년 뒤 한국전쟁이 벌어지기 한 달쯤 전인 1950년 5월 15일자 『타임』 표지는 목마른 지구가 코카콜라를 마실 수 있게 한쪽 팔로 지구를 부축하는 코카콜라의 원형 마크가 장식했다. 표지 제목은 '세계와 친구'였고, '미국식 생활 방식을 즐겨라'라는 카피가 실려 있었다. 코카콜라가 더 이상 단순한 음료수가 아니라 하나의 문화적 현상이며 지구는 코카콜라의 거대한 시장이고 코카콜라는 그 시장의 주인이란 의미였다. 미국식 민주주의와 미국식 시장경제, 미국식 생활 방식과 문화예술이 세계로 퍼져나갔고, 코카콜라는 미국식 삶을 상징하는 가장 극적인 아이콘이 되었다. 어떤 이들은 이것을 코카콜라에 의한 세계화 혹은 코카콜라로 상징되는 미국식 생활 방식에 의해 지배되는 세계의 식민지화란 의미에서 '코카콜로니제이션Cocacolonization'이라 부른다.

코카콜라를 향한 수많은 도전

마케팅 분야에서 뉴 코크New Coke의 실패는 유명한 이야깃거리다. 펩시콜라가 '펩시 챌린지'라는 슬로건을 내걸고 눈을 가린 채 맛 좋은 콜라를 선택하는 블라인드 테스트를 통해 새로운 바람을 일으키자 고이주에타가 회장으로 있던 코카콜라는 시장에서 고전을 면치 못했고, 위기타개책으로 회심의 역작 뉴 코크를 1985년에 출시했지만 최악의 실패로 끝나고 말았다는 게 마케팅 전문가들의 분석이다. 그러나 나는 조금 다르게 생각하는 편이다. 최악의 실패로 끝나고 말았지만 뉴 코크의 출시는 단지 펩시의 추적이 두려웠기 때문만은 아니었을 것이다. 비록 미국 시장에서 펩시의 가파른 추적에 코카콜라 측이 당황은 했겠지만 전 세계 매출 규모를 보면 펩시는 도저히 코카콜라를 따라잡을 수 없는 상황이었다. 코카콜라의 우위는 그만큼 절대적이었으며, 다른 방식으로도 충분히 대처할 수 있었다.

코카콜라는 예전에도 향료 배합을 바꾼 적이 있지만 구태여 코카콜라란 브랜드를 포기하지 않았다. 그럼에도 당시 고이주에타 회장과 로버트 우드러프가 전통적인 향료 제조법의 코카콜라를 생산 중단시키고 뉴 코크를 출시하겠다는 다소 무리한 결정을 내린 까닭은 다른 데 있었다고 추측하는데, 미국 내 보틀러들과의 계약을 원천무효로 만들려는 계산이 깔려 있었던 게 아닐까. 그렇지 않고서야 구태여 코카콜라의 생산을 중단시킬 이유가 없었기 때문이다. 어찌되었든 뉴 코크 출시 이후, 좀 더 정확하게 말하자면 오리지널 코카콜라의 생산 중단 이후 78일 동안 40만 통이 넘는 전화와 항의 편지에 시달리던 코카콜라는 결국 오리지널 코카콜라를 코카콜라 클래식이란 이름으로 재생산하기로 결정한다. 코카콜라는 다시 한 번 승리했다. 바로 자기 자신으로부터…….

코카콜라의 아성에 도전한 콜라가 펩시만 있던 것은 아니었다. 전 세계 민족주의자들은 물론 진보적인 정치 지향을 가진 이들도 코카콜로니제이션에 저항하는 표시로 세계 전역에서 배달 차량을 공격하고 코카콜라를 길거리에 내던졌다. 한국에서 벌어진 가장 극적인 도전은 1978년부터 코카콜라의 한국 보틀링 업체 가운데 하나였던 범양식품이 독립해 '콜라독립 8.15'란 브랜드의 콜라를 생산한 것이다. 한국의 코카콜라 보틀링 업체에는 범양식품 외에 두산음료, 우성식품, 호남식품 등이 있었는데, IMF 외환위기가 일어나기 직전이던 1996년 코카콜라는 이들과의 계약을 일방적으로 해지하고 이들 회사를 인수해 한국코카콜라보틀링을 세웠다.

캔들러의 계약은 미국 국내만의 경우였고, 로버트 우드러프는 해외지사와 계약할 때 반드시 계약기간을 명시하도록 했다. 범양식품은 코카콜라의 인수 제안을 거절하고 독자적으로 815콜라를 생산했다. 때마침 외환위기가 터지자 애국주의 열풍이 불면서 815콜라는 1999년 한때 시장점유율이 14퍼센트대까지 상승했다. 그러나 애국심에 바탕을 둔 콜라독립 열기는 오래가지 않았고, 일찌감치 세계화에 나선 다국적 기업을 상대로 지역의 작은 기업이 선전하는 것도 오래갈 수 없었다. 2003년 815콜라는 마침내 생산을 중단할 수밖에 없었다.

코카콜라의 가장 무서운 도전자이자 적은 사실 코카콜라 자신이다. 사람들은 이제 코카콜라의 제조 비법보다 코카콜라가 인체에 미치는 나쁜 영향, 특히 청소년에 끼치는 해악에 주목하기 시작했다. 기업으로서의 코카콜라가 2004년부터 펩시콜라에 뒤지게 된 까닭도 탄산음료만 고집하는 등 사업 다각화 측면에서 펩시에 뒤처진 결과였다. 펩시콜라는 일찍부터 웰빙 열풍을 감지하고 비非탄산 음료 시장에 주목해 새로운 상품을 개발했다. 또 코카콜라의 가장 강력한 적은 뜻밖의 장소에서 출현하기도 했다. 바로 월마트가 PL 상품으로 출시한 '샘스콜라'였다. 샘스콜라는 코카 대 펩시의 백년전쟁을 비웃기라도 하듯 매출을 점차 늘려가는 중이다. 한국에서 월마트를 밀어낸 이마트 역시 똑같은 방식으로 코카콜라와 경쟁해서 만만치 않은 매출 실적을 올리고 있다. 그 결과 코카콜라가 한국의 보틀링 업체들을 인수해 세운 한국코카콜라보틀링 역시 2007년 LG생활건강에 팔리는 신세가 되었다.

산타클로스의 탄생과 키즈 마케팅

마케팅 전문가들은 로버트 우드러프가 제2차 세계대전 당시 내린 결정을 기업 경영 역사상 가장 훌륭한 선택이었다고 평가하지만 그보다 앞선 제1차 세계대전 때 이미 똑같은 경우가 있었다. 담배 또는 궐련은 제1차 세계대전 때부터 병사들의 사기 진작을 위해 국가에 의해 무상으로 지급되는 품목이었다. 당시 미국의 퍼싱John J. Pershing 장군은 전쟁에서 승리하기 위한 필수 품목으로 총알만큼 많은 담배를 요구했다. 제2차 세계대전 때 프랭클린 루스벨트 대통령은 담배를 전시 필수 작물로 지정해 국가 차원에서 흡연을 지원했다. 전쟁에서 담배는 수많은 청년을 상습 흡연자로 만들어 평균 수명을 7년이나 단축시켰고, 코카콜라는 병사들의 몸에 성인병을 안겨주었다. 하기야 전쟁터에서 언제 죽을지 모르는 병사들에게 흡연과 탄산음료가 건강에 해롭다고 말해주기는 어려웠으리라.

담배와 탄산음료의 또 다른 공통점은 청소년들이 새로운 소비자이며 이들에게 접근하기 위해서는 환상적인 이미지를 제공해야 한다는 것을 일찌감치 깨달았다는 것이다. 로버트 우드러프는 광고 담당자들에게 코카콜라가 뭔가 긍정적인 에너지를 제공하며 코카콜라를 통해 이상적인 세계에 접근할 수 있다는 메시지를 전달하라고 다그쳤다. 코카콜라는 단순한 탄산음료가 아니라 꿈과 환상의 아이디어를 파는 드림 웨어dream ware여야 했다. 그 결과 등장한 것이 가장 미국적이며 세계적인 이미지인 산타클로스였다. 1931년 코카콜라가 붉은색 복장을 한 뚱뚱한 산타클로스의 이미지를 만들어내기 전까지 산타클로스는 구세주의 탄생을 기리는 성탄절의 상징 인물이 아니었다. 산타클로스의 기원에는 여러 가지 설이 있지만 3세기경 소아시아에서 출생한 니콜라스 성인St. Nicholas에서 유래했다는 것이 일반적인 정설이다. 현재의 터키 지역에서 주교로 활동한 그는 특히 어린이들을 사랑해 어린이들 모르게 선물을 주었다고 하는데, 유럽 일부 지역에서는 이를 기리기 위해 성 니콜라스의 축일인 12월 5일에 즈음해서 어린이들에게 선물을 나눠주는 풍습이 있었다.

상업용 일러스트 전문 화가였던 해든 선드블롬Haddon Sundblom이 코카콜라를 위한 산타클로스를 그려달라는 의뢰를 받아 탄생시킨 것이 오늘날 성탄절의 대명사가 된 산타클로스였다. 코카콜라에 의해 재탄생한 산타클로스는 코카콜라 레드Coca-Cola Red 빛깔인 붉은색 외투에 흰색 털을 단 옷을 입었고, 종교적인 인상 대신 풍성한 흰 수염에 얼굴 가득 홍조를 띤 인자한 할아버지의 모습으로 탈바꿈되었다. 선드블롬이 탄생시킨 산타는 어린이들에게 선물을 나눠준 뒤 휴식을 위해 코카콜라를 마셨고, 착한 어린이들은 산타가 선물을 넣어주는 양말 속에 감사한 마음으로 코카콜라를 담아두었다.[8] 전통적으로 탄산음료의 비수기인 겨

코카콜라는 꿈과 환상의 이미지를 팔기 위해 코카콜라 레드 빛깔의 외투를 입은 산타클로스를 만들어냈다.

울철 매출 증진을 위해 구상된 코카콜라의 판촉 전략은 전 세계의 성탄절 문화와 풍경을 변화시켰다. 어린이들은 이따금씩 뚱뚱한 산타가 어떻게 굴뚝을 타고 내려와 자신들에게 선물을 줄 수 있는지 궁금하게 여긴다. 뚱뚱한 산타가 굴뚝을 통과하는 비법은 아무도 모르지만 그가 왜 그렇게 뚱뚱해졌는지는 누구나 알 수 있다. 코카콜라를 많이 마셨기 때문이다.

어느 때보다 높은 물질적 풍요를 누리고 식생활 역시 풍족하기 이를 데 없

지만 한국을 비롯한 세계의 청소년들은 심각한 영양불균형 상태에 빠져들고 있다. 그 주범으로 지목되는 것이 이른바 '쓰레기 음식junk food'이라는 패스트푸드와 탄산음료다. 특히 콜라는 단맛을 강화하기 위해 인산염과 구연산류를 많이 포함하는데, 이것은 체내의 칼슘을 배출시키는 역할을 한다. 탄산음료로 인해 골다공증, 충치, 신장결석, 당뇨, 성조숙증 등이 유발되며 과도한 당분 섭취로 인한 비만은 성인병의 원인이 된다고 한다.

미국인 건강의 파수꾼 역할을 하는 미국공익과학센터CSPI는 청량음료를 액체 사탕liquid candy이라고 호칭한다. 그들의 묘사에 의하면, 액체 사탕은 자체로도 나쁘지만 우유와 같은 영양 음료의 음용 기회를 박탈하는 점이 더 문제다. 이 단체는 그동안 청량음료의 포장 용량이 계속 커져왔던 사실을 심각하게 지적한다. 그들은 청량음료가 미국 사회에 비만을 불러온 주범이며, 골다공증 · 충치 · 심장병 · 신장결석 · 알레르기 · 각종 정신질환의 원흉이라고 주장한다. 또 주의력결핍 · 과잉행동장애연구의 권위자인 벤 페인골드Ben Feingold 박사는 저서에서 청량음료 생산량 증가와 청소년 비행 증가가 정확히 일치한다는 사실을 그래프로 예시함으로써 충격을 주고 있다.[9]

특히 미국 청소년은 다른 선진국 청소년에 비해 어렸을 때부터 좀 더 쉽게 탄산음료를 접한다. 탄산음료 등 패스트푸드를 제한하는 다른 선진국들과 달리 미국에서는 코카콜라나 펩시 같은 대형 음료수 회사들이 교내 자판기 마케팅을 통해 청소년을 적극적인 공략 대상으로 삼았기 때문이다. 이들은 학교에서 자사 상품을 홍보할 수 있는 독점권을 구입하는 방식으로 접근하는데, 미 의회 회계감사원의 보고서에 따르면 음료수 독점권 계약이 모든 교내 마케팅 가운데 가장 많은 이윤을 올린다. 경우에 따라서는 학생들이 마시는 음료수의 양에 비례해 학교가 수수료를 받기도 한다.

어떤 경우에는 학교가 자동판매기를 이용해서 자금을 조달할 수 있는 조건이 계약서에 아예 노골적으로 명시되기도 한다. 학생들이 1년 동안 마셔야 하는 음료수의 양을 계약서에 처음부터 밝혀놓는 것이다. 콜로라도스프링스의 한 학교 교장은 몇 년 전 학생들이 콜라를 충분히 마시지 않는다는 내용의 메모를 썼다가 이 메모가 외부로 유출되는 바람에 악명을 얻었다. 당시 이 지역의 학교들이 5,000달러에서 2만 5,000달러의 수수료를 거둬들이려면, 학생들이 매년 음료수 7만 상자를 소비해야 했다.[10]

더한 경우도 있었다. 코카콜라의 본고장이랄 수 있는 조지아 주 에반스의 그린브리어Greenbriar 고등학교는 코카콜라의 날을 정해 이날 전교생이 코카콜라에서 나눠준 티셔츠를 입어야 한다고 결정했다. 그러나 마이크 캐머런Mike Cameron이라는 열아홉 살의 졸업반 학생은 펩시 로고가 있는 티셔츠를 입고 학교에 나타났다가 즉각 정학 처분을 받았다.[11] 이와 유사한 현상은 한국에서도 발생했다. 2005년 고려대에서는 이건희 삼성그룹 회장에게 명예철학박사 학위를 수여하기로 했다가 학생들의 반발로 작지 않은 소동을 치렀다. 이때의 시위로 곱지 않은 시선을 받은 일곱 명의 고려대 학생이 교수를 억류했다는 명분으로 출교 처분을 당했다. 출교는 퇴학과 달리 입학기록 자체를 말소하기 때문에 학생으로서는 사형에 해당하는 처분이다.

1985년 95세의 나이로 세상을 떠나기 얼마 전까지 로버트 우드루프는 1909년에 자신을 내쫓은 에모리 대학에 모두 2억 달러를 기부했는데, 이것은 미국 역사상 고등교육기관에 기부된 최고액이었다. 어쩌면 자신을 내쫓은 대학에 할 수 있는 가장 멋진 복수였을지 모른다. 과거의 학생에게 엄청난 기부를 받은 이 대학은 1983년 김대중 전 대통령에게 명예박사 학위를 수여했지만, 로버트 우드러프에게 명예박사 학위를 주었다는 이야기는 전해지지 않는다. 다만 그의 이름을 붙인 도서관이 있을 뿐이다.

그의 사후 코카콜라는 결국 펩시에 따라잡혔고, 새로운 유통 브랜드의 값싼 콜라는 음료 시장의 맹주를 넘보고 있다. 코카콜라는 기업 내 인종차별 문제로 소송을 당했으며 그가 생전에 공을 들인 남미 지역의 코카콜라는 노조 지도자들을 암살하는 방식으로 노조를 탄압했다는 혐의로 조사를 받는 중이다. 코카콜라는 영원히 브랜드 가치 1위 기업으로 남을 수 있을까? 아니, 코카콜라로 대표되는 미국식 일상, 미국식 소비자본주의는 지속될 수 있을까?

09

새뮤얼 제머리

바나나 공화국의 녹색 교황 치키타와
과거사 청산

자네들 신사 양반들은 그동안 충분히 오랫동안 사업을 말아먹었어.
이젠 내가 그것들을 바로잡을 때야.

Samuel Zemurray 1877~1961.

쿠데타와 독재의 악순환을 거듭하며 바나나 같은 플랜테이션 농산물 수출에 생존을 내맡긴 중남미의 바나나 공화국을 다스리는 '국가 안의 국가' 유나이티드프루트컴퍼니.
이 제국의 전성기를 이끌며 기나긴 악명의 역사를 쌓은 이가 새뮤얼 제머리다.

미국의 진보적인 예술가로 손꼽히는 우디 앨런Woody Allen 감독의 초기 코미디 작품 〈바나나〉Bananas, 1971는 미국과 라틴아메리카의 관계에 대한 정치적 풍자를 담고자 했지만 그보다는 슬랩스틱 코미디 연기가 더욱 돋보인 영화였다. 영화에서 우디 앨런은 신경질적이고 섬약한 뉴욕 시민 필딩 멜리쉬로 분해 등장한다. 필딩은 반정부운동가 낸시(루이즈 라세)에게 홀딱 반했지만 그녀는 산 마르코스(쿠바를 염두에 두고 설정한 가상의 남미 공화국)에서 일어난 혁명에 빠져 정작 그에게 아무런 관심도 보이지 않는다. 필딩은 애인의 마음을 사로잡기 위해 산 마르코스 공화국을 찾아갔다가 한바탕 소동에 휘말린 끝에 혁명을 성공시키고 미국으로 돌아오지만 법정에 서는 신세가 된다.

비록 진보적 예술가가 만든 정치 풍자 코미디로 분류되지만 〈바나나〉가 보여주는 라틴아메리카에 대한 인식은 아널드 슈워제네거Arnold Schwarzenegger의 출세작 〈코만도〉Commando, 1985 같은 할리우드 액션 영화와 별반 차이가 없다. 필딩이 우여곡절 끝에 혁명을 성공시키는 설정이나 은퇴한 전직 용병 매트릭스 대령의 딸을 납치해 이를 빌미로 라틴아메리카의 민선 정부를 뒤집는 쿠데타를 시도한다는 설정은 중남미 국가들을 얕잡아 본다는 점에서 좌우의 데칼코마니처럼 보이기 때문이다.

뉴올리언스에 있는 1920년대 유나이티드 프루트의 입구. 유나이티드프루트컴퍼니는 중남미 나라들을 마음대로 농단해온 국가 안의 국가이자 녹색 교황이다.

영화 제목 바나나가 의미하는 것은 쿠데타와 독재의 악순환을 거듭하며 바나나 같은 플랜테이션 농산물 수출에 생존을 내맡긴 중남미의 '바나나 공화국Banana Republic' 들이다. 작가 오 헨리O. Henry는 재직하던 은행의 공금을 횡령한 혐의로 재판받던 중 장인의 도움을 받아 온두라스로 도피했다. 그가 온두라스에 머물면서 경험한 이야기를 녹여낸 소설이 1904년에 펴낸 단편 『양배추와 임금님』Cabbages and Kings인데, 이 책에서 바나나 공화국이란 표현이 처음 나왔다. 이때부터 바나나 공화국이란 표현은 미국의 직간접적인 지배 아래 놓인 라틴아메리카의 여러 국가를 얕잡아 부르는 말이 되었다.

그러나 바나나 공화국의 진정한 의미는 '국가 안의 국가'로 군림하며 중남미 국가들을 마음대로 농단해온 유나이티드프루트컴퍼니United Fruit Company를 지칭하는 말이어야 한다. 세계 최대 과일 기업 가운데 하나인 유나이티드프루트의 주요 사업 품목은 바나나였다. 이들은 바나나 재배와 유통을 통해 중남미에 거대한 제국을 건설했다. 과테말라, 엘살바도르, 온두라스, 니카라과, 코스타리카와 파나마, 벨리즈, 자메이카, 쿠바, 콜롬비아, 에콰도르에 이르는 유나이티드프루트 제국의 식민지에서 이들은 나는 새도 떨어뜨리는 전지전능한 '녹색의 교황'이었다.

열대의 달콤한 황금, 바나나의 슬픈 역사

원산지가 열대 아시아인 바나나는 세계에서 가장 중요한 식용작물 가운데 하나다. 유엔식량농업기구FAO의 2005년 발표에 따르면 "바나나는 세계에서 가장 많이 수출되는 과일인 동시에 쌀과 밀, 옥수수에 이어 세계에서 네 번째로 중요한 식량 상품"이다. 식량자원으로 가장 많이 소비되는 곳은 산지인 열대지방이지만 유럽과 미국, 아시아 등 온대 지방에서도 1년 내내 소비되고 있다. 인류가 바나나를 재배한 것은 기원전 5000~1만 년 전까지 거슬러 올라가지만 바나나가 경제성 있는 중요한 식용작물로 인식되기 시작한 것은 극히 최근의 일로 100년이 조금 넘었다. 마케도니아의 알렉산드로스 대왕이 인도 원정길에 발견한 바나나를 즐겼다는 기록도 있고 고대 로마의 박물학자 플리니우스Gaius Plinius Secundus는 바나나를 '현자의 식물Musa sapientum'이라 불렀다. 일부에서 바나나를 낙원의 나무Tree of Paradise 또는 지식의 나무Tree of Knowledge라고 생각했기 때문이다. 알렉산드로스의 인도 원정 이후 바나나는 중동, 아프리카의 카나리아 제도를 거쳐 신대륙까지 건너갔는데, 바나나란 명칭은 손가락을 의미하는 아랍어 바난banan에서 나왔다고 한다.

1492년 8월 3일 스페인의 팔로스항을 출발한 콜럼버스Christopher Columbus 일행은 그해 10월 12일 현재의 바하마로 알려진 카리브 해의 섬 가운데 하나에 상륙했다. 신대륙에 도착한 근대 유럽인은 이 지역의 토양과 기후가 바나나 생산에 적합하다는 것을 깨닫고 자신들의 식량으로 바나나를 심었다. 바나나는 구대륙에서 신대륙으로, 감자와 옥수수, 담배는 신대륙에서 구대륙으로 건너갔다. 2005년 현재 바나나를 가장 많이 생산하는 곳은 인도로, 그해 생산된 7,260만 톤 가운데 20퍼센트가 넘는 1,680만 톤을 생산했다.

미국은 단 한 개의 바나나도 생산되지 않는 나라이며 전 세계에서 가장 많은 바나나를 수입하는 나라지만 신기하게도 세계에서 바나나 수출로 가장 많은 돈을 버는 나라다. 바나나는 녹말성 작물의 하나지만 역사적으로 중남미가 원산지인 감자만큼 중요한 작물은 아니었다. 그러나 중남미 일대의 여러 나라에서 바나나는 원산지가 중남미인 감자와 비교할 수 없을 만큼 중요한 작물이다. 미국은 바나나 수출 문제를 놓고 얼마 전까지 유럽연합EU과 심각한 무역 마찰을 빚었다. 바나나가 그만큼 중요한 수출용 작물이자 신대륙의 역사가 곧 바나나의 역사이기 때문이다.

유나이티드프루트컴퍼니의 탄생

1898년 2월 15일, 쿠바 아바나에 정박한 군함 메인호에서 원인을 알 수 없는 폭발이 일어난다. 이 사건으로 시작된 미국-스페인전쟁(1898. 4~1898. 8)에서 승리한 미국은 라틴아메리카에 대한 팽창주의를 노골화했다. 파나마 운하

1898년 2월 15일, 쿠바 아바나에 정박한 군함 메인호에서 원인을 알 수 없는 폭발이 일어난다. 이 사건으로 시작된 미국-스페인전쟁에서 승전한 미국은 라틴아메리카에 대한 욕심을 노골적으로 드러냈다.

를 차지하기 위해 콜롬비아의 영토였던 파나마의 독립을 사주했고 쿠바 관타나모에 해군기지를 건설하며 쿠바를 보호령화하는 한편, 시어도어 루스벨트Theodore Roosevelt 대통령은 먼로주의를 강조하며 베네수엘라, 도미니카, 아이티, 니카라과 등을 침공 또는 협박하여 실질적인 지배권을 확보했다. 미국의 팽창주의는 미국의 사업가들에게도 사업 영역을 확장할 수 있는 좋은 기회로 작용했다. 식용작물로 재배되던 바나나가 중요한 경제 작물이 된 것도 바로 이 무렵이었다.

1870년 로렌조 다우 베이커Lorenzo Dow Baker[1]는 화물선 텔레그래프호에 베네수엘라 광산에 필요한 채광 장비들을 실어 운반하고 미국으로 돌아오던 길에 자메이카에 들렀다가 바나나를 처음 맛보았다. 그는 이국적인 맛과 모양의 이 과일이 지닌 상품성에 주목해 잘 익은 바나나를 가득 싣고 뉴욕으로 돌아갔다. 이것이 미국에 도착한 최초의 바나나였다. 그러나 11일의 항해 기

1871년 뉴욕에 잘 익은 바나나를 내려놓은 로렌조 다우 베이커(왼쪽). 그는 유나이티드프루트의 전신 보스턴프루트의 공동 설립자가 되었다. 코스타리카를 실질적으로 다스린 마이너 쿠퍼 키스(오른쪽)는 코스타리카에 철도를 건설하러 갔다가 바나나 수출 회사를 만들게 되었다.

간에 바나나가 모두 상해버리는 바람에 전혀 팔 수 없게 되자 베이커는 이때의 실패를 교훈 삼아 다음 해에는 덜 여문 초록빛 바나나를 실었다. 항해 중에 노랗게 익은 바나나는 뉴욕의 소비자들에게 큰 인기를 끌어 이내 열대의 황금으로 각광받았다. 베이커는 이후 10년간 과일 무역에 종사하면서 매사추세츠 출신 기업가 앤드루 프레스턴Andrew Woodbury Preston과 함께 보스턴프루트컴퍼니Boston Fruit Company를 설립했다. 이들은 자메이카에 일곱 개의 바나나 플랜테이션 농장을 세웠고, 많은 선박으로 북미 시장에 열대과일을 실어 나르면서 커다란 수익을 거뒀다.

비슷한 시기에 미국의 젊은 사업가 마이너 쿠퍼 키스Minor Cooper Keith[2]는 코스타리카의 철도 건설을 도와달라는 외삼촌 헨리 메이그스의 초청을 받았다. 1848년 뉴욕 브루클린에서 목재상 마이너 허블 키스Minor Hubbell Keith와 철도건설업자 헨리 메이그스의 누이 에밀리 메이그스Emily Meiggs 사이에서 태어난 그는 20대의 젊은 나이로 목축업에서 나름의 성공을 거두고 있었다. 왜 코스타리카의 철도 건설에 미국의 사업가가 뛰어들게 되었을까?

1808년에 재배되기 시작해 오늘날까지도 코스타리카의 3대 수출 품목에 속하는 커피는 주로 중부 계곡의 고지대에서 재배되어 울창한 밀림지대를 지나 태평양 연안의 항구도시 푼타레나스까지 달구지로 운반되었다. 코스타리카산 커피의 주요 시장은 대서양 너머 유럽에 있었고 당시만 해도 태평양과 대서양을 잇는 수로가 없었기 때문에, 카리브 해까지 연결되는 운송 철로를 만드는 것은 코스타리카의 독재자 토마스 과르디아 구티에레스Tomás Guardia Gutiérrez 장군에게 매우 중요한 사업이었다. 그러나 정글 지역을 관통하는 철도를 건설하는 일은 파나마 운하를 건설하는 것 못지않게 힘들고 어려운 일이었다. 5,000여 명의 노동자들이 말라리아, 황열병, 이질 등 열대 질병으로 철도 건설 도중에 목숨을 잃었다. 부족한 노동력을 벌충하기 위해 마이너 키스는 여러 곳에서 인력을 충당해야 했다. 처음엔 뉴올리언스의 감옥에서 데려온 700명의 강도와 도둑이 함께 일했는데 얼마 뒤엔 25명만 살아남았다. 철도공사에 참여한 키스의 형제 가운데서도 세 사람이나 목숨을 잃었다. 형 헨리도 마이너 키스만 남겨둔 채 고향으로 돌아가버렸다. 루이지애나에서 온 2,000명의 이탈리아 이민자들은 끔찍한 노동 조건에 질린 나머지 폭동을 일으키기도 했다. 재정적 어려움에 처한 코스타리카 정부는 키스에게 공사에 대한 전적인 권한을 위임해버렸다.

마이너 키스는 철도 건설에 쓸 재정을 확보해야 했다. 그는 그 방편으로 파나마에서 그로스미첼종 바나나를 수입해다가 코스타리카 정부에서 인수한 철도 부설 지역 인근의 미개간지 80만 에이커에 심었다. 애초에 건설 비용을 충당하고 노동자들에게 먹일 식량으로 재배한 것이었지만 바나나 수출 실험은 대단한 성공을 거두었고 그 덕분에 그는 세 개의 바나나 수출 회사를 소유하게 되었다. 1882년 과르디아가 죽자 마이너 키스는 코스타리카에서 무관無冠의 제왕이나 다름없었다. 그는 더 많은 토지를 획득해 그 땅에 거대한 플랜테이션 농장을 건설했다. 1890년 철도가 완공될 무렵, 마이너 키스가 건설한 철도는 오직 그의 바나나 수송에만 사용될 정도였다. 그는 여기서 멈추지 않고, 콜롬비아의 카리브 해 연안 지역에도 광대한 바나나 재배 부지를 매입했다. 콜롬비아 정부는 이미 바나나 재배지를 개발하고 철도도 부설했지만, 국제 시장을 개척할 연줄이 부족했다.

마이너 키스는 시장을 견고히하고 독점적 지위를 누리기 위해 1899년 경쟁 업체 보스턴프루트컴퍼니의 앤드루 프레스턴과 연합해 유나이티드프루트를 만들었다. 유나이티드프루트는 그때 이미 코스타리카, 파나마, 쿠바, 콜롬비아, 자메이카, 도미니카에 1,000만 제곱킬로미터(약 25억 에이커)에 달하는 거대한 농장을 소유했고, 세계 바나나 시장의 4분의 3을 지배하는 기업이 되었다. 유나이티드프루트는 얼마 지나지 않아 선박회사와 수입 업체들마저 인수하면서 바나나 시장을 사실상 독점하게 되었다.

코스타리카와 마찬가지로 과테말라 역시 커피를 수출한 자금으로 철도를 건설하고 있었지만 돈이 떨어지자 마이너 키스에게 철도 완공을 부탁했다. 그는 코스타리카에서처럼 공사 대금 대신 유나이티드프루트가 바나나를 재배할 토지를 요구했고, 1904년 갱신한 계약에 따라 과테말라 철도에 대한 완전한 경영권을 확보하게 되었다. 과테말라 정부는 세금을 면제해주었고 유나이티드프루트의 장부를 열람할 권리마저 포기했다. 이 나라에 닥쳐올 기나긴 시련의 서막이었다. 마이너 키스와 앤드루 프레스턴은 유나이티드프루트 제국의 기초를 놓았다. 그러나 이것은 앞으로 유나이티드프루트 제국이 떨치게 될 기나긴 악명의 역사에 비하면 시작에 불과했다. 이후 50년간 이 제국의 전성기를 이끄는 것은 러시아 출신 유대계 이민자로 뉴올리언스에서 바나나 사업에 뛰어든 새뮤얼 제머리[3]의 몫이었다.

바나나 제국을 지배한
카리브 해의 제왕

새뮤얼 제머리는 제정러시아가 오스만튀르크에 전쟁을 선포하던 1877년 러시아 베사라비아Bessarabia의 가난한 유대인 가정에서 쉬무엘 즈머리Schmuel Zmurri라는 이름으로 태어났다. 1892년 그는 일가족이 가진 재산을 모두 털어 구입해준 표를 쥐고 뉴욕행 이민선에 몸을 실었다. 싸구려 선실에 홀로 웅크리고 앉은 소년의 나이는 불과 15세였다. 앨라배마 주 셀마에 정착한 그는 평생 정규교육이라곤 한 번도 받아보지 못했다. 그는 돼지를 치는 데 필요한 양철 제품을 판매하는 늙은 떠돌이 상인 밑에서 주급 1달러를 받는 거친 일부터 시작해 힘들게 번 돈으로 1896년 러시아에 있던 가족을 미국으로 불러들이는 데 성공했다.

제머리는 1899년 앨라배마 주 모빌로 이주하여 바나나 사업에 뛰어들었다. 자본이 부족했기 때문에 중간거래상으로 일하거나 선상에서 너무 익어버려 급하게 처분해야 하는 바나나를 구입해 소상인들에게 판매하는 계약을 맺으면서 유나이티드프루트와 첫 인연을 맺었다. 이곳에서 그는 세라 와인버거Sarah

'바나나맨 샘'으로 불린 새뮤얼 제머리

Weinberger를 만나 한 달 만에 결혼했는데, 두 사람 사이에서 아들 새뮤얼 주니어와 딸 도리스가 태어났다. 사업이 안정 궤도에 오르자 제머리 부부는 1917년 뉴올리언스의 툴레인 대학 인근에 호화로운 저택을 구입했다.

사업은 점차 번성했고, 부정기 화물선 두 대와 온두라스의 독립 플랜테이션 농장들을 사서 모빌과 뉴올리언스 등을 오가며 바나나 사업을 확장해나갔다. 1910년 제머리는 동업자와 함께 온두라스에 플랜테이션 부지로 5,000에이커를 매입하고 쿠야멜프루트컴퍼니Cuyamel Fruit Company를 창립했다. 당시 중앙아메리카의 여러 국가는 독립 이후 잦은 정치적 혼란과 낙후된 경제 때문에 유럽에서 들여온 차관에 대한 지불 보증 문제로 골머리를 앓았다. 미국은 중앙아메리카에 대한 지배력을 과시하고 강화하기 위해 J.P.모건의 은행을 통해 채무 지불을 보증하도록 했다. 그 대신에 J.P.모건의 은행 직원들은 세관에 상주하며 수출입 물품의 관세를 거뒀다. 관세를 회피하기 위해 제머리는 정치자금을 대며 후원한 다빌라Miguel R. Davila 대통령을 압박했다. 그는 온두라스 정부와 직접 합의하기를 원했지만 미국 정부는 다빌라에게 압력을 넣어 제머리의 뜻에 따르지 못하도록 했다. 미국 정부는 요원을 파견해 제머리의 행보를 감시했지만 그는 정부의 경고나 감시 같은 것은 안중에도 없었다.

제머리는 요구를 들어주지 않은 다빌라 대통령을 직접 손봐줄 생각이었다. 크리스마스를 앞둔 1910년 12월의 어느 날 밤, 제머리는 수하 중에서 '머신 건

마누엘 보니야. 새뮤얼 제머리는 온두라스의 대통령을 다빌라에서 자기 친구 보니야로 바꾸기 위해 쿠데타를 기획했다.

Machine Gun'이란 별명으로 불리던 몰로니Molony와 리 크리스마스Lee Christmas, 장차 온두라스의 대통령이 될 친구 마누엘 보니야Manuel Bonilla[5]를 대동하고 뉴올리언스의 사창가로 놀러갈 계획을 세웠다. 이들은 사창가에서 신나는 파티를 즐기는 것처럼 보였지만 요원들의 감시를 피해 몰래 사창가를 빠져나와 요트에 승선한 다음, 외항에서 좀 더 큰 배로 갈아탔다. 제머리는 부들부들 떠는 보니야를 위해 코트를 벗어주며 "이봐, 보니야! 난 자네에게 내 운을 걸었네. 내 코트도 걸었고 말이야"[6]라고 말했다. 대기하던 제머리 소유의 화물선에는 소수의 사병 집단이 각종 소총과 탄약, 최신형 기관총으로 무장하고 있었다.

도박은 성공했다. 여섯 주가 지난 뒤 다빌라 정부는 쿠데타로 전복되었고, 보니야가 대통령에 오르자 온두라스 의회는 제머리의 사업권을 보장해주었다. 그리고 향후 25년간 납세 의무를 면제해주는 특별 법안을 승인했다. 1824년에서 1876년까지 52년간 온두라스에서는 82명이 집권했고 약 170번의 내란이 일어났으며, 1877년에서 1900년까지 23년간 군사반란이 대략 200회 이상 일어났고 정권 탈취 시도도 100번 넘게 있었으므로 제머리가 부추긴 쿠데타가 그다지 놀라운 일은 아니었다.[7]

고래를 삼킨 사나운 메기, 새뮤얼 제머리

유나이티드프루트는 마이너 키스 시절부터 철도를 부설해주고 그 대가로 토지를 획득하는 방식으로 사업을 해왔지만 온두라스와 니카라과에서는 이런 사업 방식이 통하지 않았다. 제머리는 유나이티드프루트의 강력한 영향력이 미치지 않는 온두라스에서 쿠야멜프루트를 통해 유나이티드프루트와 경쟁했다. 그는 바나나의 크기와 품질을 개량하기 위해 값비싼 관개 시스템을 구축했고, 1922년에는 블루필드프루트와 증기선 회사를 인수했다. 1929년경 쿠야멜프루트는 온두라스, 니카라과와 뉴올리언스 사이를 오가는 증기선 열세 척을 보유했고, 별도의 사탕수수 플랜테이션 농장과 정제소도 가지고 있었다. 쿠야멜프루트가 성장하면서 유나이티드프루트와의 경쟁도 치열해지기 시작했다.

1911년에서 1928년에 이르는 동안 유나이티드프루트의 플랜테이션 농장에서는 격렬한 대규모 파업이 일어났지만 회사는 눈도 꿈쩍하지 않았다. 유나이티드프루트의 농장에서 일하는 사람들은 남북전쟁 이전의 노예들과 다를 바 없이 일했지만 회사는 자체 보안대security force를 조직해 노동자들을 억압했다. 농장에 고용된 노동자들은 형편없는 합숙 시설에서 먹고 자며 회사가 운영하는 상점을 이용해야만 했다.

1929년이 되자 파업의 후유증으로 유나이티드프루트의 주가는 떨어진 반면 쿠야멜프루트의 주가는 올랐다. 그해 6월 14일, 최고경영자 마이너 쿠퍼 키스가 사망하자 경영권 승계 문제까지 불거져 나오면서 유나이티드프루트는 큰 혼란에 빠졌다. 유나이티드프루트는 쿠야멜프루트와 경쟁하는 대신 이 회사를 인수하는 것이 가장 좋은 선택이라는 결론을 내렸다. 1930년 제머리는 유나이티드프루트의 주식 30만 주를 받는 조건으로 쿠야멜프루트를 매각했다. 그 덕분에 제머리는 3,000만 달러의 수익과 함께 유나이티드프루트의 최대 주주이자 이사직을 얻게 되었다. 실질적으로 경영에서 손을 뗀 그는 루이지애나 주 뉴올리언스의 가족 곁에서 한가로운 은퇴 생활을 즐겼다. 그러나 유나이티드프루트의 주가는 계속 떨어져서 1929년 무렵 주당 158달러였던 주가가 1932년이 되자 주당 10달러로 급락하고 말았다. 가만히 앉아서 재산이 줄어드는 것을 방관할 제머리가 아니었다. 그는 당장 이사회가 열리는 보스턴 페더럴 스트리트 1번지로 달려갔다.

유나이티드프루트 이사회는 오랫동안 보스턴 금융계의 보수적인 엘리트들이 차지하고 있었다. 보스턴 퍼스트내셔널뱅크의 회장 대니얼 윙Daniel G. Wing은 거칠게 항의하는 제머리에게 입가에 엷은 미소를 띤 채 말했다.

"미안하지만, 제머리 씨! 나는 당신이 뭐라고 말하는지 한마디도 이해할 수가 없구려."

윙은 정규교육을 받지 못해 여전히 러시아 억양의 영어로 말하는 제머리를 보며 노골적으로 비아냥거렸다. 화가 머리끝까지 치솟은 제머리는 회의장을 박차고 나와 곧바로 자신을 지지해줄 주주와 대리인을 소집했다. 회사 경영에 불만을 품은 주주들은 많았다. 이사회로 다시 쳐들어온 제머리는 오랫동안 경쟁 관계였던 유나이티드프루트의 회장 빅터 매컴버 커터Victor Macomber Cutter의 자리에 한 움큼의 위임장을 집어던지며 말했다.

"자네들 신사 양반들은 그동안 충분히 오랫동안 사업을 말아먹었어. 이젠 내가 그것들을 바로잡을 때야."[8]

제머리는 이사회에서 경영을 책임지는 이사로 선출되어 계속 그 자리에 있다가 1938년 회장직이 신설되자 그 자리에 올랐다. 사나운 메기가 고래를 집어삼킨 것이다.

단종 재배와 생물다양성의 파괴

유나이티드프루트를 장악한 새뮤얼 제머리는 단호하고 거친 사람이었다. 그는 주가를 끌어올리는 일부터 손댔다. 자신의 봉급을 자진 삭감하는 일 같

유나이티드프루트의 상선 함대 광고

은 건 안중에도 없었다. 그 대신에 직영 농장 인력의 25퍼센트를 감축하고 유나이티드프루트가 바나나를 사들이던 농장에 대한 융자를 대폭 축소했다. 쿠바산 사탕수수에서 나오는 이익은 관세 때문에 대폭 줄어들었고, 98척에 이르는 상선 함대Great White Fleet[9]가 올리던 수익은 대공황의 여파로 줄어들었기 때문에 회사의 수익은 거의 온두라스, 과테말라, 코스타리카, 파나마, 자메이카, 콜롬비아 등지에서 재배하는 바나나에서 나왔다. 그러나 거대 플랜테이션 농장의 단종 재배 방식은 토양에 엄청난 손실을 입혔고, 전염병이 발생해 바나나의 생산성이 떨어졌다. 제머리는 더 좋은 토질을 찾아 경작지를 옮겨버렸다.

유나이티드프루트가 경작지를 옮기는 것은 단순한 이전이 아니라 대재앙이었다. 유나이티드프루트는 철로부터 교량에 이르기까지 가져갈 수 있는 것은 모조리 가지고 떠났다. 남은 것은 강한 독성을 지닌 농약에 찌든 채 벌건 속살을 드러낸 대지와 순식간에 삶의 터전을 빼앗긴 농장 노동자들뿐이었다.

> "의사들이 말하길, 집으로 가서 죽음을 기다리라더군요. 나, 아이들, 우리 가족들 모두 다 말이죠." 44세의 이 남자는 골수암에 걸렸다. 그의 10세 된 딸은 키가 너무 작아서 겨우 4세로밖에 안 보인다. 그의 네 살배기 아들도 아직 갓난아기처럼 작다. 아이는 혼자 일어서지도 못한다. 그들은 벌레들의 바나나 습격에 대비해 1970년대 말까지 미국에서 생산된 약품인 네마곤의 니카라과 희생자들 2만 2,000명 중 일부이다. 이 약품은 충분한 예방조치 없이 사용되었고, 심지어 비행기로 대량 살포되기도 했다.[10]

여기서 잠깐, 바나나에 대해 알아보자. 바나나는 키가 크기 때문에 간혹 나무라고 생각하는 사람들도 있지만 실제로는 파초芭蕉과에 속하는, 지구상에서 가장 거대한 풀이다. 보통 과일에는 씨가 있지만, 우리가 즐겨 먹는 바나나에는 씨가 없거나 흔적 정도만 남아 있을 뿐이다. 재배하는 종류에 따라 간혹 야생에 가까운 종에는 팥알만 한 큰 씨가 있기도 하다. 우장춘 박사의 '씨 없는 수박'[11]은 약품 처리를 통해 염색체 돌연변이를 일으켜 염색체가 3배체triploid가 되도록 한 것이다. 3배체 생물은 생식세포를 만드는 세포분열을 통해서 염색체가 잘 나뉘지 않기 때문에 화분이나 난세포卵細胞가 생기지 않는다. 그 때문에 수정하지 못하든가 아니면 수정해도 씨가 발육하지 못하게 된다. 대부분의 생물은 세포마다 2배체diploid의 염색체를 갖는데, 여기에 한

바나나는 멸종 위기에 처해 있다. 플랜테이션에 의한 바나나 단종 재배는 무성생식에 따라 유전적으로 단일한 특성을 지니기 때문에 그 품종에 기생하거나 공생하며 살아가는 하부 생태계를 교란해 특정 질병에 매우 취약하다.

쌍의 염색체가 더해진 3배체가 2배체보다 생산성도 높고 더 잘 자란다. 바나나는 자연적 돌연변이를 통해 3배체 생물이 되었고, 먹기 좋은 과일로 이용되기 시작했다. 오늘날 우리가 먹는 바나나는 3배체, 다시 말해 씨 없는 바나나로 대부분 뿌리나 줄기를 나누는 무성생식을 통해 세계 각지로 전파되었다.

바나나는 대체로 열대성 작물이지만 일부는 상대적으로 건조한 아열대 지역에서도 관개시설만 있으면 잘 자란다. 불필요한 가지와 흡지(吸枝, 어린 나무의 줄기에서 자라나는 곁가지)를 잘라주기만 하면 생육에 그다지 신경 쓸 필요도 없다. 하지만 상당한 정도의 온도와 물이 필요하며, 또 적절한 배수

시설도 있어야 하고, 깨끗하게 경작하기 위해 모든 잡초를 제거해야 한다. 그런 탓에 플랜테이션에 의한 바나나 단종 재배는 토양에 상당한 부담을 주고 토양을 침식하며, 무성생식에 따라 유전적으로 단일한 특성을 지니기 때문에 특정 질병에 매우 취약하다. 바나나에는 약 300여 개의 변종이 있는데, 예전에 가장 흔하던 품종은 그로스미첼이었지만 지금은 질병에 강한 발레리와 캐번디시로 대부분 대체되었다. 바나나는 아직 녹색을 띨 때 수확하고, 현지에서는 집 근처 그늘에서 성숙시킨 다음 필요할 때 먹는다. 수출용 과일은 신중하게 조절되는 조건 아래서 성숙시키는데, 때로 그 과정을 촉진하기 위해 에틸렌을 쓰기도 한다.[12]

> 바나나는 독성 있는 화학약품에 의해 끊임없이 처리된다. 익지 않은 바나나 열매들은 녹색을 띠고, 손상되기 쉬우며, 꼭지부터 먹을 수 있는 상태가 아니다. 이 바나나 다발들은 더 많은 화학약품으로 세척하기 위해 케이블에 도살당한 짐승처럼 매달린다. 등급을 매기고 상자에 포장된 뒤 냉장 시설된 배에 실려 유럽과 북아메리카로 보내는데, 이 불운한 과일은 그 후에 슈퍼마켓에서 익게 되고, 진실에 무지한 채로 살아가는 세상 사람들이 수십억 달러의 엄청난 돈을 소비하고 싶어 하는 '양질'의 이미지로 둔갑하게 된다.
> 이것이 바로 우리가 선진국에서 먹는 과일의 80퍼센트를 차지하는 '달러' 바나나이고, 이 바나나는 치키타, 돌, 델몬트에 의해 좌우된다.[13]

우리는 슈퍼마켓이나 대형 할인점 과일 앞에서 스스로 '선택의 자유'를 구가하는 자유시민이라고 생각하지만 그것이 진실은 아니다. 실제로는 유통 자본과 생산 자본이 결정해 공급한 몇 안 되는 소수의 품종 가운데 하나를 선택할 수 있을 뿐이다. 수많은 품종이 상품성이 없다는 이유로 배제되고, 특별히 가뭄이나 해충에 강하다거나 당도가 높다는 이유 등으로 선택된 품종만이 남는다. 이렇듯 인간에 의해 선택되고 배제된 종자들은 유전적으로 단일해지고, 단일 품종에 의한 대규모 재배 방식은 그 품종에 기생하거나 공생하며 살아가는 하부 생태계를 교란한다. 교란된 생태계는 갑자기 창궐하는 벌레들, 특정 품종에 유독 강한 질병을 퍼뜨리는 병균에 취약할 수밖에 없다. 요즈음 바나나가 멸종 위기에 처해 있다는 보도가 잇따르는 까닭도 거기에 있다.

최근의 한 조사에 따르면 지난 200년간 미국에 존재했던 작물 가운데 무려 75퍼센트가 상업성이 없다는 이유로 멸종한 것으로 나타났다. 이처럼 멸종 위기에 처한 종자들을 보존하고 생명다양성biodiversity을 유지하기 위한 노력이 각국 정부나 국제곡물다양성신탁GCDT, 식량농업기구, 국제농업연구자문그룹CGIAR 등 국제단체의 지원을 받아 추진되고 있다.[14] 그러나 카길, 몬산토, 듀폰 등 유전적 형질에 대한 특허권을 소유한 다국적 기업들의 이해관계와 이런 노력이 충돌할 때 과연 어떤 결과가 빚어질까.

과테말라 내전과 유나이티드프루트컴퍼니

중남미 전역을 문어발처럼 장악했기 때문에 중남미인들에게 유나이티드프루트는 '엘 뿔뽀(문어)'라 불렸다. 그러나 제2차 세계대전이 끝나자 중남미에서도 새로운 바람이 불어오기 시작했다. 1953년 코스타리카에서 사회민주주의 성향의 호세 피게레스 페레르Jose Figueres Ferrer 국민해방당 후보가 65퍼센트의 지지를 받아 대통령에 당선되었다. 그는 라틴아메리카의 독재정권

1953년 코스타리카의 대통령이 된 호세 피게레스 페레르는 바나나 생산을 독점하던 미국 회사들을 추방하지 않으면서 자국의 이익 배당을 크게 인상해 여러 바나나 공화국에 희망이 되었다. 사진은 호세 피게레스의 대통령 3선 소식을 담은 신문.

들을 비난하면서 반독재의 기치를 높이 들었는데, 그 결과 이웃 국가에서 독재정권과 싸우던 민주 인사들이 코스타리카로 몰려들었다. 정치에 입문하기 전까지 유나이티드프루트에서 일한 니카라과의 독재자 소모사(Anastasio Somoza-Debayle)는 민주화 도미노를 염려해 코스타리카 국경을 침범했지만, 페레르 정부는 미주기구(Organization of American States)의 협력(실제로는 미국의 도움)을 얻어 간신히 정권을 유지할 수 있었고, 유나이티드프루트 등 바나나 생산을 독점하던 미국 회사들을 추방하지 않으면서도 자국의 이익 배당을 10퍼센트에서 30퍼센트로 인상하는 데 성공할 수 있었다. 이런 시도를 한 코스타리카

Samuel Zemurray 289

정부는 온두라스와 과테말라를 비롯한 여러 바나나 공화국에 희망이 되었고, 오늘날까지도 중남미에서 민주주의의 우등생 국가로 자리매김할 수 있는 계기가 되었다.

그러나 새뮤얼 제머리는 제2의 코스타리카를 용납할 마음이 전혀 없었다. 그는 본때를 보여주기 위한 희생양으로 과테말라의 아르벤스-구스만Jacobo Árbenz Guzmán 정권을 겨냥했다. 전임 아레발로Juan Jose Arevalo Bermejo 대통령은 진보적인 개혁 정책을 추진해 노조 결성과 파업권, 최저임금제 등 노동자의 기본권을 인정하는 노동법 제정, 토지 개혁 등 다양한 정책을 수립했다. 그러나 아레발로 정부는 집권 기간 무려 스물두 번이나 쿠데타 위협을 받을 정도로 취약한 정권이었기 때문에 실질적이고 꼭 필요한 개혁들이 제대로 추진되지 못했다. 그의 정치적 후계자 아르벤스는 국방장관 출신으로 중도좌파 연합을 이끌고 있었다. 1950년의 선거에서 대통령이 된 그는 전임 정권의 개혁 정책을 이어받아 언론·출판 및 결사의 자유를 보장했고 노동조합의 활동도 장려했다. 1952년에는 공산당 활동도 합법화해 공산당은 과테말라노동당이란 이름으로 합법 정당이 되었다. 아르벤스 대통령은 전임 정권이 착수했으나 실행에 옮기지 못했던 농지개혁법을 1952년 과감히 단행했다.

우선 유나이티드프루트 등 다국적 대기업이 소유한 플랜테이션 농장의 휴경지를 그들이 신고한 금액대로 보상하여 매입하는 조건으로 몰수했다. 다국적 기업들은 세금을 회피하려는 목적으로 그동안 실제 금액보다 싼 금액으로 토지 가격을 신고해왔기 때문에 막대한 손해를 보게 되었다. 아르벤스 정권은 18개월 동안 약 150만 에이커의 토지를 몰수하여 10만 가구의 가난한 농민에게 분배했다. 손해를 보게 된 유나이티드프루트 등은 미국 정부에 대한 로비를 강화하기 시작했는데, 베네수엘라의 수도 카라카스에서 열린 제10회 미주기구 회의에서 미국은 아르벤스 정권을 공산주의 정권으로

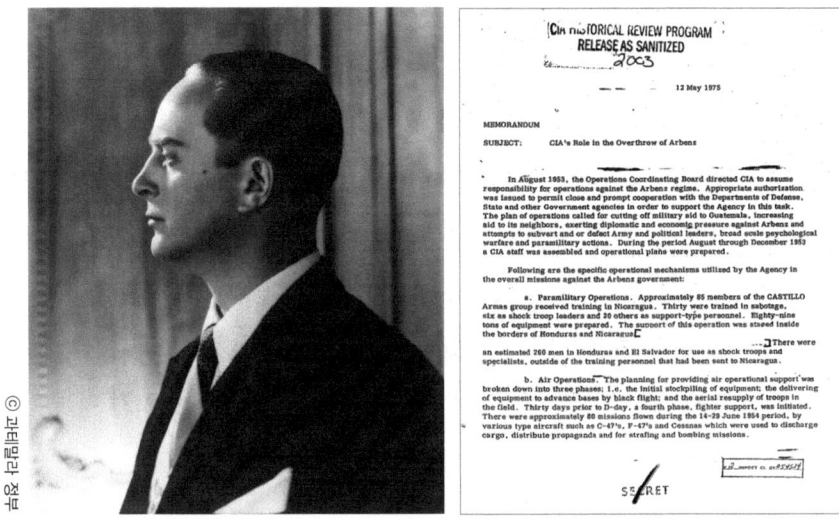

아르벤스-구스만 과테말라 대통령과 아르벤스 정부 전복 계획을 담은 CIA의 문서. 제2의 코스타리카를 용납할 마음이 없었던 제머리는 미 정부를 움직였다.

규정했다. 당시 아르벤스 정부는 다소 급진적인 정책을 추진하긴 했지만 소련과는 공식적으로 아무런 외교 관계도 맺지 않고 있었다.

아르벤스 정부에 대한 전복 공작은 1952년 트루먼 대통령이 '피비 포춘PB Fortune'이라는 비밀 작전을 승인하면서 시작되었고, 이듬해 8월 아이젠하워 대통령이 작전명을 '피비 석세스PB Success'로 변경하고 270만 달러의 특별 예산을 배정하면서 본격화되었다. 이들은 장애 세력을 사전에 제거하기 위해 아르벤스 대통령의 측근 70여 명을 살해했다. 위기를 느낀 아르벤스 정권이 1954년 6월 노동자와 농민으로 구성된 민병대 창설용 무기를 폴란드에서 수입하려고 하자 과테말라 군부가 반발했다. 미국은 온두라스와 니카라과에 망명한 카스티요 아르마스Carlos Castillo Armas 대령에게 무기를 공급했고, 1954년 6월 18일 오전 8시를 기해 미국의 지원을 약속받은 480여 명의 쿠데타군이 온두라스 접경 지역을 넘어 과테말라를 침공했다. 당시 과테말라 정부군은

Samuel Zemurray 291

그들보다 열 배 이상 많았지만 미국의 공중지원을 받은 쿠데타군에 패배하고 말았다.

아르벤스는 우루과이, 멕시코 등지에서 망명생활을 하다가 멕시코에서 끝내 사망했고, 아르마스 역시 집권 반년 만에 다른 우익 군부 세력에 의해 피살되었다. 그 후 집권한 우익 군부 세력들은 더욱 무자비한 고문과 학살로 내전이 끝날 때까지 20만 명이 넘는 민간인 학살을 자행했다. 이후 30여 년간 지속된 세계 최장기 내전인 과테말라 내전[15]은 이렇게 시작되었다. 유나이티드프루트는 1961년에도 쿠바의 카스트로 정권을 전복시키기 위해 피그스 만 침공에 두 척의 배를 제공했지만 실패했다.

스쿨 오브 아메리카와 에드워드 버네이스의 정보 조작

유나이티드프루트에는 든든한 후원자들이 있었다. 아니, 그들은 유나이티드프루트와 똑같은 이해관계를 가지고 있었다. 1953년에서 1961년까지 CIA 국장을 맡은 앨런 웰시 덜레스Allen Welsh Dulles, 1953년에서 1959년까지 국무장관을 맡은 그의 형 존 포스터 덜레스John Foster Dulles 등을 비롯해 미국의 정치외교 분야를 주무르는 고위급 인사 가운데에는 유나이티드프루트의 전 경영진이나 주주들이 많았다. 그렇지 않은 다른 고위 인사들 역시 법률자문회사의 형태로 유나이티드프루트와 모종의 커넥션을 형성하고 있었다. 하지만 제머리는 이들 정치인뿐만 아니라 바나나를 즐겨 찾는 대중의 감정과 심리 또한 교묘히 통제해야 한다는 사실을 잘 알고 있었다.

유나이티드프루트는 1940년대부터 에드워드 버네이스와 계약을 맺어 우호적인 여론을 조성하도록 했다. 버네이스는 1920년대 말에 펴낸 책 『프로파간다』의 제1장에서 이렇게 말한 적이 있다.

"대중의 관행과 의견을 의식과 지성을 발휘해 조작하는 것은 민주주의 사회에서 중요한 요소이다. 사회의 이 보이지 않는 메커니즘을 조작하는 사람들이야말로 국가의 권력을 진정으로 지배하는 '보이지 않는 정부'를 이룬다." [16]

1995년, 103세를 일기로 세상을 떠난 그는 담배 광고에 나선 것을 후회한다고 말했다는데, 그가 정말로 후회할 일은 유나이티드프루트를 위해 과테말라의 아르벤스 정권을 공산주의와 연계시킨 일련의 정보공작이어야 했다. 아르벤스 정권을 미국의 안정에 위협이 되는 공산주의 정치 세력으로 몰아가기 위해 그는 먼저 『리더스 다이제스트』 Reader's Digest, 『새터데이 이브닝 포스트』 Saturday Evening Post, 『하퍼스』 Harper's 같은 유명 잡지에 과테말라의 상황에 대한 기사가 실리도록 유도했다. 또한 대중이 『뉴욕타임스』의 보도를 신뢰한다는 사실을 잘 알았기에 『뉴욕타임스』로 하여금 유나이티드프루트에 대해 호의적이고 과테말라에 대해서는 비우호적인 기사를 쓰도록 부추겼다.

1952년 1월, 버네이스는 언론인들과 함께 과테말라를 여행했다. 언론인들은 누구나 자유롭게 행동할 수 있었지만 실제 이들이 발견하고 지켜본 것은 모두 버네이스가 주도면밀하게 계획하고 통제한 것이었다. 이들은 여행에서 돌아와 과테말라 정부의 위험성에 대해 경고하는 기사를 썼다. 버네이스와 언론인들의 여행 경비는 모두 유나이티드프루트가 지불했다. 그러나 모든 기자가 그의 의도대로 행동한 것은 아니었다. 『뉴욕타임스』 과테말라 특파원 시드니 그루존 Sydney Gruson은 현실을 지켜본 그대로 보도하는 것이 언론의 역할이라고 생각해서 현장에서 본 그대로 보도했다. 당시 CIA 국장 앨런 덜레스는 프린스턴 대학 동창인 『뉴욕타임스』의 국장 줄리어스 오크스 애

들러Julius Ochs Adler에게 연락을 취했고, 그루존은 멕시코시티로 전출되었다.[17]

제2차 세계대전 이후 라틴아메리카에서는 군부독재를 끝내고 경제발전과 민주화를 성취하려는 민중의 열망이 강해졌고, 코스타리카와 과테말라를 비롯한 여러 곳에서 실제로 민주화가 추진되어 어느 정도 성과를 거두기도 했다.

그러나 냉전 기간 중남미에서 좌파적 색채를 지닌 정권이 등장할까 경계한 미국은 비록 민주적 정당성이 없더라도 친미 반공이란 이유만으로 군부 쿠데타를 적극 지원했다. 그 중요 수단 가운데 하나가 라틴아메리카의 군부 엘리트들을 교육하는 것이었다. 독재자 학교 또는 쿠데타 학교란 별명으로 많이 알려진 '스쿨 오브 아메리카' School of America, SOA[18]는 미국의 중남미 정책을 관철시키는 중요한 외교적·군사적 수단이었다. 미국 조지아 주 포트베닝에 있는 SOA에서 라틴아메리카의 군부 엘리트들은 군사훈련은 물론 정치 교육을 함께 받았고, 혁명에 대한 반혁명으로 시위 진압, 게릴라 전술과 요인 암살 교육 등을 배운 것으로 알려져 있다.

파나마의 안토니오 노리에가Manuel Antonio Noriega와 오마르 토리호스Omar Herrera Torrijos, 엘살바도르의 카를로스 로메로Carlos Humberto Romero, 과테말라의 페르난도 루카스Fernando Romeo Lucas García, 리오스 몬트Efraín Ríos Montt, 움베르토 메히아Óscar Humberto Mejía Víctores, 볼리비아의 우고 반세르 수아레스Hugo Banzer Suárez, 아르헨티나의 로베르토 비올라Roberto Eduardo Viola, 온두라스의 로페스 아레야노Oswaldo López Arellano, 판 메르가르Juan Alberto Melgar Castro 등 라틴아메리카의 악명 높은 군부 독재자들이 모두 이곳 출신이다.

기업의 사회적 책임을 다하는
치키타브랜즈인터내셔널

시대가 변하면서 악취 풍기는 오명은 아무리 조작하고 은폐하려 해도 널리 퍼져나갔고, 유나이티드프루트는 기업사에서도 유례를 찾기 힘든 최악의 기업으로 낙인찍히게 되었다. 1950년대부터 유나이티드프루트는 대중에 좀더 친근한 기업 이미지를 전하기 위해 '미스 치키타 Miss Chiquita'라는 브랜드 캐릭터를 만들어 큰 성공을 거뒀다. 1961년 새뮤얼 제머리가 사망한 뒤 유나이티드프루트는 많은 어려움을 겪었는데, 국제 질서가 변화한 까닭도 있지만 단종 재배와 유전적으로 단일 형질에 가까워진 바나나의 치명적인 질병 등 여러 요소가 맞물리면서 제국에 짙은 그림자를 드리운 것이었다.

1974년 유나이티드프루트의 텃밭이던 라틴아메리카의 바나나 생산국들이 자체적인 카르텔인 바나나수출국동맹UPEB를 출범시켰다. 유나이티드브랜즈는(유나이트드프루트는 1970년 정육회사 AMK코퍼레이션과 합병되어 유나이티드브랜즈가 되었다가 1989년 치키타브랜즈인터내셔널Chiguita Brands International로 이름을 바꿨다) 이 카르텔에서 온두라스를 빼내기 위해 125만 달러를 들여 군부를 매수했다가 발각되고 말았다. 주가가 곤두박질쳤고 비윤리적 기업으로 지탄받는 등 커다란 곤욕을 치렀다. 활동하기 편했던 냉전 체제가 해체되어 가던 1989년, 현재의 기업 이미지로는 더 이상 버틸 수 없다고 판단한 유나이티드브랜즈는 기업명을 친근한 이미지의 '치키타브랜즈인터내셔널'로 변경했다.

오늘날 치키타와 델몬트, 돌은 세계 과일 무역을 좌지우지하는 거대 다국적 기업이지만 바나나, 파인애플, 사탕수수, 커피 등의 단종 재배, 과도한 농약 사용 등 여러 가지 문제를 안고 있다. 더욱 큰 문제는 이들이 생산자에게 적정한 이윤을 보장해주지 않고, 노조 지도자들에게 린치를 가하거나 암살하는 등 다양한 형태로 억압을 계속해왔다는 사실이다.

불공정한 무역 관행을 타파하고 화학비료와 농약 사용을 억제하기 위해 친환경 유기농 바나나 공정거래가 대안으로 주목받는 것도 그 때문이다. 세계적으로 100억 달러 정도의 가치를 지닌 것으로 평가되는 유기농 시장에서 바나나는 아직 적은 부분만을 차지하고 있지만 점점 더 많은 곳에서 공정무역에 의한 유기농 바나나가 생산되고 있다. 품질 경쟁에서 브랜드 경쟁으로 넘어가게 되자 단기 이익 극대화보다 사회적 책임을 중시하는 쪽으로 움직여야 한다는 위기의식이 기업들 사이에 널리 퍼져나가면서 '사회적 책임 국제연대Social Accountability International, SAI'의 새로운 국제적 기준에 부응하는 쪽으로 기업 운영 방식이 변화하고 있는 추세다. 뉴욕에 본부를 둔 SAI에는 국제사면위원회(앰네스티인터내셔널), 국제노동조합, 케어인터내셔널 등의 대표자들과 치키타, 돌, 아일린피셔, 쿱이탈리아 등의 대기업 대표들로 구성된 자문위원회가 있다. 이들은 '노동의 기본적 원칙과 권리에 관한 국제노동기구 선언' 과 같은 선언들에 제시된 노동자 권리에 중점을 둔 SA8000 인증제도를 도입했다. SA8000 인증을 얻으려면 독립기구의 감사를 통해 아홉 가지 영역에서 그 실태를 검증받아야 한다. SA8000 인증을 받기 위해서는 "아동노동·강제노동 금지, 노동자의 건강과 안전, 단체결성권과 집단교섭권, 인종·신분·국적·성별 등의 차별 철폐, 육체적 강압이나 언어 폭력 등에 의한 징계 금지, 법정 근로시간 준수, 관련 업계의 기준 및 노동자와 그 가족들의 기본적인 욕구에 충분한 수준의 임금 지급 등 이 인증을 획득 유지하기 위한 관리 체계와 운영 방식"에 대한 검증을 통과해야 한다.[19]

그런데 2005년 과일 무역 업계 최초로 SA8000 인증을 따낸 기업은 다름 아니라 치키타였다. 치키타는 라틴아메리카에 소유한 모든 농장과 1만

4,000명이 넘는 종업원과 3만 7,000에이커에 달하는 토지에 대해 SA8000 인증을 취득했다. 이제 노동자가 노동조합을 통해 노동조건을 바꾸기는 매우 어려운 시대가 되었다. 더군다나 비정규직 노동이 흔해져가는 시대에 정규직 노동자의 집합체인 노동조합은 비정규직 문제에 대해 일정하게 거리를 둘 수밖에 없다는 한계도 있다. 생산 자본주의에서 소비 자본주의로 전환되어가는 현실은 노동보다 소비가, 노동자보다 소비자가 더욱 강력한 힘을 갖는 것을 의미한다. 치키타의 SA8000 인증 획득은 소비자의 윤리적인 소비가 친환경적인 생산과 좀 더 안정적인 노동 조건을 강화할 수 있는 중요한 선택이란 것을 잘 보여주는 사건이다.

기업 권력이 남긴 상흔과 중남미 과거사 청산

"죽은 이들의 부릅뜬 눈들은 정의가 다가온 후에야 감길 수 있을 것이다. 하지만 언제야 그 날이 올 것인가?"

과테말라 출신 노벨문학상 수상자인 미겔 앙헬 아스투리아스Miguel Angel Asturias가 남긴 말이다. 전쟁의 세기였던 20세기에 전쟁보다 더 많은 인명 피해를 낸 것은 집단학살이었다. 이 때문에 숨진 사람은 1억 7,500만 명으로 추정된다. 30년 넘게 내전을 치러온 과테말라에서는 20만 명에 이르는 민간인이 학살되었고, 그 가운데 80퍼센트가량은 인디오 원주민이었다. 1985년 과테말라 최초로 문민 대통령 세레소 아레발로Vinicio Cerezo Arevalo가 취임했으나 군부가 더욱 강하게 반군 소탕에 나서면서 '과테말라 민족혁명연합URNG'과의 내전은 더욱 격화되었고 그 결과 전 국토가 내전 현장이 되었다.

1991년 선출된 세라노Jorge Serrano Elías 대통령은 과테말라 민족화해위원회 CNR를 만들어 URNG와 평화협상을 시작하지만 이것마저 군부의 반발로 실패하고 만다. 고통스러운 협상이 지속되는 과정에서 희생자가 계속 늘어났고, 1996년 1월 평화협정을 우선하는 정책을 공약한 아르수Alvaro Arzu 대통령이 선출되면서 그해 12월 29일 마침내 영구 평화 정착에 합의했다. 1997년 5월, UN의 입회 아래 URNG에 대한 무장해제가 완료되었고, 과테말라 정부도 33퍼센트의 병력을 감축했다. 1996년 평화협상 중에 결성된 인권침해조사위원회의 발표에 따르면 전체 민간인 학살의 97퍼센트 정도가 정부군에 의해 자행되었다고 한다. 후안 호세 헤라르디Juan José Gerardi Conedera 주교의 주도로 만들어진 과테말라 천주교 대교구 인권위원회ODHA는 과거사 진상 규명을 위해 역사적 기억 회복 프로젝트REMHI[20]를 추진했다. 그러나 1998년, 모두 네 권으로 구성된 『인권침해조사보고서』가 발간된 지 이틀 만에 프로젝트 총괄 책임자인 헤라르디 주교가 주교관 앞에서 잔인하게 살해당한다.

1970년대 이래 유럽, 라틴아메리카, 아프리카, 아시아(한국을 비롯해 대만, 필리핀, 네팔, 스리랑카 등) 전 세계적으로 50개 이상의 각종 과거사 청산 기구들이 활동해왔다. 이들 나라는 대개 내전이나 인종·민족 분쟁을 경험했거나 군부독재를 겪었다. 과테말라를 비롯한 이들 나라에서 민간인 학살 진상 규명 등 과거사 문제 청산위원회가 어려움에 처하는 까닭은 크게 두 가지다. 하나는 대부분의 국가에서 가해자였던 세력은 여전히 그 사회를 지배하는 강한 권력을 소유하고 있다는 점이고, 다른 하나는 과거사를 규명할 만한 자료가 망실되거나 조직적으로 폐기되어 생존자와 가해자의 증언에만 의존해야 한다는 점이다. 과테말라 역시 헤라르디 주교의 암살 이후 과거 가해자에 대한 재판 과정에서 증인이 살해되고 판사의 자택에 수류탄이 투척되고 가해자를 기소한 검사가 살해 압력에 시달리다 다른 나라로 망명하는 사태가 빚어졌다.

CIA와 유나이티드프루트가 공모한 과테말라 민주정부 전복 계획 피비 석세스PB Success는 말 그대로 대성공이었다. CIA는 쿠데타 성공 이후 아르벤스 정권이 공산당과 관련이 있다고 조작했던 문건을 모두 없애버리라는 후속 계획 피비 히스토리PB History를 추진했고, 이후 그와 관련한 자료들은 모두 사라져버렸다.[21] 그 결과 유나이티드프루트와 미국이 중남미에서 벌인 경제적 수탈과 잔인한 폭력의 역사는 사라지고, 그 대신 〈바나나〉나 〈코만도〉 같은 영화에서 묘사되는 것처럼 우스꽝스러운 바나나 공화국의 이미지만 남았다.

21세기 들어 치키타브랜즈인터내셔널은 사회적 책임을 다하는 기업으로 변신하려는 노력을 기울이고 있지만 제2차 세계대전에 참여한 독일 기업들처럼 과거사에 대한 참회나 사과, 적절한 보상에 대해서는 아무런 고려도 하지 않고 있다. 게다가 최근 언론 보도[22]를 살펴보면 치키타브랜즈인터내셔널은 조지 W. 부시 대통령 시절, 미 정부와 함께 콜롬비아 테러조직에 은밀히 자금을 제공해온 것으로 드러났다. 콜롬비아 무장반군 세력 AUCUnited Self-Defense Forces of Colombia는 2001년 10월 미 국무부에서 해외 테러조직으로 지정된 바 있다. 1997년 이후 미국과 유럽에 17톤이 넘는 코카인을 밀수한 혐의와 2001년 적어도 1,015명의 민간인을 살해한 혐의 등이 있어서다. 치키타브랜즈인터내셔널은 AUC에 170만 달러의 경비를 제공한 혐의로 2007년 3월 14일 유죄판결을 받아 1,500만 달러의 벌금형을 선고받았다. 바나나 공화국의 녹색 교황으로 군림해온 치키타브랜즈인터내셔널엔 과연 어떤 면죄부가 필요한 것일까.

10

존 D. 록펠러

20세기 석유 문명을 만든 탐욕과 자선의 야누스

> 우리는 철도회사들과 동맹했다. 이젠 클리블랜드의 모든 정유사를 사버릴 거야. 우린 누구에게나 동참할 기회를 준다. …… 하지만 거절하는 놈은 용서 없단다. 네 주식을 우리에게 넘기지 않으면, 우리가 그걸 휴지로 만들어버릴 거야.

John Davison Rockefeller 1839~1937.

미국 정유소의 95퍼센트를 지배한 스탠더드오일 트러스트를 만든 석유왕 존 D. 록펠러.
스탠더드오일의 석유는 근대 초기 전 세계적으로 유통된 최초의 상품이자
20세기 세계를 움직인 동력이었다. 석유산업을 독점하기 위해
리베이트와 협박 등 갖은 악행을 저지른 록펠러 일가가 오명을 씻기 위해 벌인 자선사업은
오늘날까지도 자선의 대명사로 록펠러 가문의 위상을 드높이고 있다.
하지만 록펠러 재단은 냉전기에는 미국 정책의 문화적 대리자로서 녹색혁명을 주도했고,
이후에는 애그리비즈니스를 이끌 과학적 토대를 제공했다.

폴 토마스 앤더슨 감독의 2007년작 〈데어 윌 비 블러드〉There Will Be Blood가 2008년 국내에서 개봉했다가 조용히 막을 내렸다. 아카데미와 베를린 영화제 등에서 많은 상을 받은 이 영화는 1898년 미국의 석유 개발 시대를 배경으로 대니얼 플레인뷰(다니엘 데이 루이스)라는 한 사내의 야망과 탐욕, 광기와 몰락을 생생하게 풀어내고 있다. 부인도 없이 홀로 아들을 키우며 아무도 거들떠보지 않는 황무지 사막 한가운데서 금을 캐는 가난뱅이 뜨내기 광부 대니얼은 우연히 유전을 발견하게 된다. 일확천금의 행운을 거머쥐면서 그는 뜨내기 광부에서 철두철미한 사업가로 변모한다. 유전 개발에 대한 열정과 야심은 점점 더 그를 탐욕과 광기에 휩싸이게 만들고, 석유라는 악마에 영혼을 팔아넘긴 사람으로 변해가게 한다.

    대니얼은 스탠더드오일과 담합한 철도를 피해 직접 송유관을 건설하기 위해 어린 자식을 이용하고, 땅 주인이 요구하는 대로 교회에 나가 자신과 대립하던 목사 엘리 선데이(폴 다노) 앞에서 신앙고백까지 한다. 대니얼이 물질적 광기에 몸을 내맡긴 주동자(protagonist, 연극이나 소설 등에 등장하는 인물 가운데 가장 중요한 사건의 중심에 자리하면서 행동을 주로하는 인물로, 주인공이라고 부르기도 한다)라면 사사건건 그와 대립하는 기독교 근본주의 목사 선데이

석유왕 존 D. 록펠러

1927년 보스턴에서 광고판을 직접 들고 소설 『석유』의 삭제판을 파는 업튼 싱클레어. 겨우 삭제판 150부만 찍은 것이 되려 널리 알려져 베스트셀러가 되었다.

는 그의 물질적 광기를 올바르게 이끌 의무를 지닌 도덕과 종교를 상징하는 반동자(antagonist, 주동자와 대립적인 입장에서 투쟁하는 인물로, 상대역이라고 부르기도 한다)다. 그러나 서로 대립하는 혹은 대립해야 할 두 인물이 석유와 교세 확장이라는 목적을 위해 야합하고 타락함으로써 결국 몰락해가는 과정이 담담하게 묘사된 이 영화는 물질적 탐욕을 제어하고 바로잡아야 할 정신마저 타락해버린 오늘날의 미국, 결국 석유가 원인이 된 미국의 이라크 침공을 은유적으로 고발하고 있다.

비록 영화 자체는 업튼 싱클레어의 소설 『석유』Oil!, 1927에서 영감을 얻은 픽션이었지만, 이런 사건은 단순히 픽션이 아니라 석유 개발 시대의 미국에서 실제로 비일비재하게 벌어졌던 사실이었다. 영화에서 주인공의 영혼을 서서히 파괴시킨 것은 석유에 대한 탐욕이었지만, 유전과 송유관을 놓고 그를 궁지에 몰아넣은 구조적 원인의 배후에는 거대 트러스트(독점기업의 일종) 스탠더드오일과 존 D. 록펠러[1]가 있었다. 석유의 채취부터 운송, 정제, 판매에 이르기까지 수직적 통합을 이루어내 완전히 새로운 질서를 수립한 존 D. 록펠러와 스탠더드오일에 대항할 방법은 단두 가지뿐이었다. 이라크의 사담 후세인Saddam Hussein처럼 하다가 완전하게 파멸하거나 아니면 같은 편이 되는 것이다. 영화에서 결국 실패하고 몰락하는 두 주인공 대니얼 플레인뷰와 엘리 선데이의 모습은 실제 역사에서는 석유사업가로 최고의 악명을 떨치다가 세계 최고의 자선사업가로 변신하는 데 성공한 존 D. 록펠러와 그의 자선사업 담당자 프레더릭 T. 게이츠Frederic Taylor Gates 목사의 어두운 얼굴이기도 하다.

사기꾼 아버지와
독실한 신앙심을 지닌 어머니

2006년 경제전문지 『포브스』는 미국 역사상 가장 부유한 부자가 누구인가를 놓고 당시 미국의 국내총생산GDP을 2006년의 화폐가치로 환산해 순위를 매겼다. 1위는 530억 달러를 소유한 마이크로소프트의 빌 게이츠Bill Gates도, 460억 달러를 소유한 투자의 귀재 워런 버핏Warren Buffett도 아니었다. 1위는 현 시가로 환산한다면 빌 게이츠의 몇 배에 이르는 3,053억 달러의 재산을 가졌다고 평가된 존 D. 록펠러였다. 존 D. 록펠러와 그의 일가는 세계 역사상 최대의 부호이자 가장 악명 높은 기업가로 기억되는 동시에 자신의 어마어마한 재산을 기부해 사회의 공공 이익을 위한 연구에 쏟아부은 자선사업가이자 독실한 신앙심을 바탕으로 사치를 멀리하고 근면 성실한 태도로 기독교적 실천을 몸소 행한 인물로 널리 알려져 있다. 그는 말년에 이르러 성공한 노인들의 특권인 양 어린 시절을 회고하기를 즐겼는데 언제나 "나처럼 전혀 가진 것 없이 시작했던 사람이 또 있을까"라며 자신이 어린 시절 매우 가난했던 것처럼 묘사하곤 했다.

록펠러는 1839년 7월 8일 뉴욕 주 북부의 제법 풍요로운 농가에서 태어났다. 아버지 윌리엄 에이버리 록펠러William Avery Rockefeller는 160에이커의 농장을 소유했으므로 적당한 수입을 저축할 만큼의 여유가 있었다. 윌리엄은 빅 빌이란 별명으로 불릴 만큼 키도 크고 잘생긴 외모에 말주변이 좋아서 이야기를 과장하고 꾸며 말하는 것을 즐겼다. 농장 경영보다는 오히려 장사에 수완이 있는 편이었는데, 엄밀히 말해서 사기꾼이었다. 사람들이 많이 모이는 곳을 찾아 떠돌아다니며 유명한 전문의인 윌리엄 A. 록펠러라고 적힌 전단을 돌리고 가짜 만병통치약을 만들어 팔았다. 이보다 심각한 문제는 장남인 존 D. 록펠러가 열 살 무렵이던 1849년 자신의 집에서 가정부로 일하던 앤 밴더빅을 강간한 혐의로 쫓겨 다니게 되었다는 것이다.

가장이 보안관의 추격을 피해 이리저리 도망 다녀야 했기 때문에 록펠러 일가도 여기저기 떠돌다가 1853년 무렵 클리블랜드에 정착하게 되었다. 아버지가 없는 동안에도 록펠러의 형제자매는 신앙심 깊은 어머니 일라이자Eliza의 보살핌 속에 안전하게 성장할 수 있었다. 그녀는 남편이 부재하는 동안 자식들이 평범한 어린 시절을 보낼 수 있도록 각별하게 신경 썼는데, 독실한 기독교 신자였기 때문에 특히 자식들이 교회의 가르침에 순종하는 사람이 되도록 애썼다. 윌리엄이 언제나 멀리 떠돌아다니면서 가정에는 거의 신경을 쓰지 않았기 때문에 일라이자는 1889년 세상을 떠날 때까지 과부나 다름없는 삶을 살았다. 먼 훗날 윌리엄은 석유 부호로 유명해진 장남 록펠러의 클리블랜드 저택을 찾곤 했지만, 록펠러 일가는 그의 삶에 대해서는 평생 함구했다. 윌리엄의 삶이 알려지게 된 것은 1900년 신문왕 조지프 퓰리처Joseph Pulitzer가 윌리엄 록펠러의 숨겨진 생애에 대해 현상금 8,000달러라는 거금을 내걸고 기사를 모았기 때문이다. 알려진 것이 많지 않지만 가족을 버리고 떠난 윌리엄 록펠러는 사우스다코타에서 스무 살이나 어린 여자와 다시 결혼했고, 그곳에서 40년 동안 윌리엄 리빙스턴 박사라는 의사 행세를 하며 살다가 이름도 적히지 않은 무덤에 묻혔다고 한다.

어머니는 장남인 존 D. 록펠러에게 아버지에게서 받을 수 없었던 사랑과 기대할 수 없었던 가르침을 쏟아부었다. 그녀는 자식들에게 친아버지보다 중요한 존재가 하느님이라 가르쳤고 교회의 목회자를 하느님 다음으로 섬기라고 말했다. 또한 근검절약과 성실을 강조했지만 어떻게 돈을 벌든 반드시 교회에 십일조를 바쳐야 한다고 가르쳤다. 어린 시절 록펠러는 야생 칠면조 둥지에서 알을 가져와 부화시키고 길러서 비싼 값에 팔았다. 이렇게 번 돈을 어느 날 급전이 필요한 이웃집 농부에게 7퍼센트 이자를 받고 빌려주었는데, 1년 뒤 원금과 함께 이자를 받은 어린 록펠러는 돈이 돈을 벌 수 있다는 사실에 큰 감동을 받았다. 그때부터 그는 돈을 위해 일할 게 아니라 돈이 나를 위해 일하도록 해야겠다고 결심한다.

동일 노동 동일 임금을 받지 못해 창업한 록펠러

록펠러가 어린 시절을 보낸 클리블랜드는 이리호(湖)에 인접한 상공업 도시로, 부둣가 인근은 언제나 각종 화물과 승객, 일꾼과 상인 들로 북적였다. 학교에서 그는 언제나 말없이 우울한 표정을 지어 급우들에게 '집사'라는 별명으로 불렸다. 일찌감치 사업가가 되기로 결심한 록펠러는 학교 수업이 끝난 후엔 근방을 돌아다니며 교역의 현장을 구경하곤 했다. 1855년 센트럴고교를 졸업하고서 대학에 진학하는 대신 사업에 뛰어들기 위해 일자리를 구하기 시작했다. 처음부터 사업을 배울 생각으로 규모가 큰 업체에 취직하려고 했는데, 마침 곡물과 여러 상품을 위탁 판매하던 휴잇앤드터틀에서 주급 4달러를 받고 회계보조원으로 일하게 되었다. 그는 적은 보수를 받는 동안에도 교회에 꼬박꼬박 헌금하는 것을 잊지 않았다. 불과 열아홉의 나이로 교회 집사가 된 데에는 그의 믿음이 남달랐던 것도 한몫했지만 무엇보다 록펠러가 교회의 충실한 재원 구실을 한 공로를 교회가 높이 산 덕분이었다.

출근 첫날부터 마치 자기 가게인 양 근면성실하게 일했기 때문에 고용주는 록펠러를 대단히 마음에 들어 했다. 15개월 후 그는 난생 처음으로 승진했고 임금도 두 배 이상 받게 되었다. 그러나 첫 승진이 마지막 승진이 되었다. 어느 날 회계장부를 정리하다 자신이 전임자가 받던 월급의 4분의 1밖에 안 되는 임금을 받는다는 사실을 알게 되었다. 전임자와 똑같은 임금을 요구했지만 받아들여지지 않았다. 그러자 이제부터 남을 위해 일하는 대신 자신을 위해 일하기로 결심한 그는 최대한 빨리 창업하기로 결심했다.

휴잇앤드터틀에서 일하는 3년 동안 800달러를 저축했지만 새로운 사업을 시작하려면 최소한 1,000달러가 더 필요했기 때문에 결국 아버지를 찾아갔다. 윌리엄은 자식에게 10퍼센트의 이자를 받기로 하고 돈을 빌려줬다. 때마침 전부터 알고 지낸 영국 출신 모리스 B. 클라크Maurice B. Clark가 막 열아홉 살이 된 록펠러의 동업자가 되어주었다. 당시 30세였던 클라크는 2,000달러를 투자했고 두 사람은 돈만 벌 수 있다면 건초, 양곡, 정육 등 가리지 않고 사고팔았다. 두 사람이 창업한 클라크앤드록펠러는 창립 첫해에 총매출액 45만 달러에 순이익 4,000달러를 벌어들였다. 1861년 4월 시작된 남북전쟁으로 군수물자 주문이 쇄도하면서 사업은 더욱 성장 가도를 달렸다. 동생 프랭크는 북군에 자원입대했지만 록펠러는 북군에 지원금을 보내는 것으로 병역을 대신했다. 3년이 지나자 매출액은 100만 달러에 달했고 수익은 휴잇앤드터틀이 회계보조원에게 지불한 임금의 수십 배가 되었다.

남북전쟁보다 훗날 인류 문명에 더 큰 영향을 끼치게 될 사건이 이 무렵 펜실베이니아의 타이터스빌Titusville에서 일어났다. 타이터스빌 근처 하천은 언제나 검은 기름띠가 떠다녔기 때문에 기름 냇물이라는 뜻의 '오일크리크oil creek'라고 불렸다. 에드윈 드레이크Edwin Drake는 땅을 파헤치는 기존 방식 대신에 작은 증

드릴로 구멍을 뚫어 땅속 깊이 묻혀 있던 석유를 파내 오일 러시에 시동을 건 에드윈 드레이크

기기관으로 추진되는 드릴로 구멍을 뚫기 시작했다. 1859년 8월 29일, 그는 21미터 깊이에서 솟구쳐 오르는 검은 유정油井을 발견했다. 그의 발견은 미국, 아니 전 세계적으로 시작되는 오일 러시에 시동을 건 사건이었다. 유정의 발견은 마치 10년 전에 시작된 캘리포니아의 골드러시와 비슷한 흥분과 열광을 가져왔다. 1879년 붐이 끝날 때까지 오일크리크에서는 5,600만 갤런의 석유가 생산되었고 미국 전역에 등유 램프가 보급되었으며, 그동안 기름 수요를 대던 포경업은 소규모 산업으로 전락하고 말았다.[2] 이때까지만 하더라도 록펠러에게 석유란 아버지가 돌팔이 의사 행세를 하며 작은 병에 담아 팔던 만병통치약의 재료에 불과했다.

석유 붐은 어떻게 일어난 것일까

석유 붐 초기 펜실베이니아에 사는 인디언은 석유를 병에 담아 리터당 1달러를 받고 약으로 팔았다. 당시에는 힘들게 땅속 깊이 파고들어가거나 거친 바다와 싸우며 대륙붕 이곳저곳을 힘들게 시추하지 않아도 지표면까지 석유가 흘러넘쳤기 때문에 대규모 시추 기술이나 탐사 기술 따위가 없어도 대량 채굴이 그렇게 힘들지 않았다. 그래서 1854년 월스트리트의 주식 전문 변호사 조지 비셀George Bissell이 땅을 파서 석유를 시추하겠다는 계획을 발표하고 투자자를 모집할 무렵 사람들이 그를 보고 미쳤다며 손가락질한 것도 그다지 이상한 일이 아니었다. 고향에서 처음으로 등유 샘플을 본 비셀은 석유가 지닌 가능성을 직감하고 예일 대학의 벤저민 실리먼Benjamin Silliman, Jr에게 원유 성분 분석을 의뢰했다. 투자자들에게 석유 사업의 가능성을 설득하기 위해서는 성분 분석 보고서가 절대적으로 필요했다. 실리먼의 보고서는 조명용 연료의 대명사였던 고래기름을 대체할 수 있는 연료로 석유가 매우 유용하다는 사실을 입증해주었다.

인류는 사실 수천 년 전부터 석유의 존재를 알고 있었지만 그 쓸모에 대해서는 거의 깨우치지 못했다. 근대 이전의 역사에서 석유는 이따금 무기 재료, 방수제, 윤활유, 고약 같은 용도로만 등장할 뿐 연료로 이용된 적이 없었다. 그런 탓에 여기저기에서 자연스럽게 솟아나오는 끈적끈적하고 냄새 고약한 물질에 대한 수요는 거의 없었다. 농부들에게 석유는 농사를 망치는 골칫덩이에 불과했다. 이처럼 쓸모없던 석유가 160년 전 갑자기 검은 황금으로 돌변한 까닭은 무엇이었을까. 아직까지 석유에서 플라스틱을 뽑아내는 석유화학산업이 등장한 것도 아니고 내연기관의 발명은 좀 더 기다려야 했다. 그럼에도 석유가 각광 받게 된 까닭은 조명용 연료를 제공하던 고래의 개체 수가 무분별한 남획으로 줄어들면서 고래기름 가격이 폭등했기 때문이다. 고래가 줄어들면서 포경선이 더 멀리 더 오래 원양으로 나가야 했기 때문에 비용이 증가할 수밖에 없었다. 대체물로 식물성 유지와 송진 추출유가 있었지만 이것들은 고래기름보다 그을음이 많고 폭발의 위험성도 있었다.[3]

본격적인 석유 시대가 개막되긴 했지만 이후 내연기관이 발명되기까지 40년간 원유에서 필요한 것은 조명용 연료로 이용 가능한 등유였을 뿐, 경유나 휘발유는 필요 없는 폐기물로 취급되어 버려졌다. 당시 석유 생산량의 약 70퍼센트가 조명용으로 사용되었다. 처음엔 조명용 연료로만 사용되었지만 점차 석탄보다 부피가 작고 가벼우면서도 더 많은 열을 내는 에너지원으로 석유의 가능성에 주목하는 사람들이 늘어났다. 산업혁명을 이끈 석탄은 고체 덩어리였기 때문에 덩어리 사이의 공간이 많아 보관할 때 부피를 많이 차지했고 먼지처럼 고운 가루로 만들더라도 액체인 석유보다 밀도가 높을 수는 없었다. 게다가 다루기 번거롭고 운반도 불편했다.

석유의 에너지 밀도는 석탄보다 약 50퍼센트 높고 액체라는 장점도 있어서 철도나 선박, 송유관 등을 통한 저장과 수송이 좀 더 간편했다. 1900년 무렵이 되자 기관차의 증기 엔진은 1830년에 처음 선보인 초기 증기기관차 로켓호의 엔진과 비교할 때 압력과 효율이 다섯 배나 늘었고, 이후 효율이 더욱 높아진 증기터빈 엔진은 점점 더 크고 빠른 기선들을 등장시켰다. 인류는 더 많이, 더 멀리, 더 편리하게 살아가기 위해 점점 더 많은 석유를 필요로 하게 되었고 석유에서 현대의 일상생활에 필요한 온갖 합성물질을 뽑아낼 수 있게 되자 현대 문명은 곧 석유 문명이라 해도 좋을 만큼 석유에 절대적으로 의존하게 되었다.

철강 산업을 거치며 산업화를 이룩한 미국 경제의 다음 시기를 이끌어갈 새로운 주역은 석유였다. 1859년 최초의 유전 개발 이후 불과 40년이 흐른

1900년이 되자 미국에만 3만 7,000개의 유전이 개발되어 하루에 13만 7,000 배럴의 석유가 생산되었다. 한적한 시골 마을에 불과하던 타이터스빌은 석유채굴꾼, 기업인 그리고 석유로 인해 넘쳐나는 돈을 노리고 찾아든 온갖 패거리로 북적이면서 순식간에 '질척이는 고모라'라는 악명으로 널리 알려지게 되었다. 그러나 골드러시가 그랬던 것처럼 유정이 마르면 붐비던 도시는 순식간에 유령의 도시가 될 판이었다.

당시 사람들에게는 석유의 발견이 금광의 발견 못지않은 일확천금의 기회였지만 한편으론 10년 전의 골드러시가 허망하게 끝난 것처럼 오일러시 역시 갑자기 멈출지 모른다는 위기감이 팽배했다. 이런 우려 때문에 석유의 생산량이 꾸준히 증가하였음에도 석유 가격은 하루가 다르게 널뛰듯 했다. 어제 배럴당 13달러 하던 것이 내일이면 10센트로 떨어지기도 했다. 이런 가격 변동의 주요 원인은 석유산업의 규모에 비해 너무 많은 업자가 참여한 데다 이들 모두 너무 영세했기 때문이었다.

동업자와 결별하고
새로운 사업에 뛰어들다

타이터스빌 유정 발견 이후 클리블랜드에도 커다란 변화가 생겼다. 애틀랜틱앤드그레이트웨스턴 철도가 뉴욕에서 클리블랜드를 경유해 펜실베이니아 유전지대에 이르는 철도를 건설한 것이다. 1863년 이 철도회사는 150만 배럴 이상의 원유를 운송하면서 미국의 주요 석유수송 업체로 발돋움했다. 이와 함께 클리블랜드도 석유의 중심 도시가 되었다. 이 무렵 클라크앤드록펠러 사무실로 클라크와 알고 지내던 석유정제기술자 새뮤얼 앤드루스Samuel

Andrews가 찾아왔다. 독학으로 화학을 공부한 화학자인 그는 정유소에서 일한 경험을 살려 직접 정유소를 설립할 계획이었다. 클라크와 록펠러는 온갖 상품을 취급하면서 석유의 상품성도 알았기 때문에 선뜻 4,000달러를 투자했다. 록펠러와 클라크는 똑같은 액수를 투자했지만 새로 설립된 정유소에는 여전히 앤드루스클라크사라는 상호가 붙었다. 비록 엑셀시어 정유소라는 별명으로 더 많이 불리긴 했지만. 이는 동업자 클라크가 이제 스물두 살이 된 록펠러를 여전히 경리나 담당하는 후배로 여긴다는 뜻이었다.

초기에 록펠러는 석유 사업을 곡물업의 보조적인 분야로 생각했으나 엑셀시어의 운영을 떠맡게 되면서 석유가 지닌 사업성과 고수익을 올릴 가능성에 눈뜨게 된다. 안정적인 수익을 중시한 그는 석유를 탐사하고 유정을 굴착하는 모험성 짙은 사업에 투자하느니 이들이 개발한 유전에서 나오는 원유를 정유하는 사업이 훨씬 큰 돈벌이가 될 거라 생각했다. 그래서 철도와 호수의 수운을 이용하기에 최대한 용이한 곳에 정유소를 자리 잡도록 했다. 2년이 채 안 되어 엑셀시어 정유소는 하루 500배럴의 등유를 생산했다. 오늘날의 기준으로 보면 매우 보잘것없는 생산량이지만, 1865년 당시에는 미국 최대의 정유소에 속했고 클리블랜드의 다른 정유소들보다 두 배 이상 큰 규모였다. 그러나 석유산업 초기에 정유업은 현대의 IT 벤처기업보다 더 많은 불확실성에 노출된 사업이었다.

잠깐 석유에 대해 알아보면, 휘발유 1리터가 만들어지기 위해서는 23톤의 유기물이 아주 독특한 환경(고압·밀폐)에서 100만 년 동안의 변형을 거쳐야만 한다. 원유는 탄화수소와 100만여 다른 분자의 혼합물이지만 이 분자들은 주로 황, 질소, 산소로 이루어져 있다. 이 혼합물이 유전에서 최종 혹은 중간 단계의 생산물이 될 때까지 원유는 시추, 생산, 운송, 저장, 정제의 과정을 거친다. 일반 소비자가 이용할 수 있는 석유 제품이 생산되기 위해서는 일정한 변형(정유·정제)을 거쳐야만 한다. 첫 번째 변형은 증류탑distillation column에서 이루어지는데 증류탑을 거치면서 가벼운 생산물(가스, 나프타, 휘발유)과 중간 무게의 생산물(등유, 디젤, 가정용 연료), 무거운 생산물(중유) 등이 분리된다.[4]

오늘날엔 이보다 훨씬 복잡한 공정과 절차를 거쳐 생산되지만 원유 정제의 기본 구조는 전통적인 위스키 증류 방식과 별로 다르지 않다. 더구나 석유산업 초기에 필요한 것은 조명용 연료로 쓰이는 등유뿐이었기 때문에 화학에 대한 약간의 이해와 기술, 그리고 정유소를 세울 땅과 초기 시설비만 갖춘다면 누구나 이 사업에 뛰어들 수 있었다. 그 결과 철도를 따라 클리블랜드에만 30여 곳이 넘는 정유소가 만들어졌다. 이처럼 많은 사람들이 석유산업에 뛰어들었지만 한편으론 석유가 갑작스레 고갈될지도 모른다는 염려 때문에 과감한 시설투자는 일어나지 않았다. 1870년대 러시아 남부(현 아제르바이젠)의 바쿠Baku 유전이 발견되기 전까지 드레이크가 발견한 북서 펜실베이니아의 유전은 전 세계에서 산업적 가치가 있는 거의 유일한 유전이었다. 1901년 텍사스 스핀들톱 유전이 발견되기 전까지 미국에서는 새로운 유전이 발견되지 않았다.[5]

엑셀시어 정유소의 사업이 번창하던 1864년, 록펠러는 고등학교 동창이자 든든한 정치적·종교적 배경을 가진 집안의 로라 스펠먼Laura Spelman과 결혼했다. 직장생활을 시작한 이래

스핀들톱 유전. 미국 최초의 상업 유전이 발견되고 50년 가까이 흘러서 텍사스 스핀들톱에서 두 번째 상업 유전이 발견되었다.

하루도 빠짐없이 적은 회계장부에는 그녀와 연애하면서 지출한 비용까지 빼곡하게 정리되어 있었는데, 이런 성품은 평생 변하지 않았다.

록펠러는 신흥 시장의 주도권을 선점하기 위해서 저돌적인 확장과 과감한 시설투자가 필요하다고 생각했다. 그러기 위해서는 부채를 얻어서라도 규모를 키워야만 비용을 줄이고 효율을 증대시킬 수 있었다. 그러나 클라크는 사업 확장에 반대했다. 정유업자로서 뛰어난 기술을 가지고 있던 앤드루스는 정유업에 별다른 관심이나 열정을 보이지 않는 클라크보다 록펠러가 정유업에 대한 열정과 안목이 뛰어나다는 사실을 깨달았다. 앤드루스는 클라크 대신 록펠러와 함께 손을 잡고 동업자였던 클라크를 몰아냈다.

검은 황금에서 피어난 잔인한 풍요, 아메리칸 뷰티

클라크와 결별한 록펠러는 회사 경영권을 차지했고 새로운 파트너로 헨리 M. 플래글러Henry M. Flagler를 영입했다. 두 사람은 함께 침례교회를 다녔고 평생 친분을 유지했지만 성향이 매우 달랐다. 플래글러는 대담하고 때로는 무모할 만큼 저돌적이었다. 록펠러는 플래글러의 이런 성향을 높이 평가해 이런 말을 하기까지 했다.

"사람들을 다루는 능력이란 설탕이나 커피와 같이 돈으로 살 수 있는 상품이다. 그리고 이 세상에서 그런 상품을 나만큼 비싼 값으로 사려는 사람은 없을 것이다."

록펠러는 플래글러의 대담하고 저돌적인 성품만 구입한 것이 아니라 그가 철도회사와 맺고 있던 친분 관계와, 자신이 직접 드러내놓고 처리할 수

스탠더드오일의 공동 설립자인 헨리 플래글러의 1882년 모습

없는 접근 방식을 이용해 철도 운송 문제를 해결하는 능력까지 함께 사들였다. 정유업자로서 이들은 원유 가격을 직접 조절할 수는 없었지만 석유 제품의 가격을 결정하는 다른 요소, 즉 운송비를 통제해서 전체 가격에 영향을 줄 수 있다는 사실을 깨달았다.

1867년 플래글러는 레이크쇼어 철도회사에 리베이트와 하루 60대 분량의 운송을 제공하는 조건으로 다른 기업보다 적은 운임을 보장받기로 비밀 약정을 맺었다. 오늘날 불법적이고 어두운 거래 관행의 대명사가 된 리베이트란 말은 값을 후려치다 또는 압도하다를 뜻하는 프랑스어 '라바트르rabattre'에서 온 것으로, 사전적인 의미는 지불 대금이나 이자의 일부 상당액을 지불인에게 되돌려주는 일 또는 그 돈을 지칭한다. 처음부터 대금이나 요금을 감액해주는 '할인discount'과 달리 리베이트는 대금의 지급 수령 후 감액된 금액만큼 별도로 지불하는 것을 의미했다. 그러나 이 말이 애초의 뜻과 달리 불법적인 뇌물과 어두운 거래의 뉘앙스를 갖게 된 것은 록펠러와 플래글러에 의해서였다.

록펠러는 레이크쇼어 철도회사를 시작으로 윌리엄 밴더빌트William K. Vanderbilt, 제이 굴드Jay Gould 등 '강도 귀족robber baron'[6]이 이끄는 여러 철도회사들과 리베이트를 조건으로 담합을 이끌어냈다. 록펠러의 회사가 경쟁자들을 물리치고 높은 수익을 유지하면서도 확고한 기반을 다질 수 있었던 것은 이 같은 담합 덕분이었다. 리베이트를 금지하는 법률 조항이 제정되기 전이었기 때문에 불법은 아니었다. 록펠러는 이후에도 법망의 허점을 교묘히 이용했고, 그것이 통하지 않을 때면 정부 관리들에게 뇌물을 주는 불법도 마다하지 않았다.

안정적인 수익을 보장받기 위해 그것만으론 부족했다고 여긴 그는 무엇보다 시장에서의 무분별한 경쟁을 줄일 필요를 느꼈다. 가장 좋은 방법은 경쟁자를 줄이는 것이었다. 록펠러는 '록펠러, 앤드루스 앤드 플래글러' 라는 사명을 '스탠더드오일 주식회사' 로 바꿨다. 석유산업 분야에 탄생한 최초의 주식회사이자 미국 기업사에서 철도 분야 이후 처음 등장한 주식회사였다. 주식을 발행해서 경쟁사를 매입할 자금을 확보하고 기존 정유 업체들을 하나둘씩 사들이기 시작했다. 얼마 지나지 않아 클리블랜드와 피츠버그의 130개 정유업체가 스탠더드오일 밑으로 들어왔다. 스탠더드오일의 경쟁사엔 단 두 가지 선택권만 있었는데, 경영권을 상납하고 주식을 분배받든지 아니면 스탠더드오일이 구축한 리베이트 담합 시스템에 의해 경쟁에서 밀려나 파산하는 것이었다. 록펠러는 매수하려는 기업에 접근해 매우 온순한 태도로 자신의 제안을 받아들이도록 설득했지만 그 제안을 거절할 때는 무자비하게 몰아붙였다. 심지어 경쟁사에서 동업자로 일하던 친동생 프랭크가 제안을 거절하자 록펠러는 이런 협박을 퍼부었다.

"우리는 철도회사들과 동맹했다. 이젠 클리블랜드의 모든 정유사를 사버릴 거야. 우린 누구에게나 동참할 기회를 준다. …… 하지만 거절하는 놈은 용서 없단다. 네 주식을 우리에게 넘기지 않으면, 우리가 그걸 휴지로 만들어버릴 거야."

이런 협박은 실제가 되었고 결국 프랭크는 스스로 록펠러 일가를 떠났다. 사람들은 이 사건을 '클리블랜드의 대학살' 이라 불렀지만 이것은 장차 석유산업이 직면하게 될 대규모 합리화 사업의 시초이자 록펠러가 얻게 될 악명의 시작에 불과했다.

자유경쟁 자체에서 트러스트가 형성됐다. 싸움은 가끔 공정하기도 했지만 대개는 부정했다(벨트 아래를 가격하는 법을 터득하고 있는 사업 세계의 관점에서 보더라도). 그러나 공정하든 부정하든, 싸움은 격렬했다. 사업하다 실패로 끝난 사람들은 흔히 파산했다. 그들은 다시 싸울 수 없었다. 때때로 그들은 미쳤고 가끔은 자살했다. 그러나 가장 큰 트러스트를 창설한 사람의 아들로서 그 문제에 대한 권위자인 존 D. 록펠러 2세는 그것이 대가를 치를 만한 가치가 있다고 생각했다. 브라운 대학 학생들과 트러스트 문제에 관해 이야기하면서 그는 이렇게 말했다. "아메리칸 뷰티 장미는 그 주위에서 자라는 어린 싹들을 희생시켜야만 그 화려하고 향기로운 자태를 뽐낼 수 있다."

트러스트의 첫 '아메리칸 뷰티'는 석유에서 피어났다. 1904년에 스탠더드 오일은 미국 내 정제 등유의 86퍼센트 이상을 지배하고 있었다. 석유 부문에서 일어났던 일은 강철, 설탕, 위스키, 석탄 등의 분야에서도 일어났다. 경쟁의 혼돈을 독점의 질서로 바꾸려 했던 곳 어디에서나 트러스트가 형성됐다.[7]

록펠러가 꽃피운 아름답고 화려한 장미, 아메리칸 뷰티는 수많은 기업을 거침없이 집어삼켰고 삼킬 수 없는 것은 철저하게 파괴했다. 그의 손아귀에서 벗어나지 못한 많은 사람이 파산했고 절망 속에 스스로 목숨을 끊었다. 그에 대해 록펠러는 어떤 생각을 했을까.

"그 일은 정당했다. 내 양심에 비추어 정당했음을 확신한다. 나와 하느님 사이에서 그 일은 아무 문제도 없었다."

그는 자신이 언제나 중요한 사명을 띤 사람이라 생각했고 그에게 사업의 비효율성을 제거하는 것은 경제적 이익뿐 아니라 신과 국가를 위한 일이었다. 1882년 1월 2일, 마침내 록펠러는 약 50명의 석유 기업인과 경영인을 한데 모아 그들만의 이해 공동체를 결성했다. 트러스트에 참여한 사람들은 회사 지분을 수탁자에게 맡겨야 했고 수탁자는 수탁자위원회를 통해 참여 기업들의 사업 정책을 조율하고 확정된 분배 기준에 따라 이윤을 배분했다. 트러스트에 참여한 기업들도 형식적으로는 독립 기업이었지만 실질적으로는 수탁자위원회가 모든 경영을 맡는 단일 기업의 지배 아래 놓이게 되었다. 물론 위원회의 최고책임자는 바로 존 D. 록펠러였다.

스탠더드오일은 미국 최대 규모의 트러스트가 되었을 뿐만 아니라 세계 정유산업의 90퍼센트를 장악했다. 록펠러는 스탠더드오일의 유전에서 채굴되어 스탠더드오일의 파이프라인을 통해 운송된 원유를 스탠더드오일의 정유소에서 정제하고, 스탠더드오일의 화차로 수송된 석유를 스탠더드오일의 판매상에 의해 소비자의 바로 문 앞까지 배달되도록 했다. 록펠러는 어떤 경쟁자도 방해자도 용납하지 않았기 때문에 작게는 석유통 하나부터 크게는 제품 운송을 위한 선단까지 자체적으로 만들었다. 그는 석유산업의 수직적 통합을 이루어냈고 기업 경제의 새로운 질서를 만들어냈다. 그가 곧 질서였다.

클리블랜드의 대학살로 아버지를 잃은
아이다 타벨의 복수

20세기가 시작되면서 스탠더드오일 트러스트의 사업 방식은 언론과 여론의 질타를 받고 정부의 감사를 받는 처지가 되었지만 록펠러와 동료들은 눈도 깜짝하지 않았다. 스탠더드오일의 장부와 문서는 전문가가 봐도 제대로 알지 못할 만큼 복잡하게 꾸며졌고 불법적인 방법으로 교묘하게 은폐되어 있었기 때문에 아무리 조사해도 진실을 캐낼 수 없으리라 여겼다. 정부나 법원에서 소환장이 오더라도 록펠러는 최대한 무시했고 어쩔 수 없이 출두해야 할 때는 "잘 모르겠다", "기억이 잘 나지 않는다", "난 모른다"는 말로 증언을 회피했으며, 그것도 피해갈 수 없을 때는 위증을 했다. 1894년 헨리 로이드Henry Demarest Lloyd가 쓴 『공익을 해치는 사익』Wealth Against Commonwealth이란 책에서 록펠러는 사회적 공익과 국가를 위협하는 대표적인 인물로 손꼽혔다.

> 만약 우리 문명이 멸망한다면, 그것은 하층의 야만인들이 아니라 상층의 야만인들에 의해서일 것이다. 미국의 억만장자들은 한 세대 만에 홀연히 등장하여 권좌를 틀어쥐었다. 이 재력은 새로운 권력이며, 이 새로운 권력층에게 막대한 기회를 주고 있다. 문화, 경륜, 자부심 그리고 심지어 귀족 가문 특유의 자제력 등 어떤 것으로도 통제되지 않는 이들 신흥 부자들은 …… 무제한의 권력을 요구하고 있으며, 그 권력을 익명적이고 영구적인 형태로 소유하려고 한다. …… 사치와 권력에 대한 그들의 끝없는 탐욕, 거칠고 상스러우며 인류를 공포로 다스리고자 하는 태도를 보라. 신성한 것들에 대하여, 학문에 대하여, 그들의 이해력을 넘어서는 문명에 대하여, 그들은 단 한마디를 내뱉는다. "얼마면 돼?" [8]

그런데 1901년 아이다 M. 타벨Ida Minerva Tarbell이란 한 여성이 『맥클루어스 매거진』McClure's Magazine에 19회에 걸쳐 록펠러와 스탠더드오일 트러스트에 대한 기사를 쓰기 시작했다. 록펠러의 전기를 쓰기도 한 론 처노Ron Chernow는 타벨이 "미국에서 가장 평범한 사람을 가장 유명하고 혐오스런 인물로 만들었다"고 했지만 동시에 "오랫동안 약탈을 해온 록펠러가 안전하게 잊혔다고 생각했던 모든 것이 이제 그의 앞에 너무나 자세하게 나타나 그를 괴롭혔다"⁹고 말했다. 그 말처럼 타벨은 록펠러와 스탠더드오일 트러스트가 저질러온 온갖 불법 행위를 낱낱이 파헤쳐 세상에 알렸다. 세계 최초의 탐사 전문 저널리스트였던 타벨은 세계 역사를 통틀어 가장 크고 강력한 힘을 가진 기업에 도전했다. 사실 이처럼 어마어마한 싸움을 끈질기게 이어갈 수 있었던 데에는 개인적인 원한도 작용했다. 그녀의 아버지 프랭클린 타벨Franklin Summer Tarbell은 서부 펜실베이니아의 석유지대에서 작은 유전을 경영하고 있었다. 스탠더드오일과 록펠러는

세계 최초의 탐사 전문 저널리스트 아이다 타벨은 19차례에 걸쳐 스탠더드오일 트러스트의 온갖 부정 행위를 고발하는 기사를 썼다.

타벨의 아버지가 유전 사업 인수를 거절하자 그를 파산시켜버렸다. 이른바 클리블랜드의 대학살로 실의에 빠진 프랭클린은 요절했고 그의 원한은 딸에게 이어졌다.

어떤 의미에서 보자면 록펠러가 강도 귀족 가운데 최악의 인물은 아니었다. 그는 우수한 인재를 채용해 경영의 책임을 분산하는 소유와 경영의 분리를 실천한 최초의 기업인이었고, 트러스트와 리베이트는 여전히 불법이 아니었다. 하지만 그는 등유 램프를 사용하는 4,000만 미국 시민의 밤을 지배하는 독점기업의 대명사였고, 보통의 미국인이 하루에 2달러를 벌기도 어렵던 시절에 1초당 2달러를 벌어들이는 당대 최고의 부자였다. 록펠러와 스탠더드오일이 정제한 석유는 국경을 넘어 세계 어디에서나 판매되는, 진정한 의미에서 최초의 세계적인 소비재였다.

스탠더드오일 마크가 새겨진 양철 깡통에 담긴 석유는 태평양을 넘어 중

국과 조선에까지 전해졌지만 그의 사생활은 거의 알려지지 않았다. 어쩌면 사치스러운 파티와 과도한 소비로 한 번씩 추문에 휩싸이던 다른 부자 기업인과 달리 그의 삶은 회사와 교회 그리고 가정의 테두리를 벗어나지 않는 단순하고 소박한 방식이었기 때문에 도리어 더욱 비밀스럽게 여겨졌을지도 모른다. 가십을 좇는 언론이 즐기며 복수할 만한 사생활 문제도 거의 없었기 때문에 도리어 그는 더욱 비밀스럽고 냉혹한 인물로 비쳤다. 무엇보다 트러스트를 통한 거대 독점기업의 출현이 시민의 정부와 민주주의를 위협할 거란 위기의식이 록펠러를 위험한 인물로 생각하게 만들었다.

1901년 9월, 윌리엄 매킨리William McKinley 대통령이 암살당하는 바람에 백악관의 주인이 된 시어도어 루스벨트는 보수적인 공화당 출신이었지만 타벨의 기사를 즐겨 읽는 열렬한 팬이기도 했다. 그는 지금까지 연방정부가 취해온 경제적 자유방임주의를 대신해 정부와 대기업의 결탁, 악덕 기업가들의 횡포, 정부의 무능력 등에서 벗어날 새로운 정책을 과감하게 추진했다. 비록 혁신 정책을 펼치긴 했지만 그는 정치적으로 미국이 세계를 주도하는 국가가 되기 위해서는 전쟁도 불사할 만큼 매우 보수적인 정치인이었다. 그의 신념이 관철되기 위해서는 먼저 국민의 단합이 필요했고, 단합을 위해서는 국가를 구성하는 각 계층이 고루 만족할 수 있어야 했다. 그는 우선 대기업의 횡포를 정부가 앞장서서 제재하지 않으면 안 된다고 생각했다. 그래서 1890년에 제정되었으나

사문화된 셔먼 반독점 트러스트법을 부활시켜 스탠더드오일 해체의 토대를 마련한 시어도어 루스벨트 대통령

사문화되었던 '셔먼 반독점 트러스트법'을 부활시켜 본격적인 '트러스트 파괴자Trust Buster'로 나섰다.

시어도어 루스벨트 대통령 때 시작된 스탠더드오일 재판은 대통령이 윌리엄 하워드 태프트William Howard Taft로 바뀔 때까지 줄기차게 이어졌다. 1911년이 되자 미연방대법원은 트러스트의 최고봉인 스탠더드오일이 자유로운 거래를 억압하고 방해하는 조직이라 결론 내리고 스탠더드오일을 34개의 기업으로 분리하도록 명령한다.[10] 그러나 이 판결은 존 D. 록펠러와 동료들에게 아무런 고통도 주지 못했다. 이 세상에서 가장 부유한 기업을 해체하기 위해 내린 결정이었지만 분리된 기업들의 주가는 2년 뒤 두 배까지 뛰었고, 록펠러 역시 이전보다 두 배 커진 부를 얻었다. 조명용 연료를 넘어 새로운 용도로 쓰이게 된 석유가 그에게 더욱 큰 이득을 가져다준 것이다. 바로 자동차의 등장 때문이었다. 루스벨트 대통령의 혁신 정책과 트러스트 해체 노력은 사실상 대기업에 큰 영향을 주진 못했지만, 이제 기업가들은 더 이상 정부와 여론에 아랑곳하지 않고 마음대로 전횡을 일삼던 과거의 경영 방식을 고수할 수 없다는 사실을 깨닫게 되었다.

러들로 학살 사건과 록펠러 재단의 출범

트러스트 해체 이후 록펠러는 경영 일선에서 물러나고 존 D. 록펠러 2세John Davison Rockefeller, Jr.가 가업과 재산을 승계했다. 록펠러 일가를 자선과 기부의 대명사로 만든 존 D. 록펠러는 이제 록펠러 1세로 불리게 되었다. 자선과 기부 하면 떠올리는 록펠러 가문의 명성은 아버지 록펠러보다 그의 아들 록펠러

록펠러 1세와 록펠러 2세. 트러스트 해체 이후 존 D. 록펠러는 아들 존 D. 록펠러 2세에게 가업을 물려준다.

전직 목사로 록펠러 가문의 자선사업 책임자였던 프레더릭 게이츠. 그러나 그 자선사업 시작 시점이 록펠러 가문의 악명이 높아지는 시기와 겹쳐 비판을 피할 수 없었다.

2세에 이르러 본격화되었다. 오늘날 재단의 천국이라 불릴 만큼 수많은 분야에서 다양한 재단이 활동하는 미국이지만, 재단의 역사가 시작된 것은 100여 년에 불과하다. 그 역사는 산업의 주역이던 1세대 기업인(이른바 강도 귀족)들이 은퇴하던 20세기 초부터 시작되었다. 산업화 과정에 석유, 강철 등의 분야에서 엄청난 돈을 모은 기업인이 사회사업을 위한 재단을 창설하면서 재단 창설 붐이 일었던 것이다. 1907년에 창설된 러셀세이지 재단을 시작으로 1911년 카네기 재단이 만들어졌지만, 록펠러 재단은 우여곡절을 겪은 뒤인 1913년이 되어서야 간신히 설립될 수 있었다.[11]

록펠러가 사회적 공익을 위해 본격적으로 투자한 것은 1891년 전직 침례교 목사 프레더릭 게이츠를 자선사업 책임자로 발탁하면서부터였다. 게이츠는 자선사업을 체계적으로 진행하기 위해 여러 가지 원칙을 수립하고 이를 토대로 사업을 실행해나갔는데 가장 대표적인 것이 1901년 미국 최초의 의학연구소인 록펠러의학연구소를 설립한 것이었다.

그러나 당시 사람들은 록펠러가 기금을 출연하는 사업과 시점을 의심했다. 기금 출연이 여론의 호도를 목적으로 한 것이든 아니든 그 시점이 록펠러 일가가 사회적으로 최악의 상황에 처한 시기와 공교롭게도 번번이 겹쳤기 때문이었다.

1907년 그가 3,200만 달러를 출연하던 때는 대법원 판사가 판결을 내리던 시기였고, 1억 달러짜리 록펠러 재단을 설립하겠다고 발표하던 시점은 대법원의 트러스트 해산 판결에 대한 브리핑을 발표하기 닷새 전이었다. 그런 까닭에 여론의 질타를 피할 수는 없었다. 전 대통령 시어도어 루스벨트는 록펠러의 재단 설립 소식을 듣자 "그 부를 가지고 얼마나 선행을 하든, 그 부를 쌓으려 저지른 악행을 보상할 수는 없다"며 비판했고, 미국노동총연맹AFL의 회장 새뮤얼 곰퍼스Samuel Gompers는 "록펠러 씨가 이 세상에 기여할 수 있는 일이 한 가지 있다면, 대규모의 교육 연구에 투자하는 것이다. 사람들이 록펠러처럼 되지 않을 방법을 배울 수 있는 그런 교육 말이다"라고 비아냥거렸다.

록펠러 재단이 출범했던 1913년에는 록펠러 일가가 실질적 소유주였던 콜로라도 남부의 러들로 석탄 광산에서 대규모 파업이 일어났다. 파업의 원인이 된 사건은 한 젊은 노동운동가의 죽음이었다. 사람들로 붐비는 토요일 밤, 콜로라도 주 트리니다드의 탄광 지구 중심 거리에서 제리 리피어트Gerald Lippiati가 록펠러가 경영하는 콜로라도 연료 및 제철 회사에서 고용한 사설 경찰의 총에 맞아 죽은 것이다. 대부분 이민자였던 광부들은 록펠러가 집세를 받고 제공하는 허름한 오두막에 살았고 회사가 운영하는 잡화점에서 생활필수품을 구입해야 했다. 이들이 받는 월급은 달러가 아니라 회사가 임의로 만든 쿠폰이었고 그나마도 그 금액이 최저생계비에 미치지 못했다. 노동자들의 불만이 고조되자 회사 경영자들은 사설 경찰을 고용해 노동자들의 조

가혹한 대우에 노조를 결성하려던 광산 노동자들을 막기 위해 록펠러의 지원을 받는 주방위군이 이들의 임시 처소인 천막촌을 습격했다. 이 공격으로 어린이 11명과 여성 2명 등 24명 이상이 사망한 사건이 이른바 러들로 학살이다. 사진은 파업을 일으킨 광산 노동자들.

직화 동향을 예의 주시하고 있었다.

리피어트의 죽음에 분노한 광부들은 노조 결성을 목적으로 파업을 일으켰다. 그러자 록펠러 일가는 이들을 오두막에서 강제로 쫓아냈고 파업 광부들은 광산연맹에서 제공한 천막에서 살았다. 록펠러 일가가 고용한 자경단 용역들은 밤마다 장갑차를 동원해 광부들이 사는 천막촌을 향해 소총과 산탄총, 기관총을 마구 쏘아댔다.[12] 그럼에도 광부들은 파업을 중단하지 않았다. 1914년 4월 20일엔 주방위군이 출동해 이들의 거주지에 불을 지르고 기관총 사격을 가하며 강제로 진압하는 사태까지 발생했다. 그 와중에 어린이 열한 명과 여성 두 명을 비롯해 최소 24명이 사망했는데, 이 사건이 훗날 '러들로 학살'로 알려지게 되었다. 그러나 록펠러 2세는 광부들이 무리하게 노조를 조직하려고 한 것이 원인이라며 모든 책임을 광부들에게 떠넘겼다.

록펠러 2세의 이런 태도는 의심의 여지도 없이 그가 존경하는 두 사람, 아버지와 게이츠 목사의 생각과 가르침을 따른 결과였다. 노동조합 문제에 대해서 록펠러 1세의 입장은 언제나 단호했다. 그는 기업이 노동자를 고용하는 것이 기업가가 노동자들에게 베푸는 시혜라 생각했고 노동자들이 노조를 결성하려는 시도에 단호히 대처하는 것은 기업가의 정당한 의무라고 믿었다. 심지어 철강왕 카네기가 노동자들의 파업에 맞서기 위해 실탄 사격을 가하자 그의 강경 조처를 지지하는 전문을 보내기도 했다. 최고경영자가 이런 입장을 취했기 때문에 콜로라도 탄광의 운영자들은 록펠러 2세에게 '우리가 지킬 수 있는 탄광은 지키고 그럴 수 없는 것은 폐쇄할 것'이라는 보고를 올렸다. 록펠러 2세는 이들을 지지했고, 결국 무력을 사용한 강제진압은 학살이 되었다.

이후 열린 청문회에서 록펠러 2세는 자신의 재산을 모두 날리고 노동자가 모두 죽더라도 노조를 파괴해야 한다는 입장에는 변함이 없다고 말했고, 록펠러 1세는 그런 아들이 자랑스럽다면서 콜로라도 탄광의 주식 1만 주를 추가로 증여했다. 그러나 러들로에서 벌어진 참상을 확인한 대중은 크게 분노했고 록펠러 일가는 다시 궁지에 빠졌다. 이때 록펠러 일가가 여론을 전환시키기 위해 고용한 사람이 에드워드 버네이스와 함께 현대 PR의 아버지로 불리는 아이비 리였다. 리는 천막촌에서 일어난 화재가 주방위군의 방화와 자경단의 총격 때문이 아니라 광부들이 추위를 쫓으려 피워둔 난로가 쓰러지면서 생긴 거라고 홍보해 비난을 받았는데, 그와 동시에 좀 더 많은 기부를 통해 록펠러 일가의 이미지를 개선하라고 충고하는 것도 잊지 않았다.

선출되지 않은 권력과
제3세계의 녹색혁명

존 D. 록펠러는 99세를 6주 앞둔 1937년 5월 23일, 심장발작으로 숨을 거둔다. 유해는 클리블랜드로 돌아가 어머니와 먼저 떠난 아내 사이에 묻혔다.

이때 그의 손에는 '증권번호 1번'이라고 적힌 스탠더드오일사의 증권 한 장이 쥐어져 있었다.[13] 그가 죽기 전에 자선사업을 시작했지만 생전에 쌓은 악명이 너무나 컸기에 사후에도 존 D. 록펠러란 이름은 오랫동안 대중의 뇌리에 더러운 이름으로 기억되었고, 록펠러 일가와 록펠러 재단은 이미지 변신을 위해 오랫동안 노력해야 했다. 그러나 존 D. 록펠러는 언젠가 록펠러 재단이 록펠러 일가에게 과거의 스탠더드오일보다 더 큰 힘과 영향력을 가져다줄 거라고 굳게 믿었다. 세월이 흘러 그의 악명보다 록펠러 재단의 자선이 좀 더 두드러져 보이게 되자 실제로 그렇게 되었다.

오늘날 왜 다른 어떤 선진국보다 유난히 미국에 재단이 많고 이들이 강력한 힘을 가질 수 있는 것일까? 첫째, 미국의 재단은 주로 기업인이 설립했기 때문에 다른 나라의 재단들과 비교할 수 없을 만큼 절대적인 규모의 재원을 확보할 수 있었고 이를 통해 대규모 사업을 추진할 수 있었다. 둘째, 미국은 전통적으로 작은 정부를 지향해왔고 국가와 중앙정부의 권한과 책임이 최소한으로 규정된 탓에 민간 영역에 속한 재단이 실제로는 국가가 담당해야 할 공공 영역의 역할과 기능까지 분담할 수 있었다. 다시 말해 빈부격차 등의 문제로 인해 발생하는 사회복지, 문화예술 분야에서의 교육 등 공공복리 증진을 위해 본래 국가가 담당해야 할 기능을 제대로 하지 못하거나 그 역할이 미약한 공백을 민간 재단이 메워주고 있다는 말이다.

최근 신자유주의를 대체할 새로운 경제 패러다임으로 부각되는 것이 아나톨 칼레츠키Anatole Kaletsky의 '자본주의 4.0'이다. 칼레츠키는 1970년대부터 『이코노미스트』와 『파이낸셜타임스』 등에서 비즈니스와 금융 문제 전문가로 활동하면서 전 세계의 금융기관, 기업, 정부기관에 경제와 정치 분석 보고서를 제공하는 유명한 경제 전문 칼럼니스트인데 그가 현장 경험을 녹여 2010년 미국과 영국에서 동시에 간행한 책이 바로 『자본주의 4.0』이다. 그는 리먼브라더스의 파산으로 촉발된 2008년 금융위기를 시장자본주의의 위기가 아니라 '시장근본주의의 위기'로 보았다. 그는 18세기에서 20세기 초까지 나타난 자유방임적 자본주의를 자본주의 1.0으로, 러시아혁명과 경제대공황 이후 출현한 케인즈식 수정자본주의를 자본주의 2.0으로 보았고, 1980년대 대처와 레이건의 신보수주의 정치혁명으로 출현한 프리드먼식 자본주의, 이른바 신자유주의를 자본주의 3.0으로 규정했다. 신자유주의자들은 비효율적인 정부를 대신해 시장이 정치를 통제해야 한다고 보았다. 이것이 내적 논리에 의해 더욱 강화된 결과 조지 W. 부시 행정부 시절에는 지나친 시장만능주의, 시장근본주의에 빠지게 되었고 결과적으로 자본주의의 구조적 위기를 심화시켰다는 것이다. 칼레츠키는 자본주의가 위기를 극복하기 위해서는 자기 진화가 필요하다며 이것을 자본주의 4.0이라 불렀다.

자본주의 4.0은 지금까지의 신자유주의를 대신해 정치와 경제(시장)가 모두 오류를 범할 수 있다는 사실을 인정하고 서로 협력·견제하는 관계를 새롭게 구축해나갈 것을 주문하고 있다. 최근 투자의 귀재 워런 버핏이 "돈으로 돈을 버는 사람이 노동으로 돈을 버는 사람보다 세금을 적게 내는 것은 비정상"이라며 부자 증세를 주장한 데 이어 프랑스 최고의 부호들이 국가의 재정 적자를 줄이기 위해 부자들이 더 많은 세금을 내야 한다는 기고문까지 낸 까닭은 그들이 자본주의 4.0을 대안으로 인식했든 아니든 간에 이대로 가다간 국가의 근간을 이루는 자본주의 시장경제와 공동체가 붕괴될지 모른다는 위기의식 때문이다. 한 국가 공동체가 병들지 않고 온전하게 굴러가기 위해서는 물론 세금이라는 연료와, 기부라는 윤활유 모두 필요하다.

그러나 귤이 회수를 건너면 탱자가 된다는 말처럼 최근 한국 사회에서 논의되거나 나타나는 자본주의 4.0은 그가 본래 의도한 것과 달리 기부와 자선에 의한 신자유주의 정책의 지속을 의미하는 것처럼 보인다. 흔히 빈부 양극화가 심화된 미국 사회를 지탱하는 건전한 전통으로 부의 사회적 환원을 손 꼽는데, 실제로 미국 부호들이 재단을 설립하고 운영하는 과정을 연구해온 학자들은 전통적으로 정부가 일정한 역할을 책임지고 수행하는 유럽식 민주주의와 달리 작은 정부를 추구하는 미국식 민주주의의 허점을 보완하려다 보니 이런 전통이 생겨났다고 지적하고 있다.

실제로 미국은 선진국 대부분이 갖춘 기본적 사회복지제도인 국민의료보험조차 최근에야 도입하려고 시도하는 국가다. 오바마 대통령은 국민 대다수가 혜택을 입게 될 의료보험개혁을 추진하면서도 여론의 지지를 받지 못하고 있다. 보수적인 공화당과 직접적인 이해관계가 있는 보험금융자본의 강한 로비에 휘말려 민간의료보험과 신설된 공보험을 경쟁시키는 방식으로 후퇴하는 등 제대로 된 개혁 법안이 만들어지지 못했기 때문이지만, 다른 한편으로는 국민 대다수가 너무나 오랫동안 자본과 시장 논리에 의해 지배되는 사회에서 살아왔기 때문에 법안의 혜택을 구체적으로 실감하지 못한 탓이기도 하다. 미국은 건국 이래 전통적으로 국가의 기능, 특히 사회복지와 같이 국가가 직접 개입해 빈부격차를 줄이고 사회적 긴장과 갈등을 완화하는 기능이 약했다.

산업화 이후 미국 사회에서 이 같은 기능을 담당한 것은 민간에서 자발적으로 만들어진 재단이었다. 그렇기 때문에 캐나다 정치인 로버트 위브Robert Wiebe는 20세기까지 또는 적어도 20세기 중반까지 "(미국) 정부가 갖고 있었던 가장 유용한 이미지는 텅 빈 화물선, 즉 권력이 만들어지고 넘치지만 정부 스스로는 아무것도 제공할 수 없는 컨테이너다. 그럼에도 불구하고 이렇듯 과장된 이미지는 매우 중요한 사실을 전달하는 것이다"[14]라고 말했다. 다시 말해 세계 최고의 권부를 자임하는 미국 행정부지만 꾸준히 작은 정부를 추구해온 결과 스스로는 자국민에게 아무것도 제공할 수 없는 텅 빈 컨테이너와 같아졌기 때문에 이처럼 정부가 수행하지 못하는 빈자리를 자선단체들이 메워왔다는 것이다.

카네기와 록펠러에서 버핏과 빌 게이츠로 이어지는 부의 사회적 환원 전통은 매우 부러운 현상이지만, 국가가 세금을 통해 사회적 인프라와 복지 체계를 구축하는 대신 부자들의 자선과 기부에 의존하는 사회가 과연 우리 국민이 바라는 국가 공동체의 모습인지 고민해볼 필요가 있다.

미국에서 부자들의 자선과 기부로 만들어진 재단은 공공의 영역에서 국가의 빈자리를 채웠고, 냉전 시대엔 미 정부가 직접 나서서 해결할 수 없는 냉전의 문화적 대리자로서 제3세계와 비동맹권을 아우르는 전략을 수행하기도 했다. 한동안 TV 드라마로 인기가 높았던 〈맥가이버〉에서 주인공은 동구권을 넘나들며 정부를 대신해 여러 가지 비밀작전 임무를 수행하는 것으로 나오는데 그가 속한 조직이 정부기관이 아니라 피닉스 재단이란 민간기구였다는 점을 떠올려보면 좀 더 이해하기가 쉬울 것이다. 이처럼 정부의 공백과 의도를 대신해 다양한 프로그램을 수행한 가장 대표적인 민간 재단이자 NGO가 바로 록펠러 재단이다.

> 20세기에 세계에서 가장 중요한 경제개발 기관은 선구적인 NGO인 록펠러 재단이었다고 할 수 있다.
>
> 다른 어떤 기구도 (세계은행이나 국제개발처USAID나 그 밖의 어떤 국제기구도) 재단 발족 이후 75년 동안 록펠러 재단이 수행한 역할의 근처에도 이르지 못했다. …… 록펠러도 마찬가지로 도전에 나서면서, 1907년 미국 의회에 질병, 빈곤, 무지를 퇴치하기 위한 연방기관에 재산을 기부하겠다고 말했다. 당시 성마른 정치가들은 그가 돈으로 명성을 사려는 것뿐이라고 주장하며, 그를 환영하기는커녕 오히려 공격했다. 의회가 반대하면서 그의 제안은 기

각되었다. 록펠러는 대신에 1913년 뉴욕 주에 사무실을 내고, 두 차례의 초기 출연금 1억 달러로 록펠러 재단을 설립했다. 20세기에 국제적 개발의 대의를 고무하는 일에 이 이상의 역할을 한 기관은 없었다. 록펠러 재단이 처음 60년 동안에 착수한 일은 거의 황금알이 되었다. 재단의 지원을 받은 과학자 중 약 170명이 노벨상을 받았다.[15]

록펠러 재단은 제2차 세계대전 이후 라틴아메리카와 아시아 지역의 여러 저개발 국가에서 농업생산력 증대, 이른바 '녹색혁명'을 지원해왔다. 그러나 겉으로 드러난 사실과 달리 그 이면에 숨겨진 진실은 그리 아름답지 않은 것이 많다.

제2차 세계대전의 여파로 독일의 이게파르벤이 붕괴하자 미국의 화학 기업이 세계 최강으로 부상했다. 유수 기업들—듀폰, 다우케미컬, 몬산토, 허큘리스파우더 등—은 전투용 폭탄과 탄환을 만들기 위해 생산한 질소화합물이 넘쳐나는 사태를 맞았다.

질소는 TNT 같은 고성능 폭약의 주성분이며, 질산염 비료를 만드는 데에도 쓰였다. 화학업계는 비료·암모니아질산염·무수암모니아 같은 형태로 남은 질소를 팔아먹을 수 있는 시장을 새롭게 창출하기로 했다. 자국 농업시장일 수도 있고 해외 농업시장일 수도 있었다.

전쟁이 끝날 무렵 록펠러가의 스탠더드오일 집단에는 무엇보다 듀폰, 다우케미컬, 허큘리스파우더가 포함되어 있었는데, 질소비료산업은 록펠러 스탠더드오일 집단의 주력 업종이었다.

전후 새로운 농화학 제품의 국제 마케팅은 카길·콘티넨털그레인·번지·아처대니얼스미들랜드의 연합체인 곡물 카르텔뿐 아니라 미국의 석유화학

산업에도 중요한 시장을 열어주었다. 거대한 곡물무역회사는 모두 미국 기업들이었고, 그들은 1960년대와 1970년대에 녹색혁명의 확산을 통해 특수 교잡종자를 개발함으로써 성장했다. 농업은 세계화하는 중이었으며, 록펠러 재단이 애그리비즈니스의 세계화 과정을 이끌었다.[16]

록펠러 재단은 설립 초기인 제2차 세계대전 이전부터 독일의 우생학 연구를 지원하는 등 이른바 생명공학에 깊은 관심을 두었다. 이후 록펠러 재단이 연구비를 투자하고 이끈 녹색혁명은 궁극적으로 인류의 식량자원을 생산하는 농업을 산업화한다는 것을 의미했다. 오늘날 쌀과 밀, 콩, 옥수수 같은 곡물을 생산하기 위해서는 반드시 농약과 비료가 필요하고, 논을 갈고 추수하는 기계의 연료로는 물론이고 운송과 보관 등 모든 과정에 석유가 반드시 필요하다.

녹색혁명은 어떻게 가능했던 것일까. 토종 종자 대신 이를 유전적으로 변형시킨 종자를 몬산토 같은 종자회사에서 구입해 농약과 비료와 버무려 함께 뿌려야만 두세 배의 증산이 가능해진다. 이것이 지난 세기 제3세계에서 펼쳐진 녹색혁명의 실체다. 제3세계에서 진행된 농업의 산업화는 그 과정에서 투입되는 비용을 감당하지 못하는 빈농을 도태시켰고 결국 산업화된 농업에 적응할 수 있는 기업화된 농업만이 살아남았다. 농업이 석유와 화학산업에 의존해 산업화된 결과 20세기 초반 15억이던 인류는 70억으로 늘어났고, 현재도 또 앞으로도 농업이 현재와 같은 생산량을 유지하기 위해서는 록펠러 스탠더드오일 집단이 대주주로 있는 유전자 산업과 석유화학산업의 생산물인 이 생산하는 종자와 비료에 의존해야만 한다. 이처럼 록펠러 재단이 펼치는 다양한 사업이 과연 순수한 의도로만 출발한 것일까.

정부가 무능력하고 시민들이 정치에 무관심한 세상에서는 더 많은 기업

경영자가 세상을 자신의 책임으로 여기게 된다. 강력한 정치 지도력이 사라진 세상에서 경제는 새로운 정치학이 되었고, 선출되지 않은 채 막대한 부를 누리는 기업과 기업의 소유주들은 전통적으로 정치인이 해온 역할을 대체한다. 19세기의 자유방임주의를 연상하게 되는 신자유주의가 극성인 21세기 초엽을 살아가는 우리는 부자들이 스스로 힘들게 벌었다고 주장하는 막대한 부를 단순히 수익의 재창출을 위해서뿐만 아니라 마치 로빈 후드처럼 우리 사회의 예술과 교육, 빈곤 퇴치와 일자리 창출 같은 공공의 이익을 위해 사용하는 모습을 볼 수 있을 것이다.

자본주의 체제에서 기업이 할 수 있는 최고의 의무이자 복지는 고용을 통한 국민 개개인의 소득 증대와 세금을 통한 국가 재정의 건전성에 대한 기여다. 그러나 자기 기업 내부의 비정규직 노동자 1만여 명을 정규직으로 고용하는 데 드는 비용 1,000억 원이 아까워 이들을 정규직으로 전환하라는 법원 판결조차 어기는 기업이 저소득층 인재를 양성한다며 5,000억 원을 기부하고, 한 여성 노동자가 309일 동안 35미터 고공에 매달려 '해고는 살인'이라 외쳐도 눈도 깜짝 안 하는 사회에서 이름뿐인 자본주의 4.0은 어쩌면 지독한 자본주의의 다른 이름일지도 모른다. 자신들에게 유리한 시스템을 통해 많은 혜택을 받은 사람들이 이제 부의 불평등을 해소하기 위해 교육과 문화에 이바지하는 장학재단과 문화재단을 설립하겠다며 발 벗고 나선다. 과연 이들의 기부와 자선은 우리 사회를 더욱 풍요롭게 만들 것인가?

브레히트는 「임시 야간숙소」라는 시에서 이렇게 노래했다.

> 그러한 방법으로는 이 세계가 달라지지 않는다.
> 인간과 인간의 관계가 나아지지 않는다.
> 그러한 방법으로는 착취의 시대가 짧아지지 않는다.

11

뒤퐁 가문

끊임없는 변신으로
200년간 세계를 지배해온 듀폰

"너무 늦기 전에 과거를 잊어버려야 한다."

−찰스 홀리데이
(듀폰 200년 역사상 가장 큰 도박을 이끄는 듀폰의 최고경영자)

DuPont Family

세기를 넘어 장수한 기업을 연구한 윌리엄 오하라 교수는
미국에서 1890년에 상장한 회사 가운데 지금까지 남아 있는 기업은 GE밖에 없다며
한 기업이 수백 년을 버티는 것은 기적에 가깝다고 했다.
하지만 1802년 창립된 듀폰은 미국의 경제전문지 『포춘』이 1955년부터 해마다 발표해온
세계 500대 기업 명단에서 한 번도 빠진 적이 없다.
듀폰이 이처럼 오랫동안 세계 유수의 기업으로 존재할 수 있던 것은
끊임없이 새로운 사업 영역을 개척하며 변신을 거듭한 결과다.
그러나 듀폰이 화약, 화학섬유, 생명공학 등 주력 업종을 바꿔나가는 동안
지구 생태계와 환경은 끊임없이 위협받고 있다. 듀폰의 제품은 우리가 숨 쉬는 대기,
마시는 물, 성층권의 오존, 곡물 종자에 이르기까지 영향을 미치지 않는 곳이 없다.

영화 〈플러버〉Flubber, 1997는 1961년 디즈니의 가족 영화 〈건망증 교수〉The Absent-Minded Professor를 화려한 컴퓨터그래픽과 같은 특수효과를 동원해 리메이크한 작품이다. 원작은 1988년 TV 시리즈로도 제작될 만큼 어린이와 청소년들에게 큰 인기였는데, 작은 차이가 있을 뿐 원작과 리메이크작의 기본 줄거리는 흡사하다. 화학 교수 네드 브레이너드(로빈 윌리암스)는 결혼식까지 잊을 정도로 연구에 몰두하다가 우연한 폭발 사고로 스스로 에너지를 만들어내며 끊임없이 튀어 오르는 고무 같은 물질을 발견한다. 그는 탄성이 엄청난 이 물질을 '하늘을 나는Flying'과 '고무Rubber'란 뜻의 합성어 플러버Flubber라 이름 짓는다. 플러버는 키 작은 농구선수가 슬램덩크를 할 수 있게, 또 낡아빠진 자동차가 하늘을 날 수 있게 만드는 신비한 물질이다. 이처럼 에너지 보존의 법칙을 초월하는 물질은 과학적으로 존재할 수 없지만 〈플러버〉는 연금술사들이 꿈꾼 것처럼 화학이 지닌 놀라운 힘을 어린이들이 상상할 수 있게 만들어준다.

영화 속 플러버와 달리 오늘날 세계를 뒤덮은 화학물질 대부분은 우연한 폭발이나 사고가 아니라 무수한 실험과 막대한 자본이 투자된 결과로 발명되었지만, 인류 최초의 합성섬유인 나일론의 발명에는 약간의 우연이 필요

최초의 합성섬유 나일론과 최초의 합성고무 네오프렌을 발명한 월리스 흄 커러더스

했다. 1930년, 최초의 합성고무인 네오프렌(폴리클로로프렌)을 발명한 월리스 흄 커러더스Wallace Hume Carothers는 1935년에 세계적인 화학 기업 듀폰Dupont● 의 기초과학 연구부장으로 근무하며 새로운 합성물질을 만들어내는 데 성공했다. 하지만 이 물질이 어떤 성질을 지녔는지, 용도가 무엇인지는 미처 깨닫지 못했다. 그가 잠시 실험실을 비운 사이 연구 조수 줄리언 힐Julian Hill이 실패한 실험에 쓰인 기구들을 치우느라 시험관 바닥에 붙은 이 물질의 찌꺼기를 유리막대로 긁어내려 했다. 그러자 유리막대 끝에 붙은 이상한 물질에서 마치 실크처럼 아름답고 가는 실이 끝없이 뽑혀져 나왔다. 이 발견이 없었더라면 나일론은 실험실 선반 위에서 영원히 잠들 뻔했다.[1]

현대 석유화학의
역사를 써내려간 기업

아침이 되면 뉴크렐Nucrel 수지로 코팅된 튜브에서 치약을 짜고, 타이넥스Tynex 칫솔모로 만든 칫솔로 이를 닦고, 코리안Corian 인조대리석으로 만든 싱크대

● 이 글에서는 기업 '듀폰'과 인명 '듀폰'의 혼동을 피하기 위해 인명 표기는 영어식 표기인 듀폰을 대신하여 '뒤퐁'으로 하고, 기업은 '듀폰'으로 표기한다. 뒤퐁 가문의 일대기와 듀폰 기업의 역사에 대해서는 듀폰 홈페이지(http://www2.dupont.com/Heritage/en_US/index.html)를 참조했다.

에서 테플론Teflon으로 코팅된 프라이팬에 듀폰의 대두 단백질이 포함된 소시지를 요리하고, 마일라Mylar 필름으로 포장된 슬라이스 치즈로 아침식사를 하고, 애필Appeel 재질로 만들어진 요거트 뚜껑을 열어 건강 디저트를 즐긴다. 식사 후에는 쿨맥스Coolmax와 탁텔Tactel 소재로 만든 속옷을 입고, 라이크라Lycra와 코듀라Cordura로 만든 셔츠와 바지를 걸친다. 밤이 되면 듀폰의 폴리에스터Quallofil 솜으로 충전된 베개와 이불에서 잠든다.

여기서 언급한 것은 듀폰이 생산한 제품의 극히 일부다. 듀폰의 제품은 우리가 미처 깨닫지 못하는 사이 숨 쉬는 대기, 마시는 물, 저 멀리 성층권의 오존에 이르기까지 영향을 미치지 않는 곳이 없다. 듀폰은 전 세계에 1만 4,000개 이상의 특허를 출원했고 2만 개 이상의 특허를 소유한 기업으로 2001년에만 1,800개 이상의 국제 특허를 획득했다. 듀폰이 생산한 제품 및 서비스와 관련한 고유 상표만 2,100여 개에 이르며 세계적으로 2만 3,000개 이상의 제품이 듀폰의 등록 상표를 사용해야만 생산 가능하다. 이 가운데 특히 잘 알려진 브랜드를 꼽자면 프라이팬 코팅제로 널리 쓰이는 테플론, 스판덱스라 통칭하는 라이크라, 방탄복 소재로 잘 알려진 케블라Kevlar, 방염 소재인 노멕스Nomex, 싱크대와 샤워 부스 등에 많이 쓰이는 인조대리석, 카펫을 만드는 스테인마스터Stainmaster 등 수없이 많은 제품이 우리가 일상생활에 사용하는 상품의 기초 소재가 되고 있다.[2]

듀폰은 유전자 조작 종자 기업의 하나인 파이어니어하이브레드Pioneer Hi-Bred International를 인수하고 몬산토, 신젠타, 다우케미컬 등과 함께 세계 4대 종자기업 가운데 하나로 변모하여 사업 영역을 화학공업에서 생명과학 분야로까지 넓혀가고 있다. 그 뿐만 아니라 세계 유수의 곡물 메이저 번지Bunge와 합작으로 설립한 쏠레Solae를 통해 각종 식품 생산의 필수 요소 가운데 하나인 대두 단백질[3]을 생산하고 있다.

듀폰은 1802년 미국 델라웨어 주 윌밍턴에서 창립된 이래 현재까지 세계적인 기업으로 영향력을 행사하고 있다. 지난 200년에 걸친 듀폰의 역사는 현대 석유화학의 역사라 해도 과언이 아닐 정도로 대단한 것이지만 그와 동시에 환경 파괴의 역사이기도 하다. 21세기 들어 주력 사업이던 섬유 분야를 매각하면서 종합과학회사로의 변신을 추구하는 듀폰의 미래는 단순히 한 기업의 미래가 아니라 인류의 재앙이 될지도 모른다는 점에서 우리 모두의 미래이기도 하다.

죽음의 상인으로 시작한 듀폰

듀폰의 창업자 엘뢰테르 이레네 뒤퐁Éleuthère Irénée du Pont, 1771~1834은 파리의 시계 제조업자이자 중농주의 경제학자였던 피에르 사뮈엘 뒤퐁Pierre Samuel du Pont de Nemours, 1739~1817의 차남으로 태어났다. 피에르는 루이 16세 시절 재정총감 튀르고Anne Robert Jacques Turgot에게 발탁되어 자유주의적 경제 개혁을 이끌었지만 봉건귀족 세력의 반발로 해임당하는 수모를 겪기도 했다. 해임된 뒤 장원을 마련해 한가로운 은퇴생활을 하던 그에게 루이 16세는 프랑스가 후원한 미국의 독립을 영국이 외교적으로 승인하는 파리조약을 추진하라는 명령을 내렸다. 임무를 성공적으로 완수한 공로로 귀족 칭호를 받은 피에르는 토머스 제퍼슨Thomas Jefferson 등 미국

듀폰의 설립자 엘뢰테르 이레네 뒤퐁

정치 지도자들과 친분을 맺었다. 엘뢰테르는 14세 때 이미 화약 제조에 관한 논문을 쓸 만큼 화학과 식물학에 조예가 깊었다. 아버지의 도움으로 당시 가장 유명한 화학자인 라부아지에(Antoine Lavoisier)의 제자 겸 동료로 일하며 폭발물 제조 기술을 익혔다. 그러나 1789년 프랑스대혁명이 일어나 뒤퐁 부자가 운영하던 인쇄소가 폭도들에게 약탈당하고 감옥에 갇히는 등 생명의 위협을 받자 뒤퐁 일가는 투자 명목으로 자금을 모아 미국 망명길에 나섰다.

갖은 고생 끝에 신천지에 도착했지만 뒤퐁 일가는 주변의 충고를 무시한 채 부동산에 투자했다가 큰 손실을 입었다. 손실을 메워야 하는 엘뢰테르는 자신의 화약제조 기술이 돈을 버는 데 쓸모 있단 사실을 발견했다. 당시 미국은 기술 수준이 매우 낮아서 품질이 조악한 저급 화약밖에 생산할 수 없었고 영국제 화약은 너무 고가였기 때문에 수요는 충분했다. 그는 1801년 프랑스로 돌아가 새로운 투자자들에게 추가 자금을 끌어들여 최신 화약 제조 장

1802년 엘뢰테르 뒤퐁은 오하이오 주 델라웨어의 브랜디와인 강변에 처음으로 화약 공장을 열었다. 사진은 1905년의 브랜디와인 강변의 듀폰 화약 공장.

비를 구입했다. 1802년 7월 19일, 그는 오하이오 주 델라웨이의 브랜디와인 강변에 처음으로 화약 공장을 열었고, 아버지와 친분이 두터운 제퍼슨이 듀폰의 흑색화약을 육군과 해군에 납품하도록 힘써준 덕분에 1811년 무렵엔 미국 최대 규모의 화약제조 업체가 될 수 있었다. 화약 산업은 승승장구했지만 잇따르는 폭발 사고 때문에 안전지대를 확보하는 데 적지 않은 비용이 들었고, 사업 규모를 수익 규모보다 더 크게 확장했기 때문에 끊임없이 채무자들에게 시달려야 했다. 채무에 시달리던 엘뢰테르는 1834년 사업차 필라델피아에 갔다가 갑자기 심장마비로 숨졌다.

엘뢰테르의 사망 이후 듀폰은 유진 뒤퐁Eugene du Pont, 1840~1902으로 이어졌다가 다시 라모 뒤퐁Lammot du Pont, 1831~1884과 헨리 뒤퐁Henry A. du Pont, 1838~1926으로 이어졌다. 특히 라모는 펜실베이니아 대학에서 화학을 공부한 과학자로, 남북전쟁 기간 칠레에서 300만 파운드의 초석을 구입하는 등 정부를 위해 일하기도 했다. 이 무렵 듀폰은 매우 든든한 동업자를 만나게 되는데 앞으로 미

라모 뒤퐁(왼쪽)과 헨리 뒤퐁(오른쪽). 남북전쟁 당시 J.P.모건과 손잡고 북군에 군수물자를 납품해 미국 역사상 최초의 군산복합체를 만들었다.

국 금융계의 마왕으로 성장하게 될 J.P.모건이었다. 1861년 남북전쟁 무렵 이미 미국 최대 화약 기업으로 성장한 듀폰은 모건과 손잡고 북군에 화약을 납품하는 '모건 캠프'의 일원이 되었다.

그러나 이들이 비싸게 납품한 군수품은 품질이 매우 조악해서 병사들은 끊임없이 격발 사고에 시달렸고 군화는 지급받은 지 반나절도 안 되어 밑창이 떨어졌다. 전쟁이 끝나고 이런 사실이 알려지면서 장관이 해임되고 의회의 진상조사가 실시되는 등 사회적으로 큰 물의를 빚었다. 전쟁으로 큰 이득을 보았지만 J.P.모건과 듀폰은 악덕 상인이자 죽음의 상인이라는 불명예를 얻었다. 그러나 이런 비판을 받았음에도 두 회사는 남북전쟁 이후 제1차 세계대전과 제2차 세계대전까지도 군수물자를 생산해 미군에 납품했고 제너럴모터스를 공동으로 지배하기도 했다. 미국 역사상 최초의 군산복합체는 남북전쟁 때 듀폰과 J.P.모건에 의해 시작되었다.[4]

화약 기업에서
화학 기업으로 변신하다

남북전쟁이 끝나자 미국은 장기 불황에 접어들었다. 듀폰은 경쟁 업체들을 공격적으로 합병해 경영권을 장악하고 듀폰을 중심으로 한 기업연합cartel 체제를 구축해나가기 시작한다. 라모 뒤퐁은 1872년 화약의 가격과 생산을 통제하는 화약거래협회의 회장으로 당선되었다. 듀폰은 업체 간 경쟁을 배제하고 생산과 판매의 합리화를 이룩하며 압도적인 시장 지배력을 갖췄고 연방정부 군용 화약의 공급을 독점하게 되었다. 라모는 1870년대 다이너마이트의 주요 생산 업체였던 캘리포니아화약산업에 대한 대규모 투자를 추진

가족 경영 체제가 흔들리던 듀폰을 중흥의 길로 이끈 피에르 S. 뒤퐁

하면서 듀폰의 사업을 화학 분야까지 넓히도록 이끌었지만, 1884년 폭발 사고 때문에 53세의 나이로 세상을 떠났다. 얼마 뒤 웨스트포인트 사관학교 출신으로 뛰어난 경영 능력과 폭넓은 인맥을 지녔던 헨리 뒤퐁마저 세상을 떠나면서 듀폰은 커다란 위기를 맞았다.

창립 100년 만에 가족 경영 체제를 지탱하던 인물들이 잇따라 세상을 떠나자 뒤퐁 가문은 회사를 매각하기로 결정했다. 그러자 이사회의 결정에 반발한 세 젊은이 앨프리드Alfred I. du Pont, 1864~1935, 콜먼T. Coleman du Pont, 1863~1930, 피에르Pierre S. du Pont, 1870~1954가 자신들이 듀폰을 매입해서 경영하겠다고 나섰다. 사촌지간인 세 사람은 나이 든 친척들의 동의를 구해 듀폰을 주식회사로 전환하고 투자자들에게 주식으로 대금을 지급했다. 이 가운데 피에르는 라모 뒤퐁의 아들로 1890년 매사추세츠 공과대학MIT에서 화학을 전공한 뒤 듀폰 계열 철강회사에서 경영자로 일했다. 그는 나이 많은 친척들의 보수적인 경영 방침에 실망해 1899년 철강회사 경영에서 물러났다가 아버지의 죽음으로 위기에 빠진 듀폰을 구원하기 위해 다시 나섰다.

그가 듀폰을 중흥의 길로 이끈 과정을 살펴보면 이렇다. 우선 재정 부문 담당자로서 시대에 뒤떨어진 조직을 현대적인 경영 시스템에 맞도록 탈바꿈시켰는데, 구체적으로 보면 조직화된 직급 운용 체계를 도입하고 정교한 회계 시스템과 시장 예측 기법을 개발했다. 특히 폭발물 분야에 치중된 사업을 다각화하기 위해 연구개발에 많은 노력을 기울여 듀폰이 20세기 세계 최대의 화학 기업으로 성장할 수 있는 기초를 다졌다. 1902년 주식회사로 전환할 무렵 듀폰은 미국 화약 시장의 36퍼센트, 미국 폭발물 생산량의 56퍼센트를 차지했고, 뒤퐁 일가는 듀폰 지분의 75퍼센트를 소유했다.

여러 군소 업체를 합병하면서 독점기업으로 성장한 듀폰은 시어도어 루스벨트의 반독점 정책에 따라 독점금지법 위반으로 고소당하면서 군납 계약이 취소되는 등의 어려움을 겪기도 했다. 또 대부분의 군수업체가 그러하듯 전시에는 특수를 누렸지만 전쟁이 끝나면 위기를 맞는 패턴을 반복할 수밖에 없었다. 피에르는 사업 분야를 다각화하지 않고서는 같은 위기가 반복될 수밖에 없다는 사실을 잘 알고 있었다. 그래서 화약 생산 시설을 축소하고 그 시설을 다른 용도로 전환할 방법을 궁리했다. 전시에는 전쟁 물자를 생산하지만 전쟁이 끝나면 일상용품을 생산하는 시설을 갖추기만 한다면 듀폰은 계속해서 이익을 낼 것이었다. 그러기 위해서는 기존의 화약 제조 기술을 응용하거나 그 생산 설비를 이용한 제품이어야만 했다.

당시 화약 원료인 니트로셀룰로스를 기초로 응용할 수 있는 제품은 인조피혁, 인조견사, 피록실린(셀룰로이드) 같은 것이었는데, 인조견사 분야에는 프랑스와 이탈리아가 특허를 가지고 있었기 때문에 듀폰은 우선 인조피혁과 피록실린 분야에 진출하기로 했다. 하지만 이 같은 방식은 제1차 세계대전이 벌어지면서 잠시 미뤄지게 되었다. 전쟁이 발발한 1914년에 840만 파운드의 화약을 생산해낸 듀폰은 이 전쟁이 막바지에 이른 1917년에는 4억 5,500파운드를 생산했고 5,300명이던 종업원 수도 8만 5,000명으로 급팽창했다. 전쟁은 위기에 빠진 듀폰에 기회를, 그것도 아주 큰 기회를 안겨주었다.[5]

맨해튼 프로젝트의
주춧돌이 된 듀폰

엘뢰테르부터 라모, 피에르에 이르기까지 듀폰을 이끈 경영진들은 모두 대학이나 연구소에서 화학을 연구한 사람들이지만 제2차 세계대전 이전까지 세계의 화학공업을 실질적으로 이끈 나라는 독일이었다. 산업혁명을 뒤늦게 겪은 독일은 19세기 중반부터 화학이 지닌 산업적 가치를 인식하고 대학을 중심으로 화학 연구에 투자를 아끼지 않았다. 1890년경엔 바이엘Bayer, 훼히스트Hoechst, 바스프BASF, 아그파Agfa 등이 화학공업을 선도하게 되었는데, 이들은 경쟁적으로 대학의 연구기관과 관계를 맺거나 기업 내부에 별도의 연구기관(산업체 연구소)을 설치하면서 산업발전에 과학지식과 기술을 활용하려고 했다. 이들은 1925년 화학공업 카르텔인 이게파르벤IG Farben으로 성장했는데, 제2차 세계대전 이후 연합국 측에 의해 해체될 때까지 세계 최대 규모를 자랑하는 종합화학 기업이었다. 염료, 비료, 의약품(아스피린 등), 필름, 합성고무, 인조섬유 등의 제품을 생산하며 세계 화학공업을 선도했으나 나치 독일의 전쟁 수행을 도왔다는 이유로 죽음의 상인이라는 비난도 함께 받았다.

이 무렵 정부나 기업이 과학자들의 연구에 기대한 것은 곧바로 생산에 응용할 실용적인 기술이었지만, 산업체 연구소에 종사한 과학자의 연구가 실용적인 분야에만 국한되지는 않았다. 처음엔 산업 분야에 적용하기 어렵던 기술도 시간이 흘러 새로운 용도를 발견하면서 국가권력과 자본은 과학이 지닌 가치를 인식하기 시작했고, 기초과학 분야의 연구가 축적되지 않고서는 응용과학이 발전할 수 없다는 사실을 깨달았다. 그러나 기초과학 연구에 매진하던 과학자들은 많은 자금이 투자된 자신들의 연구가 실제 산업 분야에서 응용 가능하단 사실을 입증해야 한다는 부담감에 시달렸다. 이때부터

1941년에 아우슈비츠 부근에 있던 이게파르벤 공장. 여섯 개의 화학 회사가 카르텔을 맺어 탄생한 이게파르벤은 세계 화학공업을 선도했으나 나치 독일을 도왔다는 이유로 죽음의 상인이라는 비난을 받았다.

과학기술은 자본과 국가권력에서 벗어나지 못하게 되었다.

제1차 세계대전 이전까지 중소기업에 불과하던 듀폰은 전쟁 기간 연합군이 사용한 탄약의 40퍼센트를 공급하면서 4년이 흘러 전쟁이 끝날 무렵에는 세계에서 제일 큰 화학 기업 가운데 하나가 되었다. 전쟁이 발발하기 전까지 세계 화학산업을 지배하던 독일이 영국 해군의 대륙 봉쇄에 막혀 수출 시장을 상실하자, 듀폰을 비롯한 미국의 화학 회사들이 해외 시장을 차지했고, 전쟁배상금을 대신해 독일의 특허와 기술도 확보할 수 있었다. 전쟁이 끝나자 듀폰의 연간 수입은 1913년보다 스물여섯 배나 증가해 있었다.[6]

종전 후 듀폰은 과거 경험에서 배운 교훈을 잊지 않았다. 여전히 화약을 생산했지만 군수산업의 규모를 원래 수준으로 되돌리는 대신 염료를 비롯한 다양한 화학 제품을 생산했다. 1902년부터 1914년까지 듀폰을 이끈 피에르 S. 뒤퐁은 연합국에 군수물자를 판매하는 대신 대금을 선지급받았는데, 이 때문에 부당한 이득을 거둔다고 또다시 비판받았다. 그러나 이렇게 축적한 막대한 자본 덕분에 듀폰은 전후 여러 분야의 화학 회사를 인수해 자회사로 만들어 셀룰로이드 플라스틱, 페인트 화학, 레이온 섬유, 셀로판 필름, 합성 암모니아 등을 생산하는 종합화학 기업이 되었다.

듀폰은 J.P.모건과 함께 제너럴모터스에 투자해 GM 주식의 37퍼센트를 차지하고 있었는데, 1920년 제너럴모터스가 파산 위기에 몰리자 피에르는 GM 경영진에 합류하기 위해 듀폰을 떠나야만 했다. 그는 앨프리드 슬론Alfred Pritchard Sloan과 함께 제너럴모터스를 경영하면서 듀폰의 경영 비법을 응용해 시장에 효과적으로 대응할 수 있는 경영 체계와 다양한 모델의 자동차를 생산할 수 있는 기술을 제공했다. GM은 듀폰이 생산하는 여러 화학제품과 합성소재를 자동차 내외장재에 이용했는데, 특히 포드자동차가 검은색 T형 모델만을 고집하는 동안 듀폰이 개발한 니트로셀룰로스 도료[7]를 이용해 다양한 색상의 자동차를 만들어냈다. 피에르가 물러나던 1928년, 제너럴모터스는 드디어 포드자동차를 제치고 세계 최대 자동차 메이커가 되었다. 1962년 반독점법에 따라 미국 정부에 의해 강제로 지배주주에서 물러날 때까지 듀폰은 40여 년 동안 이 자동차 메이커를 실질적으로 경영했다. GM 경영 일선에서 물러난 피에르는 1940년까지 듀폰의 이사회 의장으로 재직했다.

전쟁 때마다 부당한 이득을 거두어들였다는 이유로 고발당한 듀폰은 대외적인 이미지만큼은 전쟁과 거리를 두고 싶어 했다. 하지만 제2차 세계대전이 벌어지자 또다시 45억 파운드의 폭발물을 생산했고, 미국의 전쟁 수행을 위해 화학무기는 물론 플라스틱 형태의 폭발물과 총기, 로켓추진발사화약 등을 개발하는 데 참가했다. 제2차 세계대전 중 듀폰이 참여한 가장 거대한 프로젝트는 인류 최초의 핵폭탄을 개발하는 맨해튼 프로젝트Manhattan Project였다.

듀폰은 1942년 가을부터 정부의 요청에 따라 핵폭탄 개발에 필수적인 플

테네시 주 오크리지에 있던 X10 흑연형 원자로에 우라늄 덩어리를 밀어넣는 노동자들. 듀폰은 이 원자로를 짓는 등 맨해튼 프로젝트에 많은 기여를 했다.

루토늄 생산 기술과 자금을 협조했다. 워싱턴 주 컬럼비아 강변에 있는 핸퍼드에 화학반응로, 분리공장, 원료설비, 가옥, 도로 등을 새로 건설하는 데 2,500만 달러를 투자했지만 상징적인 의미로 고작 1달러의 대금만 청구했고, 그 과정에서 취득한 모든 기술에 대해 특허권을 주장하지 않기로 했다. 1944년 말, 맨해튼 프로젝트가 끝나 플루토늄의 생산과 재처리에 이르는 모든 과정이 아무 문제 없이 작동하게 되자 미국은 1945년 8월, 히로시마와 나가사키에 핵폭탄을 떨어뜨렸다. 전쟁이 끝나자 듀폰은 아무 조건 없이 핸퍼드에서 철수하는 것으로 애국심을 과시했지만, 전쟁 기간에 미 정부 산하의 공장 스물다섯 개를 관리했고 전쟁을 통해 1억 9,600만 달러가 넘는 이득을 남겼다.

최초의 합성섬유를 발명한
커러더스의 갈등

나일론은 오늘날 나이롱환자같이 무언가 남을 속이거나 싸구려의 좋지 않은 것을 뜻하는 부정적인 느낌의 속어처럼 쓰이기도 한다. 하지만 처음 등장했을 때는 지금과는 사뭇 다른 분위기였다.

1939년 뉴욕세계박람회는 '놀라운 합성섬유synthetic wonder fiber'인 나일론으로 만든 양말을 신은 매혹적인 여러 명의 모델이 있는 듀폰Dupont 전시관을 특색으로 삼았다. 여성들은 처음 소개되는 이 나일론 스타킹을 구매하기 위해 길게 줄을 섰고, 1.15~1.35달러로 판매된 스타킹은 한 시간 만에 매진되었다. 나일론 스타킹의 인기는 감소하지 않았으나 그 공급은 일시적이었다. 제2차 세계대전 동안 나일론 섬유의 수요가 공급을 소진시켜 나일론 스타킹은 값비싼 상품이 되었다. 나일론은 전쟁을 위한 낙하산, 텐트, 타이어, 밧줄 생산에 대부분 사용되었다. 스타킹을 신고 싶어 못 견디는 몇몇 여성들은 다리에 메이크업을 하고 아이라이너 펜슬로 다리 뒤에 세로선을 그렸다. 여성을 대상으로 한 전쟁 동안의 한 조사연구는 전시 후에 여성들이 얻고자 하는 가장 중요한 아이템은 나일론 스타킹이며, 그다음이 남성이라고 하였다.[8]

전쟁이 끝나고 나일론 스타킹이 일반에 처음 시판되던 1940년 5월, 상점 앞에는 무려 3만 명의 여성이 이 스타킹을 구하려 줄을 섰고 구입하는 데 성공한 여성은 감격스러워하며 길거리에서 스타킹을 신었다. 이처럼 대단한 인기를 누리다 보니 사람들은 나일론이란 명칭에 무언가 숨은 뜻이 있지 않을까 궁금해하기도 했다. 어떤 이들은 나일론Nylon이 뉴욕과 런던의 앞머리

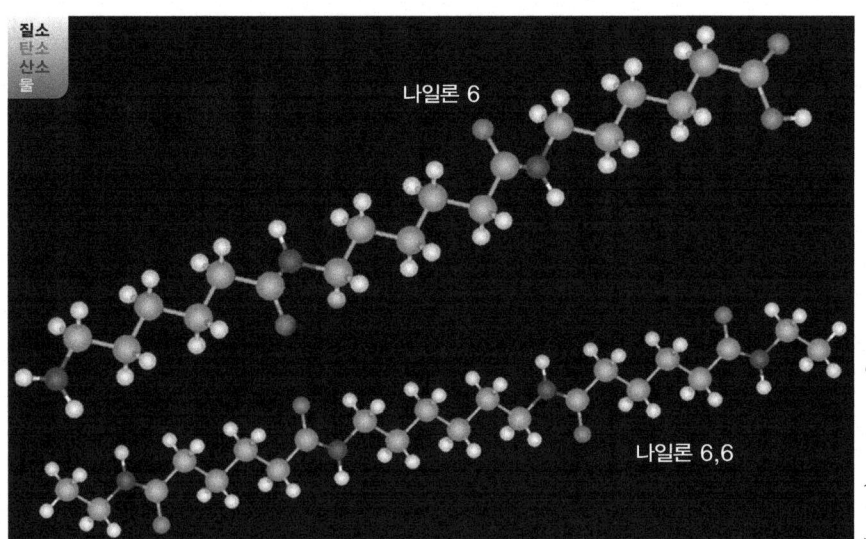

나일론 6과 나일론 6,6의 3D 다이어그램

글자를 딴 거라 추측하기도 했고, 또 어떤 사람들은 나일론을 발명한 커러더스의 비극적인 최후를 연상해 허무Nihil에서 따온 거라 주장하기도 했다. 그러나 나일론이란 명칭은 커러더스가 1937년 4월 29일, 청산가리 캡슐로 자살한 뒤에야 정해진 것이고, 그는 생전에 이 물질을 나일론이라 부르지 않았다. 많은 이가 나일론의 의미를 궁금해하자 듀폰은 1940년대에 아무 뜻도 없는 이름이라고 밝혔지만 여전히 사람들은 그것이 커러더스의 비극적인 죽음과 관련이 있다고 믿는다.

1927년 듀폰의 중앙연구소 화학부서 책임자이자 화학자였던 찰스 스타인 Charles Stine은 연구 조직을 쇄신하고 다양한 사업 분야에 확고한 과학적 기초를 세워줄 장기적 차원의 기초연구 조직을 설립한다는 계획을 세운다. 그때까지 미국에서 기초과학 분야의 연구를 수행하고 논문을 발표하는 것은 대학의 전유물이었기에 스타인이 순수기초연구를 표방하며 함께 연구할 학자들을 대학에서 찾아내기 위해 백방으로 노력했음에도 학자들은 기업체 연구소에서 일하려고 들지 않았다. 그러자 스타인은 전술을 바꿔 이미 명성을 얻은 연구자 대신 과학적 재능이 있지만 아직 명성을 얻지 못한 젊은 과학자를 찾아다니기 시작했다. 이때 포착된 사람이 하버드 대학에서 강사로 일하며 유기화학을 연구하던 월리스 커러더스였다. 당시 커러더스는 불과 31세의 젊은 과학자였지만, 유기화학 분야에서 여덟 편의 논문을 발표하며 한 세기에 나올까 말까 한 과학자로 주목받고 있었다. 여기엔 매우 혁신적인 중합체polymer[9]에 대한 논문도 포함되어 있었다.

스타인의 제안을 받은 커러더스는 듀폰의 실험실을 방문해 정말 기초과학 분야에 투자할 의사가 있는지 자신의 연구에 어느 정도의 자율권을 보장해줄 것인지 탐문했다. 그는 거듭해서 금전적 이익을 얻기 위한 연구엔 관심이 없고 과학지식을 증대시키기 위한 순수한 연구에만 관심이 있다는 사실을 강조했다. 과학연구의 순수성을 보장받고자 한 그를 안심시키기 위해 스타인이 여러 차례 다짐을 거듭했지만, 커러더스는 대학에서 가르치고 연구하는 일에서 보람을 느꼈기 때문에 결국 제안을 거절했다. 그가 두려워한 것은 과학자로서 연구하고 자신의 연구결과물을 자유롭게 발표할 수 있는 권리가 기업에 의해 침해받을지 모른다는 것이었다. 스타인은 그의 거절을 받아들이지 않고 연구소 부책임자에게 승낙을 받기 전까지 돌아올 생각을 하지 말라며 커러더스를 강력히 설득하게 했다. 듀폰이 커러더스에게 그토록 집착한 까닭은 그의 중합체 이론으로 얻을 수 있는 것이 듀폰이 원하던 주력 상품, 바로 합성섬유였기 때문이다.

듀폰의 판단은 옳았다. 자동차 산업이 한창 붐을 일으키던 당시 미국은 전 세계 천연고무 생산량의 절반가량을 소비했는데, 이 수요가 이따금 천연고무의 공급을 초과하면서 천연고무 가격은 점점 상승했다. 듀폰을 비롯한 수

많은 화학 기업이 천연고무를 대체할 합성고무를 개발하려고 했지만 성공하지 못하고 있었다. 커러더스 역시 합성고무에 약간 관심이 있었지만 그 관심은 상업적인 게 아니라 과학적인 것이었다. 그는 천연고무를 복잡한 중합체 물질 중에서 비교적 간단한 조직이라 여겼고, 네오프렌을 발명했음에도 그것이 과학적으로 새로운 화학적 원리나 기술과는 별로 관련이 없는 물질이라 생각했기 때문에 중요한 업적으로 여기지 않았다. 1930년 합성고무인 네오프렌을 발명한 커러더스는 1935년 인류 최초의 합성섬유인 나일론을 발명했고, 듀폰은 그의 연구가 다져놓은 기초 덕분에 나일론을 비롯해 수많은 합성수지 제품을 계속 시장에 내놓을 수 있었다.

커러더스 덕분에 스타인이 승진하고 엘머 K. 볼튼Elmer K. Bolton이 후임으로 연구소 책임자가 되었다. 볼튼은 기초연구에 특권을 준 스타인과 정반대 인물로, 처음부터 기초과학 연구에 반대했다. 그는 기본적으로 기업의 연구는 상업적으로 이용 가능한 구체적인 성과를 내야 한다고 생각했다. 나일론을 발명한 커러더스는 나일론 연구에 대한 흥미를 잃고 새로운 연구를 시작하고 싶었지만, 볼튼은 그에게 나일론과 합성섬유에 대해 계속 연구하도록 강요했다. 마지못해 지시를 따른 커러더스는 틈틈이 합성섬유에 대한 논문을 발표하기 위해 준비했지만, 듀폰은 특허 신청이 완료될 때까지 발표를 가로막았다. 커러더스는 애초 계약과 다르다며 항의하다가 결국 1년 후에 발표하기로 타협할 수밖에 없었다.

본디 고지식하고 섬세한 성격이었던 커러더스는 점점 알코올에 의존하게 되었고 우울증이 심각해졌다. 그러나 그가 연구에 대해 흥미를 잃고 회사 지시에 따라 이런저런 연구 프로젝트를 오가는 동안 듀폰은 그에게 더욱더 상업적인 연구에 매달리도록 강요했다. 나일론의 제품화가 결정되면서 나일론에 대한 연구는 과학적인 부분에서 산업적인 부분으로 완전히 전환되었고,

커러더스의 기초과학 연구 부서는 나일론 개발 부서가 되었다. 우울증에 시달리던 커러더스는 결국 1937년 4월 28일, 필라델피아의 한 호텔에서 평소 지니고 다니던 청산가리를 레몬주스에 타서 마시고 다음 날 숨진다.

유력한 노벨상 후보였던 커러더스는 듀폰에서 일하던 9년 동안 60편의 논문을 발표했고 69건에 이르는 특허를 취득했다. 그러나 순수과학자로 살고 싶었던 그의 의지와 달리 기업은 그에게 상업 제품의 발명을 강요했고, 결국 스스로 목숨을 끊는 비극으로 생을 마감하게 되었다.[10] 오늘날 전 세계에 흩어진 산하의 기업과 연구소에 4,000명이 넘는 과학자가 일하고 있으며 수만 건의 특허를 자랑하는 듀폰이지만 정작 듀폰 출신으로 노벨상을 받은 사람은 1987년에 노벨 화학상을 수상한 찰스 피더슨Charles John Pedersen 한 명뿐이다.

화학공업의 위기로
경영 일선에서 물러난 뒤퐁 가문

제2차 세계대전 때 핵 개발에 참여하면서 듀폰 경영진은 두 가지 의미에서 커다란 자신감을 얻었다. 첫 번째는 그동안 가장 큰 경쟁자였던 독일의 이게 파르벤이 패전과 더불어 해체되면서 독일의 첨단 기술과 인력을 확보할 수 있게 된 것이었고, 두 번째는 핵 개발에 참여하면서 확보한 기초과학 기술에 더 많은 자금을 투자한다면 계속해서 '새로운 나일론'을 창출해낼 수 있다는 자신감을 얻은 것이었다. 이때부터 듀폰에는 거대 규모의 연구개발을 통해 기업을 성장시킨다는 특유의 모험적인 기업문화가 뿌리내리게 되었다. 듀폰은 전후 여러 분야에서 '새로운 벤처New Venture' 정책을 추진하면서 막대한 연구비를 지출했고 설비 시설을 대규모로 확충해 대량생산을 시도했다.

실제로 이 기간에 무려 20억 달러에 달하는 막대한 연구개발 비용을 지출하며 다용도 플라스틱 필름인 마일라를 비롯해 40여 종의 새로운 생산품을 개발했지만 1960년대까지 이익을 안겨준 제품들은 1930~1940년대 개발된 것이었다.[11] 새로운 나일론들은 끊임없이 개발되었지만 생산 과정에서 지출된 비용이 너무 과도했고 무엇보다 큰 문제는 새로운 나일론 제품들이 석유 가격 변동에 크게 영향을 받았다는 것이다.

1970년대 들어 듀폰은 섬유산업의 과잉생산과 석유파동 등으로 성장이 지체되면서 심각한 위기를 맞이했다. 매출의 25퍼센트를 합성섬유 분야가 차지하기 때문에 새로운 돌파구를 마련해야 했다. 170여 년간 가족 중심 경영 체제를 유지해온 듀폰 가문은 현재 시스템으로는 위기를 극복할 수 없다고 판단해 1971년 라모 듀퐁 코플랜드Lammot du Pont Copeland가 회장직을 사임하면서 경영 일선에서 물러난다. 듀퐁 가문이 물러나고 전문 경영자들이 경영을 책임지면서 듀폰은 가혹한 구조조정 과정을 거치게 되는데, 8개 사업 부문을 6개로 통합하면서 전 세계에서 3만여 명의 직원을 해고했다. 경영 일선에서 물러나긴 했지만 듀폰 그룹을 실질적으로 소유하는 것은 여전히 듀퐁 가문이었고, 듀폰의 이사회에는 반드시 한두 명 이상의 듀퐁 가문 사람이 이사로 선임되었다.

미국 속담에 '3대만 가면 다시 빈손Shirtsleeves to shirtsleeves in three generation'이란 말이 있는데 우리 식으로 하면 '부자가 3대를 못 넘긴다'는 말이다. 그러나 미국 최고의 부자 리스트인 포브스 400Forbes 400에 따르면 듀퐁 가문이 소유한 총재산 규모는 건국 이래 미국을 지배해온 12개 대부호 가문인 듀퐁, 듀크, 필드, 포드, 프리크, 게티, 해리먼, 허스트, 헌트, 멜런, 록펠러, 휘트니 가운데 150억 달러로 1위를 차지했다. 포브스 400 리스트는 가문이 아니라 개인의 순위를 매기기 때문에 현재는 듀퐁 가문 사람들의 이름이 빠졌지만

1982년까지만 하더라도 뒤퐁 가문 사람이 24명이나 포함되어 있었다.[12] 포브스 400에 뒤퐁 일가의 이름이 빠진 것은 듀폰의 사업 실적이 나빠졌기 때문이 아니라 뒤퐁 가문 후손들이 늘어나 유산을 분배하다 보니 개인이 소유한 재산 규모가 줄어들었기 때문이다. 그럼에도 뒤퐁 일가는 듀폰 그룹의 실질적 소유주로 듀폰 지분의 15퍼센트 정도를 소유하고 있다.

그런데 듀폰이 위기에 빠지고 뒤퐁 가문이 경영 일선에서 물러나게 된 것은 합성섬유 산업의 위기에서 비롯된 수익성 악화 때문이지만 다른 이유도 있었다. 바로 오래전부터 듀폰 스스로 뿌려놓은 파괴의 씨앗들이 무섭게 싹을 틔웠기 때문이다.

『침묵의 봄』과 듀폰의 녹색 세탁

1960년대 살충제는 미국을 뒤흔드는 이슈가 되었다. 살충제 때문에 봄이 와도 새를 보지 못하리라는 '침묵의 봄'에 대한 우려는 점차 환경오염과 사회 정의 문제로까지 확대되어갔고, 그동안 거의 아무런 규제 없이 생산되던 각종 화학 제품과 기업의 각종 화학 폐기물에 대한 대중의 관심이 커져갔다. 이 시기 듀폰은 한발 물러나 침묵으로 응수했으나, 1974년 6월 MIT와 캘리포니아 대학의 화학자 몰리나Mario Molina와 롤런드F. Sherwood Rowland[13]가 『네이처』에 발표한 연구 결과로 더는 침묵하지 못하게 되었다.

두 사람에 따르면 듀폰이 개발해 냉장고나 에어컨의 냉매 또는 스프레이 제품의 충전제로 사용해온 프레온가스, 이른바 염화플루오린화탄소(CFCs)가 지구의 오존층을 파괴한다는 것이다. 1993년까지 듀폰이 생산한 CFCs는 미국 시장의 50퍼센트, 세계 시장의 25퍼센트에 해당했다. 듀폰은 만약

CFCs가 오존 파괴와 관련이 있다면 해당 제품의 생산을 중단하겠다고 공약했지만, 대외적으로 표방한 것과 달리 이면에선 연구 결과를 축소하고 CFCs 규제 정책 추진을 막기 위한 정치 로비를 했다. 한편으론 대체 물질을 개발하기 위한 연구에도 투자했는데, 1980년대 후반부터 CFCs 사용에 대한 국제 사회의 압력이 거세지자 2000년까지 생산을 중단하기로 약속하면서 대체제로 수소염화불화탄소(HCFCs)와 수소불화탄소(HFCs)를 내놓았다. 당시만 하더라도 이 물질들은 몬트리올의정서나 미국 환경보호청EPA의 규제 물질이 아니었지만, 안전한 대체 물질이라던 HCFCs와 HFCs 역시 CFCs 못지않게 오존을 파괴하는 위험한 온실가스임이 입증되었다. 그러나 듀폰은 2030년까지 계속해서 HCFCs를 생산할 계획이다.

> 오존층을 파괴하는 주범은 바로 프레온가스. 프레온가스의 염소 원자 하나가 무려 10만 개의 오존 분자를 파괴하며 일단 성층권까지 올라간 프레온가스는 오존층을 파괴하면서 최고 300년까지 머무를 수 있다. 프레온가스는 1929년에 미국의 '듀폰' 사가 발견하였고 '제너럴모터스'에서 냉장고를 차갑게 하는 냉매제로 개발되어 엄청난 양이 쓰였다. 프레온가스는 냄새도 독성도 없으며 불에 타지도 않는 물질로 냉장고나 에어컨의 냉매, 스티로폼 발포제, 드라이크리닝 용제, 반도체나 정밀부품의 세척제, 스프레이와 같은 분사제로 다양하게 이용된다. 남극 상공에 생긴 오존층의 구멍을 메우려면 적어도 2000년대까지는 프레온가스 생산을 완전히 중단해야 하는데 그렇더라도 2050년경에야 구멍이 복구될 것이라 한다.[14]

1962년 6월 16일, 『뉴요커』The New Yorker지에 레이첼 카슨Rachel Carson이 쓴 『침묵의 봄』Silent Spring, 1962 요약판이 게재되었다. 그러면서 미국은 물론 전 세계에서 환경문제의 심각성과 무분별한 화학제품 사용이 지닌 위험에 대한 경각심이 일어나게 되었다. 케네디 대통령을 비롯해 시민사회와 과학자들의 찬사가 쏟아졌는가 하면, 반대로 미국 농무부 관료들을 비롯해 화학 기업들은 카슨의 주장이 검증되지 않은 것이라며 과학에 대한 몰이해와 지나치게 낭만적인 생각에 사로잡힌 한 여성의 정신 나간 이야기로 몰아붙였다. 어떤 화학 기업은 만약 카슨의 책이 그대로 출판된다면 명예훼손 혐의로 고소하겠다는 편지를 출판사에 보내기도 했다. 그러나 책은 예정대로 출판되었고 출판되자마자 60만 부가 팔리면서 '이 책이 출간된 날이 바로 현대 환경운동이 시작된 날'이라 평가받을 만큼 이후 펼쳐지게 될 환경운동의 시발점이 되었다.

듀폰은 창립 초기부터 이어진 '죽음의 상인'이라는 오명을 의식했기 때문에 언론에 노출되는 것을 극도로 꺼렸다. 하지만 그만큼 조직화된 언론 홍보 전략의 필요성을 절감하고 있었다. 다른 기업들이 언론 홍보의 중요성을 미처 깨닫기도 전인 1916년 이미 전문적인 광고 부서를 설치하고, 『필라델피아 퍼블릭 레더』Philadelphia Public Ledger의 사회부장 찰스 K. 웨스턴Charles K. Weston을 언론 홍보 책임자로 고용했다. 그는 언론인들과 정기적으로 접촉하면서 듀폰 임직원들이 언론과 접촉하는 표준화된 과정을 만들어냈다. 웨스턴의 표준화된 언론 접촉 지침과 필터링 작업이 성공적이었다고 판단한 듀폰은 광고부를 홍보부로 확대 개편하면서 『포천』과 『새터데이 이브닝 포스트』Saturday Evening Post 등에 우호적인 연재 기사들이 실리도록 했다. 언론인 출신 인사를 홍보실에 채용하는 관행을 처음 도입한 기업도 듀폰이었다. 그 덕분인지 몰라도 듀폰은 2002년 『포천』이 조사한 '미국에서 가장 존경받는 기업' 설문에서 가장 존경받는 화학 기업으로 선정되었다.

듀폰의 회전문은 언론인뿐만 아니라 특히 전직 관료에게도 재취업의 중요한 관문 역할을 했는데, 듀폰이 이처럼 전직 관료와 언론인 채용에 적극적으로 나선 데에는 그럴 만한 까닭이 있었다. 1920년대 듀폰은 제너럴모터스와 함께 납이 포함된 휘발유를 개발했는데, 이 제품을 광고하면서 '명백한 하나님의 선물'이라고 불렀다. 듀폰은 납 대신 '에틸tetraethyl lead'이라는 명칭을 썼는데, 이 제품은 자동차 엔진을 좀 더 원활하게 움직이도록 해주는 제품으로 흔히 '유연휘발유'라 불리는 것이다.

하지만 듀폰의 광고와 달리 이 제품은 세계보건기구에 의해 20세기의 최대 실수 가운데 하나로 손꼽혔다. 유연휘발유에 포함된 납 성분은 납에서 비롯된 환경오염 가운데 80~90퍼센트를 차지했는데, 휘발유가 연소하면서 발생하는 납 성분은 어린이의 정신지체, 성인의 고혈압, 심장마비, 뇌졸중의 주요 원인이 되었다. 또한 이 제품을 생산하는 과정에서 노동자의 80퍼센트가 심각한 납 중독에 노출되어 치명적인 질병을 앓게 되었고 그로 인해 목숨을 잃어야 했다. 하지만 듀폰은 1992년까지 멕시코 등지에서 납이 포함된 휘발유를 계속 생산했고, 이 같은 사실을 발표한 과학자를 공산주의자라며 공격했다. 듀폰의 터무니없는 비난에도 불구하고 이 과학자는 1948년에서 1964년까지 미국 국립암연구소 환경발암 부서의 수장으로 근무했다.[15]

때때로 듀폰의 노동자들은 매우 열악한 환경에서 근무했는데, 1987년 뉴저지 대법원은 듀폰이 노동자들이 직업병으로 앓는 석면 관련 질병의 증거를 고의적으로 조작했다고 판결했다. 또한 듀폰은 대외적인 친환경 이미지와 달리 각종 화학 폐기물을 무책임하게 처리한 전력도 있다. 1990년 델라웨어 주 뉴포트에 있던 듀폰의 폐기물 매립지 지하수가 중금속인 카드뮴과 아연, 바륨뿐 아니라 테트라클로로에틸렌(CCl₂)과 트리클로로에틸렌(TCE)에 오염된 것으로 밝혀졌다. 이 오염으로 13만 명의 식수가 위협받았고 1998년 미국 환경보호청은 듀폰에 6,500만 달러를 들여 나이아가라 폭포 인근의 네코

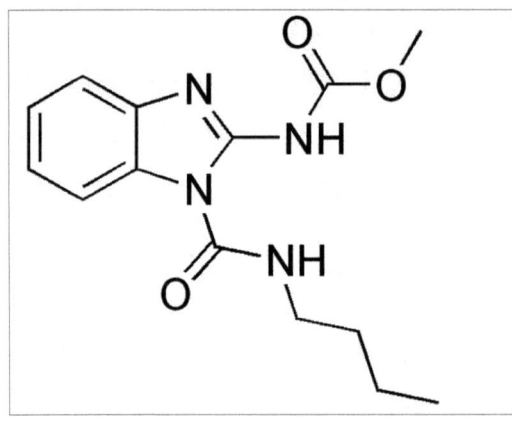

듀폰에서 개발한 베노밀의 분리 구조. 비교적 안전한 곰팡이 제제라지만 선천성 기형 사례가 보고되고 있다.

파크Necco Park 매립지를 원상회복하라고 명령했다. 『침묵의 봄』이후 점차 강력해지는 환경 관련 법률의 규제를 피해 듀폰은 다른 화학 기업들과 함께 값싼 노동력을 찾아 인도, 푸에르토리코, 브라질, 중국, 아르헨티나 같은 개발도상국으로 생산시설을 옮겨야만 했다.

2001년 4월 19일, 듀폰은 지난 33년간 판매해온 곰팡이 제제인 벤레이트[16]의 판매를 앞으로 중단하겠다고 발표했다. 이 제품으로 인한 민사소송 비용이 지난 10년간 대략 10억 달러에 달하기 때문에 이 제품을 방어하기 위해 드는 법적인 비용이 너무 막대하다는 것이었다. 벤레이트는 가장 잘 팔리는 농약 가운데 하나였으며 영국에서 1997년 사용이 중지되기 전까지 수만 에이커의 농지에서 매년 사용되었다. 그러나 1970년대 쥐를 대상으로 한 실험에서 많은 양을 사용하면 선천성 기형의 비율이 높아지는 점이 발견되었다. 과학자들은 눈이 형성되는 임신 초기에 불과 며칠이라도 벤레이트 분무제의 주성분인 베노밀에 노출되면 보통 눈보다 작은 소안구증이나 눈이 완전히 없거나 눈꺼풀이 열리지 않는 안구결여증을 유발한다고 확신하고 있다.

미국 환경보호청은 1970년대에 실시한 동물 실험을 근거로 벤레이트 분무제에 '임신 기간에는 접촉하지 말라'는 경고문을 넣도록 했고, 캘리포니아 대학도 1991년 벤레이트의 위험성을 시사하는 연구 결과들을 발표했다. 하지만 연구의 타당성에 이의를 제기하는 듀폰의 반발로 위험을 경고하는 문구는 사라졌다. 한동안 잠잠하던 이 문제는 1990년대 플로리다 주의 재판에서 듀폰이 패소해 400만 달러를 지급하면서 다시 부각되었다. 듀폰은 패소한 적이 있음에도 벤레이트와 선천성 기형의 관계가 아직 과학자들에 의해 확립된 적이 없다고 계속 부인하고 있다. 미국 환경단체인 공익조사그룹 US Public Interest Research Group은 1999년 듀폰을 미국에서 가장 큰 다섯 개의 환경오염 회사, 이른바 더티 파이브 Dirty Five 가운데 하나로 선정했다.

듀폰은 자신들이 화학제품을 제조·판매하는 기업이란 사실을 대중이 망각하도록 하기 위해 많은 노력을 기울였다. '더 나은 생활을 위해 더 나은 화합물을'이라고 광고하던 슬로건 역시 이제는 '기적을 만드는 과학'으로 바꾸었다. 듀폰은 이미지를 개선하기 위해 다각적인 노력을 펼치는데, 실질적인 변화 없이 광고와 홍보 위주로 펼쳐지는 이 같은 정책을 일컬어 환경 전문가들은 '녹색 세탁 Green Wash'이라 부른다. 듀폰은 비영리단체인 야생동물서식지협회의 회원으로 있으면서 여러 야생동물의 보호지를 관리하는데, 이 단체의 다른 회원 기업으로는 몬산토, 노바티스와 다우케미컬 등이 있다. 이들 기업은 다양한 홍보 캠페인을 통해 사회적·환경적 책임을 다하는 기업이라는 명성을 구축하기 위해 노력하고 있다.

그러나 무엇보다 심각한 것은 자본에 의한 과학의 지배다. 1981년 노벨 화학상을 수상한 과학자 로알드 호프만 Roald Hoffmann은 『같기도 하고 아니 같기도 하고』 The Same and Not The Same, 1997에서 서독에서 무려 1만 명이 넘는 기형아가 태어나게 한 탈리도마이드 약물 사건을 지적하며 과학자들의 책임에 대해 이렇게 말했다.

"과학자들은 자신들의 창조물이 어떻게 이용되고 오용되는가에 대해 절대적인 책임을 져야 한다. 새로운 물질이 가지고 있는 위험성과 오용의 가능성을 사회에 알리기 위해서 많은 노력을 기울여야 한다."

그러나 오늘날 과학은 대중의 이해관계보다 기업의 이익에 더욱 충실한 존재가 되어가고 있다. 신자유주의 이후 공공자금의 대학 지원, 공공 영역을 통한 연구비 조달이 줄어드는 가운데 기업에 의한 대학과 연구기관에 대한 지원은 점차 늘어나는 추세다. 듀폰은 포름알데히드연구소를 비롯해 하버드리스크분석센터HCRA, 세계자원연구소WRI, 독성화학연구원 등에 연구자금을 제공해왔고, 벤레이트에 대해 연구하던 플로리다 대학에 연구 중단을 요청했다. 대학 당국이 이 요청을 받아들이자 해당 분야를 연구하던 과학자는 이에 항의해 자진해서 대학을 떠났다.[17]

너무 늦기 전에 과거를 잊어버려야 한다

화약 제조를 통해 죽음의 상인으로 출발한 듀폰은 1955년 미국 경제전문지 『포천』이 500대 기업 리스트를 발표한 이래 한 번도 빠지지 않고 꾸준히 상위권에 이름을 올린 기업이다. 나일론 발명 이후 합성섬유 기업의 대명사였던 듀폰은 2004년 주력 사업이던 섬유 부문을 매각하고 파이어니어하이브레드를 인수하는 등 1998년부터 7년간 600억 달러(약 60조 원)에 달하는 인수합병을 단행하면서 사업 분야의 변신을 모색했다. 이 같은 업종 전환을 통해 화학 기업에서 생명공학, 산업 소재, 전자·정보통신 등을 중심으로 한 종합 과학 기업으로 탈바꿈했다. 이런 변신은 예상을 뛰어넘는 놀라운 성과를 거두었는데, 2007년 듀폰의 농산·식품 분야 매출은 68억 달러로 기존의 산업 분야를 능가하며 전체 매출의 34퍼센트를 최근 5년 안에 개발한 신제품으로 거두고 있다.[18] 세계 최대의 석유화학 기업에서 세계 4대 GMO 애그리비즈니스기업(몬산토, 신젠타, 듀폰, 다우)으로 변신한 듀폰은 다른 종자 업체들과 경쟁하면서 주로 옥수수와 콩의 교배 종자를 생산해 판매하고 있다.

인류가 농경에 눈을 뜬 이래 농부들은 1만 2,000년 동안 해마다 성질이 좀 더 뛰어난 씨앗들을 골라내 이듬해에 파종하는 방식으로 종자를 개량해왔다. 전통적으로 농촌 공동체는 종자들을 보존함으로써 농업의 생물다양성을 보존하는 데 기여해왔는데, 그린피스는 듀폰(파이어니어하이브레드)을 "식물유전자원에 대한 세계적인 생물해적질 두목"이라고 비판했다. 생물해적질Biopiracy이란 무엇일까. 원주민들이 대대로 아무 문제 없이 이용해오던 전통적인 식물(작물)의 유전자에 대해 다국적 종자 기업들이 특허를 신청하고 독점적인 권리를 주장하는 행위를 말한다. 그린피스는 듀폰의 '식물유전자원에 대한 특허' 대부분이 개발도상국의 식물 유전자를 도둑질한 것이라고 비판했다. 듀폰이 원주민들의 전통적인 식물 유전자에 눈독을 들이는 까닭은 몇 년 전 인수한 파이어니어하이브레드와 관련이 깊다. 1924년 헨리 월리스Henry A. Wallace에 의해 창립된 이 회사는 유전적 조작으로 2세대에 가면 불임이 되는 상업화된 옥수수 교잡 종자를 최초로 상업화해 생산한 기업이다.

2세대에 가서 불임이 되도록 하는 이 기술은 전문용어로 '기술보호 시스템Technology Protection System, TPS'이란 점잖은 이름이 있지만 실제로는 '터미네이터 기술Terminator Technology'로 더 많이 불린다. 터미네이터 기술이란 종자(씨앗)의 생식 능력을 스스로 제거한 자손self-terminating offspring, 이른바 자살 씨앗suicide seed을 만들어내는 것으로 파이어니어하이브레드는 이 종자를 대량생산해서 판매하는 기업이다.[19] 자살 씨앗은 후손을 남기지 않기 때문에 농부들은 해마다 종자 기업에서 종자를 구입해야 한다. 무엇보다 큰 문제는 유전자 조작으로 만들어진 불임의 씨앗이 자연수분을 통해 다른 품종의 작물에 교배될 경우 이 품종 역시 터미네이터 기술에 의해 불임이 유전될 위험성이 크다는 사실이다. 국제적으로 많은 비난에 직면한 이 기술은 퍼지면 퍼질수록 다국적 종자 기업으로서는 더 많은 돈을 벌 수 있을 테지만, 전통적인 종자를 이용해야 하는 14억 인구를 굶주림에 빠뜨릴 수 있을 만큼 치명적이다. 이것이 터미네이터 기술을 농업에 투하되는 '중성자탄'이라고 부르는 이유다.

듀폰은 석유를 대체하기 위해 2010년까지 유전자조작식물을 통해 원재료의 25퍼센트를 원료로 얻는 것을 목표로 하고 있는데, 대표적인 제품이 바이오폴리머인 소로나Sorona다. 소로나는 옥수수에서 채취한 Bio-PDO(프로판디올propanediol)가 주원료이며 기존에 사용되던 석유계 원료인 1-POD, 3-POD의 대체제로 만들어진 것이다. 바이오폴리머 사업에 참여하는 기업은 전 세계에서 80여 개에 불과하며 극소수 기업만이 연간 6,000톤 이상의 생산 능력을 보유하고 있는데, 오늘날 이 시장을 주도하는 곳이 바로 듀폰과 카길이다. 듀폰처럼 과거에 각종 화학 오염물질의 대명사로 지탄받던 석유화학 기업의 상당수가 오늘날 이 같은 방식으로 친환경 녹색 기업의 대명사로 새롭게 각광받고 있지만, 그 이면에는 안전하다고 널리 홍보되던 프레온가스 못지않은 거대한 위험이 도사리고 있다. 비록 친자본적인 과학 저널과 친기업적인 연구소들이 이들 기업의 '녹색 세탁'을 거들고 있지만, 이들 기업의 변신을 표현해줄 수 있는 가장 정확한 표현은 미국 국무장관을 지낸 헨리 키신저Henry Kissinger의 말에서 찾아야 할 것이다.

"석유를 장악하라. 그러면 전 세계 국가들을 장악하게 될 것이다. 식량을 장악하라. 그러면 전 세계 인민들을 장악하게 될 것이다."

12

월트 디즈니

작은 생쥐 하나로 시작한
글로벌 미디어 제국

> 꿈꾸는 것이 가능하다면 그 꿈을 실현하는 것도 가능하다.
> 이 모든 것이 작은 생쥐 하나로 시작되었다는 것을 기억하라.

Walt Disney 1901~1966.

자신의 출생에 의문을 품었던 월트 디즈니는 그림에 취미를 붙이며 힘든 유년기를 극복했다.
그러나 만화가로 성공하고자 했던 그의 꿈은 소질이 없다는 이유로 번번이 좌절되고 말았다.
아무도 인정해주지 않자 스스로 애니메이션 스튜디오를 설립한 그는
미키 마우스의 성공을 발판으로 애니메이션 산업, 캐릭터 산업의 선구자가 되었다.
이후 디즈니랜드라는 테마파크를 설립하는 것을 시작으로 영화, 텔레비전, 라디오, 케이블,
위성, 음악, 레저 스포츠 등 미디어 콘텐츠 분야를 망라한 글로벌 미디어 그룹이 되었다.
그러나 그의 인자한 미소 뒤에서 이루어진 어두운 흔적들은 여전히 사라지지 않고 있다.

〈풀 메탈 재킷〉Full Metal Jacket, 1987은 베트남 파병을 앞둔 미 해병대 훈련 캠프를 배경으로 평범하고 온순하던 청년들이 어떻게 전쟁 기계로 거듭나는지 보여주며 이를 통해 베트남전의 본질을 묻는, 스탠리 큐브릭 감독 특유의 날카로운 풍자와 냉소가 담긴 영화다. 영화는 훈련에 적응하지 못하는 '고문관' 로렌스(빈센트 도노프리오)가 자신을 모욕하던 교관 하트먼 상사(R. 리 메이)를 살해하고 자살하는 전반부와, 온갖 모욕과 육체적 시련을 견뎌내고 군인으로 재탄생한 청년들이 베트남에서 실전을 겪는 후반부로 나뉜다.

이처럼 힘든 훈련을 통과한 미국 청년들이 베트남의 고도古都에서 벌어진 시가전에서 한 명의 저격수에게 목숨을 위협받는데, 저격수는 뜻밖에도 어린 소녀다. 소녀를 사살한 병사들은 불타오르는 시가지를 행진하며 소풍이라도 나온 듯 신 나게 노래 부른다.

"Who's the leader of the club that's made for you and me?
M-I-C-K-E-Y-M-O-U-S-E!" [1]

이 노래는 1955년 10월부터 1959년까지 디즈니가 제작해 미국의 ABC 방송에서 방영한 〈미키 마우스 클럽〉Mickey Mouse Club의 오프닝 테마곡인데, 베트남에 미국이 직접 개입하기 시작한 1960년대 중후반부터 1970년대에 참전

애니메이션의 선각자 월트 디즈니

한 병사 대부분은 어린 시절 이 프로그램을 시청하며 성장한 청년 세대다.

큐브릭은 시가전 장면을 통해 베트남전의 본질을 날카롭게 묘사하는데, 그것은 바로 세계 초강대국 미국(해병대)과 프랑스의 식민 지배에서 독립해 통일 베트남을 건설하려는 약소국(소녀) 사이의 전쟁이라는 사실이다. 큐브릭은 엔딩 장면에 의도적으로 이 노래를 넣어 베트남전의 여러 단면을 복합적으로 생각하게 만든다. 어쩌면 미국이 정말 베트남전에서 승리하고 싶었다면 전략기동군인 해병대보다 미국식 자본주의 문화의 첨병인 월트 디즈니[2]와 미키 마우스를 먼저 보냈어야 한다는 뜻일지도 모르겠다.

독실한 기독교 신자이자 도박꾼인 아버지

월트 디즈니는 1901년 12월 5일 시카고에서 일라이어스 디즈니Elias Disney와 플로라 콜 디즈니Flora Call Disney의 4남 1녀 가운데 넷째 아들로 태어났다. 디즈니 가문은 17세기 미국으로 건너와 뉴잉글랜드에 정착한 초기 이민 세대로, 일라이어스는 시카고에 정착할 때까지 캔자스와 플로리다 등 여러 곳을 전전하며 주로 농업에 종사했지만 벌이가 신통치 않자 시카고에서는 주로 목수와 잡역부 일을 하며 겨우 생계를 꾸려갔다. 그는 기독교 정통파에 속한 세인트 폴 교회의 전도사 월터 파Walter Parr와 친분이 두터웠는데, 두 사람은 서로 아들을 낳거든 상대방의 이름을 따서 이름을 짓기로 했다. 1901년 허버트와 레이먼드, 로이에 이어 넷째 아들이 태어나자 일라이어스는 월터 일라이어스 디즈니라는 이름을 붙였다.

일라이어스는 겉으론 매우 독실한 기독교 신자였지만 한편으론 현세적인 풍요와 세속적인 쾌락을 즐기는 사람이었다. 포커 게임이 벌어지는 술집을 자주 찾았고 독한 위스키에 취한 채 도박에 끼어들었다가 돈을 잃었다. 그는 자신의 가난한 처지가 도박이나 음주 습관, 전문적인 교육이나 훈련 부족 탓이 아니라 자본주의 체제의 본질적인 문제라고 생각했다. 사람들이 모인 자리에서 미국 사회당 당수 유진 뎁스의 열렬한 지지자를 자처하며 세계 금융계를 지배하는 유대계 자본가들의 국제적인 음모를 비난하곤 했다. 1903년 막내딸 루스 플로라가 태어날 무렵에 미주리 주 캔자스시티 인근의 마셀린으로 이주했는데, 일설에는 도박 빚이 원인이었다고 한다.

미국 중서부 지방의 평범한 농촌 마셀린에 정착한 디즈니 일가는 사과 농사에 매달렸다. 농사는 작황이나 시장 상황에 따라 변동이 잦았는데 온 가족이 농사일에 매달린 첫해에는 작황이 제법 좋아 땅을 더 샀지만 이듬해에는 농사에 실패하고 말았다. 일라이어스는 경비를 아끼기 위해 자식들을 농장에서 무임금으로 일하게 했는데, 기분에 따라 폭력을 휘둘렀기 때문에 견디다 못한 장남 허버트와 차남 레이먼드는 1909년 추수가 끝나자 가출해버리고 말았다. 남겨진 두 아들 로이Roy Oliver Disney와 월트는 형들 몫의 일과 더불어 떠난 자식들을 배신자라고 여긴 탓에 더욱 거칠어진 아버지의 폭력까지 고스란히 감수해야 했다. 일라이어스는 두 아들에게 농장에서 일해 생계비를 벌라고 명령했고 가벼운 실수만 저질러도 잘못을 바로잡는 매라며 혁대나 회초리를 휘둘렀다.

체벌과 노동에서의 유일한 탈출구

가혹한 체벌과 노동에 시달리며 상처받은 월트는 매정한 아버지와 말리지 않는 어머니가 어쩌면 친부모가 아닐지도 모른다는 의심을 품었다. 이런 어린 시절의 영향 때문인지 훗날 디즈니 애니메이션에는 정상적인 부모로 구성된 가족이 거의 등장하지 않는다. 아직 어리고 몸도 약한 월트보다 여덟 살이나 많은 로이는 동생 대신 더 많이 일했고 밤이면 동생을 위로하고 챙겨주었다. 어린 월트에게 각박하고 고단한 현실을 잠시나마 잊을 수 있게 해주는 유일한 탈출구는 그림 그리기였다. 그는 형이 일하러 나가면 숲에 들어가 근처의 동물과 식물을 관찰하고 석탄이나 목탄 조각으로 널빤지나 맨 땅에 그림을 그렸다. 아버지의 감시와 농장 일에서 벗어나 이곳에서 홀로 보낸 시간은 평생 동안 그리운 고향의 향수로 남았다. 두 자식이 떠난 이듬해 일라이어스가 폐렴과 장티푸스를 앓게 되자, 디즈니 일가는 4년 만에 대도시 캔자스시티로 나가게 되었다.

일라이어스는 농장을 처분하고 캔자스시티에 신문 배급소를 차렸다. 플로라는 두 아들을 인근에 있는 벤턴 그래머 학교에 입학시켰지만 남편은 두 아들이 신문 배달로 자기 생계비를 충당해야 한다고 우겼다. 이 무렵 미국 신문들은 대중 지향의 본격적인 상업 매체로 성장해가고 있었는데, 구독자를 늘리기 위해 경쟁적으로 만화를 삽입했다. 월트는 학교에 다니며 아버지 일을 계속 도와야 했기 때문에 자신이 좋아하는 그림을 그릴 시간조차 없었지만 신문에 게재된 만화를 보면서 꿈을 키워나갔다. 그 무렵 엎친 데 덮친 격으로 형 로이마저 아버지와의 갈등을 참지 못하고 집을 뛰쳐나갔다.

위기는 좋은 기회이기도 했다. 로이가 떠난 뒤 월트는 태어나서 처음으로 아버지의 폭력에 직접 맞섰고, 어느덧 나이 들어 쇠약해진 일라이어스는 막내 아들이 더는 어린애가 아니란 사실을 알게 되었다. 아버지의 폭력에서 해방된 월트는 신문을 돌리는 대신 이웃 약국에서 일하며 번 돈으로 그림 그리는 데 필요한 재료들을 구입했고, 밤에는 인근의 미술 학원에서 그림 공부를 할 수 있었다. 특유의 명랑하고 쾌활한 성격을 되찾은 월트는 학업 성적이 그리 뛰어난 편은 아니었지만, 미술에서만큼은 탁월해서 누구나 그의 실력을 인정했다.

1917년 일라이어스는 신문 배급소를 정리하고 시카고의 젤리 공장을 인수하며 새로운 사업을 시작했다. 하지만 월트는 부모를 따라가는 대신 학교를 마칠 때까지 캔자스시티에 홀로 남았다. 열여섯 살에 처음 찾아온 자유였지만 로이가 돌아온다는 소식을 듣고 얼마 뒤 시카고로 가서 합류했다. 매킨리고교 3학년이 되자 학교 신문에 삽화를 그려주는 미술기자가 되었는데, 능력을 발전시키기 위해 시카고 예술아카데미 야간반에서 펜화와 풍자화 수업을 받았다. 낮에는 아버지의 젤리 공장과 우체국에서 일하며 수강료를 벌고, 밤에는 예술아카데미에서 미술 공부를 하며 때때로 아버지를 즐겁게 해주기 위해 자신의 익살스러운 그림들을 보여주었지만 일라이어스는 아들의 그림을 좋아하지 않았다. 1918년 미국이 제1차 세계대전에 참전하기로 결정하자 스물다섯 살이 된 로이는 자원입대했다. 형이 하는 일이라면 무엇이든 따라하던 월트는 이번에도 그 뒤를 따르고자 했지만 너무 어렸기 때문에 징병관은 월트의 출생증명서를 요구했다.

월트는 출생지인 시카고 쿡카운티의 기록보관소에 출생증명서를 요청했지만 출생 기록 자체가 없다는 통보를 받았다. 어린 시절부터 친부모가 아닐지도 모른다는 의심을 품어왔던 그는 커다란 충격을 받았다. 결국 부모의 사인을 위조해 국제적십자사에 들어갔고 그곳에서 구급차 운전사로 일하며 술과 담배 그리고 여자를 배웠다. 이때 익힌 흡연 습관은 결국 폐암으로 사망할 때까지 고쳐지지 않았다. 그는 동료들의 전리품에 격전의 흔적을 만들어주거나 그들의 캐리커처를 그려주며 돈을 모았고 자신의 작품을 여러 신문사에 투고했다. 그러나 어느 곳에서도 그의 작품을 눈여겨보지 않았다. 1919년 시카고로 돌아온 그에게 아버지는 젤리 공장에서 함께 일하자고 제안했지만 월트는 단호히 거절하고 집을 떠났다.

애니메이션의 세계를 접하다

만화가로서의 꿈을 접을 수 없었던 월트는 예전에 직접 배달하기도 한 『캔자스시티 스타』The Kansas City Star지에 취직하기 위해 작품들을 보여줬지만 단번에 거절당하고 말았다. 장차 애니메이션의 선각자가 될 월트 디즈니였지만 이 무렵엔 풋내기 아마추어 만화가에 불과했다. 실의에 빠진 동생을 안쓰럽게 생각한 로이는 프레스먼-루빈 스튜디오의 광고 애니메이터 자리를 추천했고, 월트는 이곳에서 똑같은 꿈을 지닌 청년 어브 아이웍스Ub Iwerks를 만나게 된다.

열아홉 살 동갑내기 친구가 된 두 사람은 한 달 만에 그림에 재능이 없다는 이유로 해고당하고 만다. 두 사람은 아무도 인정해주지 않는 자칭 아티스트라는 공통점이 있었지만 성격은 정반대였다. 월트가 밝고 사교성이 뛰어난 성격인 반면에 어브는 그림 실력은 월트보다 뛰어났지만 지나치게 내성적이었다. 둘은 어차피 남들이 고용해주지 않는다면 스스로를 고용하는 것도 좋은 방법이라 생각해 둘이 함께 아이웍스-디즈니사를 설립했다. 그러나 이 무렵만 하더라도 애니메이션은 예술적으로는 물론 산업적으로도 거의 아무런 가치를 인정받지 못하던 시대였다.

여기서 잠깐 애니메이션에 대해 알아보자. 애니메이션의 기초를 이루는 잔상 효과는 기원전에 이집트인들에 의해 처음 발견되었고, 13세기 영국의 수도사이자 과학자인 로저 베이컨Roger Bacon은 그림자의 광학적 효과를 인식해 현대 광학 연구의 토대를 마련했다. 그러나 우리가 아는 프레임별로 촬영된 애니메이션은 19세기 초반에 이르러서야 시도된 것이며, 최초의 애니메이션 도구는 지금도 유원지나 어린이를 위한 과학관에 가면 볼 수 있는 회전 원판을 이용한 초보적인 광학 장치였다. 그러나 20세기 초반의 20년 동안 애니메이션은 마법에 가까운 과학적 실험의 영역에서 관객들이 즐겁게 감상할 수 있는 오락의 한 형태로 발전하게 되었는데, 그 기초를 닦은 사람이 바로 월트 디즈니였다.[3]

두 사람이 회사를 설립하고 얼마 뒤 운 좋게 첫 일거리가 들어왔다. 어릴 적 이웃에 살았던 친구의 아버지가 관여하는 피혁공 조합의 창간호 디자인을 의뢰받은 것이었는데 첫 번째 일감을 성공적으로 끝마치긴 했지만 문제는 그 뒤로 더 이상의 일감이 생기지 않았다는 것이다. 수중에 돈이 모두 떨어지자 두 사람은 주당 35달러를 받기로 하고 캔자스시티 영화광고회사에 취직하면서 처음으로 광고 애니메이션 제작에 참여하게 되었다.

캔자스시티 영화광고회사는 동영상 사업의 선구적인 기업 가운데 하나로 당시 사장이던 아서 빈 코거는 막 '마술'의 영역에서 '산업'의 영역으로 넘어오던 과도기 애니메이션 산업의 기술적인 기초를 닦고 있었다. 이곳에서 애니메이션의 기초를 체험하며 배울 수 있었던 월트는 곧 애니메이션의 매력에 흠뻑 빠져들었고, 자신의 집 차고를 스튜디오로 개조해 낮에는 회사 일을 하고 밤에는 애니메이션의 기본기를 익혔다.

어느 정도 자신이 붙고 나서 〈래프-오-그램〉Laugh-O-Gram이란 제목의 1분짜리 애니메이션을 제작해 캔자스시티 영화광고회사의 고객 가운데 하나였

복원한 래프-오-그램 필름 스튜디오(2010년). 이 스튜디오에는 애니메이션 역사 초기의 개척자들이 모여서 즐겁게 작업했고, 이런 경험은 훗날 미키 마우스 창작의 밑거름이 되었다.

던 뉴먼 극장에서 상영하는 데 성공했다. 비록 수익은 땡전 한 푼 없었지만 자신의 인생 최초의 애니메이션을 상영하는 데 성공한 월트는 1922년 5월 래프-오-그램 필름이란 회사를 차렸다. 그는 뛰어난 사교술과 언변을 동원해 여러 사람에게서 투자금을 모았다. 훗날 자신이 진행하던 프로그램에서도 입증되었지만 그의 타고난 입담과 재치는 듣는 이들을 열성적인 지지자로 끌어들이는 비결이었다. 다만, 자금을 모으기는 쉬워도 자금을 사용해 돈을 벌 일거리를 찾을 수 없다는 게 문제였다.

디즈니 스튜디오의 탄생

애니메이션의 태동기라 할 수 있는 1920년대 월트 디즈니를 비롯한 그의 동료들은 마치 1980년대 미국의 IT 업계 창립자들처럼 너무나 젊고 발랄했기 때문에 회사 분위기는 캠핑 온 젊은이들이 모인 것처럼 떠들썩했다. 이들은 함께 모여 웃고 떠들며 자기들끼리 영화를 찍고 재미난 소재나 코미디에 대한 이야기를 나누며 시간 가는 줄 몰랐다. 결국 얼마 안 되어 당시로서는 거금인 1만 5,000달러나 되는 초기 투자금을 모두 허비하고 말았다. 최악의 상황을 맞은 월트는 실사와 애니메이션을 합성한 작품을 제작한다는 조건으로 배급사의 지원을 받아 〈앨리스의 이상한 나라〉Alice's Wonderland를 제작했다. 〈앨리스의 이상한 나라〉는 마지막 희망이었지만 이제 막 스물한 살이 된 그에게 세상은 파산 선고를 내렸다. 스튜디오가 사라지자 직원들도 뿔뿔이 흩어졌고 빚쟁이가 된 그는 영화 카메라를 처분해서 마련한 돈 40달러를 들고 도망치듯 캔자스시티를 떠났다.

애니메이션이란 장르가 상업적으로 태동한 1920년대에 애니메이션을 제작하고 싶어 했던 젊은이에겐 두 가지 선택의 길이 있었다. 하나는 당시 애니메이션의 메카라 할 수 있는 뉴욕으로 가는 것이었고, 다른 하나는 형 로이가 있는 로스앤젤레스로 가는 것이었다. 당시 로스앤젤레스에 있던 할리우드의 메이저 영화사들은 미국은 물론 전 세계에 영화를 배급하는 '꿈의 공장'이 되어가고 있었다. 1910년경 몇몇 영화사들이 로스앤젤레스 서부의 할리우드라는 작은 교외에서 사업에 뛰어들며 시작된 할리우드 스튜디오 시스템은 그로부터 10년이 채 못 되어 미국뿐만 아니라 전 세계의 영화들을 지배했다. 거대한 공장 형태의 스튜디오에서 제작 · 홍보 · 배급 · 상영에 이르는 모든 과정을 수직적으로 통합 · 집중시킨 이 할리우드 시스템과 경쟁하기 위해서는 다른 나라들 역시 이 시스템을 모방하지 않을 수 없었다.[4]

1910년 미국에는 5센트짜리 극장nickelodeon이 1만 개에 이르러 하루 입장객이 400~500만 명에 이르렀고, 1928년에는 2만 8,000개로 늘어났다. 1920년대

1910년 1만 개에 이를 정도로 성행한 '5센트짜리 극장'은 1928년에는 2만 8,000개로 늘어났다. 이제 할리우드는 더는 소규모가 아니었다.

에는 평균 관객 수가 일주일에 2,500~3,000만 명이었으며 1930년대에 이르러서는 매주 8,500만에서 1억 1,000만 명의 관객이 돈을 내고 영화를 구경했다.[5] 진작 할리우드에 모여들었던 독립영화사들은 이제 더는 소규모 영화 제작사에 머무르지 않았다. 이들은 점차 자본을 축적하면서 주(州) 단위의 배급망을 전국 단위 배급망으로 확장했고 제작과 배급, 상영을 통제할 수 있는 거대 문화 권력으로 성장했다. 그러나 메이저 영화사들은 직접 애니메이션을 제작하는 대신 애니메이션 스튜디오와 납품 계약을 체결하고 이를 극장에 배급하는 정도만 관여했을 뿐 애니메이션 제작에는 별다른 열의를 보이지 않았다.

1923년 할리우드에 도착한 월트는 〈앨리스의 이상한 나라〉를 들고 여러 제작사를 돌아다녔다. 이때만 하더라도 그는 애니메이션보다 실사를 연출하고 싶어 했지만 아무도 능력을 인정해주지 않았기 때문에 하는 수 없이 애니메이션으로 돌파구를 찾을 수밖에 없었다. 불행 중 다행으로 할리우드 최초의 여성 배급자이자 애니메이션 최초의 성공적인 캐릭터로 평가받는 〈고양이 펠릭스〉Felix 시리즈와 막스 플라이셔Max Fleischer의 작품들을 발굴하고 배급하던 마거릿 윈클러Margaret J. Winkler가 관심을 보이기 시작했다. 윈클러는 편당 1,500달러의 선급금을 월트에게 지불하며 여섯 편의 시리즈물을 제작하

1947년에 나온 〈고양이 펠릭스〉의 종이책 만화. 고양이 펠릭스는 애니메이션 최초의 성공적인 캐릭터로, 애니메이션이 단순히 움직이는 그림이 아님을 보여줬다.

Walt Disney

는 조건으로 계약을 맺었다. 계약엔 성공했지만 자금도 없고 인력도 없어 악전고투하는 동생을 지켜보다 못한 로이는 결핵이 완치되지도 않은 몸을 이끌고 자금을 모으러 다녔고 부족한 인력을 대신해 직접 카메라를 잡았다. 그는 애니메이션이나 영화 제작에 관심이 없었지만 동생을 위해 헌신했다. 두 사람은 갖은 고생 끝에 1923년 10월 디즈니 브라더스 스튜디오를 만들었다. 실사와 애니메이션이 혼합된 〈앨리스의 이상한 나라〉는 여러 극장 체인을 통해 개봉되었다. 1925년 7월 25일 월트는 자신의 스튜디오 직원인 릴리언 바운즈Lillian Bounds와 결혼한다.

초기에는 작품 완성도가 떨어지는 등 여러 면에서 고생했지만 점차 수준이 향상되면서 윈클러는 더 많은 작품을 디즈니에 의뢰하기 시작했다. 일거리가 늘어나자 월트는 옛 동료 어브 아이웍스를 불러들였다. 아이웍스는 뛰어난 그림 실력을 지녔고 무엇보다 그림을 빨리 그릴 수 있다는 장점이 있었다. 그가 합류하면서 작품 제작에 속도가 붙기 시작했고 옛 동료들이 하나둘씩 모여들면서 디즈니 스튜디오는 예전의 활력을 되찾아갔다. 아이웍스의 합류로 과도한 작업에서 놓여나게 된 월트는 직접 원화를 그리는 부담에서 벗어나 경영에 전념할 수 있게 되었다.

도둑맞은 캐릭터에서 탄생한 미키 마우스

뛰어난 배급업자이자 제작자였던 윈클러가 찰스 민츠Charles Mintz와 결혼하고 얼마 뒤 임신하면서 남편에게 모든 권한을 넘기자 디즈니에 먹구름이 끼기 시작했다. 당시 가장 성공적인 애니메이션 캐릭터는 파라마운트의 〈고양이 펠릭스〉였는데, 경쟁사 유니버설은 민츠에게 〈고양이 펠릭스〉를 능가할 만한 캐릭터와 애니메이션을 제작해달라고 의뢰했다. 디즈니는 민츠의 요청에 따라 〈토끼 오스왈드〉Oswald the Lucky Rabbit를 제작했는데, 다행히도 대중의 호응을 얻을 수 있었다. 〈토끼 오스왈드〉의 성공으로 매주 한 편씩 단편 애니메이션을 제작하게 되자 월트는 스튜디오를 좀 더 확장했고, 회사 이름도 형의 동의를 얻어 월트 디즈니 스튜디오로 개명했다. 비록 과거의 적자 상태에서 벗어나긴 했지만, 계약금으로 받은 돈을 모조리 제작비로 사용하고 다음 계약을 기다리는 구조적 악순환을 벗어날 순 없었다. 열악한 제작 조건 탓에 선수금을 받기 위해 불리한 계약 조건도 감수해야만 했다.

〈토끼 오스왈드〉 시리즈의 성공으로 자신감을 얻은 월트는 제작비 인상 요구와 함께 유니버설에서 자신이 만든 캐릭터의 상표권을 마음대로 활용한 것에 항의하기 위해 1928년 2월 아내와 함께 뉴욕으로 민츠를 만나러 갔지만 도리어 청천벽력 같은 이야기를 듣게 된다. 입지가 좀 더 유리해질 거라 생각하고 찾아갔는데, 민츠는 디즈니 스튜디오에서 그를 따돌리고 나머지 애니메이터들과 비밀리에 계약을 맺었던 것이다. 그의 곁엔 형 로이와 오랜 동료이자 친구 아이웍스만 남았고, 그가 만든 〈토끼 오스왈드〉의 캐릭터 판권과 나머지 직원은 모두 민츠의 밑으로 들어가버렸다. 순식간에 모든 것을 잃은 월트는 충격과 분노에 휩싸였다. 집으로 돌아오는 기차에서 그는 "내 목숨이 붙어 있는 한 다시는 누구 밑에 들어가서 일하지 않겠어. 나는 누구의 지배도 받지 않겠어"라는 말만 끊임없이 되풀이했기 때문에 곁에 있던 아내마저 두려움을 느낄 지경이었다.

월트 디즈니를 세계적인 애니메이션 제작자로 만든 미키 마우스는 그가 최악의 상황에 내몰렸을 때 만들어졌다. 미키 마우스의 극적인 탄생과 관련해서는 그가 가난하고 배고픈 화가 시절, 작업장에서 함께 치즈를 나눠 먹던 생쥐를 캐릭터로 삼았다는 이야기가 가장 널리 알려졌고 여기서 파생된 수많은 전설이 있지만, 대부분은 검증된 이야기가 아니라 위인전의 빈자리를 어떻게든 채우고 싶었던 작가들의 상상력이 만들어낸 이야기일 가능성이 높다. 실제로 생전의 월트는 자신이 어떻게 해서 대부분의 미국인이 싫어하는 생쥐를 주인공 캐릭터로 삼게 되었는지에 대해 명확히 설명하기보다 자신과 생쥐 사이에 여러 가지 이야기가 만들어져 유포되는 것을 즐기는 편이었다. 다만 가장 많이 알려진 이야기에서 얻을 수 있는 진실 한 가지는 본래 월트는 '모티머Mortimer'라 이름 지었는데, 아내 릴리언이 '미키'라 부르는 것이 낫겠다고 조언해서 이름을 바꾸게 되었다는 것이다.

    미키 마우스의 탄생 신화에 씌워진 포장들을 벗겨내고 냉정하게 살펴보면 오스왈드를 대체할 캐릭터가 절실했지만 완전히 새로운 캐릭터를 만들어낼 시간과 여력이 별로 없었던 월트 디즈니가 〈토끼 오스왈드〉를 생쥐 미키로 급조해냈다는 걸 쉽게 알 수 있다. 차갑게 버림받은 처지였지만 민츠와의 계약이 아직 남아 있었기 때문에 배신한 동료들 틈바구니에서 함께 〈토끼 오스왈드〉의 나머지 시리즈 작업을 마무리해야 했고, 그 와중에 미키 마우스의 캐릭터 디자인과 시나리오 작업도 병행해야 했다. 그와 함께 미키 마우스 작업을 진행한 사람들이 형 로이와 아이웍스였는데, 특히 어브 아이웍스는 많은 디즈니 연구자들이 미키 마우스를 실제로 창조한 사람은 월트가 아니라 아이웍스라고 주장할 만큼 미키 마우스의 실제 탄생에 깊이 관여했다. 대체로 월트가 대략적인 설정을 했고 아이웍스가 구체적인 모양을 만들었다고 보는 견해가 가장 일반적이다. 이처럼 미키 마우스의 창조자에 대해선 여러 이견이 있지만, 이들 대부분이 동의하는 것은 미키 마우스의 디자인적 원형이 기존의 오스왈드에서 따온 것이라는 사실이다. 초기 미키 마우스를 살펴보면 오스왈드의 귀를 줄여 둥그렇게 키우고 눈동자 모양 등에 약간의 손질을 가해 탄생했다는 것을 알 수 있다.[6] 아이웍스가 작업한 오스왈드 캐릭터 역시 〈고양이 펠릭스〉를 의식한 것이었기 때문에 펠릭스와의 유사성도 찾아볼 수 있다.

미키 마우스의 시대를 연 애니메이션 산업의 선각자

디즈니 그룹은 오늘날 전 세계 어린이의 98퍼센트가 미키 마우스를 알고 있다고 말하면서 〈증기선 윌리〉Steamboat Willie의 개봉일인 1928년 11월 18일을 미키 마우스의 탄생일로 기념하고 있지만, 미키 마우스가 탄생한 순간부터 곧바로 엄청난 대중 파급력을 갖게 된 것은 아니었다. 〈증기선 윌리〉의 성공 이전에 월트는 이미 미키 마우스를 이용해서 〈미친 비행기〉Plane Crazy와 〈질주하는 카우보이〉Gallopin' Gaucho를 잇따라 제작했지만 관객들에게 큰 주목을 받지는 못했다. 관객 시사회에서 반응이 나쁘지 않은 편이었지만 배급사들은 애니메이션 영화의 본격 상영이라는 모험에 선뜻 나서려 들지 않았다. 그러나 세 번째 작품 〈증기선 윌리〉를 제작하는 동안 영화계에는 커다란 변화가 있었다. 최초의 발성 영화 〈재즈싱어〉The Jazz Singer가 등장했던 것이다.

월트는 〈미친 비행기〉 시사회에서 작품에 맞춰 오르간을 연주하는 배경음악으로 관객의 환호를 얻은 적이 있었기 때문에 어느 정도 완성된 〈증기선 윌리〉에 사운드를 도입하기로 결정했다. 이 작품은 당시 무성영화 최고의 슬랩스틱 코미디 배우 버스터 키튼Buster Keaton의 〈증기선 빌〉Steamboat Bill의 줄거리를 차용한 것이었는데, 월트는 그때까지 진행된 모든 작업을 중지시키고 사운드를 입힌 새로운 작품을 제작하기 시작했다. 그는 미키 마우스와 보조 캐릭터들이 단순히 소리를 내는 것 이상의 효과를 거두길 바랐다. 여러 기술적인 난제가 있었지만 동료 직원들의 도움을 얻어 캐릭터들의 움직임에 따라 효과음도 동시에 진행되도록 했다. 그 결과 〈증기선 윌리〉는 조그만 생쥐가 선장으로 등장해 음악에 맞춰 노래하고 춤추고 움직이며 염소를 손풍금처럼 연주하는 생생하고 박진감 넘치는 작품으로 탄생할 수 있었다.

그런데 미키 마우스의 성공에는 때마침 할리우드에 몰아친 보수주의 바람도 큰 역할을 했다. 당시 할리우드에서 제작되던 영화 대부분은 미국 주류의 보수적인 가치관을 반영하는 것이었지만 현대화와 도시화가 빠르게 진행되면서 새로운 진보적 가치관 역시 대중의 호응을 받아 영화를 통해 재현되고 있었다. 보수주의자들은 할리우드 영화에 나타나는 이른바 부도덕성과 파괴성을 자주 공격했다. 낭만극은 문란한 성생활을 퍼뜨린다고 해서 품위위원회Legion of Decency에서 공격을 받았고, 범죄극은 청소년 및 성인 범죄를 조장한다는 이유로 자주 비판 대상이 되었다. 시민단체들의 압력과 정부의 통제 위협으로 인해 심사 기구가 줄지어 설립되었으며, 1930년대 중반에는 영화계에서 제작법Production Code을 채택하기에 이르렀다. 이 법안은 키스할 수 있는 시간까지 구체적인 제약을 두었는데, 입을 벌리고 하는 키스는 절대 금지, 나체나 성행위 묘사, 매춘, 마약 등은 절대로 다룰 수 없었으며, 범죄자들은 반드시 처벌받아야 했고, 종교와 교회는 비판할 수 없었다. 이 법은 1960년대까지도 할리우드 영화에 대한 엄격한 이념적·사회적 매개변수 역할을 하며 막강한 위력을 휘둘렀다.[7]

디즈니의 작품은 할리우드가 자신들에게 씌워진 혐의에서 벗어나 평범하고 모범적인 미국의 가정을 지키고 미국 사회의 주류 이데올로기를 보호하는 데 앞장서고 있다는 사실을 보여줄 수 있는 가장 모범적인 영상물이었다. 미키 마우스는 탄생부터 월트의 극적인 성공과 더불어 미국의 새로운 신화

1930년대는 미키 마우스의 시대로 불리기도 했다. 사진은 1934년 메이시스 백화점에서 주최한 추수감사절 퍼레이드에서 최초의 미키 마우스 캐릭터 풍선이 행진하는 모습.

로 자리매김하는 데 손색이 없는 존재였다. 문화역사학자 워런 서스먼Warren Susman은 "정치학자들이 미국의 1930년대를 '프랭클린 D. 루스벨트의 시대'라고 불렀다면 문화학자들은 1930년대를 '미키 마우스의 시대'라고 불렀다"며 미키 마우스가 사회적으로 거둔 엄청난 인기의 원인에 대해 이렇게 분석하고 있다.

"디즈니가 살던 세상은 전통적인 규범들이 하나같이 먹혀들지 않는 듯이

1930년대 테크니컬러 카메라. 월트는 〈꽃과 나무〉에 당시의 첨단 기술인 테크니컬러를 도입해 총천연색 애니메이션을 세계 최초로 선보였다.

보이는 혼란스러운 세상이었다. 하지만 그는 연민과 공포로 얼룩진 악몽 같은 세상이 아니라 끝내는 소망이 충족되고, 전통적인 방식과 가치가 더욱 굳건해지는, 환상과 재미가 가득한 세상을 만들어냈다. 세상이 제아무리 혼란스럽게 보인다 할지라도 디즈니와 그의 미키 마우스(그리고 월트가 만든 다른 모든 영화의 주인공들)는 익히 알려진 게임의 규칙을 따름으로써 결국 행복에 이르는 길을 찾아낼 수 있었다." [8]

초기엔 악동 이미지가 강하던 미키 마우스 역시 시대의 변화에 맞춰 순화되었고, 장난꾸러기 악동 이미지는 도널드 덕이 대신 물려받게 되었다. 1929년 10월부터 시작된 경제대공황의 여파로 할리우드는 물론 미국 경제 전반에 커다란 위기가 닥치면서 전체 노동자의 25퍼센트가 실직하게 되었는데, 이 상황이 월트에겐 새로운 기회가 되었다. 미키 마우스의 성공으로 제법 큰 수익을 거두긴 했지만 그는 할리우드의 다른 메이저 스튜디오들과 달리 부동산에 투자하지 않았고, 경제 위기로 실직자가 된 애니메이터들을 값싸게 고용할 수 있었기 때문이다. 디즈니는 〈어리석은 교향악단〉Silly Symphony 시리즈를 제작했고, 그중에서 〈꽃과 나무〉Flower and Trees에 당시로서는 첨단 기술인 테크니컬러technicolor를 도입해 세계 최초로 총천연색 애니메이션을 선보이기도 했다. 그러나 연이은 성공에도 디즈니의 재정 상태는 크게 개선되지 않았다. 애니메이션 제작만으로는 여전히 이전 작품의 수익으로 다음번 작품의 제작비를 충당하는 구조를 벗어나기 어려웠기 때문이다.

수많은 원작을 혼합 모방한
디즈니의 세계와 미키 마우스 연장법

월트는 애써 만든 캐릭터의 권리를 빼앗긴 경험 덕에 저작권의 중요성을 일찌감치 깨우쳤지만 영화 제작 이외의 방식으로 돈을 벌 수도 있다는 사실은 미처 깨닫지 못하고 있었다. 뉴욕의 거상 조지 보그펠트George Borgfeldt는 미키 마우스와 미니 마우스의 열렬한 팬인 두 자녀를 위해 월트에게 미키 마우스 캐릭터를 활용한 상품을 만들 수 있게 해주는 조건으로 캐릭터 이용료를 지불하겠다고 제안한다.

보그펠트가 만든 미키 마우스 캐릭터 상품이 대단한 성공을 거두자 캐릭터 상품의 잠재력을 깨우친 월트는 그와의 계약이 만료된 1932년 한 해 동안에만 80여 개 회사와 디즈니 캐릭터 사용에 대한 계약을 맺었다. 이제 미키 마우스는 어두운 극장을 뛰쳐나와 세상 어디에서나 피할 수 없는 이미지이자 쉽게 만날 수 있는 상품이 되었고, 1934년 미국에서만 3,500만 달러를 벌어들였다. 애니메이션이 산업이 되는 순간이었다.

재정적인 능력을 갖추게 된 디즈니는 40명의 애니메이터와 45명의 어시스턴트, 30명의 트레이서 및 채색 인원 등 총 180여 명의 사원을 거느린 기업으로 성장할 수 있었다. 이때부터 월트는 스튜디오의 애니메이터들을 끊임없이 재교육해야 한다는 필요성을 느껴 사내 교육기관을 만들었는데, 이것이 훗날 칼아츠CalArts: California Institute of Arts라는 4년제 대학으로 확대되었다. 1930년대 디즈니에는 아홉 명의 전설적인 애니메이터, 이른바 나인 올드 맨 Nine Old Men[9]이 활동하면서 디즈니 애니메이션의 전성기를 일구어냈다. 1937년 만들어진 세계 최초의 장편 애니메이션이자 뮤지컬 애니메이션인 〈백설공주와 일곱 난쟁이〉Snow White and the Seven Dwarfs는 디즈니에 어마어마한 성공을 가져다주었고, 뒤를 이어 〈피노키오〉Pinocchio, 1940, 〈판타지아〉Fantasia, 1940, 〈덤보〉Dumbo, 1941, 〈밤비〉Bambi, 1942 등 오늘날까지 디즈니를 대표하는 걸작 애니메이션이 모두 이때 만들어졌다.

1998년은 미키 마우스 탄생 70주년을 맞이해 다양한 기념 행사가 치러진 해이지만, 한편으로 미키 마우스의 상표권을 보호하기 위한 법안이 제정된 해이기도 하다. 미국 하원의원이자 유명 작사가였던 소니 보노Sonny Bono의 이름을 따서 제정된 소니 보노 저작권 기간 연장법Sonny Bono Copyright Term Extension Act, CTEA은 '미키 마우스 연장법'이라는 별명을 얻었다. 기존 법안대로라면 저작권 보호 기간이 만료되는 미키 마우스의 저작권 시효를 늘려주기 위해 제정되었다는 비난 때문이었다. 법안은 저작물의 보호 기간을 저작자 사후 50년에서 70년으로 연장하고, 직무상 만들어진 작품에 대한 저작권 보호 기간 역시 최초 출판된 해로부터 95년까지 늘리는 것을 골자로 하고 있다. 실제로 디즈니는 이 법안 제정을 위해 강력한 로비를 펼친 것으로 알려졌는데, 이 법안이 통과됨에 따라 로버트 프로스트Robert Lee Frost, 어니스트 헤밍웨이Ernest Hemingway, 조지 거슈윈George Gershwin 등 유명 예술가의 초기 작품들이 인류의 문화유산으로 전환되지 못했다. 이 법안의 제정을 위해 디즈니는 물론 할리우

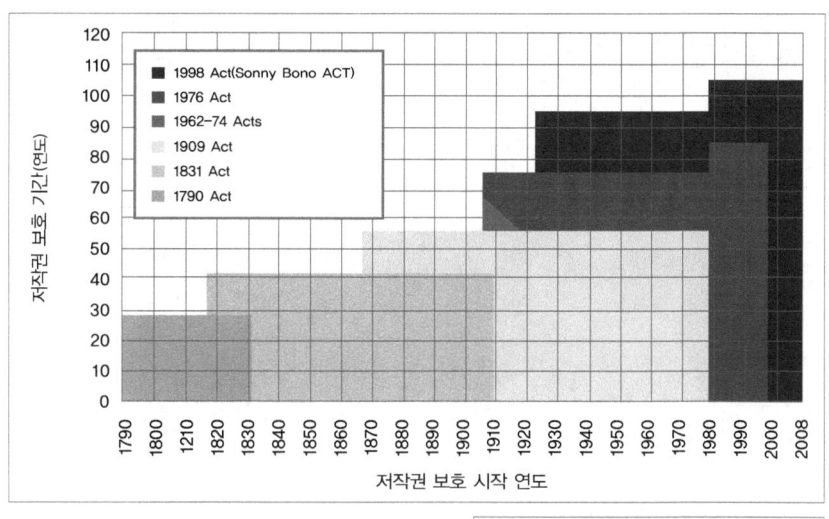

저작권 보호 기한 연장을 비판하는 로고와 미국 저작권법 연장을 보여주는 그래프. 미키 마우스 탄생 80주년인 1998년에 미키 마우스의 상표권을 보호하기 위한 법안이 제정되었다.

드와 당시 대통령 조지 W. 부시까지 나서 국제법인 저작권법의 연장을 요구하고 나섰다.

2009년에 열린 EBS 국제다큐멘터리페스티벌EIDF에서 브렛 게일러Brett Gaylor 감독의 〈찢어라! 리믹스 선언〉Rip: A Remix Manifesto이란 작품이 EIDF 페스티벌 초이스에 선정되었는데, 이 작품은 디즈니가 주장하는 저작권 보호의 허구성에 대해 풍자해 큰 호응을 얻었다. 게일러는 '재혼합자의 선언A remixer's manifesto'을 바탕으로 다큐멘터리를 끌어가는데, 선언문의 내용은 다음과 같다.

1. 문화는 항상 과거를 바탕으로 세워진다.
2. 과거는 항상 미래를 통제하려고 한다.
3. 우리의 미래는 점점 더 자유가 줄어들 것이다.
4. 자유로운 사회를 건설하려면, 당신은 과거의 통제를 제한해야 한다.

이 작품에서 예술 창작의 자유와 향유의 즐거움을 빼앗아가는 일종의 빅브라더 가운데 하나로 지적되는 것이 다름 아닌 디즈니다.

디즈니의 애니메이션 가운데 상당수는 새로운 창작물이 아니라 과거에 존재한 작품들을 재혼합remix한 것들이다. 이를테면 우리가 잘 아는 디즈니의 대표작 〈백설공주와 일곱 난쟁이〉는 그림 형제가 원작자인데 이 작품에는 본래 일곱 난쟁이가 등장하지 않는다. 그렇다면 〈백설공주와 일곱 난쟁이〉는 어디서 유래한 것일까. 러시아 시인 푸시킨Aleksandr Pushkin이 그림 형제의 동화 『백설공주』Snow White에서 영감을 얻어 「죽은 공주와 일곱 명의 기사」The Tale of

디즈니 애니메이션의 상당수는 이미 있던 작품들을 리믹스한 것이다. 〈백설공주와 일곱 난쟁이〉의 원작에는 일곱 난쟁이가 등장하지 않는다. 1910년의 『백설공주』일러스트(왼쪽)와 1937년의 〈백설공주와 일곱 난쟁이〉의 한 장면(오른쪽).

the Dead Princess and the Seven Knights, 1833란 시를 발표했는데, 디즈니는 일곱 명의 기사를 난쟁이로 탈바꿈시켰다. 〈찢어라, 리믹스 선언〉은 이렇게 말한다.

"미키가 칠순을 맞은 1998년 저작권법이 개정되고, 디즈니 제국은 미키의 무기한 소유권을 획득한다. 저작권 기한이 원작자 사후 70년까지 연장되고, 회사에는 95년이 주어진다. 저작권법의 원래 기한인 14년을 넘어 100년이 넘게 된 것이다."

월트의 사후에도 디즈니 스튜디오는 캐릭터의 저작권을 강력하게 지켜나갔고, 마침내 〈토끼 오스왈드〉의 판권도 다시 사들였다.

디즈니 스튜디오의 파업과
빨갱이 광풍

극장용 애니메이션이 계속해 성공하면서 디즈니 스튜디오는 최대의 전성기를 구가했고 회사 규모도 점점 커져갔다. 월트는 애니메이션에서 음악을 매우 중시했는데, 레오폴드 스토코프스키Leopold Stokowski와 함께 애니메이션을 클래식 음악과 접목시켜 디즈니 애니메이션을 누구도 넘볼 수 없는 예술의 영역으로 승화한다는 야심찬 시도로 〈판타지아〉를 제작했다. 그러나 기대와 달리 대중은 익숙했던 과거 디즈니 작품에 비해 지나치게 고급 취향이 되어버린 〈판타지아〉를 외면했고, 디즈니는 다시 어려움에 처하게 되었다. 엎친 데 덮친 격으로 월트의 가부장적인 경영 방식에 억눌려 지내던 애니메이터들이 파업에 돌입했다.

초기 디즈니 스튜디오에서는 애니메이션이라는 벤처 산업에 뛰어든 동지애를 바탕으로 경영자인 월트와 애니메이터들 사이에 비교적 친숙하고 사적인 관계가 조성되었지만, 점차 회사 규모가 커지고 사업이 다각화되면서 그가 아버지에게 물려받은 권위적이고 억압적인 성향이 두드러지기 시작했다. 월트는 누구보다 애니메이션에 열정을 쏟았기 때문에 밤낮으로 애니메이션만 생각하는 자신보다 이 분야를 잘 아는 사람은 없다고 자부했으며, 사업 초창기에 믿었던 동료와 직원 들에게 배신당한 경험까지 더해져 내심으로는 부하 직원들을 깊이 신뢰하지 않았다.

스튜디오 직원들이 영화만화가조합을 결성하고 협상하고자 했지만 그는 노조 설립을 방해하기 위해 만든 어용조직인 만화가연합을 앞세워 노조를 억누르려 들었고, 마피아와 결탁해 노조 지도자들을 공격하기도 했다. 노사 갈등은 시간이 갈수록 더 치열해졌고 '환상과 재미, 게임의 규칙을 따름으로써 결국 행복에 이르는 길'을 만들어낸 디즈니 스튜디오의 파업 소식은 사회 이슈가 되었다. 마침내 미국 노동부 산하 연방조정중재기구와 디즈니 스튜디오의 주거래은행인 뱅크 오브 아메리카까지 압력을 행사하면서 그는 어쩔 수 없이 노조와 타협해야만 했다. 월트는 애니메이션 기술 개발 면에선 누구보다 혁신적이고 진보적이었지만 개인적으로는 미국의 전형적인 보수 중산층의 가치관에 묶여 있는 사람이었다. 그는 자신이 일군 '또 하나의 가족(?)'인 직장에서 최고의 애니메이션을 만든다는 목표를 배신한 직원들을 용서하지 못했고, 이런 사태가 초래된 것은 모두 외부의 공산주의자들이 순진한 직원들을 부추긴 결과라고 믿었다.

때마침 할리우드를 감시할 끄나풀이 필요하던 FBI의 후버John Edgar Hoover 국장은 파업 사태에 개입하면서 국가의 미래를 안정시키는 일에 협조하는 대가로 월트에게 진짜 부모에 대한 정보를 제공하겠다는 제안을 했고, 그는 기꺼이 제안을 받아들였다. 파업의 결과로 월트의 애국심은 한층 강화되어 제2차 세계대전 중에는 경제적 이익과 자신의 애국심을 만족시키기 위해 관제 홍보 영화 제작에 전념했다. 전쟁이 끝나자 디즈니 스튜디오는 애니메이션의 명가가 아니라 정부 하청을 잘 따내는 관제 스튜디오로 전락해버리고 말았다.

전후 미국은 매카시즘이라는 '빨갱이 광풍'에 휩싸이게 되는데 월트는 자발적으로 이 광풍에 동참했다. 1947년 11월 의회반미활동위원회House Un-American Activities Committee, HUAC가 연예 산업에 대한 일련의 재조사에 착수하자 수많은 사람이 위원회에 불려가 당대의 가장 유명한 질문을 받았다.

"당신은 공산당원인가? 아니면 한때 공산당원이었던 적이 있는가?"

1947년 11월 24일과 25일에 걸쳐 뉴욕의 월도프-아스토리아 호텔에서 열린 영화제작자협회 회의에서는 좌파적 성향이 짙은 것으로 평가되던 영화

1947년 HUAC의 연예산업을 대상으로 한 청문회 현장. 월트 디즈니는 연예산업에 불어닥친 빨갱이 광풍에 자발적으로 동참했다.

인 열 명(이른바 할리우드 10)을 블랙리스트에 올리고 이들을 영구히 추방한다는 내용의 악명 높은 '월도프 선언Waldorf Statement'[10]이 채택되었다. 미국이 매카시즘 광풍에 휩싸였을 당시 동료 영화인을 보호해야 할 책무를 지닌 미국노동총연맹 영화배우협회 회장 로널드 레이건은 가장 먼저 월도프 선언 지지를 선언했고, 그 뒤를 로버트 테일러, 로버트 몽고메리, 조지 머피, 게리 쿠퍼, 잭 워너, 루이스 마이어 등이 따랐다. 월트 역시 이들과 함께 우익 세력의 선봉에 섰으며, 미키 마우스의 정신적 모델이던 찰리 채플린을 비롯한 수많은 영화인과 눈엣가시 같던 직원들에게 공산주의자 딱지를 붙여 내쫓았다. 심지어 데이비드 힐버먼David Hilberman 등은 디즈니에서 〈백설공주와 일곱 난쟁이〉와 〈밤비〉를 함께 만든 동료였는데도 말이다. 매카시즘의 광기에 휩쓸린 몇몇 영화인은 결국 자살하거나 심지어 수감되는 등 생계 수단을 잃고 엄청난 고초를 겪어야만 했다.

TV에 진출한 디즈니와
테마파크 디즈니랜드

너무나 배가 고파 제 스스로 팔다리를 잘라먹은 문어처럼 오랫동안 함께해 온 동료들을 배신한 디즈니는 한동안 스스로의 힘으로 단편 애니메이션 하나도 제대로 제작할 수 없는 상황에 처하고 말았다. 이곳에서 애니메이션을 배우고 수많은 작품을 함께 만든 애니메이터들은 월트의 곁을 떠나 UPA United Production of America를 설립하고 디즈니 애니메이션과 구분되는 그들만의 미학을 창조해내기 시작했다. 이들은 정형화된 디즈니 애니메이션의 캐릭터 구성 방식에서 벗어나 다소 거칠지만 시대적 분위기를 담아내는 캐릭터와 작품들을 만들어냈는데, 열악한 환경에서 작업해야 했기 때문에 디즈니 애니메이션의 대명사인 풀 애니메이션 full animation 기법 대신 리미티드 애니메이션 limited animation 기법을 창안해냈고, 이것이 다시 일본으로 건너가 재패니메이션 Japanimation, anime의 중요한 기법으로 자리 잡게 되었다.

이런 시기를 거치며 월트는 애니메이션에 대한 흥미를 잃어버린 대신 다른 분야에 열정을 품기 시작했다. 실사영화를 만들기 시작했고 자연 다큐멘터리 분야에도 진출했다. 디즈니가 만든 자연 다큐멘터리는 이전의 자연 다큐멘터리들과 달리 동물들이 하나의 퍼스낼리티를 가지고 살아가는 존재로 묘사되었기 때문에 대중의 큰 호응을 얻었다. 월트는 1953년 실사영화를 만들기 위해 브에나비스타 Buena Vista Pictures 영화사를 설립했다.

동서 냉전 분위기가 고조되면서 미국에선 가장 미국적인 이데올로기를 담은 디즈니 애니메이션이 다시 각광받기 시작했고, TV 기술의 혁신이 일어나면서 가정마다 텔레비전이 보급되기 시작했다. 집 안에서 가족 누구나 부담 없이 즐길 수 있는 프로그램의 대명사는 예나 지금이나 어린이를 위한 애니메이션 작품인 것처럼 당시 TV 방송국들도 가족 프로그램으로 애니메이션 작품을 방영하려고 했다. 이 기회를 놓칠 월트가 아니었다. 디즈니는 미국의 3대 방송 NBC, CBS, ABC 가운데 가장 늦게 출범한 ABC와 계약을 맺고 1954년 10월부터 〈디즈니랜드〉라는 프로그램을 제작해 방송하기 시작했다. 프로그램명을 이렇게 한 것은 장차 개장할 테마파크의 시너지 효과를 노렸기 때문이었다.

빼어난 언변과 대중 친화적인 외모를 앞세워 월트가 직접 해설자로 출연하면서 〈디즈니랜드〉는 높은 시청률을 올렸다. 1950년대 미국은 대공황과 전쟁의 경험에서 해방된 젊은이들이 결혼하고 아이를 낳으며 베이비붐 세대를 형성하게 되었고, 전후 최대의 풍요는 어린이들이 무엇이든 맘껏 누릴 수 있는 물질적 배경이 되었다. 이 시기에 월트는 미키 마우스 못지않은 대중적인 스타로 떠올라 어린이들의 친근한 이웃 아저씨가 되었다. 1954년 12월 15일에 방송된 〈디즈니랜드〉의 〈데이비 크로켓〉Davy Crockett 3부작은 최고의 인기를 얻어 미국 어린이들을 '데이비 크로켓' 열기에 휩싸이게 만들었다. 수백만에 이르는 어린이들이 데이비 크로켓의 너구리 모자를 쓰고 카우보이 스타일의 옷을 입었다. 온갖 상품이 쏟아져 나와 5년간 거의 3억 달러에 이르는 상품들이 판매된 것으로 추정된다. 어느 정도 인기였느냐 하면 대통령 아이젠하워마저 데이비 크로켓 타이를 맬 정도였다.[11]

디즈니가 만든 애니메이션과 TV 프로그램은 국경을 자유롭게 넘나들며 전 세계로 수출되었고, 한국을 비롯한 수많은 제3세계 국가의 어린이들에게 미국식 삶과 이데올로기를 전파했다. 디즈니는 1955년 가을부터 어린이를 주요 대상으로 한 〈미키 마우스 클럽〉이란 프로그램을 제작해 연이어 높은 시청률을 기록했는데, 이 프로그램을 보고 자란 아이들이 훗날 베트남전에 참전하게 된다.

현재 디즈니사에서 가장 큰 수익을 올리는 디즈니랜드 테마파크는 월트가 생전에 추진한 마지막 사업이다. 1954년 오렌지카운티에서 디즈니랜드 계획을 짜는 월트 디즈니(중앙)

디즈니 스튜디오의 성공은 콘텐츠 제작업체가 얼마나 막강한 힘을 지녔는지 보여준 성공적인 사례였고, 이전까지 영화와 경쟁 관계에 있던 방송국들은 영화 프로덕션과 결합할 때 놀라운 성공을 거둘 수 있다는 사실을 깨우쳤다. 그 결과 ABC는 디즈니 외에도 워너브라더스, MGM과 손을 잡았고 CBS는 20세기폭스를 파트너로 받아들였다. 이것이 오늘날 존재하는 거대 미디어 그룹의 시작이었다. ABC의 프로그램 제작업체 가운데 하나에 불과하던 디즈니는 1996년 190억 달러에 ABC를 인수하면서 콘텐츠 업체에서 거대 미디어 네트워크 그룹으로 성장했다. 물론 이 같은 사업을 성공적으로 이끈 사람은 월트의 사후, 위기에 처한 디즈니를 살려낸 최고경영자 아이즈너 Michael Eisner였지만, 그 씨앗은 이미 월트 생전에 뿌려진 셈이었다.

이 같은 엄청난 성공은 무엇보다 다른 업체와 차별화되는 콘텐츠를 지속적으로 생산해낸 디즈니 스튜디오의 저력에서 비롯된 것이지만 그와 같은 자본을 축적할 수 있는 계기를 마련한 것은 월트였다. 2000년도 디즈니의 사업 부문별 기업 이익 규모를 살펴보면 테마파크 디즈니랜드가 거둬들인 수익이 21억 달러로, 케이블 네트워크의 13억 달러, 방송국과 캐릭터 제품이 각각 6억 달러, 모기업에 해당하는 디즈니 스튜디오의 1억 달러에 견줄 수 없는 가장 큰 수익이다. 잘 알려진 것처럼 디즈니랜드 테마파크는 월트가 생전에 추진한 마지막 사업이다.

1966년 12월 15일, 폐암으로 사망한 월트는 생전에 이런 말을 자주 입에 올리곤 했다.

"꿈꾸는 것이 가능하다면 그 꿈을 실현하는 것도 가능하다. 이 모든 것이 작은 생쥐 하나로 시작되었다는 것을 기억하라."

한 마리 생쥐에서 시작한 월트 디즈니 그룹은 영화·텔레비전/비디오·케이블/위성·음악/라디오·출판·뉴미디어·테마파크·여행/레저·스포츠·소매/개발·텔코 제휴·해외사업 등 미디어, 콘텐츠 분야를 총망라하는 독점적인 글로벌 미디어 그룹이 되었다.

세계의 어린이들에게 월트 디즈니는 꿈과 희망을 주는 착한 할아버지로 묘사되지만 그가 남긴 흔적들, 이를테면 예술가들에 대한 착취, 노동운동 탄압, 마피아·FBI와의 은밀한 거래·밀고, 테마파크 노동자들에 대한 가혹한 감정노동 실태 등도 사라지지 않고 여전히 어두운 유산으로 남았다.

13

콘래드 힐튼

세계인을 고객으로
호텔 네트워크를 건설한 호텔의 제왕

그래도 사치스러운 시대 속에서 사는 것은 좋은 일이었고,
부자가 되는 것은 더 좋은 일이었다.

Conrad Hilton 1887~1979.

미국 서부의 미개척 변방이었던 뉴멕시코 주에서 태어난 콘래드 힐튼은

최초의 국제적 호텔 체인을 설립하며 세계인을 자신의 고객으로 삼는 호텔왕이 되었다.

전후 미국의 경제호황에 힘입어 세계로 뻗어나간 힐튼 호텔은

개발도상국의 랜드마크이자 선망의 공간이 되었고, 현지 지배계층에겐

미국 상류사회의 이국적인 삶의 양식을 경험해볼 수 있는 특별한 장소가 되었다.

호텔 숙박 시설의 세계적 표준이 된 힐튼 호텔은 그 자체로

아메리카나이제이션americanization의 모델하우스이자 아메리칸드림의 쇼윈도가 되었다.

귀여운 여인을 꿈꾼다면 호텔로 가라

게리 마샬 감독의 영화 〈귀여운 여인〉Pretty Woman, 1990[1]은 오드리 헵번 주연의 〈마이 페어 레이디〉My Fair Lady, 1964를 리메이크한 작품으로, 흔히 남성에게 선택받아 신분 상승을 이룩한다는 점에서 신데렐라 스토리의 전형으로 불린다. 이런 이야기의 원형은 그리스 신화의 피그말리온까지 거슬러 올라간다. 신화 속 여성 조각상이 조각가 피그말리온의 간절한 염원과 사랑을 통해 피가 통하는 인간으로 재탄생했다면 〈마이 페어 레이디〉의 일라이자 둘리틀(오드리 헵번)은 독신의 음성학자 헨리 히긴즈 교수(렉스 해리슨)에게 교육받은 덕분에 상류층 여성으로 재탄생한다. 그런데 그로부터 30여 년이 흘러 소비자본주의 시대에 리메이크된 〈귀여운 여인〉에서 비비안 워드(줄리아 로버츠)는 로스앤젤레스의 최고급 호텔에 투숙하고 로데오 거리의 최고급 부티크에서 고급 드레스를 구입하는 것으로 새로운 존재로 탄생한다.

에드워드 루이스(리처드 기어)는 좋게 말해 기업 M&A 전문가지만 경영 상태가 좋지 않은 기업을 인수해 쪼개서 팔아버리는, 피도 눈물도 없는 기업 사냥꾼이다. 이번에 노리는 기업은 천성이 착하고 사교적인 제임스 모스(랠

힐튼 호텔의 창립자 콘래드 힐튼

프 벨러미)가 소유한 조선사다. 사업 파트너인 동료 변호사에게 모스가 사교적인 분위기를 좋아한다는 정보를 입수한 에드워드는 쉽게 접근할 수 있는 방법으로 그와 잡은 식사 약속에 여자를 데리고 나가는 것이 좋겠다고 생각한다. 처음엔 단순히 객고를 달래줄 섹스 파트너로 고용된 비비안은 비즈니스 상담을 성사시키기 위한 아름다운 꽃 장식으로 역할이 바뀐 셈이다. 문제는 비비안이 LA 비벌리힐스의 최고급 호텔인 리젠트 비벌리 윌셔 호텔의 펜트하우스에 묵고 있으며 고급 아르마니 양복을 즐겨 입는 에드워드의 사회적 지위에 걸맞은 여자로서의 분위기를 갖추지 못했다는 것이다. 마침 호텔 근처에는 상류층이나 드나들 수 있는 로데오 거리라는 고급 부티크 밀집 지역이 있었다. 에드워드는 비비안에게 지폐 뭉치를 건네주면서 그럴싸한 옷들을 갖춰 입으라고 한다.

화면이 바뀌면 미국 영화사상 명장면 가운데 하나로 꼽히는 로데오 거리 활보 장면이 등장하는데, 사람들은 흥겨운 배경음악과 더불어 비비안의 활기찬 행진(?)을 쫓는 카메라의 시선을 따라 쇼윈도를 가득 채운 루이비통, 구찌, 샤넬 등의 명품을 살펴보며 절로 흐뭇해진다. 왜? 카메라의 시선이 지금 이 순간 관객들을 대리만족의 현장으로 이끌고 있기 때문이다. 그러나 돈만 있다면 누구라도 환대받을 것 같았던 '꿈의 궁전 로데오'에서 비비안은 환영받는 공주가 될 수 없었다. 활기찬 행진이 당당하고 거침없었던 만큼 추락의 속도와 비참함의 강도도 더해졌다. 상류사회 여성으로 탈바꿈하기 위해서는 반드시 통과해야 하는 입구에서부터 멸시와 홀대를 당하며 거절의 쓴맛을 보게 된 이유는 그녀가 짧은 반바지에 탱크 톱을 입고 허벅지까지 올라오는 검정 부츠를 신은 전형적인 콜걸 행색이었기 때문이다. 상점 직원들은 그녀를 손님으로 대하기는커녕 거들떠보려고도 하지 않는다.

"댁에게는 맞지 않을걸요."

"그거 굉장히 비싼 거예요."

이들은 잔뜩 무시한 끝에 결국 여기는 당신 같은 사람이 올 곳이 아니라면서 비비안을 쫓아낸다.

그녀에게는 〈마이 페어 레이디〉의 히긴즈 교수처럼 엄격하게 상류사회의 매너와 언어를 가르쳐줄 사람이 없었던 것이다. 〈마이 페어 레이디〉에서 히긴즈 교수가 연인이자 스승이었다면 〈귀여운 여인〉에서는 에드워드가 연인이고 스승은 호텔 지배인 바니 톰슨(헥터 엘리존도)이 맡았다. 호텔로 돌아온 비비안이 울먹이며 하소연하자 톰슨은 상류사회에 속하기 위해 알아야 할 것을 가르쳐준다. 테이블에서 포크를 구별해서 사용하는 법, 언제나 가슴을 쫙 펴고 걷는 법뿐만 아니라 호텔 지배인만이 할 수 있는 방법을 통해 그녀가 상류사회로 갈 수 있는 마법의 통로를 열어준다. 그는 로데오 거리에서도 가장 격이 높은 부티크에 전화를 걸어 잘 아는 단골 고객의 조카를 보낼 테니 잘 대해주라고 말한다. 비비안은 호텔 지배인을 통해 펜트하우스라는 더 높은 세계를 향해 가는 방법을 배운 것이다.

이 대목은 〈귀여운 여인〉에서 비비안의 극적인 변신을 보여주는 순간이자 현대 자본주의 사회에서 호텔이 어떤 의미를 지니며 어떤 위치에 있는지 잘 드러내는 부분이다. 호텔은 상류사회의 문화와 매너를 보고 배울 수 있는 장소이자 상류사회로 통하는 비밀의 문이며, 상류사회 그 자체다. 외견상 고급 호텔은 누구에게나 개방되고 누구나 환대받을 수 있는 공간으로 보이지만, 실제로 고급 호텔을 이용한다는 것은 그 사회에서 가장 강력한 결속과 관계망을 자랑하는 최상위 계층에 속한 사람들의 삶의 양식과 가치 체계를 잘 알고 함께 즐길 만한 위치에 속한 사람이라는 의미를 지닌다.

호텔은 문명 교류와 함께 시작되었다

최근에는 비록 증손녀 패리스 힐튼의 유명세에 밀려나긴 했지만 그녀가 『포브스』가 선정한 현대판 공주 1위[2]에 당당히 이름을 올릴 수 있도록 물질적 토대를 마련해준 사람은 호텔왕 콘래드 힐튼[3]이다. 그는 오늘날 세계적으로 3,750개의 호텔을 소유한 힐튼 호텔 그룹의 창업자이며 현대식 호텔 체인 사업의 아버지이기도 하다.

 콘래드는 1887년 12월 25일, 아직 정식 주로 승격되지 못한 뉴멕시코 주 샌안토니오에서 노르웨이 이민자 출신인 오거스터스 핼버슨 힐튼Augustus Halvorsen Hilton과 독실한 가톨릭 교도로 독일계 이민자 출신인 메리 기네비에브 힐튼Mary Genevieve Hilton의 여덟 남매 가운데 둘째이자 장남으로 태어났다. 이때만 하더라도 샌안토니오는 인근에 여인숙 비슷한 것조차 없을 만큼 철저하게 외진 변방이었다. 힐튼 부부는 1885년에 결혼했는데, 북구 출신답게 체구가 좋은 오거스터스는 거스Gus라는 별명으로 불렸다. 1882년 무렵에 샌안토니오에 정착해 전문적인 상인으로 활동하던 그는 사냥꾼에게 갖가지 모피를 구입해 세인트루이스 등 대처에 나가 팔았고, 문명에서 멀리 떨어져 사는 개척 이주민에게 필요한 상품을 구입해 되파는 일을 통해 생계를 이어갔다. 부부가 서부의 먼지 구덩이에서 팔 남매를 키우는 동안 대서양 저편에서는 근대식 호텔 산업이 태동하기 시작했다.

인류는 언제부터 여행을 해온 것일까. 전설과 역사가 구분되기 어려운 시대까지 거슬러 올라야 하는데, 가장 오래된 여행기라 부를 만한 기록은 기원전 3000년경 남부 메소포타미아 지역 우루크의 왕 길가메시Gilgamesh의 여정을 기록한 「길가메시」 서사시다. 영원한 삶을 찾아 수많은 지역을 여행한 그 여정이 역사인지 신화인지 구분할 방법은 없지만, 이 서사시에서 우리는 인간이 무엇인가를 찾아 끊임없이 낯선 곳을 헤매고 방문해 새로운 사실들에 대해 알고 싶어 한다는 사실을 확인할 수 있다.

여행과 호텔의 역사는 곧 문명 교류의 역사이기도 하다. 기원전 500년경 고대 그리스에는 온천욕을 즐기기 위한 최초의 리조트가 출현했고 모든 길은 로마로 통한다던 로마인들은 간선도로망을 따라 숙박 시설을 설치했는데, 환대받는 장소라는 뜻의 호스피티움hospitium과 잠시 들르는 곳이란 뜻의 데베르소리움deversorium⁴으로 나뉘는 등 19세기 유럽 못지않은 수준이었다. 이들 숙박 시설은 숙박과 식사만이 아니라 여행자가 원한다면 성적 서비스도 함께 제공했다. 마르코 폴로Marco Polo의 『동방견문록』에서는 원元 제국의 발달된 역참 제도에 대해 묘사하며 『성경』에도 베들레헴의 혼잡한 여관 이야기가 나오고 야곱의 아들들이 이집트에서 돌아오는 길에 묵은 여관에 대한 언급이 등장하고 있다. 중국 당唐대의 승려 현장은 서기 529년에서 645년 사이 인도를 다녀와서 『대당서역기』를 남겼고, 신라의 혜초는 성덕왕 때인 723년 당나라로 건너갔다가 불법을 구하기 위해 머나먼 인도까지 순례 여행을 다녀와 『왕오천축국전』을 남겼다.

이 시대 여행의 주된 목적은 크게 두 가지였는데, 하나는 실크로드 무역과 같이 상업적 이득을 얻는 것이고 다른 하나는 선교와 순례였다. 중국을 비롯한 아시아의 여행이 인도를 향한 것이었다면 서구의 순례 여행은 그리스도의 흔적을 따라 팔레스티나로 향하는 것이었다.

호텔이라는 말을 처음으로 쓴 영국의 러들로 페더즈 호텔

    목적이 무엇이든 이처럼 자신의 고향이 아닌 세계 여러 나라를 오가거나 먼 곳을 여행하는 일이 잦아지면서 민가, 숙소, 수도원 등이 숙식과 휴식 목적으로 이용되었고 점차 상업적인 숙박 시설이 등장하게 되었다. 경제적으로 여유 있는 순례자들은 여관에 들 수 있었지만 가난한 순례자들은 종교 시설에서 숙식을 제공받곤 했는데, 12세기부터는 특히 가난한 자와 순례자를 위한 구호시설 조직망이 발달하기 시작했다. 근대적 의미의 호텔hotel이라는 말은 1800년대 영국에서 일반적으로 사용되기 시작했지만, 그 기원은 라틴어 호스페스hospes와 호스피탈레hospitale에 있다.

    현대의 호스피탈hospital은 병원을 지칭하지만 의학과 과학이 발달하지 못했던 중세에는 여행자 숙소와 병원이 동의어[5]였다. 호텔이 여행 중 발병한 환자에게 휴식을 취하게 하고 간단한 치료도 해주었기 때문이다. 오늘날에도 호텔과 병원은 구조와 운영 방식, 서비스 면에서 상당히 유사한데, 특히

고령화가 급속하게 진행되면서 지방에서 성업 중이던 러브호텔이 노인 요양 전문 병원으로 변모하는 사실만 보더라도 두 업종이 얼마나 유사한 속성을 보이는지 다시금 확인할 수 있다.

그렇다면 호텔은 언제부터 여행자를 위한 숙박업소를 의미하게 되었을까. 바로 1600년대 영국 슈롭셔 지방에 러들로 페더즈 호텔Feathers hotel of Ludlow이 등장하면서부터였지만, 이 용어가 기업적인 의미의 호텔을 뜻하게 된 것은 영국의 산업혁명과 역사를 같이한다. 19세기 중엽까지 여행이란 한 국가의 영토 내에서 도로를 이용해 상업 및 직업적인 이유로 하는 것이 대부분이었고 그 대상도 특정 계층으로 한정되어 있었다. 그러나 산업혁명 이후 철도와 기선이 등장하고 자본 축적 과정에서 수혜를 입은 일부 계층이 발달된 운송 수단을 통해 여행을 레저로 즐기게 되면서 새로운 개념의 여행이 등장[6]하고 근대적 의미의 호텔업도 함께 발달하기 시작했다. 초기에는 주로 가족 중심으로 경영하는 형태인 숙박과 조식 제공Bed & Breakfast 방식의 소규모였지만 19세기 초반 철도 발달로 도시와 기차역을 중심으로 제법 규모가 큰 호텔들이 들어서기 시작했다.

참고로 우리나라에 생긴 최초의 서구식 근대 호텔은 1888년 인천 중구에 세워진 대불 호텔로, 서울 중구에 세워진 손탁 호텔보다 14년이나 앞섰으며 객실 수가 11개였고 커피와 서양식 요리가 제공되고 영어를 사용했다. 숙박료는 당시 화폐로 상급 객실은 2원 50전, 중급은 2원, 하급은 1원 50전으로, 비슷한 시기의 일본인 여관 수월루에서 상급 객실 하루 숙박료로 받은 1원보다 두 배 이상 비쌌다. 대불 호텔은 훗날 중국요리점 중화루로 바뀌어 인천의 3대 중국요리점으로 명성을 떨치다가 1978년 헐리고 말았다. 최근에는 대불 호텔의 설립 연도가 1884년이란 주장도 제기되고 있다.[7]

유럽식 근대 호텔의 출발,
손님은 항상 옳다

어린 시절 콘래드는 부유하지는 못했지만 독실한 가톨릭 신자인 어머니와 성실하게 일한 아버지 덕분에 비교적 평온한 삶을 살았다. 여덟 살이 되자 샌안토니오 인근에 있는 4년제 학교에 들어갔는데, 이 무렵 그 부근의 석탄 산업이 활기를 띠면서 거스의 잡화상 사업 역시 번창하기 시작했다. 어린 콘래드는 아버지 가게에서 일을 거들며 장차 자신의 사업에 필요한 기술과 기법을 익혔다. 20세기가 시작되려던 1899년 갓 열두 살이 되자 샌안토니오를 벗어나 좀 더 넓은 세계를 경험하게 된다. 앨버커키에 있는 고스 군사학교Goss Military Institute에 입학했고 이후 고스 군사학교의 후신인 뉴멕시코 군사학교, 현재의 산타페 칼리지인 세인트 마이클 칼리지, 현재의 뉴멕시코 공과대학인 뉴멕시코 광산 학교 등에서 공부했다. 그러나 학업보다는 아버지의 사업에서 배우는 것이 더 많다고 생각했기 때문에 공부에는 그다지 열의를 보이지 않았다.

   방학 중에는 앨버커키에서 돌아와 계속 사업을 도왔는데, 이 무렵 아버지에게 사업에 대한 열의와 능력을 인정받아 처음으로 혼자서 사업 여행에 나서게 되었다. 여러 마리의 나귀와 짐을 잔뜩 실은 마차를 끌고 2주 정도 단독으로 장거리 여행을 떠났는데 두둑한 배포와 사업 능력을 발휘한 그의 첫 거래는 대단히 성공적이었다. 무엇보다 여행에서 돌아온 뒤로 콘래드는 이제 어엿한 한 명의 성인이 되었다는 자부심을 느끼게 되었다. 얼마 뒤 거스는 소유한 탄광을 매각해 목돈을 마련하고 부인의 소망대로 가톨릭 교회가 있는 롱비치로 옮겨갔다. 하지만 그는 여전히 샌안토니오에서 가게와 호텔을 운영했기 때문에 두 곳을 오가며 지내야 했다.

콘래드가 성인이 되었음을 자각할 무렵, 유럽에서는 호텔 분야의 일대 혁신이 일어나고 있었다. 혁신을 이끈 인물은 중세 시대에 순례자를 맞이하는 숙박업부터 근대에 성행하기 시작한 알프스 관광에 이르기까지 관광과 숙박업의 중심지 역할을 해온 스위스에서 탄생했다. 1850년 스위스 니더발트에서 농부의 열세 번째 자식으로 태어난 세자르

리츠칼튼 호텔 체인을 만들어낸 세자르 리츠. '호텔리어의 왕, 왕들의 호텔리어'라는 찬사를 받았다.

리츠César Ritz는 부친이 근처 한 호텔의 주류 담당 웨이터 보조로 일하라고 권하기 전까지 집에서 암소나 돌보던 평범한 소년이었다. 그래서였는지 호텔에 취직한 지 며칠 만에 그만 해고되고 말았다.

"자네는 이 호텔에 아무 쓸모가 없어. 이 일에는 특별한 재능이 필요한데 네게는 그런 것이 없어."

그 뒤로도 세 차례나 더 해고되는 수모를 겪었지만 한번 발을 들여놓은 호텔 분야에서 반드시 성공하고야 말겠다는 의지는 꺾이지 않았다. 그는 니스, 몬테카를로, 루체른, 바덴바덴 등 유럽의 유명한 휴양지에 세워진 호텔을 전전하며 많은 경험을 쌓았고,[8] 1877년 마침내 스위스에서 가장 크고 호화로운 리조트 호텔인 그랜드 내셔널 호텔의 지배인이 되었다. 계속해서 적자에 허덕이던 이 호텔은 그의 놀라운 수완 덕분에 흑자를 내기 시작했고, 리츠의 명성도 함께 높아졌다.

당시 고급 호텔은 높은 지위에 있는 사람들만 드나들 수 있는 공간이었기 때문에 호텔 경영자라는 사실만으로도 높은 사회적 지위를 얻을 수 있었다. 그러나 세자르 리츠는 부자들을 상대하기 위해서는 단순히 호텔 경영자로

머물 게 아니라 자신부터 부자 행세를 할 수 있어야 한다는 사실을 알아차렸다. 우선 그는 자신의 호텔을 드나드는 상류층 인사의 의상이나 행동, 습관 등을 면밀히 관찰하면서 배우려고 노력했다. 어느 정도였느냐면 그의 옷장에는 넥타이가 300개, 조끼 42벌, 실크햇 8개, 비단 코트 8벌 그리고 멋있는 신발이 가득할 정도였다.[9] 또한 그는 투숙객을 상대로 현대적인 마케팅 기법을 활용했는데, 그 가운데 하나가 지금도 널리 이용되는 DM_{Direct Mail} 발송이었다. 이외에도 호텔을 찾는 귀부인들의 취향과 기호를 꼼꼼하게 살폈는데, 이 상류층 여성들이 누구나 아름답게 돋보이기를 원한다는 사실을 알아차리고 호텔 조명을 은은한 살구빛을 내는 샹들리에로 교체했다.

무엇보다 세자르 리츠에 의해 시도된 근대 유럽 호텔 경영의 가장 중요한 혁신은 현재까지 칼튼 호텔에서 쓰이는 '우리는 신사 숙녀들을 접대하는 신사 숙녀들입니다'라는 모토와 '손님은 항상 옳다'라는 경영 방침이었다. 이처럼 자신의 종업원을 신사와 숙녀라고 호명한 이유는 그들이 전문 직업인으로 존중받아야 하기 때문이 아니라 그들이 모시는 손님들이 그만큼 귀한 존재라는 뜻이었다. 그는 상류층 인사를 접대하기 위해서 먼저 자신이 부자 행세를 하고 부자들의 방식으로 말하고 입어야 했던 것처럼 호텔 종업원들도 귀족 저택에서 일하는 집사처럼 세련된 매너와 복장을 갖추어야 한다는 사실을 알고 있었다. 그러나 같은 신사와 숙녀라 할지라도 종업원과 고객은 어떤 경우에라도 구분되어야 하며, 고객과 종업원의 처지가 다르다는 것은 절대로 망각될 수 없는 규칙이었다.

그는 성이나 대저택을 소유한 귀족들까지 호텔로 불러들이기 위해 노력을 기울였다. 근대에 와서 호텔은 여행 중에 잠을 자고 식사를 제공받는 단순한 공간에서 새로운 사교 공간으로 변모하게 되었다. 그는 상류층 고객을 끌어들이기 위해 당대 최고의 요리사 조르주 오귀스트 에스코피에_{Georges}

Auguste Escoffier와 손을 잡았다. 에스코피에는 열두 살에 요리계에 입문해 74세에 칼튼 호텔에서 은퇴할 때까지 62년간 '요리의 제왕'이자 '프랑스 현대 요리의 아버지'라는 별명을 얻은 인물로, 1890년 리츠에 의해 사보이 호텔 조리장에 임명된 이래 현역에 있는 동안 최고의 솜씨를 자랑했다. 그의 음식을 맛본 독일 황제 빌헬름 2세Wilhelm II가 "나는 독일의 제왕이지만, 당신은 요리의 제왕"이라고 말했다는 일화가 있을 만큼 최고로 평가받았고, 프랑스 요리가 오늘날의 국제적 명성을 얻을 수 있게 한 공로를 인정받

요리의 제왕 오귀스트 에스코피에. 격식 있고 우아한 프랑스 요리를 전 세계에 퍼트린 것으로 유명하다.

아 1920년 레지옹 도뇌르 훈장을 받았다. 에스코피에가 리츠의 호텔에서 일한 이후 호텔 요리사는 최고의 요리사라는 평가를 받게 되었고 호텔에서 경력을 쌓은 요리사들이 일반인을 상대로 하는 레스토랑을 개업하게 되었다. 지금도 호텔에서 하는 식사 대접은 귀한 손님에게 최선을 다해 융숭히 대접하고 있다는 증표가 되고 있다.

연이은 성공 덕분에 리츠는 유럽의 여러 호텔을 경영하게 되었고, 1889년 런던에서 개업한 사보이 호텔은 일요일 디너 서비스에서 부부 동반을 의무화하고 지배인과 종업원 모두 모닝코트를 착용하는 전통을 만들었다. 1897년 사보이 호텔을 떠난 그는 이듬해 파리에서 리츠 호텔을 개업해 성공하면서 호텔 경영 역사상 최초로 프랜차이즈에 의한 호텔 체인 사업을 추진했다.

그러나 시대는 변모해가고 있었다. 산업혁명 이후 경제적 부를 축적한 중

리츠가 런던에서 사보이 호텔을 개업하면서 고급 호텔 바람이 불어 대서양 건너 맨해튼에도 월도프-아스토리아 호텔이 세워지기에 이른다. 시대를 알 수 없는 사보이 호텔 디너(아래)와 1899년의 월도프-아스토리아(위).

산층도 관광 여행에 나서게 되면서 최고급 호텔 못지않은 서비스 수준을 유지하면서도 중산층이 마음 편하게 이용할 수 있는 수준의 요금 체계를 갖춘 호텔도 필요해졌다. 새로운 변화의 물결은 대서양을 건너 신대륙 미국에까지 퍼져나갔다. 미국에서 새로운 대자본가들이 출현하기 시작하면서 유럽의 호화 호텔을 능가하는 고급 호텔이 건설되기 시작했는데, 1897년 뉴욕에서 개업한 월도프-아스토리아 호텔은 객실 수만 1,000개로 당시 세계 제일 규모를 자랑하는 최고급 호텔이었다.

메마른 텍사스 땅에 배를 띄운 콘래드 힐튼

힐튼 가족이 롱비치로 이주하던 무렵 미국은 나날이 새로운 번영의 세기를 맞이하고 있었다.

> 테디 루스벨트 대통령이 그의 새로운 정책과 상관이 있는 파나마 운하를 시찰하고 있었다. 우리는 모두 다 '즐거운 과부의 왈츠Merry Widow Waltz'를 노래했다. 우리는 뉴욕 시에 새로운 플라자 호텔이 세워진 것을 사진을 통해서 보고 20세기 초반은 사치스러운 시대라는 것을 실감하기도 했다. 그러나 당시에 그것은 나에게는 아무런 의미가 없는 것이었다. 왜냐하면 신문판매 사업과 고등학교 공부 때문에 바빴기 때문이다. 그래도 사치스러운 시대 속에서 사는 것은 좋은 일이었고, 부자가 되는 것은 더 좋은 일이었다.[10]

콘래드의 기쁨은 오래가지 않았다. 1907년 10월, 갑작스럽게 찾아온 공황이 채 몇 주도 안 돼 전국으로 확산되면서 수많은 은행이 연이어 문을 닫았고 신탁회사에 맡겨둔 힐튼 가문의 재산도 절반이나 날아가버렸다. 그러나 거스와 콘래드 부자는 실망하지 않았다. 두 사람은 아무리 침체에 빠지더라도 세상에는 여전히 세일즈맨과 여행자, 철도원 그리고 사업을 위해 돌아다녀야 할 사람이 많다는 사실을 알고 있었다. 경제 위기에 빠지자 힐튼 일가는 모두 샌안토니오에 있는 가족 소유의 호텔업에 매달렸다. 아버지는 호텔 지배인, 어머니는 요리사가 되었고 콘래드는 짐꾼 겸 벨보이로 일하며 손님들을 맞이하기 위해 새벽이든 한밤중이든 기차역으로 나갔다.

온 가족이 호텔 경영에 전념한 덕분에 간신히 파산 위기에서 벗어난 힐튼 가족의 호텔과 상점은 예전의 활기를 되찾았다. 거스는 막 스물한 살이 된 아들에게 상점 경영을 맡겼다. 20대 초반에 벌써 샌안토니오 지역의 유지로 행세하게 된 콘래드는 뉴멕시코 주 첫 의회에서 공화당 대표로 활동할 만큼 사업가로서도 어느 정도 인정받고 있었다. 이때 시작된 공화당과의 관계는 꾸준히 이어져서 힐튼 가문은 2008년에 공화당의 대통령 후보였던 존 매케인에게 거액의 정치자금을 후원했다. 그런데 매케인은 후원금 액수가 마음에 차지 않는지 오바마와 함께 패리스 힐튼까지 비하하는 정치 캠페인을 벌여 힐튼 가문의 분노를 사기도 했다.

한동안 상점 경영에 전념하던 콘래드를 새로운 세계로 이끈 것은 제1차 세계대전이었다. 1917년 군에 입대한 그는 그때까지의 자신을 세계에서 가장 작은 우물에 갇힌 살찐 젊은 개구리라고 회고한다. 서부에서 자라 한 번도 대도시를 구경해본 적이 없었는데 훈련을 받기 위해 간 샌프란시스코에서 난생 처음 바다를 보았다. 훈련을 마치고 배치된 곳은 프랑스에 주둔한 미국 원정부대였는데, 대서양을 건너기 위해 며칠간 머무른 뉴욕의 활기찬 모습에 감동과 함께 커다란 충격을 받았다. 프랑스로 건너간 그는 그곳에서 터키군을 물리친 뒤 남아프리카 케이프타운을 거쳐 다시 미국으로 돌아오길 바란다는 아버지의 편지를 받았다. 그는 답장에 자신에게 현재 소원이 있다면 휴가를 받아 집으로 돌아가는 것이라는 글을 적어 보냈는데 아버지는 그 편지를 받지 못했다. 1919년 1월 4일 청천벽력 같은 전보가 도착했다. 아버지가 교통사고로 별세했으니 집으로 급히 돌아오라는 어머니의 전언이었던 것이다. 육군을 제대하고 봄이 되어서야 고향으로 돌아올 수 있었던 콘래드는 파리를 구경하고 미국으로 돌아온 수많은 제대 군인들처럼 더는 예전의 그가 아니었다.

아버지 거스 힐튼의 급작스러운 사망은 첫 번째 동업자의 죽음이자 그와 동시에 그동안 일궈놓은 사업에도 치명적인 손실을 의미했다. 전쟁이 일어나기 전까지 콘래드는 은행가를 꿈꿨고, 전쟁 후에도 여전히 은행가가 되고 싶었지만 이제 고작 5,000달러 정도의 저축액이 남아 있을 뿐이었다. 실의에 빠진 그는 어머니를 찾아가 도움을 청했다.

"아무것도 시작할 수 없을 것 같습니다."

"얘야, 너는 네 자신의 개척지를 찾아야 해. 만일 큰 배를 진수시키고 싶다면 먼저 깊은 물이 있는 곳으로 가야만 한다."

때마침 텍사스 주의 유전 사업이 최대의 호황을 누리면서 사람들이 몰려들기 시작했다. 그 역시 마땅한 사업거리를 찾기 위해 텍사스로 향했다. 주변 사람들은 유전 사업이나 은행업 같은 대박을 터뜨릴 수 있는 사업에 투자하라고 권했지만 그는 매우 신중했다.

텍사스 이곳저곳을 살펴보며 돌아다니다 지친 그는 시스코 기차역 앞에서 모블리 호텔이란 간판이 붙은 2층짜리 붉은색 벽돌 건물을 발견했다. 호텔은 로비부터 사람들로 북적대고 객실은 3교대로 순환시켜야 할 만큼 대단히 호황이었지만 경영주는 호텔업보다 하루아침에 백만장자가 될 수 있다

콘래드 힐튼의 첫 호텔인 텍사스 주 시스코의 모블리 호텔

는 유전 사업에 빠져 있었다. 너나없이 일확천금만을 노리던 당시의 텍사스에서는 이처럼 장사가 잘되는 호텔 사장이라도 '누구라도 당장 5만 달러만 낸다면 호텔을 팔아치우고 유전 사업에 뛰어들고 싶다'고 말한다 한들 전혀 이상할 게 없는 분위기였다. 콘래드는 어디에 돈을 투자하고 무슨 일을 해야 할지 알게 되었고, 당장 모블리 호텔의 사장과 협상해 4만 달러에 호텔을 인수했다. 생애 첫 번째 호텔을 인수한 뒤 기차 역으로 나가 어머니에게 전보를 띄웠다.

"개척지를 발견했습니다. 여기에는 깊은 물이 있습니다. 시스코에서 첫 번째 배를 진수시켰습니다."

유전 사업보다 대박을 찾아 텍사스를 찾아오는 사람들에 주목했던 그의 선택은 과연 탁월했다. 호텔 운영에 전념하는 동안 유전 사업에 전 재산을 투자했다가 파산한 사람, 은행에 투자했다가 실패해 결국 자살하는 사람을 수없이 목격할 수 있었다. 모블리 호텔을 직접 경영하면서 그는 앞으로의 사업에 매우 중요한 원칙이 될 수 있는 몇 가지 사실을 깨달았다. 우선 객실을 찾아왔다가 그냥 돌아가는 손님이 언제나 많은데도 호텔에 노는 공간이 지나치게 많다는 사실을 깨우쳤다. 즉시 불필요한 공간을 없애고 그 자리에 더 많은 객실을 마련했다. 또 투숙객들이 고향으로 돌아갈 때 가족에게 자그마한 기념품이라도 선물하고 싶어 하는데 근처에 마땅한 가게조차 없어서 불편해한다는 사실을 알게 되자 곧바로 호텔 한편에 자그마한 액세서리 상점을 열도록 했다.

또 다른 깨우침은 호텔에서 서비스를 담당하는 직원들의 교육 문제였다. 그는 자신이 접대하는 손님들이 비록 신사 숙녀는 아닐지라도 호텔 직원들은 이들을 신사 숙녀로 대접해야 한다고 주장하며 서비스 교육을 강화했다. 무엇보다 호텔업은 서비스 산업이고 효율적인 인력 관리가 필요한 산업이기 때문이다. 그가 좀 더 높은 수익을 거두기 위해 이것저것을 고민하는 중에 얻은 가장 큰 깨달음은 호텔을 하나보다는 여러 곳 운영하는 것이 경영 실적에 유리하다는 사실이었다.

그는 계속해서 텍사스 주 전역에서 호텔을 사들였는데, 1924년에는 100만 달러를 투자해 자신의 이름을 딴 첫 번째 호텔을 건설하기로 했다. 바로 그 호텔 댈러스 힐튼이 1925년에 개업했는데, 그는 이곳이 완공되기 전 오랫동안 마음에 담아둔 메리 애들레이드 배런Mary Adelaide Barron과 결혼했다. 부부는 1934년 이혼할 때까지 세 아이를 두었는데, 콘래드 니콜슨 '니키' 힐튼 2세 Conrad Nicholson 'Nicky' Hilton, Jr., 윌리엄 배런 힐튼William Barron Hilton과 에릭 마이클 힐튼Eric Michael Hilton이었다. 콘래드는 숨 돌릴 틈도 없이 호텔 체인 사업에 몰두했는데 1927년에 애빌린 힐튼, 1928년에 와코 힐튼, 1930년에 엘 파소 힐튼 등을 인수하거나 새로 건축했고, 1939년에 텍사스 주 이외의 지역에서는 처음으로 뉴멕시코 앨버커키에 호텔을 지었다.

대공황과 미국식 호텔 체인 사업의 시작

19세기 말부터 20세기 초에 이르는 동안 상용 여행객의 증대는 호텔업 분야에 커다란 변화를 가져오기 시작했다. 지금까지의 호텔이 귀족과 자본가를 위한 시설이었다면 이제 대중도 이용할 수 있는 저렴한 요금으로 고급 호텔과 별반 차이가 없는 시설과 서비스를 제공하는 호텔이 등장하기 시작했다. 특히 콘래드 힐튼과 마찬가지로 호텔 벨보이로 시작해 미국 굴지의 호텔 사업가로 성장한 엘스워스 밀턴 스타틀러Ellsworth Milton Statler는 일반 대중이 쉽게 지불할 수 있는 요금으로 세계 최고의 서비스를 제공하는 호텔 체인 사업을 가장 먼저 시작한 사람이었다. 1908년 그가 개업한 버팔로 스타틀러 호텔은 300개의 침실을 갖춘 호텔로, 스타틀러는 저렴한 숙박비로도 높은 수익을 올릴 수 있는 여러 가지 경영 방식을 구상해냈다.

1928년의 엘스워스 스타틀러. 그가 세운 스타틀러 호텔 체인은 사업상의 목적으로 투숙하는 사람들을 대상으로 하는 상용 호텔의 시초다.

그 가운데 하나는 호텔 최초로 모든 객실에 전화와 냉수가 공급될 수 있는 장치를 설치한 것인데, 당시만 하더라도 호텔 벨보이 콜의 90퍼센트가 냉수 주문이었다. 그 덕분에 스타틀러 호텔은 종업원 숫자를 줄일 수 있었고 인건비를 아껴 좀 더 저렴한 가격을 실현해낼 수 있었다. 이외에도 건물 구조, 객실과 조리장의 설계, 집기와 각종 비품, 종업원의 조직과 업무 내용, 원가관리, 일원화된 경영관리 체계를 도입해 좀 더 효율적이고 능률적인 호텔 경영이 가능하도록 했다. 스타틀러는 여러 개의 호텔을 한 경영층이 운영하는 것이 호텔 경영의 효율성을 증대시키고 비용을 효과적으로 줄일 수 있다는 사실을 콘래드 힐튼보다 먼저 깨달은 사람이다. 그는 버팔로에 이어 클리블랜드, 디트로이트, 세인트루이스와 그 밖의 도시에 객실 1,000개 이상의 대규모 호텔을 건설해 경영했는데, 그 덕분에 스타틀러 호텔 체인은 대공황 때에도 계속 번창할 수 있었다.

모블리 호텔 인수 후 콘래드 힐튼이 텍사스의 호텔왕으로 등극할 수 있었던 배경에는 텍사스의 석유 붐이 가져다준 경제 호황이 있었다. 그 덕분에 그는 모블리를 인수한 지 불과 5년 만에 100만 달러라는 거금을 들여 자신의 이름을 딴 호텔 체인 사업을 시작할 수 있었다. 운도 맞아떨어져 이 시기는 미국 호텔 역사상 최고의 호경기이자 황금시대였다. 그는 자신보다 앞서 미국식 호텔 체인 사업을 이끈 스타틀러의 선구적인 사업 방식을 모방하는 것을 조금도 부끄럽게 생각하지 않았다. 호텔 경영의 네 가지 경영 방침을 세우고 실천에 옮겼는데, 첫 번째 원칙은 스타틀러에게 배운 것이었다. 그는 되도록 많은 호텔을 프랜차이즈 체인으로 만드는 것을 첫 번째 원칙으로 삼았고, 두 번째는 호텔 산업을 국제적인 사업 활동의 일부로 끌어올리는 것, 세 번째로는 호텔 내부의 유휴 공간을 없애고 공간 자체를 최대한 활용해 이를 영업 활동의 일부로 만드는 것, 네 번째는 호텔 경영에서 전문적인 매니지먼트 방식을 도입하고 호텔 종업원들의 동작motion, 노동시간 등을 연구해 이를 최대한 효율적으로 활용한 능률주의를 도입하는 것이었다.[11]

1920년대 미국에서 호텔업이 황금알을 낳는 산업으로 각광받자 부동산 업자들은 은행에서 대출을 받아 위험할 정도로 사업 확장에 몰입했다. 콘래드도 마찬가지였다. 여덟 번째 힐튼 호텔을 엘파소에 짓던 1929년, 월스트리트에서 시작된 대공황은 허리케인처럼 미국 동부를 휩쓸더니 미 전역을 뒤덮어버렸다. 그 역시 대출을 얻어 사업을 해왔기 때문에 주머니에는 한 푼도 남아 있지 않았다. 이때 미국 호텔 가운데 85퍼센트가 파산했고, 힐튼 역시 파산 직전에 이를 만큼 심각한 위기를 맞았다. 그러나 콘래드는 샌안토니오 황무지에서 시작해 아버지의 죽음 이후 다시 맨손으로 시작한 인물이었다. 호텔 여덟 곳 가운데 세 곳을 매각해야 했지만 여전히 그 호텔들의 매니저로 일했고 나머지 호텔을 악착같이 지켜냈다. 어떻게든 지금의 역경을 버텨낸다면 예전처럼 새로운 기회가 찾아올 거라고 믿은 것이다. 1930년대가 되고 제2차 세계대전이 벌어지자 미국 경제는 그의 믿음처럼 되살아나기 시작했다. 그러나 사상 최악의 불황으로 한껏 위축된 다른 호텔업자들은 경제 회복 신호를 믿지 않았고 새로운 투자에 나서지도 않았다. 이제 호텔업의 전성기는 지났다고 생각하며 손을 떼려는 사업가도 많았다.

콘래드 힐튼은 지금이야말로 재기할 절호의 기회라고 생각했다. 그래서 건설비의 10분의 1까지 폭락한 호화 호텔을 차례로 인수해나가기 시작했다. 때마침 전쟁이 끝나고 1940년대의 호황이 시작되자 이 과감한 투자와 전망이 빛을 발하기 시작했다. 제2차 세계대전 기간에 미국의 호텔 객실 점유율은 서서히 상승하기 시작해 1947년이 되자 전체 호텔의 객실 점유율이 90퍼센트가 넘는 놀라운 실적을 올렸다. 다시 찾아온 호텔업의 호황에 힘입어 과거에 잃어버린 호텔들은 물론 샌프란시스코, 로스앤젤레스에 이어 1943년에는 미국의 심장 뉴욕까지 진출했다. 1943년 객실이 1,000개가 넘는 루스벨트 호텔과 플라자 호텔을 인수했고, 1945년에는 시카고의 유서 깊은 팔머 하우스를 사들였다. 이제 새로운 도약이 필요했다.

1946년 콘래드는 소유한 호텔들을 총괄하는 힐튼호텔즈코퍼레이션을 출범시켰는데, 이 회사는 역사상 최초로 증권시장에 상장된 호텔 기업이다. 콘래드 힐튼은 1949년 미국뿐 아니라 전 세계에서도 가장 호화로운 명문 호텔로 손꼽히는 월도프-아스토리아 호텔을 인수하며 명실상부한 세계 최고의 호텔왕이 되었다. 모블리를 인수한 지 30년 만의 일이었다. 1954년이 되자 그는 한때 자신보다 앞서 가던 스타틀러의 모든 호텔 체인 사업을 인수하며 독주 체제를 구축했다. 이제 그의 시선은 미국만이 아니라 세계 전역을 망라하는 호텔 체인망 사업을 향하고 있었다.

미국식 세계화의 전초기지가 된 힐튼 호텔, 나의 고객이 되시오

이 무렵 콘래드 힐튼의 성공은 여러 방면에서 입증되었는데, 그 가운데 하나는 잇따라 수여된 명예 학위였다. 어려서부터 학업보다는 사업에 관심이 있던 그에게 디트로이트 대학(1953), 드폴 대학(1954), 배럿 칼리지(1955), 애들피 대학(1957), 도쿄 조치 대학(1963) 그리고 앨버커키 대학(1975)에서 명예 학위를 주었다. 그는 1957년 자서전 『나의 고객이 되시오』 Be My Guest를 출간했는데, 이 책은 지금도 힐튼 호텔의 객실에 한 부씩 비치되어 있다. 책 제목처럼 그는 미국인을 자신의 고객으로 삼았고, 더 나아가 전 세계인을 고객으로 만들기 시작했다.

제2차 세계대전이 끝나자 미국의 호텔업은 두 가지 커다란 변화에 직면한다. 하나는 전쟁 기간에 전략폭격기 개발을 통해 축적된 기술력이 출현시킨 대형 민간 항공기였다. 대형 항공기가 등장하자 사람들의 이동 방식이 변화했고 이동 방식의 변화는 여행과 생활양식의 변화를 초래했다. 다른 하나는 전후 세계 최고의 강대국이자 경제대국으로 떠오른 미국의 풍요와 강력한 힘에 의한 세계여행 붐이었다. 제2차 세계대전 전까지만 하더라도 장거리 여행 수단으로 대서양이나 태평양을 오가는 기선이 주로 쓰였지만 대형 항공기가 등장하면서 본격적인 지구촌의 삶이 등장하기 시작했다. 과거에 여행이 국내 범위에서 이루어졌다면 20세기 후반에는 세계적인 단위로 탈바꿈하게 되었다. 본래부터 호텔업은 여객의 이동에 따라 함께 발전해왔기 때문에 대형 항공기와 제트 여객기의 출현은 상상을 초월할 만큼 광범위한 분야에 영향을 미쳤다.

콘래드 힐튼은 이런 변화를 누구보다 빠르고 예민하게 감지하고 있었다. 1948년 힐튼 호텔의 해외 영업망을 구축하기 위해 힐튼인터내셔널컴퍼니를 만들었다. 전후 경제 호황과 국제적으로 높아진 자국의 위상을 한껏 누리게 된 미국인은 과거에 유럽의 귀족들이나 누릴 수 있던 해외여행과 최고급 호텔이 주는 안락함에 눈뜨기 시작했다.

1949년 푸에르토리코의 산후안에 카리브 힐튼 호텔을 건설해 대성공을 거두면서 본격적으로 미국 밖으로 진출한 힐튼은 마드리드의 카스티야 힐튼, 파나마의 엘파나마 힐튼, 터키의 이스탄불 힐튼, 몬트리올의 퀸엘리자베스 힐튼 등 1960년대에 이를 때까지 세계 여러 곳에 모두 10여 개의 힐튼 호텔을 세웠다. 세계 이곳저곳에서 사업을 벌이던 미국의 사업가나 외교관, 군인, 관광객은 어느 나라를 가든 미국식 호텔과 미국식 삶이 주는 안전과 편리, 쾌적한 생활을 포기할 수 없었는데, 1950~1960년대를 거치며 세계로 뻗어나간 힐튼 호텔은 미국인이 미국 밖에서도 미국에서처럼 지낼 수 있도록 해주었다. 최초의 국제적 호텔 체인인 힐튼 호텔은 세계 각지에 건설되는 미국식 삶의 모델하우스로, 작은 미국이자 호텔 숙박 시설의 세계적 표준이 되었다.

사실 힐튼 호텔이 이처럼 전 세계로 뻗어나간 배경에는 미국 정부의 해외 진출 정책이 있었다. 소련과의 경쟁 체제 속에서 미국은 서구 유럽은 물론 라틴아메리카와 아시아 등 제3세계 국가들에 대한 개발 원조 차원에서 호텔 건설을 지원했는데, 그 이유는 단순히 경제 원조뿐 아니라 호텔이 미국식 풍요와 미국식 삶의 양식을 전시하고 전파하는 유리 진열장 역할을 하기 때문이었다. 로마 제국이 정복지마다 대규모 목욕탕 시설을 건설하고 함께 목욕하며 문명을 가르친 대상이 그 지역의 족장들이었듯이 세계 각처에 건설된 힐튼 호텔을 출입할 수 있던 사람들 역시 그 사회의 지배층이었다. 전후 미국의 경제 호황에 힘입어 세계로 뻗어나간 힐튼 호텔은 도시에서 필요한 여러 기능이 완비되지 못한 여러 개발도상국에서 최고의 랜드마크이자 선망의 공간이 되었고, 현지 지배 계층엔 미국 상류 사회의 이국적인 삶의 양식을 경험해볼 수 있는 특별한 공간이 되었다.

19세기 근대 유럽인에 의해 아시아 곳곳에 세워진 고급 호텔은 누구나 이용할 수 있는 공간이기보다는 선택받은 소수의 백인을 위한 공간이었으며, 기본적으로 현지인을 위한 공간은 아니었다. 비슷한 시기에 상하이를 비롯한 아시아 여러 곳에 건설된 호텔들은 대부분 현지인이 아니라 식민 지배를 위해 파견 나왔거나 사업을 위해 현지에 머무는 백인을 위한 전용 공간이었다. 개혁개방 이후 상하이의 와이탄 지역은 다시금 세계 유명 호텔의 집결지가 되고 있지만, 19세기에서 20세기 초엽까지 이 지역 고급 호텔의 정문에는 공공연하게 '중국인과 개는 출입금지'라는 푯말이 붙어 있었다. 한국전쟁 전후에 한국에도 주한미군이나 미국인 전용 공간으로 내국인 출입금지 지역이 있던 게 상기되는 장면이다. 이 같은 공공연한 차별 정책이 사라진 뒤에도 고급 호텔을 이용하기 위해서는 일정한 경제적 능력에 의해 뒷받침되는 자격이 요구되었다.

> 중산층에게 서울의 고급 호텔은 자신들의 사회적 계급을 분명하게 드러내야 한다는 과시적 성격의 특권을 소비할 수 있는 장소다. 동시에 현대적이면서도 호화로운 고급 호텔은 세계를 여행한다는 느낌 그리고 서구와 접촉한다는 느낌이 들게 하는 장소다. 다른 한편, 상업과 호화 서비스의 도시 복합체로서의 호텔 기능을 촉진하는 것은 이들 고급 호텔이 실제로 서구 여행객들의 숙소 기능을 갖고 있기 때문이다. 한국인의 문화와 정신적 표상 체제 안에서 서구성은 상류층임을 나타내 주는 사회적 명성의 기호다.
> '상징적'으로나 '실제적'으로 서구와 접촉할 수 있는 장소이자 하나의 소우주로서의 고급 호텔은 자신의 사회적 지위를 연출해 무대에 올릴 특권적 공간을 한국 중산층에게 제공하고 있다.[12]

콘래드 힐튼은 1979년 세상을 떠날 때까지 미국 38개 도시에 188개의 호텔을, 해외에 54개의 호텔을 소유했다.

호텔의 제왕이 남긴 유산과
그의 후예들

호텔과 호화스러움 간에는 뗄 수 없는 상관관계가 있는 것인지 몰라도 대공황의 위기를 넘긴 1942년 콘래드는 첫 번째 부인과 이혼한 뒤, 당시 할리우드의 섹스 심벌로 유명한 헝가리 출신 배우 자자 가보Zsa Zsa Gabor와 재혼했다.

부부는 1946년 이혼하기 전까지 딸 하나를 두었는데, 가보는 자서전 『한 번의 인생으로는 충분하지 않다』One Lifetime is Not Enough, 1991에서 그에게 강간당한 후 임신했을 뿐이라고 주장하기도 했다. 두 사람이 무슨 마음으로 결혼했는지는 알 수 없지만 콘래드 역시 그녀의 지나친 사치와 게으름이 마음에 들지 않아 이혼한다고 밝혔으니 피장파장인 셈이다.

콘래드는 90세의 나이였던 1976년에 당시 61세의 메리 프랜시스 켈리Mary Frances Kelly와 세 번째로 결혼해 1979년 사망할 때까지 함께했다.

콘래드는 텍사스 주 댈러스에 있는 가톨릭 묘지인 캘버리 힐에 매장되었는데, 생존해 있던 두 명의 형제에게 각각 50만 달러를, 자자 가보와의 사이에서 낳은 딸 프란치스카와 조카에게 각각 1만 달러를 유산으로 남겼다. 나머지 재산 대부분은 1944년 자신의 이름을 따서 설립한 콘래드 N. 힐튼 재단에 기부하기로 되어 있었다. 유언장이 공개되자 호텔업을 물려받기 위해 어려서부터 아버지 밑에서 일한 차남 배런 힐튼이 소송을 제기했다. 재판에서 승리해 배런은 400만 달러를 유산으로 물려받았고 힐튼 재단은 350만 달러의 지분을 소유하며 나머지 600만 달러는 배런 힐튼 자선신탁기금이 관리하게 되었다. 이 기금은 배런 힐튼이 사망하면 콘래드 N. 힐튼 재단으로 이관될 예정이다.

얼마 전 보도된 외신에 따르면 부친의 유언을 거역하면서까지 유산을 차지하려 소송을 불사한 배런 힐튼이었지만 자신의 사후에는 총재산의 97퍼센트를 콘래드 N. 힐튼 재단에 기부할 거라고 밝혀 화제가 되었다. 일부 언론에서는 그가 이처럼 재산 상속 대신 기부를 결심한 게 손녀 패리스 힐튼과 니키 힐튼의 망나니짓에 실망했기 때문이라고 하는데, 사실 자세히 살펴보면 꼭 그런 것만도 아니다. 물론 외신이 전하는 뉴스나 이를 받아 앵무새처럼 전하는 국내 언론이 보도하는 것처럼 배런이 악명 높은 두 손녀의 행동을

힐튼 가문의 두 상속녀 패리스 힐튼(왼쪽)과 니키 힐튼(오른쪽)은 그들의 악명으로 젊은 세대에게 힐튼 호텔 브랜드를 알려주는 역할을 하고 있다.

기쁘게 바라보지는 않았을 수도 있다. 그러나 두 사람은 단순히 나이트클럽에서 흥청망청 놀기나 하면서 파파라치와 기자 들에게 좋은 사진과 기삿거리나 제공하는 '생각 없는 명품녀'인 것은 아니다. 이들은 라스베이거스의 나이트클럽에 얼굴을 비치는 것만으로도 수백만 달러의 사례비를 받는 움직이는 광고판이기 때문이다. 실제로 힐튼 호텔의 한 관계자는 이처럼 악명을 떨치는 힐튼 그룹의 상속녀 패리스 힐튼에 대해 이렇게 말하기도 했다.

"호텔 브랜드라는 입장에서 볼 때 손해될 것은 아무것도 없습니다. 힐튼이라는 이름이 계속해서 매스컴을 타는 것이니까요. 저희 고객들의 대부분이 상대적으로 나이가 많은 출장객들입니다. 패리스 힐튼은 매스컴을 통해 젊은 사람들의 인기를 끌고 있습니다. 젊은 사람들에게 힐튼이라는 이름을 각인시킨다는 면에서 큰 득을 보고 있는 것이지요."[13]

또한 두 사람 모두, 아직 초보적인 수준이고 성공 여부는 미지수지만 자신들의 악명을 이용해 독자적인 브랜드 사업을 하고 있을 만큼 영리하다. 니키는 의류 브랜드를 갖고 있고 니키 오Nicky O라는 호텔 체인 사업을 통해 가업을 이어갈 포부를 품고 있다. 패리스 역시 텔레비전 리얼리티쇼, 향수, 의류 그리고 수감 경력으로 또래 가운데 가장 유명한 사람이 되었다. 인터넷에 불법 유포된 섹스비디오 덕분에 2006년 구글에서 가장 많이 검색된 단어에 포함되기도 했다. 현재 패리스는 아무것도 없이 이름 하나만으로 거래할 수 있는, 세계에서 몇 안 되는 사람 가운데 하나다.[14]

무엇보다 패리스나 니키는 물론 힐튼 가문 사람들이 실망할 이유가 별로 없어 보이는 까닭은 다음과 같다. 자선신탁기금으로 조성된 콘래드 N. 힐튼 재단은 1950년 비영리 법인으로 힐튼호텔즈코퍼레이션과 분리되었는데, 배런 힐튼은 바로 이때 재단에 합류해 2007년에는 이사직까지 올랐다. 게다가 재단 이사장은 1998년부터 배런의 친아들이자 콘래드 힐튼의 손자인 스티븐 힐튼Steven M. Hilton이 맡고 있는데 그는 패리스와 니키의 친아버지다. 이외에도 수 세대에 걸쳐 힐튼 가문의 구성원들이 이 재단에 모여 함께 일하고 있다. 재단은 설립 당시의 박애주의 정신, 종파와 인종을 떠난 자선사업을 열심히 하고 있지만 이 일을 다른 사람들 손에 맡길 생각은 없어 보인다. 재단은 2005년에 열린 이사회를 통해 앞으로도 영구히 재단 설립자의 직계 후손들이 이사회의 대다수를 구성하도록 결의했다.

14

휴 헤프너

❦

실크 파자마를 입은 성 혁명가
혹은 포르노 제국을 건설한 플레이보이

성에 대한 우리의 유해하고 위선적인 생각을 바꾸는 데
어느 정도 역할을 했고 또 그렇게 하는 동안에 많은 재미를 본 인물로
기억하기 바란다.

—미리 밝힌 휴 헤프너의 묘비명

Hugh Marston Hefner 1926~.

휴 헤프너는 청교도적 윤리관이 지배하는 것처럼 보였던 미국 사회가

실제로는 매우 성적이라는 사실을 폭로한 『킨제이 보고서』의 영향을 받아

기존의 사회윤리에 도전하는 『플레이보이』를 창간했다.

매카시즘과 베트남전, 보수주의와 자유주의가 격돌하던 미국에서

한 권의 포르노 잡지를 시작으로 거대한 포르노그래피의 왕국을 건설한 휴 헤프너는

보수적인 성 윤리로부터의 해방을 부르짖은 혁명가일까?

아니면 그저 단순한 플레이보이에 불과했을까?

2006년 개봉된 영화 〈음란서생〉은 성리학적 규범이 엄한 조선 시대를 배경으로 무엇 하나 부족할 것 없는 명망 높은 사대부가 음란물 창작에 빠져들면서 겪는 우여곡절을 다루고 있다. 오늘날의 검찰에 해당하는 사헌부 장령으로 당대 최고의 문장가라는 찬사를 받던 윤서(한석규)는 우연한 기회에 저잣거리에서 음란물을 접하게 된다. 음란 소설을 통해 난생 처음 자기 안에 감춰진 음란본색을 확인한 그는 추월색이라는 필명 뒤에 숨어 음란물을 창작하면서 베스트셀러 작가라는 자부심과 함께 봉건 질서 속에서는 감히 느낄 수 없었던 해방과 자유의 감각을 깨우치게 된다. 그러나 일탈과 해방, 금지된 사랑을 누린 그는 이마에 음란이라는 글씨가 새겨지는 묵형을 대가로 치르고 만다.

음란물을 통칭하는 포르노그래피라는 말은 '창녀porn에 관해 쓰인 것graphos'을 뜻하는 그리스어 포르노그라포스pornographos에서 유래한 것으로, 점차 성적 흥분을 일으킬 목적으로 인간의 성적 행위를 사실적으로 묘사해 만든 모든 것(문학, 영화, 사진, 회화 등)을 의미하는 말로 변모했다. 그리스·로마 시대까지 거슬러 올라가야 할 만큼 오래된 이 말은 지금까지도 여전히 정의하기 어려운 단어다. 각자 처한 입장과 생각에 따라 뜨거운 논쟁을 불러일

포르노그래피의 대유행을 그린 19세기 프랑스의 캐리커처

으키는 대상이기 때문이다.

　보수주의자는 사랑, 결혼, 생식과 관련되지 않은 모든 성은 부도덕하기 때문에 성도덕을 유지하기 위해서는 국가가 나서 포르노를 처벌 대상으로 삼아야 한다고 주장한다. 그러나 자유주의자는 인간이 성에 대해 관심을 보이는 것은 너무나 자연스러운 현상이며 개인적인 자유이기 때문에 포르노를 해악시하는 자체가 시민의 정당한 권리를 침해하는 것일 뿐 아니라 이미 존재하는 성 문제를 은폐하는 결과만 빚을 뿐이라고 주장한다. 이념적으로는

보수주의자와 정반대 입장에 서 있는 여성주의자 가운데 일부도 포르노에 반대하는데, 이들은 포르노를 여성에 대한 성적 학대이자 가부장적 남성 가치의 극단적 표현으로 보고 있기 때문이다.

사실 신라 시대의 토우, 고려 시대의 동경 등에서 묘사된 성행위 모습이나 베수비오 화산 폭발로 재에 파묻힌 폼페이의 유적을 보면 고대에는 성행위 묘사가 금기시되지 않았음을 알 수 있다. 그러나 성리학과 기독교 등의 도덕 규범이 자리를 잡기 시작하면서 성은 공

『플레이보이』를 창간한 휴 헤프너

개 석상에서 논의되지 못하는 것으로 금기시되거나 심지어 죄악시되기 시작한다. 사실 고대의 포르노그래피 역시 누구에게나 개방된 게 아니라 가부장적 권력을 획득한 일부 계급에만 허용된 것이었다. 이처럼 성 혹은 섹슈얼리티의 문제는 언제나 권력과 밀접한 연관을 맺고 있었다.

프린스턴 대학의 유럽사 교수인 로버트 단턴Robert Darnton은 책과 지식의 전파 과정을 통해 프랑스대혁명이 가능했던 원인을 찾기 위해 1789년 혁명 이전 프랑스인이 어떤 금서를 읽었는지 조사[1]했는데, 그의 연구에 따르면 대중과 지식인이 전제 왕권의 검열을 피해가며 즐겨 읽은 책들은 오늘날 고전의 반열에 오른 계몽주의 서적이 아니라 외설스런 대중문학 서적이었다. 그는 이런 대중문학서 가운데 어떤 것도 프랑스인에게 전제 군주의 폭압에 저항하라거나 사회 질서를 전복하라고 강요하지 않았지만, 이런 금서들이 신에게 부여받았다는 왕과 귀족의 권위와 신분 질서를 밑에서부터 붕괴시키는 역할을 했다고 말한다. 이처럼 성의 문제는 언제라도 기존의 권력과 질서

를 아래로부터 변화시킬 수 있는 힘을 지니기 때문에, 권력이 귀족에서 부르주아지의 손으로 옮겨간 뒤에도 지배 권력은 성을 통제함으로써 기존 질서를 유지하고자 노력해왔다.

혁명기의 십여 년 동안 프랑스에서 포르노그래피는 앙시엥 레짐 당시보다 사회적 의미로 보나 숫자로 보나 더 광범위한 독자층을 얻게 되었다. 캐스린 노버그는 1790년대에 창녀의 모습이 변화한 것을 통해 비슷한 추세를 논증한다. 창녀는 사회적 좌대에서 물러나 모든 남성들이 접근할 수 있는 대상이 되었다. 즉 포르노그래피의 창녀까지도 민주화된 것이다. 이러한 민주화의 역설적인 결과로서 1795년에 이르면 명확하게 정치적인 포르노그래피는 혁명의 국가에서 서서히 죽어가기 시작했다. …… 사드를 집요하게 괴롭혔던 사실이 입증하듯 경찰은 여전히 이러한 작품들이 위험한 것이라고 생각했지만 그 위험은 이제 정치적인 것이 아니라 도덕적·사회적인 것으로 인식되었다. 프랑스혁명의 충격은 유럽 전역에서 포르노그래피 단속에 활기를 불어넣었다. 그 결과 포르노그래피가 더 이상 사회적·정치적 비판의 역할을 멈추었던 바로 그 시기에 전적으로 도덕적인 이유의 검열이 진행되었다.[2]

이처럼 어떤 시대, 어느 지역을 막론하고 성을 통제하려는 노력은 끊임없이 존재해왔지만 변함없는 진실 한 가지는 그 누구도 성공하지 못했다는 것이다. 이 뜨거운 논쟁의 한가운데에서 지난 반세기 동안 음란물을 널리 유포하면서 평생 무려 2,000명의 여성과 잠자리를 하며 부귀영화를 누려왔다고 자랑스럽게 떠드는 남자, 휴 헤프너.[3] 과연 그의 이마에도 음란이라는 먹물 글씨가 새겨져 있을까?

엄격한 청교도 집안의
장남으로 태어난 휴 헤프너

휴 마스턴 헤프너는 1926년 4월 9일, 시카고 근교에서 회계사로 일하던 글렌 헤프너Glenn Lucius Hefner와 평범한 가정주부인 그레이스 헤프너Grace Hefner 사이에서 장남으로 태어났다. 이들 부부는 서로에게 냉담했지만 경제적으로 넉넉한 편이었기 때문에 휴 헤프너는 어릴 적부터 좋아하는 책을 마음대로 읽을 수 있었다. 그러나 지적 자유에 비해 도덕적 자유는 얻지 못했다. 헤프너는 자신의 집안이 종교 박해를 피해 신대륙으로 건너온 청교도 가운데 가장 유명한 지도자인 존 윈스럽John Winthrop과 윌리엄 브래드퍼드William Bradford의 직계 자손이라 하는데[4] 그 진위는 알 수 없다. 다만 그의 부모가 독실한 감리교 신자였던 것만큼은 사실이다.

> 나의 아버지와 어머니는 우리 자식들에게 항상 무언가 물음을 갖는 것과 그리고 무언가 스스로의 결론에 도달해야 한다고 가르쳐 지적知的 자유를 구가할 수 있는 능력을 키워주셨다. 그러나 그들은 우리에게 너무나 엄격한 프로테스탄트적 윤리를 강요하셨다. 그 윤리란 곧 술을 마시지 말 것, 담배 피우지 말 것, 험담하지 말 것 그리고 일요일에 영화 보러 가지 말 것 등이었다. 무엇보다도 최악이었던 것은 성性에 대한 부모님들의 태도, 즉 성이란 가장 끔찍스러운 것이며 언급조차 하지 말아야 한다는 그들의 생각이었다.[5]

헤프너가 태어난 1920년대는 금주법의 시대였다. 미국 영토 내에서는 술을 빚거나 판매, 운반, 수출입을 할 수 없다는 내용의 이 법은 기독교 단체들이 벌여온 금주 운동이 법제화된 것이었다. 1917년 제1차 세계대전에 참전

엄격하기 그지없는 금주법이 시행에 들어간 1920년에 맥주 허용을 주장하며 시위하는 주류 제조업자들

하면서 금주를 통해 작업 능률을 향상시키고 식량을 절약한다는 명분으로 제정되었지만 실제로 시행된 것은 전쟁이 끝난 1920년부터였다. 역설적이게도 이처럼 도덕적인 법률이 시행된 1920년대는 온갖 비리와 잔인한 범죄로 점철된 미국 역사상 가장 혼탁한 시대로 기록되고 있다.

제1차 세계대전 당시 200만 명에 달하는 미국 젊은이들이 전쟁에 참여하기 위해 유럽으로 건너갔다. 박해를 피해 신대륙으로 건너온 청교도들이 건국한 미국은 당시에는 유럽에 비해 매우 보수적인 사회였다. 평소 십계명을 충실히 지키고 예의범절을 따르라고 배워온 젊은이들은 군복을 입는 순간부터 이전에는 상상도 할 수 없었던 혼란 속에 놓이게 되었다.

살아남기 위해 남을 죽여야 할 뿐만 아니라 젊고 혈기왕성한 남성만으로 채워진 집단이 장기적인 집단 생활을 하면서 가장 풀기 어려운 문제는 성적 욕구를 해결할 수 없다는 것이었다. 전쟁이 조기에 마무리될 거라 생각했던

군 당국은 병사들의 욕구를 개인적인 문제로 치부하거나 금욕을 통해 해결하려고 했지만, 전쟁이 장기화되자 병사들의 전투력을 유지한다는 명분으로 '성을 위한 응급시설'들이 전선 근처에 만들어지게 되었다. 그 같은 생활에 오랜 시간 노출된 젊은이들이 보수적이고 도덕적인 사회로 귀환했을 때, 아무 일 없었다는 듯 과거와 다름없이 생활해주길 기대하는 사회는 이들에게 전쟁보다 더 거대한 모순이었을 것이다.[6]

두 차례의 세계대전 사이에 태어나 성장한 휴 헤프너는 제2차 세계대전이 시작된 이듬해인 1940년 시카고 웨스트사이드의 스타인메츠 고교에 진학한다. 헤프Hef라는 애칭으로 불리던 그는 학생회장으로 선출되어 교지에 만화를 그리는 등 왕성한 활동을 보였다. 전쟁이 끝날 무렵인 1944년 고등학교를 졸업하고 군에 입대한 그는 1946년 제대할 때까지 보병 사무관으로 일하면서 군대에서 발행되는 여러 신문에 카툰을 연재했다.

제대 뒤에는 일리노이 대학 어바나 샴페인 캠퍼스에 입학했지만, 만화가의 꿈도 포기할 수 없었기 때문에 여름에는 시카고 미술 학교에서 미술 수업을 받았다. 두 학교를 오가는 겹치기 수강의 어려움 속에서도 그는 2년 반 만에 심리학 학사 학위를 취득하고『더 데일리 일리니』The Daily Illini지에 카툰을 게재하는 등 남들보다 몇 배는 바쁜 학창 시절을 보냈다. 이때부터 이미 일 중독자의 면모를 보였는데, 특히 교내 유머 잡지『샤프트』Shaft의 편집자로 일하는 동안 장차『플레이보이』Playboy로 이어지게 될 잡지 아이템인「이 달의 여학생」이라는 새로운 특집을 만들어 큰 인기를 누렸다.

『킨제이 보고서』와
주급 5달러 차이로 바뀐 인생

대학을 졸업하고 노스웨스턴 대학원에서 사회학을 전공한 헤프너는 이 무렵 미국을 떠들썩하게 만든 『킨제이 보고서』Kinsey Reports를 접하게 되었다. 20세기 가장 중요한 성 연구자 가운데 한 명인 앨프리드 킨제이Alfred Charles Kinsey는 미 전역에서 1만 8,000여 명을 면접해 얻은 1만 2,000건의 자료를 묶어 1948년 『남성의 성적 행동』Sexual Behavior in the Human Male, 1953년 『여성의 성적 행동』Sexual Behavior in the Human Female이라는 제목으로 두 건의 보고서를 펴낸다.

  이 보고서는 쾌락으로서의 성을 입에도 담지 못하게 했던 사회의 보수성과 위선을 폭로했다. 하버드 대학을 졸업하고 인디애나 대학에서 생물학 교수로 곤충을 연구하던 킨제이는 1938년 결혼위생학 강좌를 맡은 것을 계기로 이 주제에 관심을 두게 되었다. 강의를 준비하면서 그는 인간의 성적 행동에 대한 과학적 연구가 거의 없었으며 자신의 제자들은 물론 미국인이 성에 대해 상상할 수 없을 만큼 무지하다는 사실을 알게 되었다. 미국은 오늘날 부동의 포르노 강국이지만 당시만 하더라도 1873년에 제정된 컴스톡 법안Comstock Act과 보수적인 컴스토커리(Comstockery, 컴스톡 추종자)들의 위세에 눌려 포르노는커녕 피임 방법 등 필요한 성 지식을 전하려 해도 사법 당국의 처벌과 제재를 감수해야만 했다.

  앤서니 컴스톡은 어떤 사람이었을까? YMCA 산하 뉴욕퇴폐추방협회의 회장이던 그는 청교도적인 윤리관을 앞세워 음란물 규제 법률을 제정하기 위해 기독교 단체들과 함께 앞장서 운동을 벌였다. 마침내 비윤리적인 용도로 수입되거나 유통되는 음란물에 대한 규제 조항을 담은, 이른바 컴스톡 법안을 통과시켜 열차를 통해 운송되는 모든 우편물을 통제할 수 있는 권한을 갖게 된 컴스톡과 컴스토커리는 종교적 열정에 가까울 만큼 열심히 일했기 때문에 현대 작품에서 고전에 이르는 수많은 예술 작품의 외설 여부에 대해서까지 검열에 나섰고, 심지어 진열대 마네킹에 옷을 입히는 점원을 처벌하기도 했다.[7]

컴스톡 법안이 위력을 발휘한 지 70여 년이 지난 후 킨제이는 수많은 사람을 만나 "자위행위는 일주일에 몇 번?", "오르가슴을 언제 느꼈는가?", "지금까지 상대한 파트너의 수는?" 등의 질문을 던지며 베일에 가

19세기 후반 청교도적 윤리관으로 미국을 지배한 앤서니 컴스톡

려져 있던 비밀스러운 속사정을 파헤쳤다. 8,000명의 여성과 5,300명의 남성을 대상으로 15년 동안 부부의 성교 횟수, 섹스 시간, 자위 경험, 장소, 여성의 성감대 등에 대해 빠짐없이 조사했다. 비록 오늘날에는 통계 방법이나 조사연구 대상이 특정 인종과 계층으로 한정되었다는 한계를 지적받긴 하지만 당시 『킨제이 보고서』가 준 충격은 엄청났다. 성은 곧 죄악이라 믿던 시대에 남성의 92퍼센트, 여성의 62퍼센트가 일상적으로 자위행위를 즐겼으며 여성의 절반 정도가 혼전 성관계를 경험했고 26퍼센트가 혼외정사를 즐긴다는 결과가 발표된 것이다.

"다윈의 진화론 이래 이보다 더 충격적인 과학서는 없었다."

시사주간지 『뉴스위크』는 『킨제이 보고서』가 던진 충격에 대해 이렇게 보도하기까지 했다.

헤프너는 대학원에서 남성의 섹슈얼리티에 대한 킨제이 보고서를 접하고 「조사의 관점에서 바라본 미국의 섹스 관련 법」을 연구하는 기말 논문을 제

출했는데 지도 교수는 B 마이너스를 주었다. 담당 교수의 의견에 반하는 자유로운 결론을 내렸다는 이유 때문이었다. 이에 분노한 헤프너는 1949년 대학원을 자퇴해버렸고, 밀드레드 윌리엄스Mildred Williams를 만나 결혼했는데 두 사람은 1959년 이혼할 때까지 10년 동안 결혼 생활을 유지했다. 대학원을 중퇴한 그는 카슨, 피리, 스캇 백화점 등에서 잠시 광고 카피라이터로 일하다가 1951년부터 『에스콰이어』Esquire에서 판촉 카피라이터로 일하며 주당 60달러를 벌었다. 얼마 뒤 『에스콰이어』가 본사를 뉴욕으로 옮기게 되자, 관리자는 그에게 주급을 80달러로 인상하는 조건으로 뉴욕으로 전근해달라고 요구했다. 헤프너는 85달러를 요구했지만 회사 측이 묵살하자 회사를 그만뒀다. 『에스콰이어』를 따라가는 대신 스스로 잡지를 창간하기로 결심했는데, 이 무렵 헤프너 부부의 첫 아이 크리스티Christie가 태어났다.

반항과 아메리칸드림 사이의 틈새를 겨냥한 『플레이보이』

『에스콰이어』를 퇴직한 뒤 『칠드런스 액티비티』Children's Activity지에서 일하는 동안 헤프너는 본격적인 성인 잡지를 구상했다. 잡지 제호를 총각파티Stag Party로 할 생각이었지만 이름이 비슷한 잡지가 이미 있어서 『플레이보이』로 결정하게 되었다. 저축해둔 돈도 없었고 딸 양육에 계속 돈이 들어갔기 때문에 빈털터리나 다름없던 그는 새로 산 가구를 담보로 400달러를 대출받고, 보수적인 부모를 설득해 다시 1,000달러를 투자받았다. 동생을 비롯해 주변 친구까지 모조리 끌어들여 모은 금액은 대략 1만 달러였는데, 만약 잡지가 실패한다면 파산할 수밖에 없는 처지였다. 자신의 아파트 주방 테이블을 편

『플레이보이』는 대중의 시선을 끌기 위해 창간호에 메릴린 먼로의 컬러 누드 사진을 실었다. 사진은 1957년작 〈왕자와 무희〉에 나온 메릴린 먼로.

집실 삼아 밤낮으로 창간호에 필요한 기사와 사진을 편집했다.

창간호에는 사람들의 눈길을 단번에 끌 만한 아이템이 필요했다. 때마침 그는 막 섹스 심벌로 떠오르던 배우 메릴린 먼로Marilyn Monroe가 가난하던 시절 촬영한 누드 사진을 가진 캘린더 회사와 접촉하게 되었다. 거금 500달러를 들여 먼로의 사진을 사들여 '이 달의 연인들'이라는 제목으로 잡지 한가운데 게재했다. 『플레이보이』 창간호에 실린 먼로의 누드 사진은 미국 대중매체에 실린 최초의 컬러 누드 사진이었다. 널리 알려진 것처럼 1953년 12월 『플레이보이』 창간호가 발행된 후 일어난 일련의 사건은 출판 역사에 두고 두고 회자될 만한 성공 신화가 되었다. 그러나 헤프너는 한 부에 50센트의 가격을 붙인 창간호가 성공할 거라고 예측할 수 없었기 때문에 잡지에 발행인의 이름과 발행 날짜를 넣지 않았다. 3만 부는 팔려야 손익분기점을 넘어설 거라고 예측되던 잡지는 무려 5만 4,000부나 팔리며 대성공을 거뒀다. 창간호가 나오고 불과 3년 만에 『플레이보이』는 50만 부가 팔렸고, 1959년에는 『에스콰이어』를 뛰어넘어 매월 100만 부를 팔아치웠다.

『플레이보이』가 이처럼 수많은 젊은 남성 독자들의 환영을 받으며 엄청난 성공을 거둔 까닭은 무엇이었을까. 1950년대 미국은 전후 풍요의 시대를 만끽하며 전성기를 누리고 있었지만, 다른 한편으론 냉전 체제가 구축한 핵전쟁의 공포와 반공주의 열풍이 사회를 꽁꽁 얼어붙게 만들고 있었다. 1950년 북한의 남침으로 시작된 한국전쟁, 1956년 헝가리혁명에 대한 소련의 탄압, 1957년 소련의 스푸트니크호 발사, 1958년 로젠버그 부부의 사형 집행 등의 사건이 벌어지면서 미국의 보수주의자들은 미국은 물론 서구 전체가 공산주의자들에게 포위되어 있다고 주장하며, 안보상의 위협을 정치적으로 이용하려 들었다.

특히 조지프 매카시Joseph McCarthy 상원의원은 사회적 안정을 바라는 보수층을 결집시키기 위해 풍기문란과 동성애 등을 공산주의와 결부시키는 등 정치적으로는 물론 문화적으로도 헤게모니를 장악하려 들었다. 그러나 젊은 세대는 극우보수적인 매카시즘 대신 기성세대에 반항적인 제임스 딘Jemes Dean

매카시즘 광풍을 일으킨 조지프 매카시 의원

440

과 성적 매력을 발산한 메릴린 먼로, 풍기문란한 노래를 부른 엘비스 프레슬리Elvis Oresley를 선택했고 『플레이보이』를 읽었다. 헤프너는 『룩』Look지와의 인터뷰에서 이렇게 말하기도 했다.

"내 잡지의 나체 여성들은 반항의 상징이자 성의 승리가 되었다. 『플레이보이』를 발행하는 것은 자유의 깃발을 흔들고 독재 국가 아래 저항의 목소리를 높이는 것과도 같다." [8]

그러나 『플레이보이』가 기존의 성 윤리와 사회 규범에 도전적이기만 한 것은 아니었다. 냉정한 사업가이기도 했던 헤프너는 『플레이보이』가 미국식 자유주의자들의 아메리칸드림을 반영하도록 했다. 그 이전에도 여성 누드를 게재하는 저속한 잡지들은 존재해왔고 이후에도 계속 발행되었다. 하지만 저명한 작가와 사진기자들이 기고하는 고급 기사와 더불어 최고급 하이엔드 오디오 같은 상류층 소비자를 위한 값비싼 전자제품을 소개하는 광고를 동시에 게재할 수 있는 잡지는 『플레이보이』뿐이었다.

『플레이보이』는 1962년 9월호에 『맬컴 엑스』The Autobiography of Malcolm X, 1965와 『뿌리』Roots, 1976의 저자 알렉스 헤일리Alex Haley가 재즈 음악가 마일스 데이비스Miles Davis와 행한 인터뷰를 시작으로 '솔직한 대화' 라는 부제가 달린 인터뷰를 연재하기 시작했는데, 이들의 입을 빌어 정부와 체제에 대해 때로 매우 신랄하고 파격적인 기사를 게재해 큰 인기를 누렸다. 버트런드 러셀Bertrand Russell, 자와할랄 네루Jawaharlal Nehru, 맬컴 엑스Malcolm X, 피델 카스트로Fidel Castro, 장 폴 사르트르Jean Paul Sartre, 아널드 토인비Arnold Toynbee, 존 케네스 갤브레이스John Kenneth Galbraith, 스티븐 호킹Stephen Hawking, 베티 프리단Betty Friedan, 빌 게이츠 등 유명 인사들이 등장했고, 심지어 1976년에는 이듬해 미국의 대통령에 올랐으며 평소 성인군자로 이름 높던 지미 카터가 "마음속으로 끊임없이 간음하고 있다"는 고백을 하도록 만들어 큰 화제를 모으기도 했다.

영국의 탐정소설가 이안 플레밍. 『플레이보이』는 플레이보이의 또 다른 상징 '제임스 본드'의 작가 이안 플레밍의 원작을 싣는 등 고급 문학 독자의 눈길 또한 잡아끌었다.

훗날 자신의 플레이메이트들에게 "당신들이 없었다면 아마 난 문예지를 만들었겠지"라고 회상했을 만큼 문학에도 관심이 많았던 헤프너는 블라디미르 나보코프Vladimir Nabokov, 알베르토 모라비아Alberto Moravia, 오손 웰스Orson Welles, 에인 랜드Ayn Rand, 윌리엄 사로얀William Saroyan, 아이작 아시모프Isaac Asimov, 레이 브래드베리Ray Bradbury, 잭 케루악Jack Kerouac 등의 단편소설은 물론 플레이보이의 또 다른 상징 '제임스 본드'를 탄생시킨 작가 이안 플레밍Ian Fleming의 원작도 게재해 고급 문학 독자들도 『플레이보이』를 외면할 필요가 없다는 메시지를 던졌다.

성 혁명과 함께한 『플레이보이』의 전성기

1960년대에 세상에 출현한 경구피임약⁹은 성 혁명을 일으켰다. 보편적이던 대가족 체제가 붕괴되었고, 세계 거의 모든 지역에서 가족의 형태가 소규모 핵가족 체제로 변모하기 시작했다. 의학의 발달로 기대 수명이 늘어난 대신 피임약 덕분에 아이를 낳고 기르는 데 주력하던 여성들도 직업을 갖는 등 다른 분야에 시간을 할애할 수 있게 되었다. 임신 가능성의 조절을 통한 성의 변화는 가족의 변화를 가져왔고, 가족의 변화는 결혼의 변화를 가져왔으며, 결혼의 변화는 다시 성의 변화를 초래하는 연쇄반응이 일어났다.

명민한 분석가이자 냉정한 사업가였던 휴 헤프너는 시대의 변화를 뛰어난 직관과 감각으로 냉철하게 느끼며 주도면밀하게 행동했다. 1974년 초판이 나온 이래 지금까지 사진사회학의 고전으로 자리 잡은 『사진과 사회』Photographie et société에서 지젤 프로인트Gisèle Freund는 어떤 부류의 남성이 『플레이보이』를 읽는지 다음과 같이 설명하고 있다.

> 최근 여론조사에 의하면 『플레이보이』 독자의 50퍼센트가 35세 이하이고, 연 1만 5,000달러 이상의 수입을 갖는다. 64퍼센트는 기혼이다. 이 잡지는 우선적으로, 삶에 지쳤거나 특별한 취미가 없는 남자들이 읽는다. 잡지의 매력은 특히 여기 실리는 인생과 독자들의 인생이 차이가 있다는 점이다. 『플레이보이』에 의해 묘사되는 인생은 완전히 허구이다. 독자들의 사회적 열망과 성적인 욕구를 결합시킨 것이다. 『플레이보이』의 광고는 의미심장하다. 이 광고는 무엇보다 아름다운 여자들의 감탄하는 시선을 받으면서 비싼 자동차나 요트 곁에서 사진 찍힌, 멋지게 차려입은 근사한 젊은 남자들을 나타낸다.[10]

주요 독자인 평범한 백인 남성이 자신의 잡지를 통해 꿈과 환상을 좇고 있다는 사실을 잘 아는 헤프너는 누구보다 먼저 자신이 그들의 꿈과 환상을 현실에서 충족시켜줄 수 있는 인물이 되어야 한다고 생각했다. 『롤링 스톤』Rolling Stone의 기사를 한번 보자.

헤프너는 자신이 플레이보이가 아님을 알고 있었다. 그는 옷을 잘 입는 것도 아니었고, 사교적이지도 않았으며, 남다른 인생을 살고 있지도 않았으니까. 따라서 구상하고 있는 사업을 제대로 하기 위해서는 변화가 필요했고, 그는 변화를 선택했다. 1959년 12월 헤프너는 (애벌레가 알을 깨고 나오는 변태와 같은) 대변화를 시작했다. 제일 먼저 은행 대출을 받아 시카고 골드코스트 해안에 있는 붉은 벽돌로 된 대저택을 샀다. 그다음에 100만 달러를 들여 집을 개조해 실내 풀장과 극장은 물론, 압권이었던 '물 속 바underwater bar'를 만들었다. 이 바에서 손님들은 애인이 나체로 수영하는 것을 바라보면서 음료를 마실 수 있었다. 또한 메르세데스 벤츠 오픈카와 메르세데스 리무진을 사서 저택 앞에 세워두었다. 리무진에는 토끼 머리 모양인 플레이보이 로고를 새긴 오렌지색 깃발 두 개를 꽂았다. 자신의 이미지 변신을 위해 붉은 벨벳으로 된 평상복을 샀다. 수공예 파이프 담배를 피울 때 입고 있으면 특히 세련돼 보일 것으로 생각했다.[11]

『플레이보이』의 성공을 위해 의도한 것이었든 아니면 그저 자신의 욕망을 충실히 따른 것이었든 그의 변신은 대단히 성공적이었다. 단 한 가지, 성공적이지 못한 것이 있었다면 아내 밀드레드와의 결혼이 10년 만에 파국에 이르렀다는 것뿐이었다. 그러나 이혼은 플레이보이로서의 삶에 날개를 달아준 것이나 마찬가지였다.

그는 잡지 브랜드의 정체성을 확립하기 위해서는 시각화된 상징이 필요하다는 것을 잘 알고 있었기 때문에 검은 머리의 토끼를 『플레이보이』의 마스코트로 삼았다. 대학 시절 교지에서 활용해 큰 인기를 끈 아이템을 재활용한 「이 달의 플레이메이트」 코너에선 특별히 대형 브로마이드를 서비스로 제공했는데, 이것은 남성들의 소유 욕망을 자극하기 위해 계산된 것이었다.

1955년 7월호부터 다른 성인 잡지와 달리 누드모델 선정에 대해 새로운 전략을 세웠는데, 기존의 남성 잡지들이 농염한 요부 스타일을 앞세웠다면 그는 이웃집 처녀같이 청순하고 풋풋한 여성을 등장시키기로 결정한다. 그 시작으로 『플레이보이』 판매국에서 근무하던 평범한 여성 재닛 필그림이 발탁되었고, 2003년에는 레이건 대통령의 딸인 패티 데이비스Patti Davis와 정복 차림의 뉴욕 시경 여자 경관의 누드가 특종으로 실리기도 했다.

그는 침실이 무려 70개나 되는 플레이보이 맨션에서 실크 파자마를 입은 채 호사스러운 원형 침대에서 뒹굴면서 어지럽게 쌓인 누드 사진 가운데 다음 호에 게재할 사진을 골라내곤 했는데, 그 와중에도 한 시간짜리 주간 TV 버라이어티쇼 〈플레이보이의 펜트하우스〉에서 직접 사회를 봤고, 마일스 데이비스, 카운트 베이시Count Basie, 엘라 피츠제럴드Ella Fitzgerald, 듀크 엘링턴Duke Ellington 등 미국의 재즈 스타들을 집결시켜 사흘 동안 시카고 스타디움에서 진행된 '플레이보이 재즈 페스티벌'을 개최하기도 했다. 1960년 2월엔 회원제로 운영되는 첫 번째 플레이보이 클럽을 시카고에 개장했는데, 미국 주요 도시에 자리 잡은 플레이보이 클럽에서는 가벼운 식사는 물론 풍만한 가슴에 토끼처럼 꾸민 비키니 차림을 한 '바니 걸'의 서

『플레이보이』의 유명한 상징인 바니 걸

비스를 받을 수 있었다.

　창간 1년 만에 17만 5,000부를 넘고 10년 후 130만 부를 돌파하는 등 이 무렵 『플레이보이』는 광고 수익 200만 달러, 예약 구독자 100만 명에 이를 정도로 폭발적인 인기를 끌었다. 헤프너는 쾌락을 위한 성의 자유와 표현의 자유라는 자신의 철학을 실행에 옮기기 위해 1965년 플레이보이 재단을 설립해 1,400만 달러 이상을 자선, 문학, 종교, 과학, 교육 등의 진흥을 목적으로 기부했고, 1967년에는 『타임』의 표지 인물이 되었다. 1970년대까지 헤프너와 『플레이보이』는 전성기를 구가했다. 그러나 플레이보이 그룹의 성장에 점차 제동이 걸리기 시작했다.

음모陰毛 전쟁의 라이벌, 『펜트하우스』와 『허슬러』

『플레이보이』가 엄청난 성공을 거두며 포르노 업계의 1인자로 떠오른 것은 헤프너의 혁신적이고 감각적인 아이디어가 잡지라는 대중매체와 결합된 덕분이었다. 그러나 1970년대 후반에 이르자 『플레이보이』만의 독특함은 더는 존재하기 어렵게 되었다. 통신판매업체가 가정마다 무상으로 배포하는 상품 카탈로그만 열어도 란제리만 걸친 여성의 야릇한 사진이 범람하는 시대에 속살만 살짝 비추는 『플레이보이』의 소프트포르노 사진은 경쟁력을 잃을 수밖에 없었다. 헤프너가 유명 연예인들과 화려한 파티를 열고 아름다운 플레이메이트들에 둘러싸여 주목받는 동안 『플레이보이』는 여성주의자들의 공격 대상이 되었고, 더욱 노골적인 이미지로 무장한 『펜트하우스』Penthouse와 『허슬러』Hustler 등 수많은 경쟁 잡지가 탄생하기도 했다.

이탈리아계 미국인 밥 구치오니Bob Guccione는 성인 잡지로 명성을 날리는 『플레이보이』에서 아이디어를 얻어 1965년 런던에서 『펜트하우스』를 창간한다. 유럽에서의 인기를 바탕으로 미국에 상륙한 『펜트하우스』는 1인자 『플레이보이』를 따라잡기 위해 더욱 노골적인 외설성을 무기로 삼았다. 토끼 사냥에 나서며 내세운 차별화된 강점은, 독자들이 성적 판타지를 털어놓고 『펜트하우스』가 이들을 대신해 더 자극적인 대사와 스토리가 가미된 누드 사진으로 꾸미는 독자 참여 코너였다. 대사와 스토리가 있는 노골적인 비주얼 이미지는 한 편의 포르노 영화처럼 독자들을 빨아들였고, 『플레이보이』의 아성에 도전한 지 4년 만인 1973년 300만 부를 넘어섰고, 1977년에는 500만 부를 넘어 한때 『플레이보이』를 앞서나가기도 했다.

켄터키 주에서 '허슬러'라는 스트립 바를 운영하던 래리 플린트Larry Flynt는 바 홍보용 뉴스레터가 큰 인기를 끌자 본격적으로 성인 잡지 시장에 뛰어들었다. 그는 『플레이보이』나 『펜트하우스』 등이 미국 사회의 주류인 백인, 대도시, 고학력 남성만을 중심으로 할 뿐 자신의 바를 찾는 육체노동자 같은 하류 계층이나 소수민족 등 미국 사회 주변부에 있는 남성의 취향엔 맞지 않는다고 생각했다. 『허슬러』는 기존 잡지들을 능가할 만큼 파격적인 노출을 장기로 삼았는데, 지나친 이미지에 부담을 느낀 판매상들이 가판대 진열을 거부할 정도였다. 『허슬러』가 대중의 주목을 받게 된 것은 지금까지도 미국인의 사랑을 받는 케네디 대통령의 미망인이자 선박왕 오나시스의 아내였던 재클린Jackie Kennedy의 누드 사진을 실었기 때문이었다.

파파라치들은 무장 경호원이 지키는 오나시스 소유의 스코르피오스 섬에 잠입, 재클린이 알몸으로 일광욕하는 장면을 카메라에 담았고, 이탈리아의 도색 잡지 『플레이멘』Playmen은 이들에게 구입한 14장의 사진을 게재해 75만 부를 팔았다. 그러나 헤프너는 이 사진을 거부했고, 기회를 잡은 플린트는 재클린의 사진을 과감히 실었다. 그 덕분에 『허슬러』는 전국적인 유명세를 타면서 대번에 『플레이보이』의 라이벌로 떠올랐다. 이처럼 『허슬러』는 소외 계층의 성적 욕구는 물론 그들의 정치적 욕구까지 대리 배설하는 역할을 떠맡았는데 『플레이보이』의 인기 코너가 「이 달의 플레이메이트」였다면 『허슬러』는 이것을 패러디한 「이 달의 최악의 놈」 코너를 통해 정치인, 종교인, 법률가, 기업인 등을 가리지 않고 미국 사회의 지도층을 성적 모욕의 대상으로 삼았다.[12] 경쟁이 치열해지자 결국 헤프너도 이들의 도전에 맞서 외설죄로 고발당할 위험을 무릅쓰며 이른바 음모 전쟁 pubic war 까지 벌였지만 얼마 안 가 이들은 자신들의 진짜 경쟁자가 누구인지 알게 되었다.

실리콘밸리를 능가하는 미국의 주력 산업, 포르노밸리

1895년에 뤼미에르 Lumière 형제가 개봉한 〈기차의 도착〉을 역사는 최초의 영화라고 기록한다. 그런데 영화라는 뉴미디어가 출현한 바로 이듬해인 1896년 프랑스의 유진 피로우 Eugene Pirou 가 〈신혼부부의 침실〉 Le Coucher de la Marie[13] 이라는 역사상 최초의 포르노 영화를 만들어낸다. 신혼부부가 옷을 벗고 침실에 드는 과정을 담은 3분가량의 이 영화는 여성의 체모와 젖가슴 등을 삭제 없이 담아냈는데, 1896년 11월 파리의 한 카페에서 공개된 영화가 매우 폭발적인 호응을 얻은 덕분에 이 감독은 여러 편의 에로 영화를 촬영할 수 있었다. 구텐베르크의 인쇄술이 포르노 문학의 대중적 확산에 기여하고 사진술의 발명이 포르노 사진 엽서의 대유행을 불러일으킨 것처럼 포르노그래피는 언제나 새로운 미디어를 대중에 소개하고 이끌어가는 중요한 콘텐츠였다. 그러나 포르노 영화가 공공연하게 상영되고 대중문화 속으로 깊이 파고들게 된 것은 표현의 자유를 획득한 1970년대 초반 미국의 한 외딴 극장에서 개봉된 영화 덕분이었다.

1972년 6월 뉴욕 49번가 뉴월드 극장에서 개봉된 제라드 다미아노Gerard Damiano 감독의 영화 〈목구멍 깊숙이〉Deep Throat[14]는 개봉 직후부터 입소문을 타고 상상을 초월할 정도로 많은 관객들이 몰려드는 엄청난 인기를 누렸다. 사실 이 영화는 섹스를 즐기지만 오르가슴을 느끼

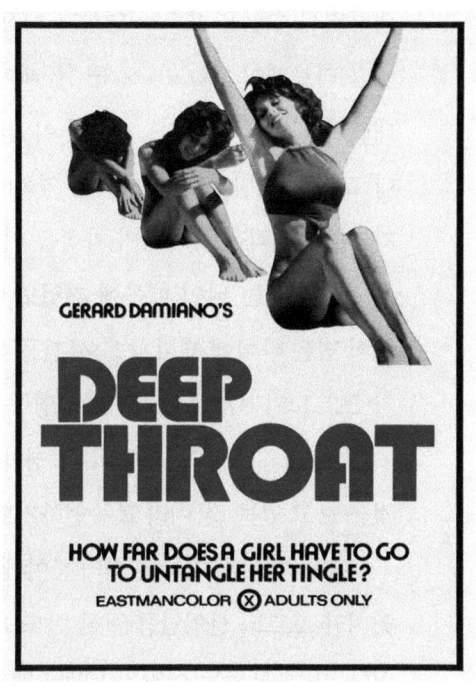

포르노 영화가 대중문화 깊숙이 파고들게 한 1972년작 영화 〈목구멍 깊숙이〉의 포스터

지 못하던 여주인공이 병원을 찾았다가 자신의 성감대가 목구멍 속에 있다는 사실을 알게 되고, 의사의 제안에 따라 특별 간호사가 되어 치료 차원에서 환자들에게 오럴섹스를 제공하면서 자신도 행복을 찾는다는 비교적 간단한 구조의 영화였다. 그러나 불과 2만 5,000달러의 저예산으로 만들어진 이 영화가 그처럼 큰 호응을 누린 것은 기존 포르노 영화와 달리 스토리가 있다는 사실 때문이었다. 외설성 때문에 소송에 걸릴까 봐 간단하게나마 플롯을 넣었는데 그것이 대박의 원인이 되었던 것이다.[15]

흥행 수입만 6억 달러에 이른 〈목구멍 깊숙이〉의 성공 덕분에 하드코어 포르노 장르가 대중문화 깊숙이 자리 잡게 되었고, 1980년대 홈비디오가 출

현하면서 수많은 포르노 영화가 제작되기 시작했다. 이 영화의 주연을 맡은 린다 러브레이스Linda Lovelace는 『플레이보이』는 물론 『타임』과 인터뷰할 만큼 대단한 관심을 받았다. 처음엔 이 영화를 촬영하며 "진정한 해방감을 느꼈다"고 말했지만 이후 출연하는 영화마다 실패하자 점차 포르노 반대 운동가가 되었다. 직장을 다니며 자식을 키우는 것에 행복을 느꼈지만, 포르노 배우 출신이라는 낙인 때문에 취업도 어렵고 경제적으로 점차 궁핍해지면서 쉰이 넘은 나이에 세미 누드 사진을 찍으며 연명한 그녀는 훗날 레이건 정부가 포르노가 사회에 미치는 악영향을 조사하기 위해 설치한 미즈 위원회Meese Commission에서 "사람들이 이 영화를 볼 때마다, 그들은 내가 강간당하는 것을 보고 있는 것"이라고 증언하기도 했다.

1970년대 이후 미국은 여러 분야에서 세계 1위 자리를 내주거나 위협받고 있지만 포르노 산업만큼은 한 번도 1위를 내준 적이 없을 만큼 부동의 강국이다. 미국 포르노 산업의 연매출액은 100~140억 달러에 달하는 것으로 알려지고 있는데, 원화로 환산해보면 대략 10~14조 원이다. 캘리포니아 주 남쪽에 자리 잡은 산 페르난도 밸리는 이른바 포르노밸리[16]로 더 알려져 있다. 원래 CBS 스튜디오 센터, NBC 유니버설, 월트 디즈니, 워너브러더스 등 영상, 녹음 관련 회사들이 많았고, 록히드 등 항공 관련 기업도 있어 한때는 첨단 항공 기술의 도시로 알려졌지만 1970년대 포르노 영화를 만드는 업체들이 하나둘 들어오면서 오늘날 미국에서 제작되는 포르노 영화의 90퍼센트(대략 1년에 1만여 편)가 여기서 만들어지고 있다. 이곳에서 일하는 포르노 산업 관련 직원만 1만 2,000명에 달하며 이들이 한 해 동안 캘리포니아 주에 내는 세금만 해도 3,600만 달러에 이른다.

1990년대 중후반 닷컴 버블이 빠지면서 실리콘밸리에서 실직한 미국의 IT 기술자들이 너도나도 인터넷 포르노 사업에 뛰어들었다. 인터넷에 등록된 웹사이트 가운데 12퍼센트가 포르노 웹사이트이고 지금도 초당 266개씩 생겨나는 중이지만, 전 세계 포르노 웹사이트는 영국이 3퍼센트, 독일이 4퍼센트를 차지할 뿐이며, 나머지 89퍼센트는 미국이 차지하고 있다. 『에로티카비즈』EroticaBiz, 2002의 저자 루이스 퍼듀Lewis Perdue는 "온라인 섹스 산업과 그 기술자들이 없었다면 웹이 이렇게 빨리 그리고 크게 성장하지는 못했을 것이다"[17]라고 말하기도 했다.

분명한 것은 포르노 산업이 우리가 현재 알고 있는 인터넷의 모양을 만드는 데 크게 기여했다는 점이다. 사회학술지 『월드앤드아이』World&I 2004년 3월호에 따르면 미국에는 약 1,000개의 회사가 10만여 개의 포르노 사이트를 운영하는데 닷컴 버블 붕괴 후에도 인터넷 포르노 산업만큼은 계속 성장 중이라고 한다. 실제로 2003년 인터넷 포르노 산업 매출은 약 30억 달러에 달했고, 수익성이 높은 사업이다 보니 포르노 사이트의 네 개 가운데 하나를 AT&T 같은 미국 대기업들이 소유하고 있다. 섹스 중독과 치료를 담당하는 국가회의가 최근 발표한 자료에 따르면 미국인의 약 6~8퍼센트가 섹스 중독으로 나타났는데, 말하자면 1,700만에서 2,300만 명의 미국인이 섹스에 중독되어 있다는 뜻이다.[18]

『플레이보이』는 어덜트 디즈니

1980년대 포르노 영화의 제작 환경이 필름에서 비디오로 넘어가고 가정마다 VTR이 보급되면서 소프트포르노를 표방해온 『플레이보이』는 물론이고 하드코어포르노를 무기로 내세운 『펜트하우스』, 『허슬러』마저 판매 부수가 격감하면서 성인 잡지 전체가 커다란 위기에 봉착하게 된다. 위기가 잇따르자 헤프너 역시 견딜 수 없었던지 1985년 갑자기 뇌졸중으로 쓰러진다. 그러자 1975년부터 『플레이보이』에서 일하던 장녀 크리스티에게 그룹 경영 전권을 넘기고 자신은 『플레이보이』의 책임편집자 겸 명예회장으로 물러난다. 크리스티는 취임하자마자 간부급 인사의 대규모 정리해고를 단행하고, 그룹의 상징인 플레이보이 클럽을 모두 폐업하는 등 감량 경영에 나섰다. 『플레이보이』 역시 내용에서 섹스 부문을 가급적 줄이고 건강, 사교, 레저 등을 늘리는 방식으로 편집 방향을 개선했다.

그녀는 플레이보이 그룹의 미래를 '어덜트 디즈니Adult Disney'[19]라 표방했다. 한마디로 성인들을 위한 디즈니가 되겠다는 것뿐 아니라 콘텐츠 제작업체로 시작해 거대 미디어 제국을 건설한 디즈니를 벤치마킹하겠다는 의미였다. 미디어 기업으로서 플레이보이 그룹은 출판, 연예오락 프로그램 제작, 플레이보이 라이선스 사업, 온라인 등 네 개 분야에서 여전히 엄청난 경쟁력을 가지고 있다. 『플레이보이』는 다른 남성 잡지인 『에스콰이어』, 『롤링 스톤』의 판매 부수를 모두 합친 것보다 많은 부수를 자랑하며 현재 세계 18개국에서 발행된다. 플레이보이 TV는 케이블과 위성 채널을 통해 유럽, 아시아, 라틴아메리카 등 50여 개국, 1억 이상의 가구에 콘텐츠를 전송하며, 플레이보이가 제작한 각종 TV 프로그램은 DVD와 홈비디오를 통해 200개국 이상에서 판매되고 있다. 플레이보이의 토끼 캐릭터 바니와 각종 이미지, 비주얼을 비롯한 플레이보이 브랜드는 현재 1,500종 이상의 제품으로 생산되어 125개국에서 팔리고 있으며 2003년 현재 플레이보이가 저작권 사업으로 벌어들이는 수익은 연간 3억 5,000만 달러에 이른다.

아날로그 매체인 잡지로 출발한 플레이보이 그룹은 성에 대한 호기심이 항상 새로운 매체를 중심으로 진화해간다는 사실을 누구보다 잘 알고 있었기 때문에 1994년 미 전역을 상대로 발간되는 잡지 가운데 최초로 인터넷 잡지를 개설했다. 이것은 두 가지 점에서 커다란 의미가 있다. 하나는 콘텐츠를 전달하는 매체가 급속하게 종이에서 비디오, 인터넷 등 IT 환경으로 변모해가고 있다는 사실을 보여주는 것이고, 다른 하나는 알타미라 벽화부터 최첨단 멀티미디어에 이르기까지 미디어 매체의 변화를 촉진하고 선도해온 것이 언제나 인간의 성적 호기심에 기초하고 있다는 점을 재확인시켜주었다는 것이다. 물론 이런 포르노 산업의 선두주자는 단연 플레이보이 그룹이다. 다국적 미디어 그룹으로 성장한 플레이보이 그룹은 잡지는 물론 플레이보이 TV, 스파이스 케이블 네트워크 등 자사의 프로그램 제작 능력과 콘텐츠 자원을 온라인 공간에서 판매하는 플레이보이 사이버 클럽에 2,500만 명의 온라인 유료 회원을 확보했다. 또한 플레이보이 브랜드 상품을 구매하거나 온라인 네트워크로 도박 게임을 즐길 수 있게 하는 등 다양한 온라인 사업을 통해 새로운 미디어 그룹으로 탈바꿈해가고 있다. 2003년을 기점으로 흑자로 돌아선 그룹의 수익 가운데 60퍼센트는 섹스 및 게임(도박)을 주요 콘텐츠로 하고 있는 온라인 사이트와 케이블TV를 통해 얻고 있다.

누가 그에게 침을 뱉으랴

일선에서 물러난 뒤 그룹의 경영 상태가 호전되기 시작하자 헤프너는 자신을 쓰러뜨린 뇌졸중을 행운의 일격이라 불렀다. 일선에서 물러난 1989년 그는 플레이메이트 출신 킴벌리 콘래드Kimberley Conrad와 두 번째 결혼 생활을 시작했는데, 비아그라가 발명된 1998년부터 두 번째 아내와 사실상 별거에 들어갔고 2010년 말 60세 연하의 모델과 약혼식을 치렀다. 2001년 『배니티 페어』Vanity Fair와의 인터뷰에서 그는 비아그라 덕분에 18세에서 28세 사이의 여성 일곱 명과 그것도 대부분 동시에 잠자리를 하고 있다고 밝혔는데, "조금 놀랍긴 하겠지만 여자들이 원해서 그렇게 하고 있다"고 말했다. 자신의 어머니는 101세까지 살았는데, 그는 적어도 그때까지 팔팔하게 지내는 것이 목표라고 말한다.[20] 경쟁을 벌인 『펜트하우스』는 뉴미디어 시대가 초래한 변화의 파고를 넘어서지 못하고 결국 2003년 8월 폐간되었고, 또 다른 경쟁자 『허슬러』의 래리 플린트는 경기 불황에 시달리다가 2009년 미 의회에 50억 달러의 구제 금융을 신청했다. 하지만 휴 헤프너는 지금도 자신을 주인공으로 하는 인터넷 게임 '더 맨션'을 출시하겠다고 나설 만큼 의욕적이다.

휴 헤프너를 윤리적으로 비난하는 것은 매우 쉬운 일이며 매우 바람직해 보일 수 있다. 한국에서 포르노 제작은 공식적으로 불법이다. 이런 점에서 가히 포르노 청정국의 지위에 오를 만하다고 자부하고 싶겠지만, 2009년 미국 포르노밸리 기업들은 인터넷에서 자사 영상물을 불법 판매해온 한국 네티즌 수만 명을 한국 검찰에 고소했다. 또 BBC 방송이 발행하는 『포커스』 Focus 2010년 2월호에 따르면 세계 1위의 포르노 생산국은 미국이지만 국민 1인당 포르노 산업에 대한 연간 지출액이 가장 많은 나라는 대한민국이다. 이 조사에서 그동안 우리가 '섹스 애니멀'이라고 폄하해온 일본은 2위에, 포르노밸리가 있는 미국은 9위에 그쳤다. 과연 〈빨간 마후라〉, 'O양 비디오', 'B양 비디오'를 범국민적으로 소비하는 나라다운 결과였다고 자평해야 할까. 2004년 현재 한국의 매춘 산업 연간 매출액은 24조 원이다. 이처럼 놀라운 소비 욕구와 시장이 있기 때문에 집권 여당의 중진 의원이 나서서 외화를 벌어들이기 위해 섹스프리(?), 카지노프리(?) 관광특구를 만들자 제안[21]하고 나선 것이리라. 과연 우리는 휴 헤프너에게 침 뱉을 자격이 있을까?

15

마사 스튜어트

行복한 가정이라는 거대한 환상을
판매한 살림의 여왕

여자의 일로 승부하라!

Martha Stewart 1941~.

평범한 가정주부에서 출발해 비범한 여성 사업가로 성공한 마사 스튜어트,
그녀가 판매한 것은 가사노동의 노하우였을까? 아니면 지금까지 노동이었던 가정에서의
여성의 역할을 노동이 아닌 예술, 창조적 노동이라 정의한 새로운 환상이었을까?
미국의 여성운동과 함께 변모해가는 여성과 노동, 여성과 사회의 관계 변화 속에
새로운 사업 영역을 개척한 그녀는
가정과 사회적 성공이라는 두 마리 토끼를 과연 잡을 수 있었을까?

남자들을 위한 천국과
여자들을 위한 천국

할리우드 영화에서 자주 묘사되는 교외의 백인 중산층 거주 지역은 따사로운 햇살이 비추고 말끔하게 구획 정리된 넓은 대지에 잘 다듬어진 정원과 예쁜 집에서 자상한 아버지와 인자한 어머니가 건강하고 예쁜 자녀들과 함께 사는 곳이다. 그러나 막상 영화가 시작되면 겉보기와 달리 복잡하게 얽힌 가족과 서로 소통하지 못하는 사람들이 빚어내는 갈등과 모순이 미로처럼 펼쳐지면서 이런 따사로운 배경은 순식간에 공포 영화를 위한 최적의 무대가 되곤 한다.

2004년 개봉된 프랭크 오즈 감독, 니콜 키드먼 주연의 영화 〈스텝포드 와이프〉Stepford Wives는 스텝포드라는 가상의 마을을 배경으로 신경질적인 커리어우먼이던 한 여성이 모든 남성이 바라 마지않는 완벽한 가정주부로 변신하는 과정을 보여준다. 사실 이 영화는 『로즈메리의 아기』(Rosemary's Baby, 1967, 국내 제목은 '악마의 씨'), 『죽음의 키스』A Kiss Before Dying, 1953 등 서스펜스 스릴러 장르의 대표작을 만든 대가 아이라 레빈Ira Levin의 소설 『스텝포드 와이브스』

살림의 여왕이라 불린 마사 스튜어트

The Stepford Wives, 1972를 원작으로 센세이션을 일으켰던 1976년작 동명의 영화를 리메이크한 것이다. 셰익스피어 William Shakespeare의 『말괄량이 길들이기』 The Taming of The Shrew에서 모티프를 따온 듯 보이는 이 작품에서 레빈은 셰익스피어가 남성의 기대에 맞춰 여성을 변모시키기 위해 사용한 고전적인 속임수에 더해 과학문명 시대 첨단 테크놀로지의 힘을 동원한다. 첨단 기술을 이용해 아내를 로봇으로 바꿔치기하는 것이다. 영화 속 1970년대의 남성들은 아내가 1950년대의 여성처럼 행동해주기를 바랐지만 이미 현대적인 신여성이 된 아내들은 결코 고분고분하지 않았다.

여성주의와 반反여성주의가 각축을 벌이던 시대 상황을 섬뜩한 블랙 유머로 풍자한 이 영화는 개봉되자마자 컬트 영화의 반열에 올랐고 이후 스텝포드 시리즈가 만들어질 만큼 대단한 주목을 받았다. 그리고 스텝포드 와이프라는 제목은 '완벽한 안주인, 완벽한 파티 주최자, 완벽한 친구, 완벽한 어머니이자 주부지만 남편에겐 절대 복종하는 골 빈(?) 마누라'를 가리키는 조롱의 의미가 담긴 일반명사가 되었다. 말의 뜻이 변한 것처럼 여성, 여성의 성역할, 사회참여와 가사노동, 변함없는 남성 판타지 등도 함께 변화했기 때문에 2004년작 〈스텝포드 와이프〉는 이전과 다른 풍속을 담아낼 수밖에 없었다. 비록 좋은 비평을 받지 못했을지라도 이 영화의 의미가 결코 작지 않은 까닭도 거기에 있다. 결말에 다다르면 스텝포드라는 가상 마을에서 자기주장이 강한 주체적인 여성을 남성에게 복종하고 헌신하는 전통적인 여성으로 바꿔치기한 진범이 밝혀지는데 뜻밖에도 여성 과학자 클레어(글렌 클로즈)였다. 왜 그랬을까?

"나는 더 나은 세상을 만들고 싶었어. 남자들이 남자답고 여자들이 여자다웠던 곳, 턱시도와 시폰으로 둘러싸인, 로맨스와 아름다움이 있는 완벽한 세상 말이야."

이 외침은 오늘날 미국에서 가장 널리 알려진 안주인이자 살림의 여왕이라는 별명으로 불리는 마사 스튜어트[1]가 대중에 선사한 환상과 사실상 동일하다. 그녀는 가정식 출장요리 사업으로 출발해 오늘날 자신의 이름을 붙인 잡지와 방송 프로그램, 거대 미디어 기업을 거느린 억만장자가 되었으며 이혼과 주식 내부거래로 구속되는 위기를 극복하고 여전히 살림의 여왕으로 군림하고 있다.

가족 시트콤이 주는 환상을 품고 자란 성냥팔이 소녀

마사 스튜어트는 대공황이 끝나가던 1941년 8월 3일, 뉴저지의 한 고등학교에서 체육교사로 일하던 폴란드 출신 이민자 에드워드 코스티라 Edward Kostyra 와 마사 R. 코스티라 Martha R. Kostyra 사이에서 육 남매 가운데 둘째이자 장녀로 태어났다. 점점 늘어나는 가족을 부양하는 게 힘겨웠던 에드워드는 마사가 태어난 지 얼마 안 되어 교사를 그만두고 제약회사 영업사원으로 일해야 했다. 다방면에 관심이 많은 독서광이었던 그는 한번 관심을 둔 일에는 지칠 때까지 몰입해야 직성이 풀리는 성격이었다. 타고난 경쟁의식과 완벽주의 때문에 주변 사람들과 관계가 좋진 못했지만 정원 가꾸기에 관심이 많았고, 지하실에 사진 현상실을 꾸며놓을 만큼 예술적 감수성과 심미안이 있었다.

마사의 어머니 역시 교사 자격증이 있었지만 생활력 없는 남편 덕분에 하루 종일 가사노동에 파묻혀 지내야 했다. 독실한 가톨릭 신자였던 두 사람은 원치 않는 임신으로 결혼했기 때문에 마사의 어머니는 남편에 대한 적대감을 숨기지 않았다. 마사가 태어나 세 살까지 살았던 뉴저지 주 저지시티는 가난한 노동자 계급의 집단 거주 지역이었는데, 여덟 명이나 되는 대가족이 엘리베이터도 없는 좁은 아파트에서 옹기종기 살아야 했다. 아이들은 부모의 관심과 애정은커녕 자기만의 공간조차 얻기가 쉽지 않았다.

1920년대부터 서구의 주요 국가에서 여성참정권이 보편화되고 여성의 교육 기회가 확대되면서 새롭게 출현하기 시작한 신여성은 조부모 세대는 물론 어머니 세대보다 대학진학률이 높아졌고 직업을 갖기도 한결 쉬워졌다. 그 직업군이란, 대개 교사, 간호사, 사회사업같이 여성 중심으로 새롭게 확장된 영역이었다. 이렇듯 여성의 사회참여가 증가했는데도 자녀양육은 여전히 여성의 책임이었다. 대가족 체제의 붕괴 이후 출현한 새로운 어머니들은 이전 세대보다 높아진 교육 수준 덕분에 부모 세대가 전수해준 육아나 가사 지식을 따르는 대신 책이나 잡지에 수록된 전문가들의 조언에(과학적이지만 실생활에 그대로 적용하기엔 여전히 모호하고 의심스러운 과학적(?) 지식에) 점점 더 의존하게 되었다. 과학은 어머니들이 수 세대 동안 축적해온 경험에 대한 확신, 예를 들어 아기 배냇저고리 입히는 법부터 트림시키는 법, 이유식 만드는 법, 재우는 방법에 이르는 모든 분야의 확신을 약화시켰기 때문에 가사노동은 더욱더 복잡하고 전문적인 영역이 되어갔다.[2]

마사가 초등학교에 다니던 1950년대 미국에서는 출생율이 급증하면서 해

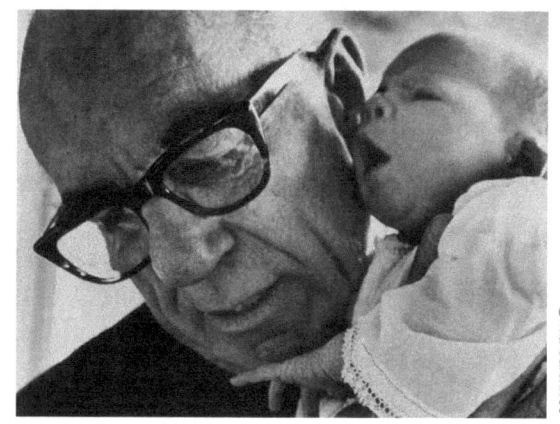

벤저민 스폭 박사는 자식과 친구가 될 수 있는 부모라야 좋은 부모라 주장하며 책을 펴냈는데, 이 책은 세계 어머니들을 위한 양육 교과서로 자리 잡았다.

마다 400만 명의 아이가 태어나 베이비붐 세대가 되었다. 이 시대의 어린이들은 가정의 천사로서 부모에게 각별한 관심과 사랑을 받는데, 많은 자녀를 출산한 할머니 세대는 규칙적인 습관을 가진, 행실 바르고 공손한 아이를 키우는 수준의 양육에 만족할 수 있었고 현실적으로 그 이상의 양육을 할 수도 없었지만, 어머니 세대는 부모의 따스한 보살핌 속에서 아이들이 스트레스를 받지 않도록 잘 배려하고 거기에다 자녀들과 심리적으로 공감해야 한다는 심리적 압박까지 떠안아야 했다. 양육 혹은 어머니 되기에 대한 인식의 변화를 초래한 사람은 이전과 다른 육아 방식을 주장한 벤저민 스폭Benjamin Spock 박사였다. 부모는 자녀에게 관대해야 하며 자식과 친구가 될 수 있는 부모라야 좋은 부모라는 주장을 담은 스폭의 육아 지침서 『아기와 아이를 돌보는 상식』Common Sense Book of Baby and Child Care, 1946이 출간되면서 이런 분위기는 더욱 강화되었는데, 이 책은 해마다 100만 부씩 팔려나가면서 세계 어머니들을 위한 양육 교과서로 자리 잡았다.

1940년대 후반부터 미국에서는 본격적인 텔레비전 시대가 펼쳐졌는데, 이 무렵 인기 있는 프로그램은 〈골드버그 가족〉The Goldbergs, 〈마마〉Mama, 〈에

머스와 앤디〉Amos 'n' Andy, 〈라일리의 인생〉The Life of Liely 등과 같이 중산층 가족이 주인공으로 등장하는 가족용 시트콤이었다. 1970년대 후반 국내에 방영된 〈월튼네 사람들〉The Waltons과 〈초원의 집〉Little House on the Prairie을 보려고 온 가족이 TV 앞에 모였던 것처럼 마사의 가족 역시 이 무렵 노르웨이 출신 이민 가정의 어머니가 주인공인 CBS의 〈마마〉를 즐겨 시청했다. 〈마마〉는 장성한 딸이 등장해 앨범을 들추면서 "그때 그 시절의 넬 오빠, 여동생 다그마 그리고 아빠의 모습이 지금도 너무나 생생합니다. 하지만 누구보다도 우리 엄마가 제일이었죠"[3]라며 어려운 시절이었지만 화목했던 가정을 회상하는 형식으로 시작되었다. 텔레비전 앞에 앉아 있는 동안 어린 마사는 행복한 가정에 대한 환상과 동경에 사로잡혔지만 드라마가 끝나는 순간, 여덟 명의 가족이 비좁은 집에서 서로 언성을 높이는 현실로 돌아와야만 했다.

"나는 하고 싶은 일을 한다.
그것도 가볍게."

고교 졸업 때까지 마사는 뉴저지 주 너틀리에서 성장했는데, 장녀였기 때문에 어머니의 가사일을 도우며 동생들 뒤치다꺼리도 떠맡아야 했다. 원한 것은 아니었지만 그 덕분에 요리와 바느질을 배울 수 있었다. 자녀들에게 엄격했던 아버지에게 인정받고 싶어서 평소 정원 가꾸기에 열심인 아버지를 도와 함께 정원을 돌보곤 했는데 이때 경험에서 많은 것을 배울 수 있었다. 너틀리 고교 시절에 교지 편집, 미술 클럽 등 여러 클럽에 가입했지만 가장 열심히 활동한 것은 모델 일이었다. 어느덧 날씬한 몸매의 열다섯 살 소녀로 성장한 마사는 너틀리와 뉴욕을 오가며 라이프부이 비누를 비롯해 본위트

텔러 백화점 등을 위한 광고 모델로 활동했는데, 이웃집 소녀같이 친근하고 깔끔한 외모 덕분에 제법 인기 있는 광고 모델이었다. 평생 완벽주의를 추구한 그녀답게 모델 일에 열중하면서도 학업 성적까지 뛰어나서 1959년 고교 졸업 성적은 전 과목 A였다. 마사는 졸업 앨범에 자신의 미래를 엿볼 수 있는 구호를 적었다.

"나는 하고 싶은 일을 한다. 그것도 가볍게."

고교를 졸업하고 미국 동부 지역에서 여자대학의 아이비리그라 불리는 버나드 칼리지에 장학금을 받으며 입학할 수 있었다. 학비 부담이 큰 사립 명문 대학이었기 때문에 장학금을 받고도 생활비를 벌기 위해 계속해서 모델 활동을 해야만 했다. 너틀리에서 버스로 20여 분밖에 걸리지 않는 거리에 있는 대학이었지만 일부러 집을 나와 뉴욕에 거처를 마련했다. 대학생이 되어 독립할 수 있게 되었으니 더는 가난한 동네에 머물 이유도, 엄마와 아빠의 싸움에 넌더리를 내며 동생들의 보모 노릇을 할 필요도 없었다. 대학에 입학한 이듬해에 〈글래머〉Glamour지가 주최한 올해 최고의 여대생 베스트 드레서에 뽑혔는데, 이때부터 〈글래머〉를 중심으로 시간당 40달러를 받는 패션모델로 활동했다. 그래도 학비와 생활비를 모두 충당할 수 없어서 입주 가정부 자리를 구해야 했다. 너틀리의 가족 곁을 떠나 뉴욕에 입성했음에도 가사노동에서 벗어나지 못했던 마사로서는 (장차 살림의 여왕으로 불릴 운명이었더라도) 자신의 운명과 미래에 대해 깊이 생각하지 않을 수 없었을 것이다.

때마침 그녀 앞에는 예일대 로스쿨에 다니는 부유한 집안 출신의 훤칠한 미남자 앤드루 스튜어트Andrew Stewart가 나타났다. 가난한 마사로서는 상상도 할 수 없는 호사를 누리며 성장해 제트기를 타고 해외여행을 다니던 월스트리트의 제트족이었다. 대학 1학년 때 앤디를 만난 마사는 곧 사랑에 빠졌고 1961년 7월 1일 결혼했다. 대학을 졸업하지 못한 두 사람이었으니 한 사람은 포기하거나 휴학해야만 했다. 당시 분위기로는 말할 것도 없이 마사 코스티라, 아니 마사 스튜어트가 학업과 모델 일을 포기하는 게 당연한 것이었다. 비록 스스로 원한 것이기는 했지만 결혼은 경력을 쌓아나가던 모델 일을 포기하게 만들었고, 1962년 6월 남편이 대학을 졸업할 때까지 본인의 학업마저 접은 채 뒷바라지에 전념해야 했다.

주식중개인으로
새로운 삶을 시작하다

앤디가 대학을 졸업하자 부부는 다시 뉴욕으로 돌아왔고 마사는 역사와 건축사를 복수 전공으로 해서 대학을 졸업했다. 대학 졸업 뒤 그녀는 모델 경력을 이어가기 위해 노력했지만 1년여의 공백과 결혼은 치명적인 제약이 되었다. 앤디는 변호사 자격증을 취득하기 위해 뉴헤이븐으로 떠나버렸고 홀로 남은 마사는 그제야 임신 사실을 알게 되었다. 1965년 9월, 외동딸 알렉시스 스튜어트Alexis Stewart가 태어났지만 앤디의 부모는 두 사람에게 경제적 지원을 해주지 않았다. 경제적 안정을 얻지 못한 상태였기 때문에 아기를 낳은 지 얼마 안 된 마사는 아기용품을 담은 커다란 가방을 메고 어린 딸과 함께 여기저기 공개 오디션을 쫓아다녔다. 1968년 무렵 마사는 아무리 애를 써도 더는 모델 일을 할 수 없다는 사실을 뼈저리게 깨달았다.

가난한 집안에서 자란 마사의 목표는 돈을 버는 것, 그것도 아주 큰 돈을 버는 것이었다. 그런 그녀가 전 세계의 돈이 집중되며 한창 활황을 맞은 월스트리트에 주목한 것도 이상한 일은 아니었다. 당시 월스트리트는 여자는 집에서 살림이나 해야 한다고 믿는 남자들만의 세계였다. 내세울 경력도, 이

1917년 10월에 있던 여성참정권자들의 행진. 이들이 들고 있는 플래카드에는 투표권을 요구하는 100만 넘는 뉴욕 여성의 서명이 있다. 이처럼 서구 여권신장운동은 주로 참정권 획득에 집중되었다.

분야 전공도 아닌 그녀를 채용하려는 회사는 어디에도 없었다. 28세의 나이로 모네스, 호츠만, 윌리엄스 & 사이들이라는 작은 증권사에 취업할 수 있었던 것도 그나마 월스트리트에 인맥을 가지고 있던 스튜어트 집안의 도움 때문이었다. 20대 후반에 주식중개인이 된 그녀는 연간 13만 5,000달러를 버는 최고의 주식중개인으로서, 짧은 반바지를 입고 매력적인 긴 다리를 드러낸 채 월스트리트를 누볐다.

주식시장이 활황일 무렵, 미국은 베트남전 반대 운동과 흑인 민권운동, 페미니즘의 등장으로 뜨겁게 달아오르고 있었다. 18세기 후반부터 일기 시작한 서구의 여권신장운동은 주로 참정권 획득을 위한 운동에 집중되었는데, 1920년 미국, 1928년 영국, 1946년 프랑스 등이 여성의 투표권을 허용하면서 한동안 잠잠해졌다. 그러나 1950년대 격화되기 시작한 냉전으로 보수반동 분위기가 퍼지자 여성의 사회참여는 다시 봉쇄되었고 대학을 졸업한 여성들은 사회가 아니라 가정으로 돌아가야만 했다.

이런 분위기에서 베티 프리단[4]은 1963년 『여성의 신비』The Feminine Mystique를 펴내 여성해방운동에 다시 불을 붙였다. 그녀는 이 책에서 지금까지 여성은 가정이라는 이름의 강제수용소에 갇힌 채 남편이나 자식의 삶을 통해서만 존재 가치를 인정받는 대리 인생을 살고 있으며 현모양처라는 한 가지 역할만 강요받았다고 주장했다. 남성지배 사회의 구조적인 틀이 완고하게 지배하는 사회에서 여성참정권이라는 지극히 한정된 목표가 달성되었다고 해서 여성에 대한 사회적, 문화적 차별을 온전히 극복할 수는 없다는 것이었다. 프리단을 비롯한 일군의 여성운동가는 1966년 6월 말 워싱턴에서 여성의 지위 향상에 관한 회의를 개최하고 이 자리에서 미국 최대의 여권운동단체인 '전미여성기구National Organization for Women, NOW'를 조직했다. 이 조직은 미 전역에 60여 개의 지부와 3,000여 명의 회원을 확보하는 한편 산아 제한과 안전한 유산을 위해 임신중절금지법 철폐, 탁아소 및 출산 휴가제 도입 등 다양한 영역에서 남녀평등을 위해 투쟁했다. 특히 이들이 집중한 것은 미국 헌법에 남녀평등을 보장하는 조항을 넣을 것을 요구하는 이른바 '남녀평등 수정헌법Equal Rights Amendment, ERA'[5] 쟁취였다.

마사가 월스트리트 최초의 여성 주식중개인은 아니었지만 불과 몇 년 전만 하더라도 남성만의 세계로 인식되던 월스트리트에서 여성으로 살아남기는 여간 힘든 일이 아니었다. 이 분야에서도 여성해방운동 진영과 남성 중심 진영 사이에 무수한 논쟁이 벌어졌고 여성의 증권계 진출은 당시로서 매우 획기적인 사건으로 받아들여졌다. 뉴욕 증권가에 어렵사리 발을 들인 마사는 사업 능력을 연마하기 위해 뉴욕 금융대학 주식중개학과를 다녔고 몇 개월 후엔 주식중개인 자격증을 정식으로 획득했다. 뒤지지 않기 위해 밤낮으로 노력한 끝에 입사 2년 만에 최고의 주식중개인으로 자리 잡았다.

1963년 2월 26일의 뉴욕 증권거래소. 이렇게 활황이던 주식시장은 1970년대에 들어 불황에 접어들었다.

하지만 시기가 좋지 않았다. 1970년대가 되자 불황을 맞은 주식시장이 점점 어려워졌기 때문이다. 더욱이 그녀가 다니던 회사가 레비츠 가구와 관련한 리베이트와 주가조작 등의 문제로 스캔들에 휩싸이면서 1973년 파산해버렸다. 마사는 주변에 이 가구의 주식을 열심히 권하고 다녔기 때문에 물질적 피해는 물론 정신적으로도 황폐해지고 말았다. 자기 분야에서 누구보다 열심히 일하고자 했던 완벽주의자, 마사 스튜어트는 다 잡은 듯 보이던 성공을 눈앞에서 놓치고 말았다는 생각에 주식중개 업무에 환멸을 느꼈다.

가정과 사회에서 새로운 인생을 시작하는 여성들

마사가 월스트리트에서 주식중개인으로 일하는 동안, 남편 앤디 역시 소규모 회사의 법률고문으로 일하며 맞벌이를 했기 때문에 경제적으로 제법 여유가 생겼다. 두 사람은 도회지의 긴장된 생활에서 벗어날 겸 한적한 교외로 이주할 계획을 세웠는데 지인의 소개로 코네티컷 주 웨스트포트 터키힐에 있는 방 여섯 개짜리 농가를 헐값에 구입했다.

교외 생활에 대한 기대로 잔뜩 부푼 두 사람이 새 집에 도착했을 때 얼마나 당황했는지는 마사의 여러 회고에서 엿볼 수 있다. 백인 중산층 가족이 모여 사는 괜찮은 지역에 꽤 넓은 정원이 딸린 집이긴 했지만 워낙 낡고 허름해서 버려진 헛간에 가까울 정도였다. 오랫동안 사람의 손길이 닿지 않은 탓에 마루는 뒤틀리고 갈라졌으며 지붕에선 물이 새고 중앙난방 장치도 없었다. 욕실과 주방 배관은 엉망이었고 전선도 관리되지 않아 피복이 벗겨졌다. 정원에는 잡초만 무성했고 쓰레기가 가득했다.

집을 구입하고도 경제적 여유가 있었더라면 스스로 수리할 생각은 하지 않았겠지만 무리해서 주택을 구입하느라 여유자금을 탕진한 부부는 집수리 전문가를 고용할 수 없었다. 결국 두 사람은 힘닿는 대로 스스로 고쳐나갈 수밖에 없었다. 손볼 곳은 많고 돈은 부족해서 두 사람은 시간이 날 때마다 지칠 때까지 개보수 작업에 매달렸다. 일하는 데 서툰 탓에 작업이 한없이 늘어지기 일쑤여서 부부는 자주 다투게 되었다. 당시 이웃 사람들의 말에 따르면 마사는 남들에겐 매우 친절했지만 남편에 대해선 친정아버지처럼 무능한 사람이라 생각했고, 무엇보다 완벽하지 못하면 직성이 풀리지 않는 성격 탓에 남편을 몰아세우는 일이 잦아졌다. 터키힐에 있는 집이 이웃의 부러움과 탄성을 자아낼 만큼 아름다운 외관을 갖춰가는 동안 두 사람의 마음은 서로에게서 점점 멀어지고 있었다.

부부가 서서히 위기를 맞이하는 동안 1970년대의 새로운 흐름이 시작되었다. 존 F. 케네디, 마틴 루서 킹Martin Luther King, 맬컴 엑스 등으로 상징되는 1960년대의 진보적 흐름은 이들이 잇따라 보수의 장벽에 가로막히고 암살

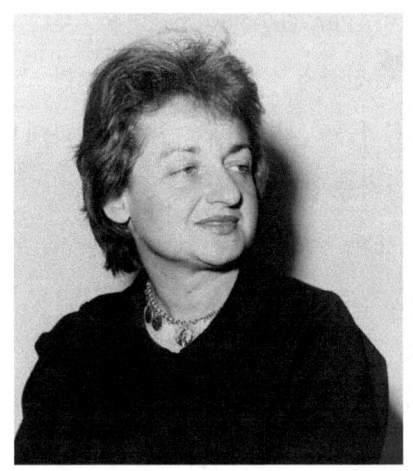

베티 프리단(왼쪽) 등 성 해방과 양성평등을 부르짖던 페미니즘 진영에 반기를 든 것은 다름 아닌 필리스 시래플리(오른쪽)와 같은 여성들이었다.

당하면서 좌절되었다. 보수화의 흐름은 여성해방과 여성의 사회 진출을 적극적으로 추진한 페미니즘 진영에 대해서도 마찬가지였다. 성 해방과 양성평등을 부르짖던 여성주의에 반기를 든 것은 다름 아닌 여성들이었다.

"매스컴은 여성해방이 마치 전체 여성의 목소리를 대변하는 양 보도하지만 ERA는 소수의 목소리일 뿐."

1973년 일리노이 주 앨튼에 사는 독실한 장로교 신자 필리스 시래플리 Phyllis Schlafly는 이와 같은 말을 하며 NOW가 추진하는 남녀평등 수정헌법에 반대하는 'Stop the ERA'를 조직했다. 이 조직은 매우 보수적이고 기독교적인 입장에서 다음과 같은 반대 이유를 들었다.

① 성차별을 없애면 동성애를 인정하게 된다, ② 여성도 군대에 징집당한다(당시는 베트남전이 확전 일로였으므로 모병이 아닌 징병제), ③ 장시간 노동 금지 등 일부 주에서 시행하는 여성보호 정책이 무너진다, ④ 인공 임신중절을 허락하게 된다. 심지어는 ERA가 통과되면 남녀가 같은 화장실을 쓰게 된

다는 우스갯소리도 등장했다. 초기의 반反ERA 활동은 여성해방운동보다 매우 미약해 보였지만, 여성해방운동의 급진적 움직임에 두려움을 느낀 보수 진영이 결속하고 페미니즘 진영의 온건파들이 여성해방운동의 급진화에 반발해 이탈하면서 ERA 비준은 막대한 타격을 입게 된다.

마라벨 모건Marabel Morgan은 『완전한 여성』The Total Woman, 1973과 그 후속작 『완전한 기쁨』The Total Joy, 1983 등을 통해 이렇게 호소하며 여성들에게 가정으로 돌아가라고 했다.

"집안일과 자녀 기르기가 여성의 자아실현에 방해가 된다는 극단론이 많은 여성에게 해악을 끼쳤다. 여성해방운동이 여성의 사회 진출을 찬양하고, 가정이 여성의 무덤이라고 선전한 이래 직업을 갖지 않은 전업주부의 95퍼센트는 단지 주부라는 이유만으로 열등감을 느끼고 자신의 처지를 괴로워하게 되었다. 추운 날 아침 토스트는 타고 아이는 울어댈 때 그 괴로움은 감당하기 어려울 지경이 된다. 그렇다면 홀로 사는 직업여성은 어떠한가. 나는 자기 인생을 찾는답시고 남편이나 아이를 떠나 독립한 여성을 많이 안다. 그런데 그들은 새로운 인생에도 만족하지 못하고 심한 좌절감에 빠지는 경우가 많다. 여권운동은 주부에게도, 독립한 여성에게도 상처만 주었을 뿐이다."[6]

페미니즘 진영의 주장은 여성의 사회적 지위를 향상시키는 데 한몫했지만, 그와 동시에 여전히 가정과 가사노동의 의미를 높이 평가하는 여성들을 소외시키고 자기 비하를 강요했다는 비판을 받았다. 백인 중산층 여성만이 아니라 노동 계급이나 유색 인종 여성의 입장을 적절하게 대변하느냐는 비판도 있었다. 이런 비판은 몇 가지 점에서 의미 있는 지적이기도 했다. 하나는 초기 여성운동이 지닌 맹점 가운데 하나로 여성해방의 의미가 사회에서의 남성적인 성공과 동일시된다는 점이고, 다른 하나는 여성해방운동이 본의 아니게 소외시킨 많은 여성의 입장을 모건의 주장이 대변한다는 것이다. 한 전업주부는 자신의 가사노동에 대해 다음과 같이 말했다.

> 여성운동 하는 사람들은 주부를 낮춰 보는 것 같아요. 말이야 여자들이 주부가 되고 싶다 해도 잘못된 거 전혀 없다고 하죠. 하지만 이런 말은 정직하지 못해요. "이 일이 그 여자가 할 수 있고 만족할 수 있는 유일한 일이라면 내버려 두라." 그런 도움 필요 없어요.[7]

ERA를 적극적으로 추진한 프리단조차 "가정과 자신의 일을 함께 유지해 오던 슈퍼우먼들은 모두 지쳤다. 그들이 가정과 직장을 양립시키지 못하는 것은 집안일을 여자 혼자 해왔기 때문이다. 다음 세대 맞벌이 가정의 주부는 남편으로 하여금 아이 기르기와 집안일에 대해 동반자적 입장에 서게 하는 것, 다시 말해 집안일을 함께 나누어 하는 것이 가정으로부터 벗어나려는 것보다 훨씬 바람직하다고 생각한다"[8]며 마치 여성해방운동을 후퇴시키는 듯한 발언을 해서 급진적인 여성주의자들에게 격렬한 반발을 사기도 했다.

"미안해하지 마세요. 미안해하지 않아도 될 만큼 잘 만들었습니다"

1973년 무렵 주식시장의 거품이 빠지면서 결국 실업자가 된 마사는 업무를 통해 알게 된 사람들을 잊지 않고 이따금 집으로 초대했다. 초대를 받아 터키힐을 방문한 사람들은 하나같이 탁월한 인테리어 감각과 요리 솜씨, 잘 꾸며진 정원에 감탄을 금치 못했다. 그 가운데 한 명이 예전에 모델 생활을 함

1940년대 미국 여성들은 전쟁터에 나간 남성 대신 전시 노동이라는 제2전선에 투입되었지만 전쟁이 끝나고 남성들이 노동 현장에 복귀하자 가정으로 돌아와야만 했다.

께한 오랜 친구 노마 콜리어Norma Collier였다. 사회활동을 하다가 본인의 의지와 상관없이 가정으로 돌아와야 했던 두 사람은 사회활동을 접은 채 교외 집구석에 처박혀 하루 종일 쇼핑몰이나 기웃거리는 신세를 한탄하며 소일했다. 그러던 어느 날 두 사람이 부엌에서 함께 요리를 하던 중 누가 먼저였는지는 모르지만 주문요리 사업catering을 시작해보는 것이 어떨까 하는 아이디어를 떠올렸다. '집에서 만든 음식처럼 만들어드립니다!' 라는 마케팅 전략을 세우고 회사 명칭도 '손수 만든 요리' 라고 정했다. 두 사람이 만든 홍보용 전단엔 이렇게 적혀 있었다.

12인분 요리를 준비해야 하는데, 모두 당신이 혼자 한 것처럼 보이고 싶다면? 전날 '손수 만든 요리' 에서 당신의 조리기구와 냄비 등을 가져다 음식을 만

듭니다. 그리고 약속 시간에 맞춰 배달해주고 식탁까지 근사하게 꾸며주지요. 반조리된 음식은 손님상에 내기 직전 오븐에 넣어 완성하고 음식과 와인을 서빙할 도우미까지 보내줍니다. 그렇게 하면 손님들은 그 많은 것을 당신이 혼자 만든 줄 알 겁니다![9]

1940년대 미국 여성들은 참전하기 위해 자리를 비운 남성들을 대신해 전시 노동이라는 제2전선에 투입되었지만 전쟁이 끝나고 남성들이 노동 현장에 복귀하자 가정으로 돌아와야만 했다. 1960년대의 여성운동은 여성이 주체적이고 자발적인 선택에 의해 사회에 진출하도록 부추겼지만, 정작 여성이 사회에 본격적으로 진출하게 된 것은 1970년대부터였다. 전 세계를 강타한 오일쇼크와 인플레이션, 불경기는 가정경제를 남성만의 힘으로 끌어갈 수 없는 상황으로 내몰았다. 한편, 소비 수준이 높아지면서 가사노동을 좀 더 편리하고 수월하게 만들어줄 새로운 문명의 이기[10]들이 많이 팔렸다. 하지만 오히려 이런 이기들이 가사노동을 전문적인 이해와 학습이 필요한 복잡한 일로 변화시킨 데다가 생활의 편리와 과시적 소비를 위해 구입한 가전제품과 소비재 지출 때문에 더 많이 일해야 하는 웃지 못할 상황이 벌어졌다. 페미니즘의 영향이었든 경제적인 필요에 의해서였든 당시 여성들은 직장에서 자아실현을 하며 살고 싶다는 소망과 돈을 벌기 위해 어쩔 수 없이 직업 전선에 나서야만 한다는 분노 사이에서 갈등해야만 했다.

전통적으로 주부의 가사노동은 자율적이고 주기적으로 반복되는 일이라는 점에서 시간에 따라 통제받는 현대의 공장제 노동이나 기업 노동보다는 장인이나 전문가들의 업무에 가깝다. 가사노동에 대한 오해 가운데 하나는 정해진 시간 동안 노동하는 '시간제 노동'이 아니며 정량화될 수 없는 노동이기 때문에 적절한 임금 보상을 책정하기 어렵다는 것이다. 이런 주장이 모순된다는 점은 시간제 노동을 하는 임금노동자보다 자신의 시간을 자율적으로 사용하는 이른바 창조적인 전문가들이 일반적으로 더 높은 보수를 책정 받는다는 사실에서 잘 드러난다. 그럼에도 맞벌이 가정은 예나 지금이나 가사노동을 분담하지 않고 여성에 더 많은 노동의 책임을 지우곤 한다.

이는 오랫동안 가사노동의 전담자이자 가정의 수호자로서, 자녀 양육에 대해 조성되어온 '어머니의 신화'가 작동하였기 때문이다. 직장 생활 때문에 전업주부 시절보다 절대적인 시간이 부족해졌지만, 사회와 가정에서 주부이자 어머니인 여성에 거는 기대는 전혀 줄지 않았다. 그 일례로 여성의 사회참여와 맞벌이 등 직장 생활이 일반화된 요즘의 유행어들 '슈퍼맘, 알파맘, 베타맘, 워킹맘, 엄마표 놀이, 엄마표 학습'[11] 등이 끝없이 강조하는 것도 결국 여성의 성 역할이 무엇이며 어떠해야 하는지 보여주는 것이다. 이런 용어를 보면 우리 사회가 여성에 요구하는 것이 결국 어머니이자 주부라는 전통적 역할에서 크게 변화하지 않았다는 것을 쉽게 깨달을 수 있다. 여성은 가사와 직장 일을 병행해야 하는 상황에서도 이 과도한 기대에 부응하기 위해 혹은 이 모든 일을 멋지게 해내고 있다는 과시욕 때문에 육체적·정신적 무리를 강제로 또는 자발적으로 받아들이고 있다.

이런 상황은 한국에서도 별반 다르지 않다. 외환위기가 발생한 1997년 12월에서 정확히 1년 전인 1996년 12월 12일 출시된 햇반이라는 즉석 밥 제품이 시장에서 자리 잡는 과정을 살펴보자. 처음 출시될 때만 하더라도 여성(가정주부)들의 일반적인 반응은 어떻게 내 가족에게 공장에서 만든 인스턴트식품을 먹일 수 있느냐며 부정적인 반응 일색이었다. 반찬은 사먹을 수 있을지 몰라도 밥만큼은 어머니가 직접 집에서 지어준 것을 먹어야 한다는 전통적인 고정관념과, 주부로서 맞벌이를 할지라도 자녀와 남편에게 밥만큼은 내 손으로 해먹여야 한다는 일종의 죄책감이 함께 작동한 것이다. 그러나

10년이 지난 2006년 12월 현재 이 제품의 누적 판매량은 4억 개[12]에 달하며 즉석 밥 시장은 연간 1,200억 원대의 거대 시장으로 성장했다.

2008년 12월부터 전파를 탄 햇반 광고의 스토리는 이렇다. 주룩주룩 비가 내리는 저녁 무렵, 아이를 데리러 학원 앞으로 마중을 간 엄마는 저녁식사를 손수 준비하지 못할 것 같아서 기다리는 남편에게 휴대전화 문자 메시지를 보낸다.

'늦을 것 같은데 햇반 먹을래요? 미안해요.'

이 문자가 보내지자 엄마의 미안함을 일거에 해결해주는 햇반은 이렇게 말한다.

"미안해하지 마세요. 미안해하지 않아도 될 만큼 햇반은 잘 만들었습니다."

마사 스튜어트의 주문요리 사업은 1970년대 중반 주부들의 마음을 정확하게 읽어냈고 사업은 커다란 성공을 거두었다. 하지만 사업의 성공과 더불어 오랫동안 친구였던 노마 콜리어와의 동업 관계는 물론 우정까지 파탄 나고 말았다. 두 사람 가운데 누구의 문제인지는 정확히 알려지지 않았지만, 노마는 그녀를 성격파탄자라 비난하며 마사의 이름조차 듣고 싶지 않다고 토로했다. 그럼에도 마사는 홀로 사업을 잘 이끌어나갔고, 1977년 1월 1일 마침내 마사 스튜어트Martha Stewart Inc.라는 법인을 설립했다.

완벽한 가정의 환상을 빚어내는
마법의 레시피

마사가 다시 한 번 성공을 향해 달려가기 시작할 무렵, 남편 앤디도 자기 분야에서 나름대로 성공을 거두었다. 그는 예술서적과 아동도서 시리즈로 유명한 뉴욕의 해리앤드에이브람스 출판사의 사장이 되었는데 이 무렵 그가 기획한 책은 손을 대는 족족 성공을 거두었다. 특히 1977년 네덜란드 출신의 작가 윌 하위헌Wil Huygen과 일러스트 작가인 리엔 포트빌레트Rien Poortvliet의 『땅속 요정 놈의 비법서』The Secret Book of Gnomes 시리즈는 『뉴욕타임스』 베스트셀러 목록에 오를 만큼 대단한 성공을 거뒀다.

앤디의 출판사는 성공의 여세를 몰아 뉴욕의 명사들을 한자리에 불러 모으는 대규모 출판기념회를 열고자 했다. 이 무렵 두 사람은 예전보다 더욱 사이가 좋지 않았기 때문에 앤디 스스로 원했는지 아니면 마사의 요청에 마지못해 그런 결정을 내렸는지 알 수 없지만, 마사는 찾아온 기회를 놓치지 않았다. 이날 파티에서 그녀는 크라운 출판 그룹의 회장인 앨런 머킨Alan Mirken을 알게 되었는데, 그는 마사의 음식 솜씨와 환상적인 테이블 세팅, 세련되고 우아한 매너 그리고 타고난 말재간에 깊은 인상을 받았다.

출판기념회가 끝난 뒤 머킨은 파티에 나온 음식 사진과 레시피를 책으로 엮어보자는 제안을 해왔다. 여성들이 사회생활로 바빠진 탓에 가정용 요리책 출판이 한동안 뜸한 상황이었기 때문에 시장성도 충분해 보였다. 머킨의 예상대로 1982년에 출간된 마사의 첫 책 『엔터테이닝』Entertaining은 독자들에게 열렬한 호응을 얻었지만 요리 전문가와 비평가에게는 독창성이라고는 찾아볼 수 없는 빈약한 내용에 요란한 화보만 두드러진다는 혹독한 평을 받았다. 심지어 『뉴스위크』의 출판 담당 기자는 이 책이 '있는 척하기의 극치'에 불과하다는 혹평을 기사로 내보내기도 했다.

이 기자의 지적은 옳았다. 사실 마사 스튜어트의 강점은 자신이 가진 것을 일반 대중과 추종자들에게 어떻게 하면 좀 더 세련되게 보이도록 할지 잘 안다는 것이었다. 마사가 처음 터키힐의 부엌에서 가정식 요리 주문판매 사업

1982년에 출간된 마사의 첫 책 『엔터테이닝』. 독자들의 열렬한 호응과 요리 전문가의 혹평을 동시에 받았다.

을 시작할 무렵에 주부들은 파티에 내놓을 음식들이 어떻게 하면 가정에서 만든 요리처럼 보일 수 있을까 고심했다. 하지만 이 책이 출판된 1980년대에는 자신이 선보일 요리들이 어떻게 하면 좀 더 화려하고 고급스럽게 연출될 수 있을지 고심하고 있었다. 마사의 책에는 당대의 여성들이 느끼고 갈망하는 소비 트렌드에 대한 감각적인 이해가 녹아 있었다. 비록 책에 실린 글은 전문 대필 작가가 쓴 것이고, 부실한 내용 때문에 전문가들의 혹독한 비평에 시달렸지만 대중은 마사의 리빙 스타일에 열광적으로 반응했다. 이 책은 무려 50만 부가 넘게 팔리면서 마사 스튜어트를 단박에 미국 최고의 가정주부이자 유명인사로 만들어주었다.

『엔터테이닝』의 성공으로 한껏 명성이 높아진 마사 스튜어트는 거대 할인점 체인인 K마트와 손잡고 고상한 살림의 여왕이라는 이미지를 팔 기회를 얻었다. 그녀는 6개월여에 걸친 교섭 끝에 5년간 K마트의 컨설턴트가 되는 조건으로 K마트에서 거액을 투자받았다. 결과적으로 K마트는 훗날 망해버렸지만 마사는 K마트 덕분에 '미국에서 가장 유명한 안주인'으로 부각될 수 있었다. 그녀가 성공한 이유는 여러 가지가 있었지만 그 가운데에서도 첫 손에 꼽아야 할 것은 시대의 변화 추세, 특히 여성들의 삶이 변하는 추세에 발맞춰서 여성 자신이 변화시키고 싶은 삶의 모습에 대한 요구와 욕구를 누구보다 예민하게 감지했던 것이다. 지금까지 노동으로만 받아들여진 요리와 집안 가꾸기 같은 일상적인 일을 고상한 취미나 우아한 생활 공예로 보이도록 만든 것이 바로 마사 스튜어트의 능력이었다.

   페미니스트 저술가 나오미 울프Naomi Wolf는 직장 생활과 가정생활에 대한 여성들의 기대가 줄기는커녕 오히려 늘었다고 지적하면서 『빅토리아』와 『마사 스튜어트 리빙』Martha Stewart Living 같은 잡지가 이런 환상을 부추기고 있다고 주장한다. 즉, 집에 세 자녀를 베이비시터와 함께 두어야 하는 곤경에 처한 여성 노동자들조차 언젠가 여유가 생긴다면 마사 스튜어트처럼 혹은 그녀의 방송이나 잡지, 책 등에서 본 것처럼 요리를 하고 우아한 테이블 세팅에 집안 꾸미기와 원예를 할 수 있으며, 하고 싶다는 환상에 사로잡히게 만든다는 것이다.[13] 다시 말해 실제 일상생활에서 여성들의 여유시간이 줄어들수록(가족은 물론 자신조차 제대로 된 끼니를 만들어 먹을 시간이 없어 햇반을 데워 먹어야 하는 상황에서도) 반대로 점점 더 많은 사람이 요리와 같은 일상적인 일을 자유 시간에 행하는 고급 취미나 기교처럼 여기게 되었다. 물론 자유 시간을 소유할 수 있다는 것만으로도 이미 부유한 신분이지만 말이다. 마사 스튜어트가 스스로 의식했던 것은 아니었겠지만 알튀세르Louis Althusser가 "이데올로기는 개인들을 주체로 호명interpellation한다"고 했던 테제를 가사노동에 대입해 노동이 아닌 그 무엇, 창조적이고 예술적인 작업이라는 환상(이데올로기)으로 호명함으로써 지금까지 노동이었던 것을 더 이상 노동이 아닌, 노동으로 보이지 않을수록 더욱 가치 있는 무언가로 만들었다.

마사 스튜어트의 요리책을 펼치는 순간, 티끌 하나 없이 깨끗한 유리창을 통해 눈부시게 비추는 햇살에 물기가 촉촉한 과일, 화사하게 빛나는 꽃, 투명한 얼음이 둥둥 떠 있는 레모네이드 컵과 그 곁에 깔끔하게 차려 입고 서 있는 남자들과 함께하는 가든파티의 주인공이 되는 마법의 레시피가 시현된다. 사실 레시피라는 말 자체가 비법 혹은 비결, 약제사의 처방전에서 유래했으니 마사 스튜어트를 가사노동의 연금술사나 환상의 가정 마법사로 추앙한다고 할지라도 무리는 아닐 것이다.

최고의 자리에서 추락했으나 여전히 최고

워킹맘과 슈퍼맘을 넘어 맘프러너 Mompreneur, Mom+Entrepreneur[14]의 대명사가 되어 사업이 성공 가도를 달리는 동안 부부 관계는 더욱 악화되어 1990년 스튜어트 부부는 26년간의 결혼생활을 정리한다. 미국에서 가장 널리 알려진 안주인이라는 그녀의 이미지에 치명적인 상처를 남긴 사건이었기 때문에 '살림이 예술이라고 주장하는 여자가 왜 정작 자기 가정 문제는 해결 못하는가' 하며 비꼬는 사람들도 있었다. 남편의 여자관계 때문에 이혼까지 간 것이라는 풍문과 함께 마사가 대중 앞에선 너그럽고 인자한 여성상을 연기했지만 실제로는 괴팍하고 메마른 이중인격자라 결국 이혼에 이른 것이라는 손가락질도 있었다. 그러나 일부의 시기와 모욕적인 보도에도 불구하고 마사는 사업에 더욱 전념하는 것으로 모든 고통을 잊으려 했다. 타임워너를 설득해 자기 이름을 딴 잡지 『마사 스튜어트 리빙』을 창간하기로 했는데 마사 스튜어트 외에는 보여줄 게 아무것도 없으리라는 우려 속에 1991년 11월 창간준

비호가 발간되었다. 그러나 창간준비호는 순식간에 매진되었고 정기구독 신청만 10만 명을 넘어서는 대성공을 거뒀다.

1993년 1월에는 TV 쇼 〈마사 스튜어트 리빙〉이 방영되기 시작했는데, 방송이 시작될 때만 해도 남성 마케팅 담당자들은 과연 이 쇼가 성공할지 의심의 눈으로 바라보았다. 하지만 어느덧 사람들은 마사 스튜어트에게서 새로운 것을 구하고 있었다. 단순히 요리나 도배, 손님 초대, 정원 가꾸기, 바느질, 청소 같은 자질구레한 일상사뿐만 아니라 그녀의 쇼를 바라보면서 가정에서 벌어지는 일들처럼 세상 또는 자기 주변에서 벌어지는 온갖 일에 대해서도 무엇이든 마사에게 물어본다면 적절한 해결책을 찾아낼 수 있으리라 생각하게 된 것이다. 『타임』은 마사를 일컬어 "미국인의 삶을 요리하고 바느질하고 페인트칠" 한다고 말했다. 그녀의 칼럼 「마사에게 물어보세요」는 『뉴욕타임스』를 비롯해 220개 신문에 동시 게재되었고, 〈마사 스튜어트 리빙〉은 97퍼센트의 시청률을 기록했다.

1997년 마사는 마사 스튜어트 리빙 옴니미디어Martha Stewart Living Omnimedia, 줄여서 MSO를 설립한다. 주력 상품은 잡지와 비디오, 마사 스튜어트 브랜드의 부엌용품 등이었지만 궁극적으로 이 회사가 판매하는 대표 상품은 마사 스튜어트의 이미지 그 자체였다. 그녀는 미국 주부들의 꿈이 '마사처럼 말하고 마사처럼 일하고 마사처럼 되는 것' 이라는 사실을 너무나 잘 알았고, 어떻게 하면 자신의 이미지가 가장 효과적으로 포장될지도 알고 있었다. 1999년 공모가 18달러로 뉴욕 증권거래소에 상장된 MSO의 주식은 상장 당일에 이미 37.25달러에서 거래가 시작되었고, 마사 스튜어트의 재산은 순식간에 6억 1,470만 달러에서 12억 7,000만 달러로 불어났다.

미국 증권거래위원회의 조사에 따르면, 마사 스튜어트가 성공의 정점에 이른 2001년 12월 27일, 그녀는 4만 5,000달러의 손실을 회피하기 위해 자신을 담당한 메릴린치의 주식중개인 피터 바카노빅Peter Bacanovic에게서 내부 정보를 얻어 소유하고 있던 임클론ImClone Systems사의 지분 3,928주 전체를 매각했다. 다음 날 임클론의 주가는 16퍼센트 하락했다. 2002년 정초부터 미국 주요 언론은 그녀의 주식 내부거래 공모 의혹을 제기하기 시작했다. 그해 6월 마사가 출연하는 〈더 얼리 쇼〉The Early Show 정규방송 중에 CBS의 앵커 제인 클레이슨Jane Clayson은 임클론과의 거래로 그녀를 비난하기도 했다. 그러나 마사는 그런 비난에도 아랑곳하지 않고 "나는 샐러드 만드는 데나 열중하고 싶을 뿐"이라며 여전히 재담을 늘어놓아 대중의 분노를 샀다.

2003년 6월, 마사는 증권 사기와 사법 방해 등 아홉 가지 죄목으로 미국 정부에 의해 기소되었고, 유죄 판결을 받아 2004년 7월 연방교도소에서 5개월간 징역을 살고 2년 동안 보호관찰(5개월간의 전자 모니터링 포함) 생활을 해야만 했다. 재판 결과 그녀는 향후 5년 동안 공개기업의 설립 준비, 회계감사, 재무 결과 공개 등을 책임지는 지배인, CEO, CFO를 포함해 어떤 공식 직위도 맡을 수 없게 되었다. 하지만 그녀는 수감되는 순간까지도 "선량하지만 감옥에 갔다 온 사람들은 많다. 넬슨 만델라를 보라"며 자신을 방어하려 들었다. 수감된 뒤 MSO의 주가는 폭락했고 마사 스튜어트는 몰락한 듯 보였다. 언론은 마치 『오즈의 마법사』에 등장하는 나쁜 초록 마녀처럼 마사 스튜어트를 향해 "딩동! 마녀는 죽었다"고 외쳤던 것이다. 그러나 이것은 그녀의 저력을 제대로 깨닫지 못한 것이었다.

2005년 3월 수감 생활에서 풀려난 마사 스튜어트는 대대적인 공식 컴백 행사를 벌이며 이전보다 더 열렬한 환영을 받았다. 과거였다면 한두 차례 스캔들만으로도 이미지가 꺾이고 몰락의 길을 걸었겠지만, 여성의 사회참여 역사가 쌓이면서 남성 못지않게 혹은 남성을 능가하는 경영 능력과 전문지식을 지닌 여성이 늘어나 초록 마녀의 길을 밟지 않아도 되게 세상이 바뀐 것이다. 무엇보다 수감 생활은 완벽하게만 보였던 마사가 자신들과 마찬가지로 세상의 몰인정과 어려움을 겪어야만 하는 여성임을 보여주는 사건으로, 일종의 인간미마저 선사한 것인지도 모른다.

"마사에게 물어보라!"

이 말처럼 마사 스튜어트는 가정과 사회에서 여러 가지 현실적 어려움을 겪는 여성들의 정신적 멘토가 되었다. 미래학자 멜린다 데이비스Melinda Davis는 『욕망의 진화』The New Culture of Desire, 2002에서 소비자의 욕구가 정신적 안정과 풍요로 옮겨가는 트렌드를 '요다이즘Yodaism'[15]이라 부르며 그 사례로 마사 스튜어트를 제시했다.

핵가족을 넘어 가족 해체에 이르는 현상이 가속화되면서 파편화되고 분절된 개인들은 빠르게 변모해가는 현실 앞에서 한편으론 마사 스튜어트처럼 요리하고 집안을 꾸미지 못한다는 사실에 불편해하면서도 다른 한편으론 그렇게 살고 싶다는 환상과 그녀가 주는 정신적 위안 사이를 진자처럼 오가는 이중의 딜레마 속에 놓여 있다. 현대의 개인이 겪는 이중 구속double bind과 정신분열적인 상황은 영화 〈파이트 클럽〉Fight Club, 1999에서 분열된 자아 가운데 하나인 타일러(브래드 피트)가 자신의 정주 공간이자 감옥인 아파트를 날려버리고 찾아온 잭(에드워드 노튼)에게 내뱉는 상징적인 대사 "마사 스튜어트가 열심히 광내는 타이타닉호는 곧 가라앉을 것"이라는 말이 잘 보여주고 있다.

엥겔스Friedrich Engels는 『가족, 사유재산, 국가의 기원』Der Ursprung der Familie, des Privateigenthums und des Staats, 1884에서 원시시대의 씨족공동체(모계사회)에서는 공동체 내부의 협력, 우애, 평등을 비롯해 여성의 역할과 위치가 현대 부르주아 사회와는 큰 차이를 보였음에 주목하면서 현대 사회에서 당연시되는 '우리 가족만 잘 먹고 잘살면 된다'는 가족주의 이데올로기, 일부일처제, 가부장제는 사유재산의 형성, 계급과 국가의 등장과 함께 출현해 사회적 공동체를 해체하고, 경쟁을 중심으로 한 이기적 인간관계의 원천이 되었다고 주장한다. 엥겔스에 따르면 일부일처제는 여성을 남성에게 종속시키기 위한 제도적 장치이며 계급 형성의 기초가 된다. 설령 그의 말을 액면 그대로 받아들이지는 않더라도 자본주의 혹은 국가가 지탱하기 위해서 자본주의와 국가는 그들이 책임져야 할 많은 부분을 가정 혹은 가족(가사노동)에게 부여함으로써 그 책임과 비용의 상당 부분을 감면받아왔다.

예를 들어 도시화와 산업화 이후 자본주의는 노동력 재생산과 노동자(주로 남성으로 구성된)들의 노동력 상실을 방지하려는 차원에서 가족(가정)을 통해 사회의 평온과 안정이란 물질적, 정신적 재화(서비스)를 공급하도록 해왔는데, 우리가 흔히 생각하는 아버지와 어머니, 자식들이 함께 살며 안정과 평온으로 가득한 '행복한 나의 집'은 근대의 자본이 빚어낸 풍경이었다. 다시 말해 남성 중심의 자본주의 사회(가부장제 사회)에서 사회적 통제의 많은 부담을 가정이 지고 있었음을 의미한다. 그런 측면에서 보았을 때 자본에게 가장 기초적인 식민지이자 가장 나중까지 존재해야 하는 식민지는 가정이며, 자본주의가 가사노동에 대해서까지 적정한 임금을 지급해야 한다면 자본주의 체제는 더 이상 착취할 대상을 찾지 못할 것이란 주장이다.

하지만 21세기 자본주의는 그 가족마저 해체하고 있다. 행복한 나의 집은 더 이상 존재하지 않으며 점점 더 그 기반을 상실해가고 있다. 문제는 가족의 해체, 가족주의 이데올로기의 종말 그 너머에 무엇이 있을까 하는 것이다. 가족보다 더욱 파편화되고 분열된 개인이 기다리고 있는 것은 아닌지, 침몰하는 타이타닉호는 S.O.S를 보낸다.

16

프리츠 하버

녹색혁명에서 육식혁명으로 이어진
풍요를 발명한 비운의 과학자

나는 너무 오래 살았다. ……
내가 잃어버린 평생의 것들은 무엇으로도 바꿀 수 없다.

Fritz Haber 1868~1934.

질소를 질소비료로 변환시키는 하버-보슈 공정 덕분에 세계는 기아의 공포에서 해방되었다.
미국의 옥수수 생산량은 이 공정의 개발 이전인 1800년과 비교하면
단위면적당 여섯 배가 증가되었는데, 이처럼 대단한 곡물 증산에 놀란 사람들은
'공기에서 빵을 만드는 방법'이라고 불렀다.
그러나 질소비료에 의존하는 식량 증산은 토양오염과 표토층 유실을 가속화해서
더욱더 많은 석유와 화학비료에 의존하도록 만들고 있다.

장-피에르 주네와 마르크 카로가 공동으로 연출한 영화〈델리카트슨 사람들〉Delicatessen, 1991에서 delicatessen은 맛있는 것이란 뜻의 프랑스어에서 유래한 단어다. 영어권에서는 소시지나 햄 같은 가공육 식품이나 프라이, 샌드위치 등을 파는 가게를 가리킨다. 하지만 영화에서 델리카트슨은 인육을 파는 푸줏간 이름이기도 하다. 세상이 황폐해져 식량을 구하기 어려운 시대, 푸줏간 간판을 내건 낡은 건물에는 갖가지 성격의 사람들이 살고 있다. 그런데 델리카트슨 사람들에게는 더 이상 먹을 만한 고기가 없다.

   푸줏간 주인 클라펫(장-클로드 드레퓌스)은 사람들에게 고기를 제공해주고 권력을 얻는다. 그는 거짓 구인 광고를 보고 찾아온 사람들을 죽여 델리카트슨 사람들에게 제공했고, 만약 고기를 구하지 못하면 집세를 내지 못한 건물 세입자들은 가족 가운데 한 사람을 식량으로 내놓아야만 했다. 그런데도 이들이 이곳을 떠나지 못하는 것은 육식에 대한 집착 때문이다. 이와 달리 육식을 거부한 이들은 지하로 쫓겨나 클라펫의 사냥감이 되었다. 전직 서커스 단원이자 마술사였던 뤼종(도미니크 피뇽)이 클라펫의 광고를 보고 찾아오면서 변화가 시작된다. 뤼종이 오자 사람들은 고기 먹을 기대에 부풀지만 아쉽게도 이 기대는 클라펫이 애지중지하는 딸 줄리(마리-로르 뒤냑)가 그와 사랑에 빠지면서 번번이 어긋나고 만다. 뤼종을 죽이려다 클라펫이 도리어 목숨을 잃고 뤼종과 줄리는 황혼이 깃드는 델리카트슨 옥상에서 다정하게 두 사람만의 연주를 하면서 영화는 끝이 난다.

〈델리카트슨 사람들〉은 식인이라는 주제를 다루지만 코믹한 연기와 동화적 설정 덕분에 공포 대신 음울하면서도 기묘한 감각이 어우러진 그로테스크한 코미디가 되었다. 오늘날 인류는 그 어느 때보다 풍요로운 물질문명의 혜택 속에 살아가면서도 같은 인류 8억 명 이상을 구조적 기아 상태에 방치해두고 있으며 해마다 굶주림으로 목숨을 잃는 사람이 수백만 명인데도 콩과 옥수수 등 주요 곡물 자원을 육식의 즐거움을 위해 허비하고 있다. 이 사실을 안다면 타인은 물론 자신의 가족마저 희생시켜가며 육식에 집착하는 주제의식을 보여주는 이 영화가 결코 가벼운 코미디로만 느껴지지는 않을 것이다.

세계 인구가 16억 명에 불과하던 19세기 말엽만 하더라도 조만간 닥쳐올 굶주림의 시대를 걱정했는데 2012년 현재 인류는 70억 명을 넘어섰다. 우리가 이처럼 풍요를 누릴 수 있게 된 까닭은 무엇일까? 또 이 같은 극적인 변화와 풍요를 가져다준 사람은 누구일까?

독일의 산업혁명을 이끈 화학 산업과 프리츠 하버, 바스프의 탄생

프리츠 하버[1]는 1868년 12월 9일, 당시 독일 영토였던 슐레지엔 지방의 브레슬라우(현재 폴란드의 브로츠와프)에서 부유한 사업가이자 독실한 유대교 신자였던 지그프리트 하버 Siegfried Haber의 아들로 태어났다. 어머니는 하버가 태어난 지 며칠 만에 세상을 떠났는데, 사업 때문에 몹시 바빴던 아버지는 아이를 직접 키우는 대신 친척들에게 양육을 맡겼다. 하버 일가는 슐레지엔에 뿌리내린 지 오래된 유대인 가문으로, 부친은 염료를 비롯해 여러 가지 화학물질을 취급하는 상인으로 크게 성공한 상황이었다.

슐레지엔은 역사적으로 독일(프로이센), 오스트리아, 폴란드, 체코슬로바키아 등이 인접해 각축을 벌인 지역으로, 7년전쟁(1756~1763)의 결과

실험실에 서 있는 프리츠 하버. 굶주림의 공포에서 인류를 구원한 질소비료 탄생에 한몫했다.

프로이센에 속하게 되어 독일 제국의 영토가 되었다. 특히 이 지역은 동유럽 유대인(아슈케나지)들이 독일 문화로 들어가는 관문이기도 했다. 질 좋은 석탄과 철광석의 주요 산지여서 현재도 폴란드 지역에서 생산되는 강철의 95퍼센트가 여기서 나는데, 오데르 강 연안의 저지대는 매우 비옥한 토양 덕분에 농업이 발달했고, 당시에는 막 산업혁명 단계에 접어든 독일 방직업의 중심지이기도 했다. 하버가 태어나기 20년쯤 전인 1844년엔 자본주의적 착취와 봉건적 수탈이라는 이중고에 시달린 이 지방의 직조공들이 대규모 폭동을 일으켜 기계를 파괴하고 자본가들을 공격하는 '슐레지엔의 직조공 폭동'이 일어나기도 했다.

하버가 네 살 무렵이던 1871년 1월 18일, 프로이센-프랑스 전쟁(1870~1871)에서 승리한 프로이센의 수상 비스마르크Otto von Bismarck는 베르사유 궁전에서 독일 통일을 선포했다. 슐레지엔 지방의 유지이자 강렬한 애국심에 사로잡

안톤 폰 베르너의 〈독일 제국의 선포〉(Die Proklamierung des Deutschen Kaiserreiches, 1885). 베르사유 궁전 거울의 방에서 프로이센 왕 빌헬름 1세가 독일 제국의 황제로 선포되고 있다. 중앙에 흰 옷을 입고 선 인물이 독일 통일의 주역 비스마르크 총리.

혀 있던 지그프리트 하버는 누구보다 독일의 통일을 기뻐했다. 통일 이후 독일 경제는 더욱더 급속하게 성장하기 시작해 석탄과 철, 직물의 생산량이 급증했고 1850년대부터 1870년대 사이에 철도망 길이는 세 배나 늘어났다. 산업 발전은 노동자의 비율을 증대시켜 1850년대까지 전체 인구의 4퍼센트에 불과했던 노동자들은 1870년대에는 10퍼센트대로 증가했다. 일인당 국민소득 역시 이 시기에 3분의 1이나 늘어났다. 독일에서 산업혁명의 시작은 1835년 최초의 철도 건설에서 비롯되었다. 철도 건설과 거의 동시에 독일의 각 주마다 있던 관세 장벽이 철폐되어 하나의 시장이 형성되기 시작했는데, 이것은 제련업, 섬유산업을 비롯한 새로운 산업이 성장하는 데 대단한 동력이 되었다. 이때부터 독일의 섬유산업, 특히 면사綿絲를 표백 처리하는 당시의 전통적인 방식을 대신한 염소 표백은 획기적인 변화를 초래했고, 근대적인 산업혁명은 화학 산업이 성장하는 중요한 계기를 제공했다. 섬유의 가공 처리나 표백은 물론 염색에 엄청난 양의 무기화학 약품이 필요했기 때문이다.

독일에서 화학 산업의 발전을 이끈, 최초로 주목할 만한 인물은 유스투스 폰 리비히Justus von Liebig였는데, 그는 머지않은 장래에 콜타르에서 염료를 비롯한 여러 약품을 만드는 방법이 발견되리라는 대담한 예언을 남겼다. 예언은 맞았지만 발견은 독일이 아닌 영국의 화학자 윌리엄 헨리 퍼킨William Henry Perkin이 1856년 최초의 콜타르 합성염료를 발명한 것으로 시작되었다. 전통적인 천연염료인 서양꼭두서니(터키 레드)와 인디고는 염료 시장의 중요한 제품이었지만 이것만으로는 비약적으로 성장해가는 섬유산업의 수요를 충족시킬 수 없었다. 콜타르에서는 다양한 색깔을 추출할 수 있었으며 그 색이 선명하고 아름다웠기 때문에 경제적으로 큰 이득을 가져다주었다.

이 무렵 독일 남서부에 있는 만하임의 석탄가스회사 소유주였던 프리드리히 엥겔호른Friedrich Engelhorn은 석탄가스 추출 공

독일에서 화학 산업의 발전을 이끈 최초의 주목할 만한 인물 유스투스 폰 리비히. 그는 머지않아 콜타르에서 여러 약품을 만드는 방법이 발견되리라는 대담한 예언을 남겼다.

최초의 콜타르 합성염료를 발명한 윌리엄 퍼킨

콜타르에서 생산된 적색 염료 푹신(왼쪽)과 아닐린(오른쪽). 그동안 석탄가스 추출 공정의 부산물에 불과하던 콜타르에서 여러 화학물질이 추출되었다.

정의 부산물에 불과하던 콜타르가 새로운 황금이자 사업 기회라는 사실을 재빨리 알아차렸다. 엥겔호른은 1861년부터 콜타르를 통해 적색 염료 푹신fuchsine과 아닐린aniline을 생산하기 시작했는데, 그동안 부산물에 불과하다고 여긴 콜타르에서 염료 원료는 물론 여러 화학물질을 추출할 수 있게 되자 이 과정들을 통합할 수 있는 회사를 설립하면 원가도 절감되고 더욱 많은 제품을 생산할 수 있겠다는 아이디어를 떠올렸다. 전 과정을 한데 아우르는 전문적인 화학 기업을 설립하겠다는 구상은 당시로서는 매우 선구적인 아이디어였다. 그는 자신의 구상을 1865년 4월 6일 만하임에서 바디셰 아닐린 & 소다 파브릭Badische Anilin & Soda-Fabrik AG, 즉 바스프BASF[2]라는 주식회사를 설립하는 것으로 실행에 옮겼다.

이처럼 화학 산업이 비약적으로 발전하고 있었지만 어린 시절의 프리츠 하버는 그리 두각을 나타내는 학생은 아니었다. 고등학교를 졸업한 후 여섯 대학을 전전하며 자리를 잡지 못하고, 산업 현장에서 단기간의 도제로 세 차

레나 일하는 등 6년 동안 방황을 거듭했다. 초기 산업혁명을 이끈 것은 기계공학이지만 실제로 산업혁명을 완성한 것은 화학이라 할 만큼 각광받는 학문이었음에도, 당시 대학에서 가르치던 전통적인 화학 과목은 젊은이의 상상력을 자극할 만큼 매력적이긴커녕 고리타분했다. 그는 하이델베르크 대학 학생 과학 클럽에서 혈기를 참지 못하고 패싸움에 휘말려 얼굴에 상처를 입기도 했고 간신히 대학을 졸업한 뒤에는 헝가리의 알코올 증류소, 오스트리아의 솔베이 소다 공장, 폴란드의 소금 광산 등에서 화학기술을 배웠다. 하버에게 큰 영향을 준 곳은 대학이 아니라 프로이센 전통이 살아 있는 군대였다. 그는 그곳에서 세련된 군대식 매너를 배웠고 군대의 계급과 규율에 매료되었다. 제대한 뒤 예비역 장교가 되고자 했지만 당시 독일군의 예비역 장교는 기독교도에게만 주어지는 명예였기 때문에 유대인인 하버는 소망을 이루지 못했다.

원치 않았지만 부친의 뜻에 따라 가업을 물려받기로 한 하버는 입사 6개월 만에 거액을 투자한 사업에서 실패해 회사에 손실을 입히고 말았다. 이 일 덕분에 부친도 자식에게 사업에 대한 재능이 없다는 사실을 인정할 수밖에 없었고, 두 사람의 관계는 훗날 하버가 화학 분야에서 커다란 성공과 명예를 얻기 전까지 회복되지 못했다. 하버 역시 일찌감치 사업에 뛰어든 것을 후회했지만 그가 훗날 보여준 순수 과학과 응용과학을 적절히 혼합하는 재능은 이때의 경험에서 얻어진 것이었다. 그의 제자 카를 프리드리히 본회퍼Karl F. Bonhoeffer는 스승의 이런 재능에 대해 "그는 모든 학술적인 편협함에서 벗어나 기술과 순수 과학의 상호보완적인 관계를 소중하게 생각했다. 그래서 항상 과학의 발전과 실용적 생활과의 관계를 지키려고 노력하는 과학적인 개성을 가지게 되었다"고 회고했다.

물리화학을 독학하다

사업에는 열정도 재능도 없었지만 과학자로서의 명예욕과 열정이 넘치던 하버는 유대인이라는 한계 때문에 예비역 장교가 되지 못한 경험을 통해 독일에서 사회적으로 성공하고 대학에서 자리 잡기 위해서는 기독교로 개종해 완전한 독일인이 되어야 한다고 느꼈다. 베를린 대학에서 박사 학위를 받은 이듬해인 1892년, 그는 24세 때 기독교로 개종했다. 그러나 개종은 그에게 아무 의미가 없었을지도 모른다. 그때의 다른 과학자들과 마찬가지로 그 역시 과학이라는 신앙에 깊이 빠져 있었기 때문이다.

당시 염료 공업을 비롯한 새로운 화학공업은 의약품을 비롯한 여러 분야에서 혁명을 일으키고 있었고, 과학의 힘을 통해 자연을 이해하고 적절하게 통제할 수 있다는 보랏빛 전망은 무한한 진리를 열어줄 것처럼 보였다. 특히 19세기의 마지막 20년 동안 화학 분야는 놀랄 만큼 빠른 속도로 발전했는데, 이런 사실은 노벨 화학상 위원회 의장을 지낸 아르네 베스트그렌Arne Westgren이 노벨 화학상 60년을 회고하면서 "처음 몇 년 동안 아카데미는 주로 이들 과학자에게 상을 수여할 순서를 결정하는 문제에만 매달려 있었다"[3]고 말한 것에서도 잘 드러난다.

하버는 이처럼 빠른 발전을 거듭하던 화학 분야에서도 가장 새로운 분야에 해당하는 물리화학에 큰 관심을 기울였는데, 물리화학이란 물리학 이론 및 실험을 통해 얻은 결과를 이용해 물질의 화학적 성질을 연구하는 화학이다. 1890년대에는 물리학과 화학의 경계가 겹쳐지는 부분에서 중요한 연구가 많이 등장했지만, 새롭게 출현하는 이론과 학문 영역이 대부분 그렇듯 초기엔 약간의 진통도 있었다. 흔히 물리화학 분야를 개척한 삼인방으로 야코뷔스 반트 호프Jacobus H. van't Hoff, 스반테 아레니우스Svante A. Arrehenius, 프리드리히

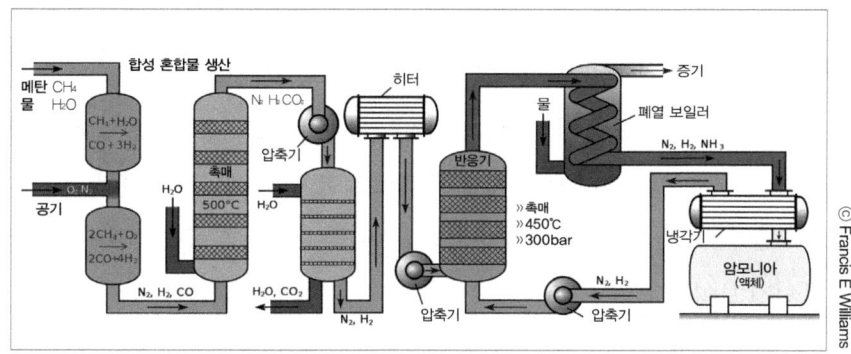

프리츠 하버의 가장 위대한 업적으로 칭송받는 질소고정(암모니아합성)은 화학 평형에 관계되는 조건들을 완전히 이해해야 가능한 것이었다.

오스트발트Friedrich W. Ostwald를 손꼽는데, 이들 세 사람은 노벨 화학상이 제정된 초기 10년 동안 노벨상을 수상하면서 물리화학이라는 새로운 영역을 개척했다. 하버는 라이프치히 대학의 오스트발트 연구실에 들어가 그의 휘하에서 새로운 물리화학 분야를 연구하고자 세 차례나 신청했지만 모두 거절당하고 말았다.

급격한 산업화로 인해 과학기술 인력의 필요가 급증했지만 쉽사리 대학에 자리를 잡을 수 없었던 하버에게 구원의 손길을 뻗쳐온 것은 막 설립된 카를스루에Karlsruhe 공과대학이었다. 라인 강변에 있는 이 대학은 훗날 거대 화학회사로 성장하는 합성염료회사 바스프와 매우 긴밀한 관계를 맺고 있었다. 직급이 낮은 조수로 대학에 들어간 그는 부족한 과학 지식을 보충하기 위해 친구에게 염료와 직물 날염에 대해 가르쳐주는 대신 물리학과 물리화학을 배웠다. 이따금씩 끼니까지 거르며 물리화학 공부에 몰두했는데, 관심 분야는 이론과학과 실용 과학, 물리학과 공학, 전기화학 등 과학부터 산업에 이르는 전 분야에 걸쳐 있었고, 기술자와 과학자의 경계를 넘어서까지 토론하고 연구하는 것을 즐겼다.

그의 가장 위대한 업적으로 칭송받는 질소고정(암모니아합성)은 화학평형에 관계되는 조건들을 완전히 이해해야만 가능한 것이었는데, 그는 이 모든 것을 스스로 공부해서 깨우쳤다. 타고난 의지와 고집도 성공에 한몫했을 것이다. 1967년 그의 전기를 집필한 모리스 고란Morris H. Goran은 하버 스스로가 친구들 앞에서 우스개로 지어내 들려주었다는 이야기를 통해 그가 어떤 인물인지 보여준다.

> 매우 더운 어느 여름날 그는 스위스의 산으로 등산을 갔다. 여덟 시간 동안 등산한 후에 먹을 물을 찾던 중, 그는 사람이 살지 않는 작은 마을에 도착했다. 물은 찾을 수 없었고 목이 매우 말랐다. 마침내 그는 낮은 담으로 둘러싸인 우물을 발견했다. 그는 즉시 머리 전체를 물속에 넣어버렸다. 거의 같은 순간에 그는 몰랐지만 한 마리의 황소도 함께 머리를 물속에 넣었다. 둘 다 상대방에게는 조금도 신경을 쓰지 않았다. 그러나 그들이 머리를 물 밖으로 들었을 때에는 서로의 머리가 바뀌어버린 것을 알아차렸다. 프리츠 하버는 황소의 머리를 가지게 되었고 그날 이후부터 교수로 성공했다.[4]

하버는 놀라운 집중력과 의지로 몇 년 만에 거의 독학으로 물리화학 분야의 전문가로 성장했을 뿐만 아니라 이 분야에서 영향력 있는 저술을 발표하는 주목받는 과학자가 되었다. 그러나 과로와 성공에 대한 열망 때문에 불면증과 흥분성 신경과민에 시달리곤 했는데, 신경 질환을 가라앉히기 위해 요양소나 온천을 찾아 몇 주일씩 휴양하기도 했다.

1901년 여름, 하버는 프라이부르크에서 열린 화학 학회에서 학생 시절 한때 서로 사랑했지만 부모의 반대로 결혼할 수 없었던 클라라 임머바르Clara Immerwahr와 만났다. 하버처럼 브레슬라우의 유대인 집안 출신인 클라라는 브레슬라우 대학에서 여성에게 수여한 최초의 박사 학위를 받은 엘리트였고 촉망받는 과학자로서 업적을 쌓게 되길 바랐다. 그에 대한 확신이 서지 않았지만 그녀는 하버의 청혼을 받아들였다. 연구 활동을 계속하고 싶었지만 결혼 한 달 만에 임신해 연구를 지속하기 어려웠다. 본디 병약한 그녀에게 더욱 가혹했던 것은 연구자로 성과를 올리기 시작한 하버가 연구에 몰두한 나머지 부인을 돌보지 않았고, 예고도 없이 동료 과학자와 제자를 집으로

프리츠 하버의 부인이 된 클라라 임머바르

초대하는 일이 잦았다는 것이다. 1902년 6월, 아들 헤르만이 태어났지만 석 달도 지나지 않아 미국의 전기화학 산업 및 교육제도를 시찰해달라는 독일 전기화학협회의 요청을 받은 하버는 5개월 일정으로 미국 여행을 떠나버리기도 했다. 자신의 명성을 높일 수 있는 기회라고 여겼기 때문이다.

자연에서의 질소순환과 비료의 역사

20세기 시작 무렵 과학자이자 영국과학진흥협회 회장이던 윌리엄 크룩스Sir William Crookes는 브리스틀에서 개최된 회의에서 당시 사람들이 느끼던 매우 심각한 문제, 식량 증산을 주제로 강연을 했다. 그는 이 자리에서 인구 증가 속도가 결국 식량 공급 속도를 초과하게 될 것이며 인구의 기하급수적인 증가

는 결국 인류를 파멸로 이끌 거라는 비관적 전망을 내놓았다. 이 같은 전망은 1780년대 맬서스Thomas Malthus가 『인구론』An Essay on the Principle of Population, 1798에서 "식량은 산술급수적으로 증가하지만 인구는 기하급수적으로 증가하는 경향이 있다"며 "300년 뒤에는 '인구 4096 : 식량 13'의 비율이 될 것이고 2000년 뒤에는 계산할 수 없을 정도일 것"이라 이미 경고한 것이기도 했다.

크룩스가 이처럼 비관적인 전망을 내놓은 배경은 오늘날 우리가 석유에 대해 전망하는 바와 상당히 닮아 있다. 당시 식량 증산을 위해 농업에 사용된 유기질 질소비료는 칠레 연안을 찾는 바닷새들이 만들어놓은 천연 질산염 퇴적물(구아노)인 칠레초석으로 만들었는데 초석이 고갈되면 질소비료 생산에 차질을 빚어 식량 증산에 막대한 지장을 받게 되므로 극심한 기아 사태가 발생할 거라는 염려였다.

잠시 칠레초석에 대해 알아보자. 1842년에 총 12만 9,900톤에 이르는 구아노가 페루 리마를 출발해 런던 부두에 도착했는데, 이때 처음 수입된 구아노를 시비하자 밀 수확이 현저히 증가하는 보상이 따랐다. 이때부터 영국 농민들은 구아노를 구하기 위해 극성을 부리기 시작했다. 구아노가 다른 천연비료보다 생산성이 높은 데다가 값도 쌌기 때문이다. 이처럼 당시 서구 유럽에서는 인산비료와 칼륨비료는 충분했지만 질소를 추가하기 위해서는 남아메리카에서 질산칼륨을 수입해야 했으므로 구아노는 19세기 중후반 50년 동안 서구의 모든 국가가 탐내는 중요한 천연자원이었다. 질산칼륨을 천연적으로 함유하는 초석은 칠레 북부의 아타카마 사막에서 생산되었는데, 질산칼륨의 주요 생산지를 둘러싸고 안데스 산맥 주변의 페루, 칠레, 볼리비아는 1879년부터 1883년까지 피비린내 나는 전쟁을 벌이기도 했다. 질산칼륨의 안정적인 확보와 수급을 위해 고심하던 서유럽 각국은 이 천연자원에 의존하는 상황에서 벗어나기 위해 온갖 방법을 연구하기 시작했다.[5]

무색무취의 기체인 질소는 지구를 둘러싼 대기의 주요 성분으로 전체 대기의 78퍼센트가량에 이를 만큼 흔한 기체이자 지구상에 존재하는 모든 생물의 DNA를 구성하는 다섯 원소(수소, 산소, 탄소, 인, 질소) 가운데 하나로 생명체에 필수적인 존재다. DNA에서 하는 역할이나 기능은 별도로 치더라도 질소는 수백 개의 다른 분자들, 특히 단백질을 생성하는 아미노산의 구성 원소로 중요한 작용을 하는데 체중이 70킬로그램인 보통 체격의 사람은 단백질 형태로 약 1.8킬로그램의 질소를 지니고 있다. DNA나 인체를 구성하는 단백질 속의 질소 원자는 공기 중의 질소로 시작해 식물이나 동물의 체내에서 여러 형태로 존재하다가 음식물 섭취 등으로 우리 몸의 일부가 된다. 이 물질의 일부가 체내에서 재순환되어 일부는 아미노산, 암모니아, 요소 혹은 다른 화학물질 형태(배설물)로 몸에서 배설된다. 이렇게 배출된 질소는 다른 동물의 배설물과 마찬가지로 박테리아나 식물의 질소 자원으로 사용되며 순환하다가 특정 생물체에 의해 다시 질소 가스로 변환되면서 순환을 마치는데, 이것을 자연에서의 '질소순환'[6]이라 부른다.

  자연에서의 질소순환 과정에 대해 살펴보면 구태여 토양에 질소비료를 보충해주지 않아도 되지 않을까 생각할 수 있지만 문제는 그리 간단치 않다. 질소는 대기의 78퍼센트를 차지할 만큼 광범위하게 분포하고 인간은 물론 동물들도 매일 호흡하지만, 공기 중의 질소는 두 개의 질소 원자가 삼중결합에 의해 단단히 묶여 있는 분자 구조이기 때문에 호흡만으로는 흡수할 수 없으며 식물 역시 화학적 변환을 거치지 않고서는 질소를 흡수할 수 없다. 서로 단단하게 결합된 질소 원자를 떼어내기 위해서는 225.1kcal/mol의 에너지가 필요하고, 보통의 기압 상태에서는 섭씨 3,000도로 가열해도 떨어지지 않기 때문에 자연 상태에서 질소고정이 일어나는 방법은 두 가지뿐이다. 하나는 번개가 칠 때 대기 중의 질소가 산소와 반응해 산화질소(NO)와 이산화질소

(NO_2) 상태가 되어 땅으로 흡수되는 것이고, 다른 하나는 질소와 수소의 반응에 의해 질산염(NO_3-)이나 암모니아(NH_3)로 변환되는 것이다. 자연 상태에서 질소와 수소의 반응에 의해 암모니아가 생성되는 것도 이른바 질소고정 박테리아라 불리는 미생물의 작용에 의해서만 가능하다.

문명의 역사는 곧 농경의 역사다. 인류는 시행착오와 실패를 거듭하며 자연에서 좀 더 많은 식량 자원을 확보하는 방법을 찾아왔다. 우리 속담에 "밭은 줘도 똥은 못 준다"는 말이 있는 것처럼 영국 노포크 지방의 농촌에도 "퇴비는 돈의 어머니"라는 속담이 있는데, 아시아인은 물론 그리스인과 로마인도 식물이 자라면서 땅에서 빼앗아가는 화학물질을 보충해줘야 한다는 사실을 알았기 때문에 동물의 배설물과 각종 쓰레기를 퇴비화해서 유기질 비료로 사용해왔다. 특히 중국과 한국, 일본의 농부는 질소와 인, 칼륨 성분이 작물의 성장에 필수적이라는 사실을 과학적으로 해명하지는 못했지만 4000년 전부터 퇴비와 거름을 이용해 양분을 공급해왔다.[7] 작물을 종류별로 돌려가면서 재배하는 윤작輪作 역시 지력을 회복시켜주는 선조들의 지혜였다. 질소고정은 주로 콩과 식물의 뿌리에 기생하는 뿌리혹박테리아 등에 의해 일어나기 때문에 선조에게 지혜를 물려받은 농부들은 콩과 식물을 이용해 대지가 지력을 회복할 수 있도록 윤작을 해왔다. 그러나 산업혁명이 일어나면서 도시로 몰려든 인구를 먹여살리고 점차 불어나는 인구를 감당하기 위해서는 전통적인 유기질 퇴비만으로는 충분치 못하게 되었다. 이 시기에 가장 중요한 비료 자원은 남아메리카의 칠레를 중심으로 해서 영국으로 공급된 천연 질산염이었다.

공기에서 빵을 뽑아내는 질소고정

앞서 한 이야기들을 한마디로 압축해보면 중학교 3학년 화학 교과서에 나오는 다음 화학식으로 정의될 수 있다.

$$N_2(질소) + 3H_2(수소) \rightarrow 2NH_3(암모니아)$$

질소고정 혹은 고정된 질소를 안정적으로 공급하라. 이것은 인류를 기아의 문턱에서 구할 수 있는 절대 과제였다. 간단한 화학반응식이 보여주는 것처럼 암모니아를 만드는 것은 이론적으로는 무척 쉬운 일로 보인다. 질소는 대기 중에 얼마든지 있고, 수소 기체는 비교적 쉽게 만들 수 있다. 문제는 질소 분자의 원자간 결합이 너무나 강력해서 이것을 깨려면 서로 강하게 충돌시켜야 하고 그렇게 하려면 고온을 가해야만 한다는 점이다. 그런데 뜨겁게 가열하면 할수록 평형을 이루려는 성질 때문에 분자는 화학식의 왼쪽 항으로 이동한다. 다시 말해 암모니아가 원하는 만큼 만들어지지 않는 것이다. 그렇다고 온도를 낮추면 이번엔 분자들의 운동에너지가 낮아 반응이 제대로 일어나지 않는다. 1900년대 말까지 이런 문제를 극복할 수 없었기 때문에 여러 과학자가 고심했지만 경제성 있는 방법을 찾아내지 못했다.

1874년 독일 쾰른에서 태어난 카를 보슈 Carl Bosch는 대학에서 금속학과 기계공학을 공부했지만 점차 화학에 흥미를 느껴 1896년부터 라이프치히 대학에서 화학을 공부했다.

하버보다 먼저 암모니아 합성 연구를 시작한 카를 보슈

1899년 유기화학에 관한 논문으로 학위를 받은 그는 1899년 바스프에 입사해 처음엔 천연염료인 인디고를 대체할 합성염료를 연구했지만 점차 질소고정 문제에 관심을 갖기 시작했다. 그러나 하버보다 먼저 암모니아 합성 연구를 시작했는데도 합성 조건을 찾아내지 못하고 있었다. 보슈보다 다소 늦은 1904년, 빈의 사업가 마르굴리Margulies 형제의 지원을 받아 암모니아를 만드는 질소고정 실험에 착수한 하버 역시 매우 높은 온도에서 실험했지만 실패하고 말았다. 실망한 후원자들의 재정 지원마저 끊어져 하버의 실험도 실패로 돌아가는 듯했다. 그러나 하버는 높은 압력의 중요성을 인식했고 촉매를 도입하는 것으로 마침내 이 문제를 해결했다.

평형상태를 교란시켜 화학반응의 속도를 높이는 촉매는 좀 더 낮은 온도에서도 반응 속도를 높일 수 있게 해주었다. 평형에서 질소와 수소가 차지하는 부피(4mol)가 암모니아의 부피(2mol)보다 두 배나 크기 때문에 평형을 유지하고자 하는 반응에 따라 압력을 높일수록 더욱더 많은 암모니아가 나오게 되었다. 하버는 촉매와 압력이라는 변수를 조절하는 무수한 시행착오를 거듭한 끝에 마침내 섭씨 500도, 200기압의 조건에서 오스뮴(Os)과 우라늄(U)을 촉매로 써서 약 6~10퍼센트의 수율로 암모니아를 얻는 데 성공했다. 이전의 실패에 비해 하버의 연구 결과는 대단히 놀라웠지만 암모니아를 대량생산하기에는 여전히 부적합했다. 무엇보다 촉매로 쓴 오스뮴이 희귀 원소인 데다가 대량생산을 위해 반응기가 커질 경우 고압을 견디기 어려웠기 때문이다. 하버는 결국 1908년 고압 상태에서의 암모니아 합성법에 대한 상용화 연구를 바스프에 넘긴다.

이 연구를 이어받은 사람이 다름 아닌 카를 보슈였다는 건 하버에게 큰 행운이었다. 질소고정 연구를 먼저 시작했지만 별다른 진전을 보지 못한 보슈는 촉매와 압력이라는 하버의 구상을 물려받아 대량생산에 더 적합한 공정을 찾는 연구를 시작했다. 보슈와 동료들은 값비싼 오스뮴과 우라늄을 대체할 좀 더 저렴한 촉매를 조사했는데, 무려 2만 번의 실험 끝에 최적의 조건을 갖춘 촉매를 찾아냈고, 다른 한편으론 고압을 견뎌낼 수 있는 거대 규모의 플랜트를 만드는 작업에 매달렸다. 금속학과 기계공학을 전공한 덕분에 이중 통 구조의 반응기를 설계해낸 보슈를 통해 하버의 고압과 촉매를 이용한 암모니아 합성법이 완성될 수 있었다. 그래서 지금도 두 사람의 이름을 따서 이 합성법을 '하버-보슈 공정'으로 부른다.

대기 중의 질소를 암모니아, 요소 같은 질소비료로 변환시키는 하버-보슈 공정 덕분에 전 세계는 기아의 공포에서 해방되었다. 실제로 미국의 옥수수 생산량은 이 공정의 개발 이전인 1800년과 비교하면 단위면적당 여섯 배가 증가되었는데, 이처럼 대단한 곡물 증산에 놀란 사람들은 하버-보슈 공정을 '공기에서 빵을 만드는 방법'이라고 불렀다. 이 공정의 발명은 전 지구적인 규모의 새로운 산업을 창출했는데 하나는 화학 산업이었고, 다른 하나는 산업화된 농업의 출현이었다. 화학 산업과 산업화된 농업은 화석연료를 통해 뜨겁게 결합하면서 세계의 식량 공급을 대폭 늘렸다. 하버-보슈 공정은 지금까지도 가장 저렴하고 효율적인 기술로 남아 있는데, 기술사학자 바츨라프 스밀Vaclav Smil은 20세기의 곡물 생산량 증가에 하버-보슈 공정이 기여한 바가 80퍼센트라고 추정했다. 무엇보다 중요한 결과는 한정된 토지에 비해 획기적인 식량의 증산 덕분에 촉발된 인구 규모의 세계적 팽창이었다. 두 차례의 세계대전과 전염병, 대규모의 인구 이동, 그 밖에 여러 가지 요인이 인구 증가를 가로막았음에도 사람들은 평균적으로 이전보다 더 잘 먹게 되었고, 그 결과 세계 인구는 20세기를 지나는 동안 60억 명으로 이전보다 네 배나 늘었다.[8]

독가스의 발명자

공기를 빵으로 만드는 공정 때문에 독일은 이제 수입 비료에 의존할 필요가 없어졌고, 하버는 국가적 영웅이 되었다. 제국은 그의 공로를 인정해 철십자 훈작위와 카이저 호엔촐레른가의 검 훈위를 수여했다. 독일의 일류 대학들은 앞다퉈 그에게 명예박사 학위를 수여했고, 빌헬름 2세 황제는 자필 서명이 담긴 초상화를 보냈다. 그러나 최고의 명예는 카이저빌헬름협회(Kaiser-Wilhelm Gesellshaft, 막스플랑크협회의 전신)의 초빙이었다.

황제가 비스마르크 총리를 은퇴시키고 친정을 한 빌헬름 시대에 독일에서는 과학과 산업의 연결이 본격화되었는데, 이런 상호결합은 산업혁명에서 앞서 간 영국과 프랑스 등을 따라잡기 위한 국가의 적극적 개입에 의해 더욱 강화되었다. 특히 당시의 과학기술은 단순히 산업적 의미뿐만 아니라 국가의 명예나 위신과도 큰 관련이 있었다. 냉전 시대 미국과 소련이 평화의 제전이라는 올림픽에서까지 체제의 우위를 선전하기 위해 경쟁했듯이 당시 영국과 프랑스, 독일 등 서구 제국주의 열강은 과학기술 분야의 업적을 국가의 명예와 위상과 결부시켰다.

카이저빌헬름협회는 독일 정부의 엄청난 재정 지원을 받지만 학문적 연구에서는 협회 운영의 자율성을 확보해 기초과학 분야를 중심으로 기존의 대학에서는 감당할 수 없던 방사화학(방사성 원소를 다루는 화학 분야)을 비롯한 거대 규모의 연구를 추진했다. 막대한 정부 지원과 학문적 자율성이 확보되었기 때문에 당시 세계 최고를 자랑하던 독일의 과학자 중에서도 최고의 두뇌들이 모여들었다. 그중에서도 아인슈타인(Albert Einstein)이 이끄는 물리학연구소와 하버가 이끄는 물리화학연구소는 베를린을 세계 과학의 중심지로 만들었다. 제1차 세계대전이 발발하기 직전까지 독일은 세계의 과학을 주도

할 능력뿐만 아니라 구조적 조건을 완비하고 있었다.[9]

빌헬름 2세는 하버에게 추밀원 고문관이라는 높은 작위를 수여했고 종신 재직이 가능한 국가 공무원 자격으로 연봉 1만 5,000마르크(오늘날의 가치로 1억 원 정도)를 지급했으며 연구소에 딸린 저택을 주었다. 또한 하버는 특허를 얻은 지 5년 후인 1913년 바스프와 특허권 계약을 맺었는데 암모니아 1킬로그램당 1.5페니히(1페니히는 1마르크의 100분의 1)를 받기로 했다. 독일 서부의 오파우Oppau에 세워진 바스프의 첫 번째 암모니아 합성 공장에서 1년에 생산되는 암모니아의 양은 3만 6,000톤이었고, 9년 뒤 루트비히스하펜Ludwigshafen에 세워진 공장에서는 연간 87만 5,000톤을 생산해냈다. 당시 독일에서는 하버가 황금 쟁반에 식사를 한다는 소문까지 나돌았다. 그러나 명성이 높아질수록 그의 가정생활은 악화되었다.

1914년 제1차 세계대전이 벌어지자 하버를 비롯해 독일의 지식인과 과학자 들은 전쟁을 일으킨 독일 정부를 지지한다는 선언을 발표했고, 하버는 자발적으로 육군에 지원했지만 거절당했다. 군에 몸담기보다는 연구소에 남아 전쟁 수행에 필요한 물자를 연구해달라는 것이었다. 초기의 낙관적인 기대와 달리 전쟁은 지루한 참호전이 되었고, 영국 등 연합군은 독일로 향하는 항로를 봉쇄했다. 제1차 세계대전은 역사상 최초로 과학기술이 전쟁 수행을 위해 대규모로 동원된 전쟁이었다. 암모니아는 비료뿐만 아니라 폭약을 만들 때에도 필수적인 재료였다. 당시 독일은 항로가 봉쇄되었지만 하버-보슈 공정 덕분에 대량으로 폭탄을 제조할 수 있었다. 하버는 물리화학연구소 소장이 아니라 독일군 고위 지휘관처럼 행동했다. 그는 자청해서 폭약을 만드는 질산을 대량으로 생산해야 한다고 보슈와 바스프를 설득했는데, 전쟁 말기에 이르자 독일군이 사용하는 폭약의 절반에 하버-보슈 공정으로 만들어진 질산이 이용되었다. 그는 여기서 그치지 않고 교착 상태에 빠진 전선

제1차 세계대전의 예페르 전투를 그린 리처드 잭의 작품 〈2차 예페르 전투〉(Second Battle of Ypres). 이토록 잔인한 전쟁의 결과에는 프리츠 하버와 같은 과학자들이 큰 역할을 했다.

을 돌파하는 데 필요한 신무기를 개발했다.

1915년 4월 22일 오후 5시, 독일군과 연합군이 대치하던 벨기에의 예페르 Ypres 전선에서 독일군은 짧지만 격렬한 포격을 가한 뒤 5,730개의 가스통을 열어 연합군 쪽으로 염소 가스를 흘려보냈다. 대기보다 2.5배 무거운 염소 가스는 약 1미터 높이의 상공에서 바람을 타고 연합군 진영으로 흘러들었다. 인류 최초의 독가스전에 아무런 대비책도 없던 참호 속 연합군 병사들은 기침, 구토와 함께 피를 토하며 쓰러졌다. 이날 하루 동안 연합군 1만 5,000여 명이 중독돼 5,000여 명이 숨지고 6,000여 명이 독일군에 포로로 잡혔다. 보복에 나선 연합군이 포스겐 가스를 살포하자 독일군은 한술 더 떠 머스터드 가스를 개발해 전선에 투입했다. 제1차 세계대전 동안 뿌려진 12만 5,000톤의 독가스로 양측에서 97만 명의 사상자가 나왔다.

아인슈타인은 "그렇게도 훌륭하던 사람이 개인적인 허영에 굴복했다는

데, 그것도 전혀 고상하지 못한 종류의 허영에 그랬다는 것"에 경악했다. 누구보다 실망한 사람은 아내 클라라였다. 예페르에서 독가스 공격이 감행된 다음 주, 하버는 연구소 저택에서 전승 파티를 열었다. 클라라는 더 이상 독가스를 개발하지 말라고 애원했지만 명예와 승리에 대한 강한 열정에 사로잡혀 있던 하버는 그 말을 듣지 않았다. 그는 새로운 무기란 언제나 초기에는 놀라운 것으로 받아들여지므로 독가스도 폭탄과 다를 바 없다고 생각했고, "멋있고 좋은 살인 방법이 있는가? 독가스가 폭탄 파편보다 나쁜 점이 무엇인가"라며 자신을 정당화했다. 절망에 빠진 클라라는 파티장에서 빠져나와 남편의 서재로 향했다. 남편의 권총을 찾아 한 차례 시험 발사를 한 뒤 주저 없이 심장을 겨냥해 방아쇠를 당겼다. 열세 살이 된 아들 헤르만이 달려왔을 때 그녀는 치명상을 입고 죽어가고 있었다. 그러나 하버는 다음 날 아침 어린 아들을 홀로 집에 남겨두고 동부 전선으로 떠났다. 클라라가 죽고 2년 반이 지난 뒤 그는 자기 나이의 절반쯤 되는 어린 유대인 처녀 샤를로테 나단Charlotte Nathan과 재혼했다.

조국에서 추방당한 노벨 화학상 수상자

1918년 11월, 독일이 항복하자 하버는 전범 명단에 포함될지 모른다는 두려움에 떨었다. 하지만 전범으로 체포되는 대신 노벨 화학상 수상자로 선정되었다는 소식을 들었다. 그가 노벨 화학상 수상자로 선정되자 연합국 측은 노벨상 위원회에 강력히 항의했다. 위원회는 학문적 업적과 결과에 따라 상을 수여할 뿐 정치적 이유는 고려 대상이 되지 않는다며 하버에게 노벨상 수여를 강행했고(하버-보슈 공정의 또 다른 개발자였던 보슈 역시 1931년 노벨 화학상을 수상했다) 과학자 동료들을 포함해 수많은 사람이 이에 항의하며 시상식에 불참했다.

제1차 세계대전 직후인 1919년, 영국은 승전국 자격으로 바스프의 문서를 조사해 하버-보슈 공정의 비밀을 알아냈고, 이후 하버-보슈 공정은 영국과 미국은 물론 전 세계로 퍼져나갔다. 1930년대 말 일제 치하의 함흥에 우리나라 최초의 질소비료 공장이 세워졌고, 한국전쟁 직후 미국의 원조로 세워진 공업시설 1호가 충주 비료 공장이었다. 전쟁이 끝난 후 낙후된 한국에서는 식량 생산이 급선무였으므로 비료 공장이 절실했기 때문이다.[10]

전쟁은 끝났지만 하버는 여전히 조국을 위해 독가스 무기를 만든 것을 후회하지 않았고, 1920년대 말엽까지도 화학적 해충 통제라는 미명 아래 독가스 연구를 계속했다. 연합국이 전후 독일에 1억 3,200만 마르크(330억 달러)를 전쟁배상금으로 요구하는 어려운 시기였다. 하버는 해수 1톤에 약 6그램의 금 성분이 녹아 있다는 당시 추정치를 믿고 해수에서 금을 뽑아내는 연구를 하다 실패했다. 나중에야 알게 되었지만 이 추정치는 실제보다 1,000배나 부풀려진 수치였다. 이 무렵 그는 두 번째 아내와도 이혼하는 등 여러모로 좋지 않은 상황에 시달리며 우울증을 얻었다. 시련은 끝난 게 아니었다. 히틀러와 나치가 정권을 장악하면서 1933년 4월 공직 사회와 대학에서 유대인을 추방하라는 법안이 통과되었다. 카이저빌헬름연구소는 정부 예산으로 운영되었기 때문에 연구소 직원과 연구원에서도 유대인은 추방되어야 했다. 하버도 유대인이었지만 전쟁 기간의 공로와 과학계 원로라는 이유로 면제되었는데, 사실 그가 추방되지 않은 것은 히틀러와 나치에 하버의 독가스 기술이 필요했기 때문이었을지 모른다.

어떤 독일인보다 애국자이자 독일인이라는 사실에 자부심을 느끼며 살아온 하버였지만 자신이 책임지는 연구소의 직원과 연구원을 유대인이라는 이유만으로 추방하라는 정부 명령에는 복종할 수 없었다. 오랜 고심 끝에 종신직인 소장에서 스스로 물러나기로 결심한다. 그는 1933년 그동안 충성을 다해온 독일 정부의 교육부 장관 앞으로 공개서한을 보내 나치의 부당한 인종차별 정책을 비판하고 스위스로 망명한다. 그가 물러난 뒤 2년 동안 독일 대학의 과학자 다섯 가운데 한 명이 일자리를 잃었는데, 그 가운데 80퍼센트가 유대인이었다. 하버에게 커다란 도움을 받은 바스프를 비롯한 독일의 화학 기업 가운데 어디도 하버와 유대인을 도우려 하지 않았지만 하버-보슈 공정을 함께 발명한 카를 보슈만이 유일하게 그를 돕기 위해 노력했다.

하버의 인생 역정이 복잡했던 것과는 달리 보슈는 줄곧 바스프에 몸담으면서 회사의 발전에 크게 기여했다. 1919년 이사가 되었고, 1925년부터 IG파르벤(바스프는 제1차 세계대전 후 다섯 개 회사와 합병되어 Interessen-Gemeinschaft Farbenindustrie AG가 되었지만 제2차 세계대전 후 다시 분리되어 현재에 이르고 있다)의 회장을 지냈다. 그는 산업 분야에서 눈부신 업적을 냈지만 의무로 생각한 순수 과학 연구에도 많은 기여를 했다. 국내외 각종 학회의 회원으로 초빙되는 것을 특히 좋아한 보슈는 1937년 6월 플랑크Max Planck의 뒤를 이어 카이저빌헬름협회 회장직에 오르기도 했다. 말년까지 명성을 누리다 66세인 1940년 4월 26일 지병으로 사망했다.

하버는 휘하에 있던 사람 대부분에게 해외의 일자리를 구해준 뒤, 1933년 8월 8일, 과학 강연을 빌미로 독일을 떠나 다시는 돌아가지 않았다. 제1차 세계대전 때 적대 관계였던 케임브리지 대학은 그에게 임시직을 주었지만 그것도 잠시, 늙고 병든 하버는 가족과 재산, 지위와 연구소, 건강, 가정을 모두 잃고 정처 없이 유럽을 떠돌아다녔다. 1934년 1월 29일, 그는 스위스 바젤의 한 호텔에서 심장마비를 일으켜 몇 시간 후 숨을 거두었는데 말년에는 이런 말을 했다고 한다.

"나는 너무 오래 살았다. …… 내가 잃어버린 평생의 것들은 무엇으로도 바꿀 수 없다."

그가 죽은 뒤 나치 정권은 그의 공적을 말살하기 위해 질소고정법과 화학전의 공로조차 다른 사람에게 돌리는 잔인한 짓을 저질렀는데 더욱 끔찍한 것은 유대인 학살 현장에 남아 있었다. 독일과 유럽의 유대인에 대해 나치 독일이 최종 해결책으로 제시한 것은 아우슈비츠 등의 강제수용소에서 600만 명의 유대인을 학살하는 것이었다. 이때 사용된 독가스 '지클론B $_{Zyklon\ B}$'는 하버의 물리화학연구소에서 발진티푸스 등을 옮기는 해충을 박멸할 목적으로 개발한 것이었고, 이 가스를 생산한 곳은 하버와 함께 질소비료를 생산해냈던 바스프를 포함해 독일의 바이엘, 훼히스트, 아그파 등이 함께 결성한 카르텔, IG파르벤이었다. 독일을 떠나지 못한 하버의 친척들도 강제수용소에서 목숨을 잃었다.

질소비료는 인류 생존을 위한 최종 해결책인가

오늘날 지구에 사는 인류는 대략 70억 명으로 추산된다. 2011년 10월 31일 필리핀에서 70억 인구를 채운 아기가 태어났으리라는 유엔인구기금의 추정에 따라 이날이 세계 인구 70억의 날로 선포되었다. 인구가 처음 10억을 기록한 것은 1825년이었는데, 그 뒤 한 세기가 지나기도 전에 20억으로 늘어났고, 본격적인 석유시대가 개막된 1925년에서 1960년 사이 다시 10억이 늘었다. 1975년 세계 인구는 40억이 되었고, 그로부터 12년이 흐른 뒤인 1987년에는 50억으로 증가했다.

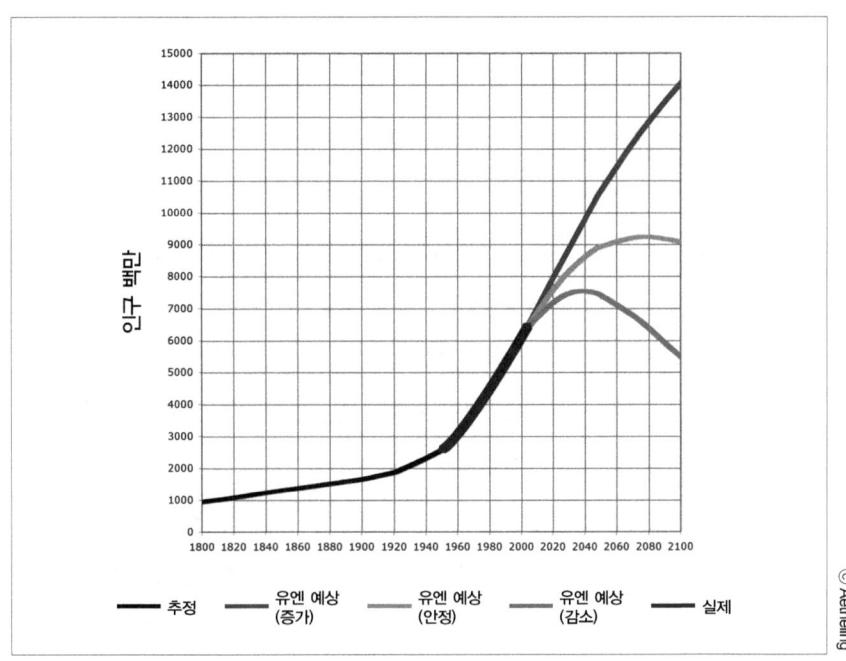

유엔이 2004년에 내놓은 서기 1800년부터 2100년까지의 세계 인구 추정치

    19세기 말 16억 명의 인류가 식량 위기를 걱정한 것을 기억한다면 불과 100여 년 만에 몇 갑절로 불어난 인류의 대부분이 굶주리기는커녕 이전의 어떤 시대보다 풍요를 누리며 비만과 그로 인한 성인병을 걱정하며 사는 현실이 기묘하게 느껴질 것이다. 비록 열대우림을 태워 없애며 새로운 농토를 개발하는 중이라고 하지만 갑자기 지구가 커진 것도 아니고, 새로운 대륙이 발견되어 농토가 확대된 것도 아닌데 말이다. 이런 엄청난 변화가 가능해진 이유는 여러 곳에서 찾을 수 있겠지만 그 절대적인 요인은 단 하나, 질소비료의 발명이었다. 오늘날 인류는 또다시 생존의 위협 앞에 놓여 있는데 그 가장 큰 이유 역시 질소비료라고 한다면 의아스러울 것이다.

    질소비료에 의존하는 농업 덕분에 지난 반세기 동안 각종 농산물과 식량이 안정적으로 공급되었고 곡물 가격 역시 비교적 저렴하게 안정되었다. 이런 일이 가능했던 것은 첨단 영농 기법, 다수확 단일 재배 작물 도입 및 농업의 기계화, 질소비료와 농약 사용으로 20세기 내내 식량 생산량이 급증한 반면 농업에 필요한 인간 노동이 줄어든 덕분이었다. 1850년에는 미국의 노동력 가운데 60퍼센트가 농업에 종사했지만 오늘날 미국에서 농업에 종사하는 노동자는 채 2.7퍼센트가 안 된다. 농업에서 자유롭게 된 노동 인력은 제조업과 서비스업으로 이전되었고, 이런 산업 발전 덕분에 인류는 좀 더 쾌적하고 안락한 환경에서 더 많은 식량과 더욱 다양해진 공업 제품, 사회적 서비스의 혜택을 누릴 수 있게 되었다.

같은 기간 질소비료 사용량은 1950년 1,400만 톤에서 1989년 1억 4,300만 톤으로 열 배 늘어났다. 2000년 전 세계 비료 소비는 약 1억 4,100만 톤이었는데, 그 가운데 61퍼센트가 질소비료, 23퍼센트가 인산비료, 16퍼센트가 칼륨비료였다. 문제는 1킬로그램의 질소비료를 생산하려면 석유 약 1.5리터가 낼 수 있는 에너지가 필요하다는 사실이다. 사실 비료 가격은 국제 유가와 밀접한 관련을 맺고 있다. 1970년에서 1980년 사이에 국제 유가는 배럴당 2달러에서 30달러 이상으로 올랐다. 이에 따라 비료 가격도 기하급수적으로 상승했지만 여러 가지 이유 때문에 농민의 소득은 같은 비율로 증가하지 않았으며, 오히려 농민들, 특히 가난한 저개발국가와 개발도상국의 농민들이 심각한 타격을 입었다. 이들 나라에는 대개 다국적 기업에서 생산하는 석유와 비료를 구입할 외환이 부족했기 때문이다.

이보다 큰 문제는 질소비료 등 화학비료는 더욱더 많은 화학비료를 사용하게 만든다는 것이다. 토양에 양분을 공급하기 위해 사용하는 화학비료가 도리어 토양의 비옥도를 떨어뜨릴 수 있다. 질소비료는 유기물질의 시비와 같은 전통적인 농법과 달리 토양에 사는 지렁이와 절지동물은 물론 수많은

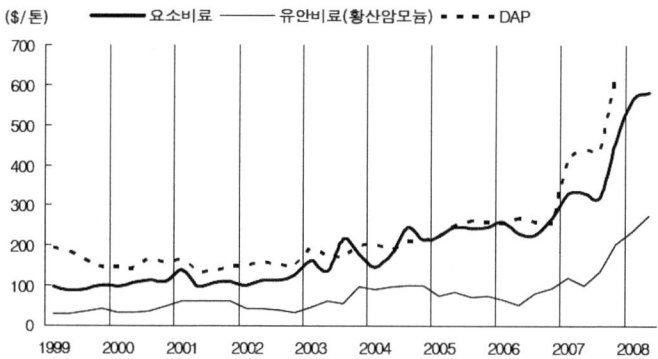

〈비료 제품의 국제가격 추이〉
DAP(Diammonium Phosphate, (NH4)2HPO4 : 인산이암모늄, 암모니아에 인산을 반응시켜 만드는 디암모늄포스페이트. 복합비료의 주 성분이기 때문에 비료 국제가의 기준이다.

자료 : 비료공업협회 및 업계 자료

 박테리아, 균류, 조류, 원생동물이 함께 살아가며 기초대사를 담당하는 생태계를 교란시킨다. 화학비료는 표토층의 토양 입자들이 발수력撥水力, water repellency을 가질 수 있도록 하는데, 이로 인해 토양 구조가 약해져 토양 침식을 가속화하는 결과를 가져왔다.[11] 미국의 경우 해마다 40억 톤이 넘는 표토가 사라지는데, 이미 1970년대에 농경지 표토 가운데 3분의 1 이상을 상실했다. 비옥한 토양이 점차 사라졌기 때문에 농작물 소출을 그대로 유지하기 위해서는 더욱 많은 화학비료를 사용할 수밖에 없게 되었다. 더 많이 투입된다는 것은 더 많은 비용과 더 많은 에너지를 소비해야만 이전과 같은 수준의 작황을 유지할 수 있다는 뜻이기도 하다. 실제로 1945년부터 1970년 사이 미국의 옥수수 재배 농가는 에너지 투입량을 400퍼센트나 늘렸지만 실제 소출 증가율은 138퍼센트에 불과했다. 제2차 세계대전 이후 20여 년 동안 석유화학에 기초한 집약 영농으로 농업의 에너지 소비량이 70퍼센트 늘었지만 식량 생산량은 30퍼센트 증가에 그쳤다.[12]

석유에 의존하는 고에너지 농업은 지구온난화의 주요 원인이기도 하다. 기계화된 농업이 더 많은 석유를 소비한 결과 이산화탄소 방출량이 증가했다. 화학비료에 대한 의존도가 높아지면서 제3의 온실가스인 아산화질소(N_2O) 방출량도 늘었다. 아산화질소는 탄산가스보다 310배나 강력한 온실효과를 내는 기체로, 석유나 석탄을 태울 때와 마찬가지로 질소비료를 사용할 경우에도 생성된다. 아산화질소는 토지가 경지로 전환될 때 흙 속에 있는 탈질소화 박테리아의 활동으로 발생되며, 열대우림이 방목장으로 전환될 때는 아산화질소의 방출이 세 배나 늘어 80퍼센트가 산업형 농장에서 방출되고 있다. 매년 7,000만 톤 정도의 질소가 농작물에 이용되는데 이것은 아산화질소 총 배출량의 10퍼센트에 해당한다.[13]

사실 농작물은 경작지에 사용되는 비료의 많은 부분을 흡수하지 못한다. 흡수되지 못한 성분은 지하수에 녹거나 지면의 물을 통해 운반되어 호수, 냇물, 해안의 물을 부영양화하고, 부영양화는 적조 발생 빈도를 높이는 등 수생생물의 생명을 위협한다. 최근의 연구를 보면, 농업은 미국에서 물의 불특정 출처 오염, 다시 말해 원인을 하나의 구체적인 출처로 한정할 수 없는 오염에서 중요한 역할을 하고 있으며 농경지에 사용되는 질소의 50퍼센트, 칼륨의 75퍼센트, 인의 25퍼센트가 결국 지표면이나 지하의 물에 이른다고 추정된다.[14] 식물 생장에 반드시 필요한 질소라지만 화학비료의 남용은 토양의 질소 포화를 유발해 숲의 경우엔 1차 생산성이 낮아지고 무기영양소의 불균형이 일어나게 되어 삼림 쇠퇴로 이어진다. 또한 질소로 포화 상태인 삼림 토양은 수소이온농도지수(pH)가 낮아지고 무기화 작용과 질산화 작용이 왕성해지며, 메탄을 적게 흡수하고 아산화질소를 많이 배출해 지구온난화를 촉진할 수 있다. 그런데 수십 년 전부터 우리나라 빗물에는 질소가 지나치게 많이 들어 있다는 연구 결과가 발표되고 있다. 한마디로 생태계의 여러

가지 변화가 예고된 것이다.[15]

　질소비료 남용에 대해 경고하면 과학자 등 많은 이들이 질소비료가 없다면 최소한 20억 인류가 굶주림에 시달리게 될 거라고 반격하는데, 따져보면 이는 사실과 다를 수 있다. 세계 농경지 가운데 3분의 1은 인간이 먹을 작물이 아니라 가축을 먹일 사료용 작물을 기르는 곳으로 전환되었다. 소를 1킬로그램 살찌우려면 곡물 사료를 약 8킬로그램 먹여야 하는데, 소의 상당 부분이 뼈와 지방이라는 사실을 감안하면 식육 1킬로그램을 만들어내는 데 약 13킬로그램의 사료가 들어가는 셈이다. 육류 소비가 토지 사용에 막대한 부담을 지운다는 사실은 명백하다.

　만약 인류가, 좀 더 정확하게 말해서 육류 소비를 즐기는 선진국 시민이 현재의 식습관을 변화시키지 않는 한, 이미 구조화된 굶주림은 변할 수 없다. 고에너지를 소비하는 질소비료 남용과 화석연료를 태워야만 작동하는 현대의 산업화된 농업에 대한 경고는 그런 의미에서 과잉소비되는 에너지를 충족하기 위해서 미래 세대의 환경을 파괴해야만 가능한 원자력 발전에 대한 반대와 그 궤를 같이한다. 원자력 발전에 대해 비판하면 들려오는 반대의 목소리와 질소비료를 이용한 고에너지 농업을 비판할 때 들려오는 반대 주장의 논리가 똑같기 때문이다.

　"그럼 그 많은 에너지 수요를 어떻게 감당할 것이냐? 신재생에너지가 그걸 감당할 수 있느냐?"

　맞는 말이다. 그러나 인류 역사를 되돌아보면 어떤 에너지원도 인간의 탐욕을 마음껏 충족시켜주지 못했다. 이제 우리들 자신의 탐욕을 줄이고 절제하지 않는 한 그 어떤 것도 대안이 될 수 없다.

주

01 헨리 포드

1 한겨레신문 문화부 편, 『20세기의 사람들 (상)』, 한겨레신문사, 1995, 58쪽
2 장 자크 상뻬, 『거창한 꿈』, 열린책들, 2010, 55쪽
3 헨리 포드의 생애에 대한 연도 정보는 주로 위키피디아 영문판을 참고했다.
4 피터 그레이, 『아일랜드 대기근: 시공디스커버리 총서 63』, 시공사, 1998
5 헨리 포드, 『헨리 포드: 고객을 발명한 사람』, 21세기북스, 2006, 46쪽
6 리차드 S. 테들로우, 『사업의 법칙 1: 리더십 경영전략편』, 청년정신, 2003, 241쪽. 헨리 포드의 어린 시절과 부모와의 관계에 대해서는 주로 이 책을 참고했다.
7 탕민, 『인류의 운명을 바꾼 역사의 순간들: 군사편』, 시그마북스, 2009, 95~96쪽
8 스튜어트 크레이너, 『75가지 위대한 결정』, 더난출판사, 2001, 59쪽
9 존 스틸 고든, 『부의 제국: 미국은 어떻게 세계 최강대국이 되었나』, 황금가지, 2007, 383쪽
10 하워드 민즈, 『머니&파워: 지난 천년을 지배한 비즈니스의 역사』, 경영정신, 2002, 210~211쪽
11 토머스 데이븐포트 · 존 벡, 『관심의 경제학』, 21세기북스, 2006, 55쪽

02 미하일 칼라시니코프

1 미하일 칼라시니코프의 생애에 대한 자료는 위키피디아 영문판과 호비스트 편집부의 『칼라시니코프 소총과 러시아 군용총기 · 특수부대』(멀티매니아호비스트, 2008) 등을 참조했다.
2 1938년 가을까지 붉은 군대의 원수 5명 가운데 3명, 군사령관 15명 가운데 13명, 사단장 195명 가운데 110명, 여단장 406명 가운데 186명이 죽었다. 행정직과 군대 내 정치직에 있는 사람들의 대량학살은 더욱 광범위했다. 정치 행정의 우두머리(즉, 군인이 당의 비위를 거스를지 모를 결정을 내리거나 언질을 하지 않도록 하는 당 지도위원) 대다수와 더불어 국방차관 11명 전원, 군사위원회 위원 80명 가운데 75명, 군관구 사령관 전원이 총살당했다. 더 자세한 내용은 존 키건의 『2차 세계대전사』(청어람미디어, 2007)의 262~272쪽을 참조하기 바란다.
3 18세기 화승총의 가장 큰 문제는 정확성이었다. 당시 특별한 문제가 없는 화승총이라면 70~90미터 정도 떨어진 표적을 맞출 수 있었지만 만약 표적이 그보다 먼 거리에 있다면 거의 맞추지 못했다. 이처럼 총의 정확도가 떨어졌기 때문에 일제사격만이 유일하고 실전적인 교전 방법이었다. 당시 사수들은 종대 대형으로 전선에 투입된 후, 횡대 혹은 방진으로 사선에 정렬한 다음 일제사격을 하고, 한 횡대가 사격하는 동안 다른 횡대가 재장전하는 등 이후 사격에 대비했다. 그러나 최초 사격 이후엔 소총수 가운데 희생자가 속출하므로 이후부터는 연속 사격 상태를 유지하기가 매우 어려웠다. 그러므로 닥

쳐오는 죽음의 공포를 이겨내고 대열을 꾸준히 유지할 수 있도록 훈련받은 부대의 생존성이 높았다.
4 1941년 6월 22일 독소전 발발 이후 러시아 특유의 동장군에 의해 독일군이 발목 잡히는 그해 10월까지 300만에 이르는 소련군이 포로로 사로잡혔다.
5 윌리엄 맥닐, 『전쟁의 세계사』, 이산, 2005, 345쪽에서 재인용
6 http://windshoes.new21.org/film-khartoum.htm
7 옴두르만 전투에 대해서는 맥스 부트의 『MADE IN WAR: 전쟁이 만든 신세계』(플래닛미디어, 2008)의 299~306쪽에서 자세히 다룬다.
8 존 G. 스토신저, 『전쟁의 탄생』, 플래닛미디어, 2009, 63쪽
9 버나드 로 몽고메리, 『전쟁의 역사』, 책세상, 2004, 776쪽에서 재인용
10 크리스 맥나브, 『총 백과사전』, 휴먼앤북스, 2008, 286쪽
11 권혁철, 「나치 겨누다 테러리스트 손으로」, 『한겨레』, 2007년 7월 6일자
12 http://www.amnesty.org/en/library/asset/ACT30/011/2006/en/11079910-d422-11dd-8743-d305bea2b2c7/act300112006en.pdf
13 문갑식, 「AK소총 60년」, 『조선일보』, 2007년 7월 8일자
14 이현주, 『숨겨진 미국』, 가쎄, 2010, 48쪽

03 윌리엄 보잉

1 〈미래소년 코난〉에 등장하는 거대 폭격기의 이미지는 이후 〈바람계곡의 나우시카〉, 〈하울의 움직이는 성〉 등 미야자키 하야오의 여러 작품에서 수차례 변주되어 등장한다. 변형된 기간트 폭격기들의 이미지는 http://my.opera.com/opera%20kanta/blog/2009/03/14/giant-aircrafts를 참고 바란다.
2 허두영, 『신화에서 첨단까지 2』, 참미디어, 1998, 103쪽
3 곤도 지로, 『비행기는 어떻게 진화할까』, 아카데미서적, 2000, 38쪽
4 스벤 린드크비스트, 『폭격의 역사』, 한겨레신문사, 2003, 21쪽
5 윌리엄 보잉의 생애와 관련된 연도, 성명 표기 등에 대해서는 보잉사 홈페이지를 참조했다.
6 토니 메이슨, 『항공력』, 크레파스, 2002, 63쪽
7 김성걸, 『전투기 100년의 역사』, 한국국방연구원, 2009, 50쪽
8 반독점법은 기업의 불공정한 독점을 막기 위해 제정한 미국의 법률로, 셔먼법을 기초로 이후 문제점을 수정 보완해 크레이튼법, 연방무역위원회법 등을 포함하는 법체계를 이루고 있다. 대기업에 의한 경제력 집중이 문제가 되던 당시 미국의 경제 상황에 따라 탄생했는데, 동종 업종의 '카르텔(기업연합)'과 '트러스트(기업합동)'를 형사처벌의 대상으로 삼았다. 셔먼법은 소수의 몇몇 사람들에 의해 동종 업종의 모든 기업에 대한 '의결권을 독점(voting trust)'하는 상황을 방지하기 위해 만들어졌기 때문에 오늘날 '반독점(antitrust)법'이라고 불린다.
9 광산업을 바탕으로 부를 축적한 미국 구겐하임 가문의 기업가 대니얼 구겐하임과 그의 아들 해리 구겐하임이 항공학 발전을 위해 설립한 대니얼 구겐하임 재단이 수여하는 상이다. 항공학 발전에 공로를 세운 이들을 대상으로 1929년 오빌 라이트에게 최초로 수여된 이래 현재에 이르고 있다. 윌리엄 보잉은 6회 수상자다.
10 1916년 3월 멕시코의 혁명지도자 판초 비야(Pancho Villa)가 미국 뉴멕시코 주의 작은 마을 콜럼부스에 침입한 적은 있다.
11 요시다 도시히로, 『공습: 인류가 하늘을 날면서 공습은 시작되었다』, 휴머니스트, 2008, 117~121쪽
12 리처드 핼리온 외, 『항공력의 새 지평』, 자작, 2000, 159~165쪽
13 잭 비어티, 『거상: 대기업이 미국을 바꿨다』, 물푸레, 2002, 342쪽
14 1961년 1월 아이젠하워 대통령이 퇴임하면서 미 의회에서 행한 연설에서 최초로 '군산복합체'란 말이

등장했다. 오늘날 군산복합체의 위험성에 대해 이야기할 때 누구나 인용하는 유명한 말이지만 사실 그는 이런 말을 할 자격이 없다. 그의 재임 시절 미국은 이전보다 세 배나 많은 4,200~4,900억 달러에 달하는 군사비를 지출했고 상호확증파괴전략과 봉쇄전략을 수립했다. 이란과 과테말라의 민주정부를 전복하는 쿠데타를 지원한 것도 아이젠하워 정부 시절의 일이었다.

15 록히드마틴이 생산하는 초대형 대륙 간 수송기 C-5는 냉전 당시 서방세계 최대의 수송기로, 최대 탑재량이 100톤에 달한다. 우리가 흔히 마시는 350㎖ 콜라 캔으로 환산하면 27만 7,000캔을 실을 수 있다.
16 디펜스뉴스(http://www.defensenews.com)는 해마다 세계의 방위산업체 순위100을 발표하는데, 이 표는 디펜스뉴스가 지난 10년간 발표한 순위를 필자가 재구성한 것이다.
17 「이상희 국방장관 '예산삭감 항의서한' 전문」, 『한국일보』, 2009년 8월 28일자

04 샘 월튼

1 샘 월튼·존 휴이, 『샘 월튼, 불황 없는 소비를 창조하라』, 21세기북스, 2008, 22쪽
2 더 자세한 내용은 월마트의 홈페이지를 참조하기 바란다.
3 샘 월튼·존 휴이, 앞의 책, 67쪽
4 이안 해리슨, 『최초의 것들』, 갑인공방, 2004, 114~115쪽
5 찰스 패너티, 『문화와 유행상품의 역사 2』, 자작나무, 1997, 51쪽
6 토머스 L. 프리드먼, 『세계는 평평하다』, 창해, 2005, 170쪽
7 피터 번스타인·애널린 스완 엮음, 『더 리치: 부자의 탄생』, 21세기북스, 2008, 317쪽
8 한스 바이스·클라우스 베르너, 『나쁜 기업: 그들은 어떻게 돈을 벌고 있는가』, 프로메테우스, 2008, 410쪽
9 토머스 L. 프리드먼, 앞의 책, 285쪽에서 재인용

05 모리타 아키오

1 어빙 팽, 『매스커뮤니케이션의 역사』, 한울아카데미, 2002, 138쪽
2 모리타 아키오·에드윈 M. 레인골드·시모무라 미쯔코, 『소니의 기적: 소니 회장 모리타 아키오 이야기』, 기린원, 1986, 29쪽. 모리타 아키오의 자서전 『Made in Japan』의 번역서다.
3 존 네이던이 지은 『50년 세계 전자 시장을 지배한 소니 4인의 CEO』(YBM Si-sa, 2001)의 32~33쪽을 축약했다.
4 1854년 미국의 M. C. 페리 제독이 이끈 흑선(黑船)의 도래에 대처하는 에도 막부의 대응 방식에 불만을 품은 사쓰마(薩摩)번과 조슈(長州)번의 지사들이 막부 타도를 위한 동맹을 결성하자 일본은 본격적인 내전 국면으로 치달았다. 그러자 도사(土佐)번은 이를 견제하여 신정권을 수립하기 위해 에도 막부의 제15대 쇼군인 도쿠가와 요시노부(德川慶喜)에게 타협안을 제시한다. 국가 통치권을 천황에게 돌려줄 것을 권고하는 내용이다. 에도 막부는 통치권을 천황에게 반환하더라도 정치적 실권을 장악할 수 있을 거라 예측해 1867년 통치권을 봉환하지만, 막부를 타도하기 위해 동맹을 맺은 세력들은 왕정복고와 함께 막부 폐지를 선언한다. 이로써 가마쿠라 막부 이래 675년 동안 계속되어오던 일본의 봉건제도는 끝나고 천황을 중심으로 한 중앙집권적인 근대국가가 탄생하게 되었다.
5 스튜어트 크레이너, 앞의 책, 2001, 242~247쪽
6 이와 관련해서는 대중음악평론가 신현준이 지은 『빽판 키드의 추억』(웅진지식하우스, 2006)의 80쪽을 참조하시라.
7 T. J. 펨펠, 『현대 일본의 체제 이행』, 을유문화사, 2001, 45쪽

8   진희정, 『내 인생을 바꿔준 위대한 명언』, 좋은책만들기, 2006, 140쪽
9   미야자키 타쿠마, 『소니 침몰: VAIO 개발 현장에서 목격한 소니 몰락의 생생한 현장』, B&S, 2007
10 필립 아리에스 · 조르주 뒤비 엮음, 『사생활의 역사 3』, 새물결, 2003, 173~174쪽
11 시각 이미지(스펙터클)가 청각 효과에 의해 강화된다는 사실이 잘 믿기지 않는다면 DVD 영화 타이틀에 부가된 메이킹 필름을 한번 살펴보기 바란다. 사운드가 입혀지기 전의 메이킹 필름에서 재현되는 장면은 분명 똑같은 장면이지만 완성된 영화와는 전혀 다른 것처럼 보인다.
12 기 드보르, 『스펙터클의 사회』, 현실문화연구, 1996, 10쪽. 기 드보르는 현대 자본주의 물질문명(통신기술에 의해 획일화되어가는 세계)이 쌓아올린 문화적 체계 안에서 스스로든 타의에 의해서든 결코 체제 바깥의 존재가 (추방)될 수 없는 사회를 '스펙터클의 사회'로 규정하고 있다. 그는 파편적 글쓰기를 통해 스펙터클한 자본주의 체제에 저항하고자 했기 때문에 『스펙터클의 사회』는 사회적 · 문화적 비평으로 가득한 아포리즘 형태의 책이 되었다. 그의 핵심적인 주장인 스펙터클의 사회가 무엇을 의미하는지 이해하기 위해서는 특히 제1장 「분리, 완성되다」를 주의 깊게 살피는 것이 좋다.
13 로버트 D. 퍼트넘, 『나 홀로 볼링: 사회적 커뮤니티의 붕괴와 소생』, 페이퍼로드, 2009, 698쪽

06 조지 갤럽

1   영화 〈데블스 에드버킷〉을 통해 통계의 기본 원리에 대해 설명하는 부분은 최제호의 『통계의 미학』(동아시아, 2008)의 10~11쪽을 참조했다.
2   조지 갤럽의 생애에 대해서는 갤럽 홈페이지와 조지 갤럽 하우스 홈페이지 등을 주로 참조했다.
3   미국의 대통령 선거제도와 아이오와 코커스에 대해서는 중앙선거관리위원회의 블로그 '공명이와 함께 하는 선거이야기'에 있는 아이오와 코커스 이야기(http://nec1963.tistory.com/21)를 참조했다.
4   조지 갤럽, 『갤럽의 여론조사』, 한국갤럽, 2002, 245~252쪽
5   국내에 출간된 조지 갤럽에 대한 서적과 자료에서는 올라 뱁콕 밀러가 주지사 혹은 상원의원에 출마한 것으로 기록하고 있는데, secretary of state는 연방제 국가인 미국의 각 주정부에서 선거 관리, 대외적인 외교 업무, 기업의 등록과 관리를 담당하는 직책으로, 주지사에 의해 임명되는 경우도 있지만 대체로 선거에 의해 선출되는 국무장관을 의미한다.
6   올라 뱁콕 밀러의 일생에 대해서는 아이오와 주립도서관 홈페이지(http://www.statelibraryofiowa.org/about/history/miller)를 참조했다. 1999년 아이오와 주 의회는 그녀의 생애를 기리기 위해 아이오와 주립도서관 건물에 그녀의 이름을 헌정했다.
7   1936년 조지 갤럽과 『리터러리 다이제스트』의 여론조사 대결에 대해서는 A. 로빈과 E. 바버의 『사회조사방법론』(나남출판, 2000)의 272~273쪽을 참조했다.
8   프랭크 뉴포트, 『여론조사』, 휴먼비즈니스, 2007, 202쪽
9   조지 갤럽, 앞의 책, 56~57쪽
10 http://www.gallup.com/corporate/21364/george-gallup-19011984.aspx
11 김현철 · 김원철, 「6 · 2선거 여론조사의 패배, 여의도연구소에 묻다… "한나라당, 진다고 했는데 안 믿더라"」, 『국민일보』, 2010년 6월 10일자
12 강흥수, 『여론조사, 과학인가 예술인가』, 리북, 2009, 72쪽
13 강미은, 『여론조사 뒤집기: 여론 게임의 해부』, 개마고원, 1997, 78~79쪽
14 C. W. 밀스, 『파워엘리트』, 한길사, 1992, 405~406쪽
15 조지 갤럽, 앞의 책, 168쪽

07 에드워드 버네이스

1 로버트 O. 팩스턴, 『파시즘』, 교양인, 2005, 53쪽
2 에드워드 버네이스의 생애에 대해서는 래리 타이의 『여론을 만든 사람, 에드워드 버네이스』(커뮤니케이션북스, 2004)를 주로 참조했고, 위키피디아 영문판의 에드워드 버네이스를 보충 자료로 삼았다.
3 래리 타이, 앞의 책, 209쪽
4 마이클 하워드·로저 루이스, 『20세기의 역사』, 가지않은길, 2000, 213~218쪽
5 자크 바전, 『새벽에서 황혼까지 1500~2000 (2권)』, 민음사, 2006, 239쪽
6 에드워드 버네이스, 『프로파간다: 대중의 심리를 조종하는 선전 전략』, 공존, 2009, 61쪽
7 에드워드 버네이스, 앞의 책, 101쪽
8 미국의 계급갈등 부분은 하워드 진의 『미국 민중사 1』(이후, 2006)의 「사회주의의 도전」 참조
9 당시 미국의 민주주의는 여성에게 참정권을 허용하지 않는 불완전한 민주주의였다. 미국에서 여성의 참정권이 인정된 것은 제1차 세계대전 이후 1920년 연방정부의 열아홉 번째 수정헌법(이른바 수잔 앤서니 수정헌법)에 의해 21세 이상의 여성에게 참정권을 허용하면서부터다.
10 에드워드 버네이스, 앞의 책, 174쪽
11 제임스 트위첼, 『욕망, 광고, 소비의 문화사』, 청년사, 2001, 117~118쪽
12 에릭 홉스봄, 『극단의 시대: 20세기의 역사 (상)』, 까치, 2001, 44쪽
13 1915년 5월 7일, 영국 선적의 호화 여객선 루시타니아호가 독일 잠수함에 의해 사전 경고 없이 격침된 사건으로 승객·선원 1,957명 가운데 1,198명이 희생당했고, 여기에는 당시 중립국인 미국 국민이 128명 포함되었다.
14 토비 클락, 『20세기 정치선전예술』, 예경, 2000, 7쪽
15 래리 타이, 앞의 책, 175쪽
16 래리 타이, 앞의 책, 224쪽
17 에드워드 버네이스, 앞의 책, 99~100쪽
18 래리 타이, 앞의 책, 199~200쪽
19 다카기 도루, 『전쟁광고대행사』, 수희재, 2003, 355쪽
20 이승선, 「존 필저의 언론비평·① 프로페셔널 저널리즘의 추악한 실상」, 『프레시안』, 2007년 8월 14일자

08 로버트 우드러프

1 마이크 해스킨스, 『마약: 사용설명서 4』, 뿌리와이파리, 2005, 65쪽
2 토리 챠르토프스키, 『세계 500대 브랜드 사전: 현대인이 꼭 알아야 할 브랜드 이야기』, 더난출판, 2007, 102쪽
3 1996년은 근대올림픽 탄생 100주년을 맞이하는 해였지만 국제올림픽조직위원회(IOC)는 고대 올림픽의 발상지인 그리스 아테네 대신 미국 조지아 주 애틀랜타의 손을 들어주었다. 이 해는 코카콜라 탄생 110주년이었고, 코카콜라는 제9회 암스테르담 올림픽 이래 꾸준히 올림픽을 후원해왔기 때문이다. 애틀랜타 올림픽은 코카콜라 올림픽이라 불렸고, 코카콜라는 탄생을 기념하는 의미에서 마크 고베에게 코카콜라의 이미지를 전체적으로 새롭게 디자인하도록 의뢰했다. 마크 고베, 『감성디자인 감성브랜딩』, 김앤김북스, 2003, 311쪽.
4 하워드 민즈, 앞의 책, 224~225쪽
5 윌리엄 레이몽, 『코카콜라 게이트』, 랜덤하우스, 2007, 226쪽
6 소피 보다-장드로는 「현대의 사생활은 미국을 모델로 하고 있는가」를 통해 전후 세계로 퍼져나간 미국식 사회 모델이 준 영향을 '미국 쇼크'라는 주제로 고찰하고 있다. 필립 아리에스·조르주 뒤비 책임 편집, 앞의 책, 761쪽.

7 황석영, 『무기의 그늘』, 형성사, 1989, 63~64쪽
8 김병도, 『코카콜라는 어떻게 산타에게 빨간 옷을 입혔는가』, 21세기북스, 2008, 79~83쪽
9 안병수, 『과자, 내 아이를 해치는 달콤한 유혹』, 국일미디어, 2005, 112쪽
10 수전 린, 『TV, 광고, 아이들』, 들녘, 2006, 142쪽
11 나오미 클라인, 『NO LOGO』, 중앙M&B, 2002, 128쪽

09 새뮤얼 제머리

1 로렌조 다우 베이커에 대한 기록은 마이애미 웰플릿 홈페이지를 주로 참고했다. http://www.wellfleetma.org/Public_Documents/F0000F7A6/l00AB53E9
2 마이너 쿠퍼 키스에 대한 기록은 유나이티드프루트 홈페이지를 참고했다. http://www.unitedfruit.org/keith.htm
3 새뮤얼 제머리에 대해서는 유나이티드프루트 홈페이지를 주로 참조했다. http://www.unitedfruit.org/zemurray.htm
4 존 피어폰트 모건. 1837년 뉴욕 인근의 코네티컷 주에서 태어나 오랫동안 미국을 지배해온 금융계의 대부로 남북전쟁 시기에는 듀폰사와 손잡고 무기 중개업자로 나서 거대한 수익을 올렸다. 이후 철도-통신, 철강업 등으로 사업 분야를 넓혀갔고, 1907년 미국의 금융대공황 때는 혼자서 연방준비은행(FRB)의 역할까지 담당했다. 당시만 하더라도 미국은 통화와 신용의 유통량을 조절할 수 있는 중앙은행이나 은행의 건전성을 감독하는 금융감독기관이 존재하지 않아 경제가 위험한 상황에 처하더라도 사전에 경보를 울리거나 유동성을 조절할 수 없었다. 이런 위기 상황에서 미국을 구원하는 연방준비은행 역할을 한 것이 J. P. 모건이었다. 미 연방준비은행은 이때의 경험을 바탕으로 만들어졌다.
5 마누엘 보니야. 정치적 보수파에 속한 온두라스의 정치인으로, 20세기 초 파나마 운하 건설 등으로 중앙아메리카 지역에서 영향력이 더욱 확대된 미국에 의해 1907년 대통령 자리에서 물러났다. 1911년 제머리에 의해 다시 대통령이 되었으나 이듬해인 1913년 사망했고, 뒤를 이어 부통령이던 프란시스코 베르트란드(Francisco Bertrand)가 1919년까지 집권했다.
6 「Business & Finance: United Fruit Obeys」, 『TIME』, 1933년 1월 23일자. http://www.time.com/time/magazine/article/0,9171,744983-1,00.html
7 강석영, 『라틴아메리카史 (상)』, 대한교과서주식회사, 1999, 234~238쪽
8 「Business & Finance: United Fruit Obeys」, 『TIME』, 1933년 1월 23일자
9 대백색함대(Great White Fleet)는 본래 앨프리드 머핸(Alfred T. Mahan)의 대양해군 육성론에 따라 시어도어 루스벨트 대통령이 건설한 미국의 대양 전함을 의미하는 말이지만, 유나이티드프루트는 당시 세계 최대의 민간선단을 유지하고 있었기 때문에 자신들의 선단을 호칭하는 말로 사용했다.
10 한스 바이스 · 클라우스 베르너, 앞의 책, 2008, 215~216쪽
11 흔히 알려져 있는 것처럼 우장춘 박사가 처음으로 씨 없는 수박을 만들어낸 사람은 아니다. 씨 없는 수박을 처음 만든 사람은 일본 교토대학의 기하라 히토시(木原均)다. 그런 사실을 인정한다고 해서 우장춘 박사가 한국에서 여러 품종의 개발과 개량에 헌신했으며 커다란 업적을 남겼다는 사실이 사라지는 것은 아니다.
12 찰스 B. 헤이저 2세의 『문명의 씨앗, 음식의 역사』(가람기획, 2004)의 225~232쪽을 참조하면 바나나의 생물학적 특성에 대해 좀 더 많은 것을 알 수 있다.
13 데이비드 랜섬, 『공정한 무역, 가능한 일인가』, 이후, 2007, 123~124쪽
14 양철승, 「인류 지킬 '新 노아의 방주' 구축한다」, 『한국일보』, 2008년 1월 9일자. http://economy.hankooki.com/lpage/industry/200801/e2008010917081870260.htm
15 황성환, 『미 정부 비밀해제 문건으로 본 미국의 실체』, 소나무, 2006, 107~108쪽

16 에드워드 버네이스, 앞의 책, 61쪽
17 하워드 진, 『오만한 제국』, 당대, 2001, 373쪽
18 중남미 전역에 흩어져 있는 SOA 졸업생의 수는 1989년 기준으로 브라질 349명, 아르헨티나 6,917명, 콜롬비아 6,917명, 에콰도르 3,263명, 페루 3,860명, 볼리비아 3,673명, 칠레 2,130명, 베네수엘라 3,208명, 우루과이 925명, 멕시코 383명, 과테말라 1,621명, 엘살바도르 5,827명, 온두라스 3,375명, 니카라과 4,693명, 파나마 4,235명 등이다. 요미우리신문사 엮음, 『20세기의 드라마 1』, 새로운사람들, 1996, 39쪽.
19 피터 싱어·짐 메이슨, 『죽음의 밥상』, 산책자, 2009, 234쪽
20 Proyecto de Recuperación de la Memoria Histórica. 영문으로는 Project for the Recovery of Historical Memory.
21 라즈 파텔, 『식량전쟁: 배부른 제국과 굶주리는 세계』, 영림카디널, 2009, 156쪽
22 씨릴 미켈리젤코, 「진짜 테러지원국은 미국?」, 『민중의소리』, 2007년 9월 28일자. http://news.vop.co.kr/A00000087350.html

10 존 D. 록펠러

1 존 D. 록펠러의 생애에 대해서는 피터 콜리어·데이빗 호로위츠의 『록펠러가의 사람들』(씨앗을뿌리는사람들, 2004)을 주로 참조했으며 이 장에서 별도의 각주 표시가 없는 인용의 출처는 이 책이다.
2 앨플리드 W. 크로스비, 『태양의 아이들: 에너지를 향한 끝없는 인간 욕망의 역사』, 세종서적, 2009, 136쪽
3 권홍우, 『부의 역사: 부에 대한 인간의 열정은 세계를 어떻게 바꾸는가』, 인물과사상사, 2008, 308~313쪽
4 얀 르페브르 발레이디에, 『값싼 석유의 종말 그리고 우리의 미래』, 현실문화, 2009, 32~34쪽
5 존 스틸 고든, 앞의 책, 328~329쪽
6 강도 귀족(robber baron)이란, 본래 중세 유럽에서 통행세를 빌미로 자신의 영지를 지나가던 여행자들을 약탈한 귀족 영주들을 부르던 말이었는데, 이 말은 19세기 후반 미국에서 새로운 의미로 쓰이게 되었다. 미국의 산업화 과정에서 엄청난 부를 축적한 기업가들이 노동자들을 무자비하게 착취해 호사스런 상류 생활을 하는 것을 보고, 그들이 노상강도나 마찬가지라는 뜻에서 악명을 붙여준 것이다. 이 시기 강도 귀족의 대표적인 인물은 철강왕 앤드루 카네기, 스탠더드오일의 석유왕 존 록펠러, 철도왕 윌리엄 밴더빌트와 제이 굴드, 금융왕 J. P. 모건 등이었다. 오늘날 노블리스 오블리제의 모범으로 카네기 재단, 록펠러 센터, 밴더빌트 대학 등을 설립한 이들이 내놓은 천문학적인 기부금은 자신들의 악명을 개선하기 위해 들이는 사회적 비용이기도 했다. 다른 한편으로 이들을 강도 귀족이 아니라 미국의 국부로 떠받들어야 한다는 주장(폴 존슨)도 있다. 어떤 의미에선 그런 주장 역시 일리가 있다. 이들이 주로 태어나서 활동한 시대의 미국 정부는 역사상 최악의 부패로 골머리를 앓았고 강도 귀족들도 정부의 부패로 도움을 받는 형편이었지만 이런 정부라면 차라리 없는 편이 낫다고 생각했다. 이들의 자선 행위와 기업 활동은 때때로 정부 기능을 대신하기도 했다.
7 리오 휴버먼, 『자본주의 역사 바로 알기』, 책벌레, 2000, 300~301쪽
8 피터 콜리어·데이빗 호로위츠, 앞의 책, 67쪽에서 재인용
9 잭 비어티, 앞의 책, 176~177쪽
10 이들 기업 가운데 상당수는 역사 속으로 사라졌지만 이때 분리되어 살아남은 엑슨모빌은 로열더치셸그룹을 누르고 오늘날까지도 세계 1위의 석유 기업으로 자리하고 있다. 엑슨모빌은 최근 스티브 잡스의 애플사에 그 자리를 내줄 때까지 매출 규모 면에서 부동의 세계 1위 기업이었다.
11 이미숙, 『존경받는 부자들: 기부와 자선, 미국을 이끈다』, 김영사, 2007, 197쪽

12 하워드 진, 앞의 책, 98쪽
13 나가노 신이치로 외, 『세계를 움직이는 기업가에게 경영을 배운다』, 더난출판, 2005, 35쪽
14 헬무트 안하이어·슈테판 퇴플러 엮음, 『재단이란 무엇인가』, 아르케, 2002, 90쪽
15 제프리 삭스, 『커먼 웰스: 붐비는 지구를 위한 경제학』, 21세기북스, 2009, 408~409쪽
16 윌리엄 엥달, 『파괴의 씨앗 GMO: 미국 식량제국주의의 역사와 실체』, 도서출판 길, 2009, 149~150쪽

11 뒤퐁 가문

1 한겨레신문사 문화부 편, 앞의 책, 1996, 290쪽
2 듀폰에서 생산하는 제품들은 화학, 불소화학, 농업 제품, 섬유, 건축, 생활용품, 포장/일반 산업용 폴리머, 보호복, 전자, 자동차, 일반산업, 생활용품, 식품, 산업용 엘라스토머 등으로 분류되며 더 자세한 내용은 듀폰코리아 홈페이지에 소개되어 있다. 계열사 제품군은 빠진 것으로 보인다. http://www2.dupont.com/Korea_Country_Site/ko_KR/consumer/index.html
3 쏠레는 듀폰과 미국 곡물 메이저 가운데 하나인 번지의 합작회사로, 2003년 프로틴테크놀로지스인터내셔널(Protein Technologies International)과 센트럴쏘야(Central Soya)를 합병해 설립되었다. 쏠레는 식품, 육류 및 영양 제품에 쓰이는 대두 단백질을 중심으로 육류 대체품, 제과류, 스낵류, 시리얼, 파스타, 유가공 대체품, 유아식, 스프, 소스, 냉동 디저트의 원료를 제공하는 기업이다. http://www.solae.com/global/korean/index.html
4 박태견, 「월가의 실체를 벗긴다」 1 J. P. 모건의 164년사」, 『프레시안』, 2002년 7월 25일자. http://www.pressian.com/article/article.asp?article_num=30020724132325&section=02
5 김기성, 『기업경영사: 산업기술 기업제도 생산 및 관리 시스템』, 중앙경제사, 2008, 279~281쪽
6 존 스틸 고든, 앞의 책, 371~372쪽
7 헨리 포드가 T형 모델의 색을 검은색만 고집했던 것은 단순히 그의 고집 때문이 아니라 화학적인 이유로 다른 색상에 비해 검은색이 훨씬 빨리 건조되었기 때문이다. 그러나 1924년 듀폰이 듀코 래커(duco lacquer)라는 니트로셀룰로스를 이용한 도료를 개발하면서 검은색 이외의 다른 색상 역시 빨리 건조되었고, GM은 다양한 색상의 자동차를 생산할 수 있게 되었다.
8 Celia Stall-Meadows, 『패션 액세서리』, 시그마프레스, 2008, 229쪽
9 중합체(重合體, polymer)란 몇 개의 다양한 성분(단위체)으로 이루어진 거대한 분자로 수백에서 수만 개의 긴 사슬들이 배열되어 있다. 단백질, 녹말, 셀룰로오스는 천연 중합체이며 합성 중합체는 합성수지와 인조섬유의 제조에 이용된다.
10 섀런 버트시 맥그레인, 『화학의 프로메테우스: 현대 문명을 연 아홉 명의 화학자들』, 가람기획, 2003, 173~238쪽
11 김영식·임경순, 『과학사신론』 제2판, 다산출판사, 2009, 330~333쪽
12 뒤퐁 가문은 1982년에는 24명이 포브스 400 명단에 올라 여기서 소개하는 부호들의 총재산 가운데 4퍼센트를 점유했다. 피터 번스타인·애널린 스완, 앞의 책, 316쪽.
13 1995년 노벨 화학상은 막스플랑크화학연구소의 네덜란드인 학자 파울 크루첸(Paul Crutzen)과 미국 캘리포니아 대학 어바인 캠퍼스의 F. 셔우드 롤런드(F. Sherwood Rowland), MIT의 마리오 몰리나(Mario Molina)가 공동 수상했다. 인간이 생산한 기체 화합물 염화플루오린화탄소(CFCs)가 태양의 자외선에서 지구상의 생명을 보호해주는 성층권의 오존층을 파괴할 수도 있다는 사실을 제시해 경각심을 불러일으킨 공로였다.
14 김소희, 『생명시대: 지구생태 이야기』, 학고재, 1999, 28~29쪽
15 데이비드 마이클스, 『청부과학: 환경·보건 분야의 전문가가 파헤친 자본과 과학의 위험한 뒷거래』, 이마고, 2009, 50쪽

16 Benlate. 듀폰에서 개발한 농약으로 미국 환경보호청에는 범용성 농약(GUP, general use pesticide)으로 등록된 곰팡이 제제다. 환경보호청에 범용성 농약으로 등록되었다는 것은 적용 대상 작물의 범위가 넓다는 것뿐만 아니라 인체에 대한 독성이 적고, 잔류 농약으로 인한 환경오염 측면에서 비교적 안전하다는 것을 뜻하지만, 최근에는 피해 사례가 보고되면서 세계적으로 소송이 잇따르고 있다. 국내에서는 여전히 베노밀이란 이름으로 판매되고 있다.

17 듀폰사의 환경오염 문제는 시민과 함께 건강과 관련된 온갖 문제를 고민하고 대안을 마련하겠다는 목표로 출범한 싱크탱크 건강과대안 홈페이지에 자세히 소개되어 있다. http://www.chsc.or.kr/xe/?document_srl=11304

18 박현영, 「피플@비즈」 매출 25조원 순익 3조원… 홀리데이 회장이 말하는 듀폰의 힘」, 『중앙일보』, 2007년 9월 27일자. http://article.joins.com/article/article.asp?ctg=12&total_id=2895728

19 참여연대 이야기, [14호] 특집・② 터미네이터 기술. http://blog.peoplepower21.org/PSPD/3652

12 월트 디즈니

1 일명 '미키 마우스 송'으로 불리는 이 노래는 다음과 같은 내용을 담고 있다. 더 자세한 내용은 위키피디아 http://en.wikipedia.org/wiki/Mickey_Mouse_March를 참조하기 바란다.
Who's the leader of the club that's made for you and me?
(너와 나를 위해 만들어진 이 클럽의 리더는 누구지?)
M-I-C-K-E-Y-M-O-U-S-E!
Hey, there! Hi, there! (안녕, 안녕, 모두들 안녕!)
You're as welcome as can be! (너희들 모두를 진심으로 환영해!)
M-I-C-K-E-Y-M-O-U-S-E!
Mickey Mouse! (Donal Duck) Mickey Mouse! (Donal Duck)
Forever let us hold our banner high. high! high! high!
(우리들의 깃발을 영원히 높이 휘날리자. 높이! 높이! 높이!)
Come along and sing the song and join the jamboree!
(어서 와서 함께 야영하고 노래하자!)
M-I-C-K-E-Y-M-O-U-S-E!
Mickey Mouse Club! Mickey Mouse Club!
We'll have fun, we'll go places. (우리는 같이 놀고 함께 여행도 할 거야.)
All around the world we're marching. (우리 모두 다 함께 세계 곳곳을 행진하자.)
Yeah, Mickey! Yeah, Mickey!
Yeah, Mickey Mouse Club! Yeah!

2 월트 디즈니의 생애에 대해서는 마이클 엘리어트의 『월트 디즈니: 할리우드의 디즈니 신화』(우리문화사, 1993)와 닐 개블러의 『월트 디즈니: 미국적 상상력의 승리 (1・2권)』(여름언덕, 2008)를 주로 참고했다.

3 존 할라스, 『세계 애니메이션 작가와 작품』, 범우사, 2002, 12~24쪽

4 제프리 노웰 스미스, 『옥스퍼드 세계영화사』, 열린책들, 2005, 71쪽

5 존 힐・파멜라 처치 깁슨 엮음, 『세계영화연구』, 현암사, 2004, 407쪽

6 박인하, 『꿈과 환상을 만들어 파는 사업가 월트 디즈니 vs 인간 가치를 꿈꾸게 하는 거장 미야자키 하야오』, 숨비소리, 2006, 38쪽

7 존 힐・파멜라 처치 깁슨 엮음, 앞의 책, 408쪽

8 닐 개블러, 앞의 책, 289쪽

9 Les Clark, Marc Davis, Ollie Johnston, Milt Karl, Ward Kimball, Eric Larson, Frank Thomas,

Wolfgang Reitherman, Frank Thomas. 이들은 1930년대 〈미키 마우스〉 시리즈부터 〈피터 팬〉 등 디즈니의 대표적인 애니메이션을 만든 애니메이터이자 디즈니의 충실한 심복이었다. 자세한 내용은 위키피디아 영문판을 참고하기 바란다. http://en.wikipedia.org/wiki/Disney's_Nine_Old_Men

10 월도프 선언의 내용을 일부 옮겨보면 이런 것이다. "우리는 아무런 보상 없이 우리가 고용하고 있는 그들을 해고 내지 정직시킬 것이며, 모욕죄에 대한 고소가 취하되거나 무죄가 입증되기 전까지는, 자신들이 공산주의자가 아니라고 맹세하기 전까지는 그들을 재고용하지 않을 것이다." 마이클 엘리어트, 앞의 책, 270쪽에서 재인용.

11 찰스 패너티, 앞의 책, 264~266쪽

13 콘래드 힐튼

1 제임스 B. 트위첼, 『럭셔리 신드롬: 사치의 대중화, 소비의 마지막 선택』, 미래의창, 2003, 142~150쪽
2 「패리스 힐튼 '현대판 공주' 1위」, 『한국일보』, 2007년 5월 23일자
3 콘래드 힐튼의 생애에 대해서는 그의 자서전 『호텔왕 힐튼』(삼성출판사, 1990)과 위키피디아 영문판, 콘래드힐튼재단 홈페이지 등을 참조했다. http://en.wikipedia.org/wiki/Conrad_Hilton, http://www.hiltonfoundation.org/about/history, http://www.hiltonfoundation.org/about/founder
4 라이오넬 카슨, 『고대의 여행 이야기』, 가람기획, 2001, 233쪽
5 자크 르 고프 외, 『중세에 살기』, 동문선, 2000, 62쪽
6 새로운 여행 개념의 출현에 대해서는 필립 아리에스·조르주 뒤비의 『사생활의 역사 4』(새물결, 2003)의 645~650쪽을 살펴보기 바란다.
7 우리나라 호텔사 4년 앞당기기(http://icmuse.blog.me/50092550920) 참조
8 리더스다이제스트 편집부, 『리더스 다이제스트 잡학사전』, 동아출판, 1991, 371쪽
9 고석면, 『호텔경영론』, 기문사, 2005, 29쪽
10 콘래드 힐튼, 앞의 책, 73쪽
11 고석면, 앞의 책, 33쪽
12 발레리 줄레조 외, 『도시의 창, 고급 호텔』, 후마니타스, 2007, 261쪽
13 마크 턴게이트, 『남자에게 팔아라』, 미래의창, 2009, 249쪽
14 피터 번스타인·애널린 스완 엮음, 앞의 책, 322쪽

14 휴 헤프너

1 로버트 단턴, 『책과 혁명: 프랑스 혁명 이전의 금서 베스트셀러』, 길, 2003
2 린 헌트, 『포르노그라피의 발명』, 책세상, 1996, 50~51쪽
3 휴 헤프너의 생애에 대해서는 플레이보이닷컴(www.playboy.com)을 참조했다.
4 존 윈스럽은 영국 젠트리 계급 출신으로 유복한 어린 시절을 보내고 캠브리지 트리니티 칼리지에서 법학을 전공한 뒤 치안판사 및 변호사로 20년간 활동했다. 1620년대 말 찰스 1세의 청교도 탄압 강화를 피해 1,000여 명의 청교도를 이끌고 신대륙으로 건너가 뉴잉글랜드에 정착한다. 그는 신대륙에 정착한 자신들이야말로 신의 뜻에 따라 인도되는 공동체로서 약속받은 땅을 찾은 신의 선민이라 생각했다. 청교도 지도자 양성을 위해 보스턴에 지금의 하버드 대학을 설립(1636년)하는 등 매사추세츠 지역의 식민지 정착을 위해 노력해 사후에 매사추세츠 식민지의 아버지로 추앙받았다.
1590년 영국 요크셔에서 부유한 농부의 자식으로 태어난 윌리엄 브래드퍼드는 1살 무렵 아버지가 사망하는 바람에 정식 교육을 받지 못했지만 풍부한 독서를 통해 많은 지식을 쌓았다. 1620년 종교 박해를 피해 신대륙으로 건너간 102명의 청교도를 이끈 지도자로서, 그가 플리머스 록에 도착해 기록한

『플리머스 식민지에 대하여(On Plymouth Plantation)』는 미국 식민 정착의 초기 역사를 살펴볼 수 있는 귀중한 자료로 평가받는데 이 때문에 미국 문학의 아버지로 불리고 있다. 정착 초기의 혹독한 겨울을 견뎌낸 그와 개척민들이 신에게 감사한 축제가 오늘날 미국의 추수감사절이 되었다. 1621년부터 1657년 사망할 때까지 플리머스 식민지 총독으로 일했다.

5 『시사인물사전 2』, 인물과사상사, 2000, 73쪽에서 재인용
6 제1차 세계대전 전후의 사회상과 성 풍속은 파울 프리샤우어의 『세계풍속사 (하)』(까치, 1995)의 289~322쪽을 참조했다.
7 리처드 잭스, 『백과사전이나 역사 교과서엔 실리지 않은 세계사 속의 토픽』, 가람기획, 2001, 40쪽
8 진 랜드럼, 『기업의 천재들』, 말글빛냄, 2007, 149쪽에서 재인용
9 경구피임약이 초래한 성 혁명에 대해서는 앵거스 맥래런의 『20세기 성의 역사』(현실문화연구, 2003)의 281~325쪽을 참고하시라.
10 지젤 프로인트, 『사진과 사회』, 눈빛, 2006, 202쪽
11 데브라 벤튼, 『미소의 카리스마: 편안하게 이끄는 리더들의 행동 양식 6』, 달과소, 2006, 139~140쪽에서 재인용
12 김민주, 『마케팅 어드벤처 2: 세계 장수 브랜드를 찾아 떠나는 여행』, 미래의창, 2005, 44~46쪽
13 김성호, 『포르노를 해부한다』, 한림미디어, 1999, 343쪽
14 〈목구멍 깊숙이〉가 개봉된 1972년 워터게이트 사건이 일어났는데, 이 사건을 보도한 『워싱턴포스트』의 기자 밥 우드워드와 동료 칼 번스타인에게 내부 정보를 제공한 익명의 제보자는 스스로를 'Deep Throat'라고 불렀다.
15 연동원, 『포르노 영화 역사를 만나다』, 연경미디어, 2006, 42~71쪽
16 '포르노밸리'에 대해서는 곽수근의 「Why LA '포르노 밸리' 그곳에 가면…」(『조선일보』, 2010년 2월 20일자)와 민동용의 「불황에 고개숙인 美 포르노밸리」(『동아일보』, 2009년 9월 16일자)를 참조했다.
17 Dan Tynan, 「포르노가 웹을 변화시킨 12가지」, IDG, 2008년 12월 26일자. http://www.idg.co.kr/newscenter/common/newCommonView.do?newsId=52697
18 미국의 포르노 산업 현황에 대해서는 최성욱의 『미국이 감추고 싶은 비밀 50가지』(미래를소유한사람들, 2007)의 205~212쪽을 참조했다.
19 크리스티 헤프너를 중심으로 한 플레이보이 그룹의 경영혁신 부분에 대해서는 『The Economist 선정 글로벌 CEO 132인』(남편과원숭이, 2008)의 146~147쪽과 마크 턴게이트의 『세계를 지배하는 미디어 브랜드』(프리윌, 2007)의 281~302쪽을 참조했다.
20 멘털 플로스 편집부, 『심심한 두뇌를 위한 불량지식의 창고』, 세종서적, 2006, 153~154쪽
21 김만용, 「'섹스프리' 관광특구 만들자?」, 문화일보, 2010년 11월 5일자. http://www.munhwa.com/news/view.html?no=20101105010706230800004

15 마사 스튜어트

1 마사 스튜어트의 생애에 대해서는 크리스토퍼 바이런의 『마사 스튜어트』(동아일보사, 2002)를 기본으로 위키피디아 영문판 마사 스튜어트를 참고했고, 2002년 수감 이후 2006년까지에 대해서는 로버트 슬레이터의 『마사 스튜어트.COM』(비전하우스, 2007)을 주로 참조했다.
2 셰리 L. 서러, 『어머니의 신화』, 까치, 1995, 310~311쪽
3 위키피디아 TV 시리즈 마마. http://en.wikipedia.org/wiki/Mama_(TV_series)
4 베티 프리단, 마라벨 모건 등으로 대표되는 여성주의 운동과 반여성주의 운동 진영 사이에서 벌어진 1960~1970년대의 일련의 사건에 대해선 이병철의 『20세기를 빛낸 불멸의 여인들』(김영사, 1993)과 위키피디아 영문판의 필리스 시래플리(http://en.wikipedia.org/wiki/Phyllis_Schlafly) 편을 참조했다.

5 '남녀평등 수정헌법(ERA)'이라고도 불리는 헌법수정운동은 1970년대에 본격적으로 추진되면서 미국 사회의 남녀, 진보와 보수 진영을 치열한 찬반 논란으로 몰아넣었다. 이 개헌안은 1972년 하원에서 354 대 24, 상원에서 84 대 8이라는 압도적 표차로 가결되면서 양원을 통과했으나 헌법 조항에 포함되기 위해선 7년 안에 미국 50개 주 가운데 38개 주 이상의 비준을 얻어야 했다. ERA는 상원에서 채택되고 1년 이내에 30개 주의 승인을 얻었지만, 보수적인 종교·정치 단체의 강력한 반발로 비준 처리의 벽에 부딪혔다. 특히 남녀평등 조항에 따라 의무적인 군복무 및 참전, 자신과 자녀에 대한 남편의 경제적 부양과 같은 보호를 잃을 수도 있다는 두려움 때문에 일부 여성도 비준반대 운동에 나섰다. 1차 기한인 1979년 3월까지 35개 주 이상의 비준을 얻지 못하자 연방의회가 기한을 1982년 6월 30일까지 3년 3개월을 연장했음에도 35개 주 비준에 그쳐 결국 수정헌법으로 채택되지 못하고 폐기되었다. 2009년 다시 헌법에 포함시키려는 움직임이 있었다.
6 이병철, 앞의 책, 127쪽
7 스터즈 터클, 『일: 누구나 하고 싶어 하지만 모두들 하기 싫어하고 아무나 하지 못하는』, 이매진, 2007, 471쪽
8 이병철, 앞의 책, 105쪽
9 크리스토퍼 바이런, 앞의 책, 86쪽
10 예를 들어 전자동 세탁기만 하더라도 처음 구입할 때 포장 상자 안에 들어 있는 두툼한 사용안내서를 함께 받는다. 그리고 세탁을 위해 필요한 여러 작동 모드를 설정하는 방법부터 빨래 찌꺼기가 배수구를 막았을 때의 해결법, 섬유의 특성에 따른 세탁용 세제의 선택과 섬유유연제, 섬유린스, 각기 다른 섬유에 따른 세탁 방식의 차이 등에 대해 숙지해야 한다. 문제는 가정엔 세탁기만 있는 것이 아니라는 것이다. 전자제품 대리점을 그대로 옮겨놓은 것이냥 갖가지 전자제품이 가득해서 가정마다 서랍 한구석에 온갖 제품의 작동 안내 매뉴얼이 수북하게 쌓여 있기 마련이다.
11 슈퍼맘(superwoman+mom)은 직장 생활과 자녀 양육을 병행하는 여성을 의미하는데, 이 말은 직장 여성에게도 여전히 결혼과 육아가 중요한 역할임을 반증한다. 알파맘(alpha mom)은 자신의 인맥과 정보력을 통해 자녀들의 재능을 발굴하고 체계적으로 학습시키는 어머니를 가리키는데, 아이들의 미래를 부모, 특히 어머니가 결정해 무조건 따르게 한다는 비판이 등장하자 그 대안으로 등장한 개념이 이른바 베타맘(beta mom)이다. 베타맘은 자녀 스스로 원하는 삶을 살아갈 수 있도록 옆에서 조언해주는 유형의 어머니상으로 아이들이 주도적으로 자신의 행복을 추구할 수 있도록 자립성과 자율성을 부추겨주는 어머니를 뜻한다.
12 우리나라 인구를 4,600만 명으로 계산했을 때 국민 1인당 8.7개의 햇반을 먹은 셈이며, 그동안 팔린 햇반을 한 줄로 쌓아놓으면 1만 4,000킬로미터에 이르고 이를 높이로 환산하면 에베레스트 산의 1,573배 높이다. 지난 10년 동안 햇반 제조에 쓰인 국내산 쌀은 4만여 톤으로 80킬로그램 가마 50여만 개 분량에 이른다. 김민성, 『국민일보』, 2006년 12월 11일자. http://news.kukinews.com/article/view.asp?page=1&gCode=eco&arcid=0920391721&code=41141111
13 조안 B. 시울라, 『일의 발견』, 다우, 2005, 266~269쪽
14 엄마(Mom)와 기업가(Entrepreneur)를 합친 단어로, 경쟁력을 갖춘 주부 사업가를 의미한다. 맘프러너라는 용어는 미국에서 처음 생겨난 말로 '여성 인터넷 창업가'라는 의미로도 통한다. 이는 주부들이 주로 인터넷 블로그나 쇼핑몰 등을 통해 활약하기 때문인데, 맘프러너를 대표하는 인물이 바로 마사 스튜어트다.
15 세상의 어려움을 헤쳐나가기 위해 강한 존재에 의존하는 현상을 뜻하는 말로, 〈스타워즈〉 시리즈에 등장하는 제다이 기사단의 멘토 요다의 이름을 딴 것이다. 미국의 전문 연구조사기관인 넥스트 그룹의 CEO이자 미래학자인 멜린다 데이비스가 펴낸 『욕망의 진화』에서 현실의 불확실성 속에서 정신적으로 의지할 대상을 찾고자 하는 대중의 트렌드를 반영한 용어로 사용되고 있다.

16 프리츠 하버

1 하버의 생애에 대해서는 섀런 버트시 맥그레인의 『화학의 프로메테우스』(가람기획, 2003)와 그 자신도 노벨 화학상 수상자인 로얼드 호프만의 『같기도 하고 아니 같기도 하고』(까치, 2005)를 주로 참조했다.
2 제1, 2차 세계대전을 거치며 우여곡절을 겪었지만 오늘날 세계 최대의 화학 기업 가운데 하나로 자리 잡은 BASF의 설립 과정과 이후 여러 화학 제품의 생산 과정에 대한 내용은 바스프 그룹 홈페이지(http://www.basf.com)의 자료를 주로 참조했다.
3 아그네타 발린 레비노비츠 외, 『노벨상 그 100년의 역사』, 가람기획, 2002, 113쪽에서 재인용
4 로얼드 호프만, 앞의 책, 234쪽에서 재인용
5 당시 유럽의 구아노 열기에 관한 좀 더 자세한 내용은 캐롤라인 홈스의 『똥: 배설, 그 우아하고 영속적인 욕구』(황금나침반, 2007)를 참조하기 바란다.
6 자연에서의 질소 순환 과정에 대한 좀 더 자세한 내용은 존 엠슬리의 『화학의 변명 3』(사이언스북스, 2008)의 112~116쪽을 참조하기 바란다.
7 프랭클린 히람 킹의 『4천 년의 농부』(들녘, 2006)는 미국 농림부 토양관리국장을 지낸 저자가 1909년 중국과 한국, 일본을 여행하면서 이들 나라의 유기농법을 눈으로 보고 쓴 답사 보고서다. 당시 상황을 담은 200여 컷의 사진과 함께 저자에겐 저개발국에 불과했을 동양 삼국이 지난 4000년 동안 사람들에게 식량을 제공하면서도 땅을 비옥하게 유지할 수 있었던 지혜를 담고 있다. 4000년 동안 지속되어 온 전통 유기농법에 대한 좀 더 자세한 자료는 이 책을 참조하기 바란다.
8 제프리 삭스, 앞의 책, 93~94쪽
9 김영식·임경순, 앞의 책, 260~261쪽
10 이종호, 『노벨상이 만든 세상: 화학편』, 나무의꿈, 2004, 20~22쪽
11 앤드루 가우디, 『휴먼 임팩트』, 푸른길, 2007, 193쪽
12 제러미 리프킨, 『수소 혁명』, 민음사, 2010, 209~210쪽
13 이기영, 『지구가 정말 이상하다』, 살림, 2005, 67쪽
14 헬레나 노르베리 호지 외, 『모든 것은 땅으로부터』, 시공사, 2003, 78쪽
15 더 자세한 내용은 김준호의 『산성비』(서울대학교출판부, 2007)의 139쪽을 참조하기 바란다.

찾아보기

68운동 173
AK(-47) 소총 53, 54, 70~76, 78, 80, 81
B-17 102, 104
B-29 104, 106, 107
B-52 108~110, 114, 118
CFCs 356, 357
CIA 75, 292, 293, 299
GHQ 156, 157, 165
GM ☞ 제너럴모터스
IMF 외환위기 116, 157, 167, 262, 263, 474
Ju-87 ☞ 슈투카
MP3 168, 169
MP-38 56
MP-40 56, 67, 68
NOW ☞ 전미여성기구
PL 122, 263
PPL 243, 255
PR 41, 214, 220, 224, 226, 227, 230, 233, 235~238, 327
PX 258~260
SNS 175, 210
SOA ☞ 스쿨 오브 아메리카
StG44 돌격소총 72
VTR 160, 161, 451

ㄱ

가격파괴 130, 131
가부장 153, 165, 390, 431, 483
가사노동 232, 458, 460, 463, 470, 471, 473, 474, 478, 479, 483
개인주의 8, 163, 174
갤럽, 조지 180~183, 185~192, 194~198, 200, 203, 205
게르니카 101
게이츠, 빌 139, 305, 331, 441
게이츠, 프레더릭 305, 324, 326
경영혁신 48, 144, 198
계급투쟁 46
계몽 155, 210, 431
계열Keiretsu 157
〈고양이 펠릭스〉 377, 379, 381
고이주에타, 로베르토 253, 261, 262
골드러시 309, 312
골드윈, 새뮤얼 187
공장제 노동 24, 25, 60, 473
공중public 204
공중전 95
공화당(미국) 141, 189, 190, 192, 193, 201, 239, 254, 322, 330, 412
과테말라 237, 273, 278, 284, 290~294, 297, 298
관료제 56, 57, 60, 69
괴벨스, 요제프 221, 231, 236, 238
구텐베르크 151, 171, 448
군산복합체 110~112, 343
군수자본(산업) 81, 116, 117, 158, 230, 308, 343, 345, 347
굴드, 제이 316
귀느메, 조르주 95

그린피스 363
근대화 59, 153, 216
근로빈곤 142, 143, 145
기관단총 56, 67~69, 71, 72
기관총 60~63, 65~67, 71, 72, 95, 104, 224, 230, 281, 326
기술혁신 30, 33, 60, 89, 101, 111, 112, 118, 154, 244
기업형 슈퍼마켓Super Super Market 131, 144

ㄴ

나일론 337, 338, 350, 351, 353~355, 362
나치(당) 48, 101, 236, 254, 346, 508~510
남북전쟁 22, 23, 62, 217, 219, 282, 308, 309, 342, 343
내연기관 31, 89, 210, 217, 310, 311
네오프렌 338, 353
네이팜탄 104, 106
노동생산성 49, 165
노동조합 26, 43~45, 48, 49, 140, 165, 290, 297, 326
노무현 118, 184, 202, 203
노부유키, 이데이 171
녹색 세탁Green Wash 361, 364
녹색혁명 332, 333
농업혁명 216
뉴 코크 261, 262
니트로셀룰로스 345, 348
닉슨, 리처드 255

ㄷ

다국적 기업 10, 81, 263, 288, 290, 295, 363, 364, 453, 512
다빈치, 레오나르도 29, 88
다우케미컬 332, 339, 361
다임러, 고틀리에프 27
담배 42, 232~234, 237, 264, 274, 293, 371, 433, 444
대공황 100, 122, 123, 125, 129, 185, 192, 284, 329, 384, 394, 417, 418, 422, 459
대량살상무기 63, 74, 75, 80, 81

대량생산 30, 45, 48, 49, 74, 130, 354, 363, 502
대중mass 5, 22, 35, 36, 96, 135, 142, 162, 168, 171, 180, 182, 185, 187, 189, 190, 196, 204, 210~214, 220, 221, 227, 228, 230, 231, 234, 236, 238, 239, 244, 292, 293, 295, 327, 328, 356, 361, 362, 379, 381, 382, 390, 393, 394, 416, 431, 446, 448, 459, 476, 477
대형 할인점(대형 마트) 128~131, 135, 142, 144, 287
델몬트 287, 295
도시화 195, 210, 211, 216, 227, 382, 483
도일, 아서 코난 199
독가스 78, 506~508, 510
돌 287, 295, 296
돌격소총 54, 70~72
뒤퐁(가문) 338, 340~345, 347, 355, 356
듀폰 30, 128, 288, 332, 338~340, 342~364
디즈니(스튜디오) 337, 367, 378, 379, 381, 382, 385~396, 450, 452
디즈니, 월트 187, 368~370, 372~374, 379, 380, 384, 385, 393, 395, 396
디즈니랜드 259, 394, 396

ㄹ

라이트 형제 90~92
라틴아메리카 271, 272, 274, 288, 294~296, 298, 332, 421, 452
러들로 학살 224, 325~327
런던, 잭 223
레이건, 로널드 109, 113, 117, 175, 255, 329, 392, 450
록펠러 30, 224, 325~327, 331~333, 355
록펠러 2세, 존 D. 220, 318, 323, 324, 326, 327
록펠러 재단 224, 324, 325, 328, 331~333
록펠러, 존 D. 48, 220, 304~309, 313~328, 331, 332
록히드(마틴) 112~114, 116, 117, 450
루소, 장 자크 200
루스벨트, 시어도어 275, 322, 323, 325, 345, 411
루스벨트, 프랭클린 190, 191, 220, 264, 383

루이 16세 88, 340
르메이, 커티스 104
리, 아이비 225, 327
리베이트 316, 317, 321, 467
리츠, 세자르 407~409
릴런드, 헨리 34

ㅁ

마르크스, 카를 5, 40, 46, 174
마사루, 이부카 154, 155, 157, 159, 161, 164
마케팅 7, 144, 154, 185, 198, 243, 247, 249, 254, 261, 263, 266, 332, 408, 472, 480
매카시, 조지프 440
매카시즘 391, 392, 440
매클루언, 마셜 172
맥나마라, 로버트 112
맥도넬더글러스 99, 112~114
맥심 기관총 62, 63, 66
맥심, 하이럼 62, 89
맨해튼 프로젝트 348, 349
먼로주의 275
메이드 인 재팬 160
모건, J. P. 220, 280, 343, 348
모건, 마라벨 470, 471
〈모던타임스〉 19, 20, 46, 49
모신나강Mosin-Nagant 68
모잠비크 74, 79
〈목구멍 깊숙이〉 449
몬산토 288, 332, 333, 339, 361, 363
몽골피에 형제 88
미니디스크 160
미디어 플레이어 170, 174
미디어 혁명 173, 175
미쓰비시 117, 156
미쓰이 156
미키 마우스 368, 379~386, 389, 392, 394
민간항공 99, 101, 102, 112, 115, 116, 117, 420
민주당(미국) 184, 188, 189, 191, 201, 239, 254, 255
민주주의 7, 60, 142, 166, 180, 197, 212, 213, 221, 225, 227, 228, 230, 231, 238, 261, 290, 293, 322, 330
민주화 175, 216, 238, 289, 294, 432
밀스, C. W. 203

ㅂ

바나나 공화국 272, 273, 290, 299
바스프 346, 492, 495, 502, 505, 508~510
반독점법 99, 323, 345, 348
반유대주의 47, 48
방위산업 110, 113~115, 117
〈백설공주와 일곱 난쟁이〉 386, 388, 392
밴더빌트, 윌리엄 316
버네이스, 에드워드 214~221, 224, 225, 228, 230~236, 238, 292, 293, 327
버핏, 워런 139, 305, 329, 331
번지Bunge 332, 339
법치주의 180
베이비붐(세대) 133, 163, 394, 461
베타 방식 160, 161
베트남전쟁 74, 110, 113, 121, 259, 367, 368, 394, 465, 469
벤레이트 360, 361
벤치마킹 143, 453
벨, 알렉산더 그레이엄 89
벨연구소 159
보수주의 109, 212, 213, 382, 430, 431, 440
보슈, 카를 501~503, 505, 507, 509
보잉(사) 86, 94, 95, 97~102, 108, 112~118
보잉, 윌리엄 92, 94, 98, 100, 102, 114, 118
보틀러(보틀링) 249, 250, 252, 254, 262, 263
브랜드 34, 35, 122, 130, 143, 144, 160, 170, 189, 244, 245, 247~251, 259, 262, 268, 295, 296, 339, 424, 425, 444, 452, 453, 480
비행정 97
빅토리아 시대 219
빌헬름 2세 409, 504, 505

ㅅ

사익스, 프레더릭 102
사회적 자본 174, 175
사회주의 5, 40, 43, 69, 212, 213, 227

산업혁명 9, 20, 22, 24, 25, 30, 46, 60, 61, 65, 66, 69, 89, 217, 227, 311, 346, 405, 409, 489, 490, 493, 500, 504
산업화 30, 45, 61, 71, 166, 210, 211, 311, 324, 330, 333, 503, 515
산타클로스 264, 265
삼성 139, 168, 170
상비군 56, 57, 59
상빼, 장 자크 22
상호확증파괴 102, 107
생명다양성 288
생물해적질 363
석유화학산업 310, 333, 340, 363, 364, 513
섹슈얼리티 431, 437
셀즈닉, 데이비드 187
셀프서비스 130, 131, 134
소년병 53, 79, 80
소니 149~151, 154, 155, 158~161, 163, 164, 166~172
소련식 사회주의 69
소비문화 133, 174
소셜 네트워크 서비스 ☞ SNS
쇼클리, 윌리엄 159
수다예프, 알렉세이 69, 71
수상기水上機 101
슈마이저, 휴고 67, 70, 72
슈투카 101
슈퍼마켓 122, 130, 131, 144, 287
스마트폰 170, 175
스쿨 오브 아메리카 294
스타인벡, 존 122, 123
스타틀러, 엘스워스 밀턴 413, 417, 419
스탈린, 이오시프 55, 69, 239
스탠더드오일 303~305, 317~323, 328, 332, 333
〈스텝포드 와이프〉 457, 458
스튜어트, 마사 10, 459, 460, 462, 463, 464, 466~468, 471, 475~482
슬론, 앨프리드 348
시간제 노동 473, 474
시래플리, 필리스 469
시모노프, 세르게이 가브릴로비치 70, 71
시바, 반다나 239

시어스로벅 37, 127, 135, 136
신자유주의 5, 167, 175, 328, 329, 334, 362
신젠타 339, 363
싱클레어, 업튼 223, 304
쏠레 339

ㅇ

아그파 346, 510
아널드, 매튜 211
아르벤스─구스만, 하코보 290~293, 299
아리에스, 필립 171
아메리카나이제이션 420, 421
아메리칸드림 23, 217, 259, 441
아메리칸토바코 232~234
아스투리아스, 미겔 앙헬 297
아이오와 코커스 183~185
아이웍스, 어브 372, 378~381
아이젠하워, 드와이트 111, 254, 255, 291, 394
아이튠즈 169
아이팟 168~170, 174
아이폰 175
아이히만, 아돌프 238
아인슈타인, 알베르트 504, 506
아키오, 모리타 151~155, 157, 159~166, 172
암모니아 332, 348, 496, 499~503, 505, 513
애그리비즈니스 333, 363
애니메이션 85, 370, 372~379, 381, 385, 386, 388, 390, 391, 393, 394
애플(사) 168~170
에디슨, 토머스 30, 32, 62, 89, 217
에스코피에, 조르주 오귀스트 408, 409
에어버스Airbus 117
여론public opinion 144, 180, 184, 185, 193, 195, 200, 203~205, 210, 213, 221, 238, 325, 327, 330
여론조사 179~183, 185~189, 191~198, 200~205, 443
여성주의 ☞ 페미니즘
여성참정권 188, 216, 224, 460, 466
오클라호마 123, 127, 128, 131
오토, 니콜라우스 27
온두라스 272, 273, 280~282, 284, 290, 291,

294, 295
온실가스 357, 514
우데트, 에른스트 95, 101
우드러프, 로버트 251, 253~255, 257, 258, 262~264, 267, 268
워크맨 149~151, 160~164, 168~175
워터게이트 사건 184
원자폭탄 74, 75, 77, 85, 107, 108, 151, 161
월도프-아스토리아 호텔 232, 391, 411, 419
월마트 122, 127~131, 133, 135~145, 263
월마트화 142~144
월스트리트 43, 310, 418, 463~467
『월스트리트저널』 40
월튼, 샘 122, 123, 125, 127~129, 131, 133, 135, 136, 138~141, 145
웰스, 허버트 G. 64
윌슨, 우드로 95, 225, 227
유나이티드프루트 237, 273, 278, 279, 281~285, 288~290, 292, 293, 295, 299
유럽항공방위우주산업EADS 117
유전油田 303, 304, 311~314, 319, 321, 413, 414
유통업 121, 127, 130, 134, 142
유통혁명 129, 136
이게파르벤IG Farben 332, 346, 354
이데올로기 6, 142, 174, 382, 393, 394, 478, 482, 483
이사오, 다카하다 85, 86
일억총중류 사회 167
임머바르, 클라라 496, 507

ㅈ

자기경영 50
자기계발 7~10, 50
자본주의 5, 8, 46, 49, 60, 121, 129, 155, 173, 210, 220, 222, 226, 227, 238, 328, 329, 334, 368, 369, 401, 483, 489
자본주의 4.0 328, 329, 334
자유민주주의 112, 131
자유의지 234
자유주의 48, 129, 210, 212, 213, 225, 340, 430, 441
잡스, 스티브 175

재벌Zaibatsu 155~157, 167
재스민 혁명 175
전격전blitzkrieg 55, 56, 66~68, 101
전략폭격 86, 102, 104, 107
전략폭격기 86, 107~109, 118, 419
전미여성기구 466, 469
정보조작 214, 228, 237, 238, 292
제1차 세계대전 56, 60, 64, 66, 67, 69, 71, 72, 78, 93, 95, 101, 102, 129, 156, 225, 227, 228, 230, 232, 252, 254, 255, 257, 264, 343, 345, 347, 371, 412, 433, 434, 504~506, 508, 509
제2차 세계대전 56, 66, 67, 69, 70, 72, 78, 86, 101, 102, 107, 110~112, 127, 133, 156, 167, 196, 213, 252, 254, 259, 261, 263, 264, 288, 294, 299, 332, 333, 343, 346, 348, 350, 354, 391, 418~420, 435, 509, 513
제3세계 138, 331, 333, 394, 421
제너럴모터스 34, 43, 44, 47, 343, 348, 357, 359
제머리, 새뮤얼 237, 279~284, 290, 292, 295
종신고용 165, 167
주커버그, 마크 175
중산층 36, 137, 144, 145, 211, 391, 411, 422, 457, 462, 468, 470
중합체 352, 353
〈증기선 윌리〉 381, 382
지구촌 420
질산염 332, 498, 500
질소고정 496, 499~502, 510
질소비료 332, 498, 499, 503, 508, 510~512, 514, 515
질소순환 499

ㅊ

참여민주주의 185
참정권 188, 216, 224, 460, 465, 466
채플린, 찰리 19, 20, 46, 392
철도 54, 64, 69, 97, 210, 276~278, 281, 303, 311~317, 405, 490
최저임금 40, 140, 143, 290
치키타 287, 295~297, 299
『침묵의 봄』 357, 360

ㅋ

카네기, 앤드루 48, 220, 327, 331
카르텔 295, 332, 346, 347, 510
카세트테이프 150, 163
카스트로, 피델 292, 441
카슨, 레이첼 357, 358
카이저빌헬름연구소 504, 509
카이저빌헬름협회 508
카터, 지미 184, 255, 441
칼라시니코프, 미하일 53~55, 68~73, 75, 76
캔들러, 아사 248~254, 262
커러더스, 월리스 338, 351~354
커티스, 글렌 91
커피 277, 295, 315, 405
컨베이어벨트 20, 38, 39, 137
컨투어 병 251
컴스토커리 436, 437
컴스톡 법안 219, 436, 437
컴스톡, 앤서니 219, 436, 437
컴팩트디스크 161
케네디, 존 F. 255, 358, 447, 468
코카인 245~247, 249, 299
코카콜라 243~258, 260~268
코카콜로니제이션 261, 262
코포라티즘corporatism 165
쿠아멜프루트 280, 282
키스, 마이너 쿠퍼 276~278, 281, 282
『킨제이 보고서』 436, 437
킨제이, 앨프리드 436, 437

ㅌ

타벨, 아이다 320~322
『타임』 191, 261, 446, 450, 480
테마파크 394, 396
테이프레코더 157, 161
텍사스인스트루먼트 113, 159
〈토끼 오스왈드〉 379, 380, 389
트랜지스터 158~160
트러스트 304, 318~323, 325
트루먼, 해리 192~195, 291

ㅍ

파시즘 212, 213, 223
파이어니어하이브레드 339, 362, 363
팍스 아메리카나 174, 259
패스트푸드 266
페니, J. C. 127, 128, 133
페미니즘 232, 431, 446, 458, 469~471, 473, 478
『펜트하우스』 446, 447, 451, 454
펨버튼, 존 S. 246, 248
펩시콜라 247, 254, 255, 261~263, 266~268
포드 T형 모델 35~37, 39, 42~44, 47, 48, 97, 145, 217, 348
포드, 에드셀 28, 35, 43~45, 48
포드, 헨리 10, 19, 22~28, 31~38, 40~49, 89, 145, 162, 217
포드주의 25, 37, 45, 48, 49, 71, 165
포드화 42
포르노 산업 450, 451, 453, 454
포르노그래피 211, 429, 431, 432, 448
『포브스』 139, 305, 355, 356, 402
포스트포드주의 49, 50
『포천』 162, 358, 362
폭격기 96, 99, 101, 102, 104, 106~110, 114
푸틴, 블라디미르 73
퓰리처, 조지프 306
프랜차이즈 409, 417
프랫앤드휘트니 99, 100
프레온가스 356, 357, 364
프로이트, 지그문트 214, 220, 247
프로파간다 229, 231, 237, 293
프리단, 베티 441, 466, 471
플라자 호텔 166, 411, 418
플래글러, 헨리 315, 316
플랜테이션 272, 276, 278, 280, 282, 284, 287, 290
플린트, 래리 447, 454
피비 석세스PB Success 291, 299
피비 히스토리PB History 299
피임 219, 436, 442

ㅎ

하버, 프리츠 488, 489, 492~497, 502~505, 507~510
하버-보슈 공정 503, 505, 507~509
하야오, 미야자키 85, 86, 118
할리우드 62, 149, 187, 271, 375~377, 382, 384, 386, 391, 422, 457
합성섬유 158, 337, 350, 352, 353, 355, 356, 362
항공우편 97, 98
핵무기 ☞ 원자폭탄
『허슬러』 446~448, 451, 454
헤라르디, 후안 호세 298
현대성(모더니티) 10, 216
호텔 166, 232, 354, 391, 399~409, 411~425, 509
호프만, 로알드 361
화석연료 48, 503, 515
환경운동 358
회귀분석 183
후버, 존 에드거 391
후버, 허버트 클라크 46
휘트니, 일라이 30
히틀러, 아돌프 47, 48, 55, 56, 68, 228, 236, 508
힐튼, 콘래드 402, 406, 407, 411~420, 422, 423, 425

누가
우리의 일상을
지배하는가

ⓒ 전성원, 2012

초판 1쇄 2012년 8월 16일 펴냄
초판 8쇄 2023년 10월 17일 펴냄

지은이 | 전성원
펴낸이 | 강준우
기획 · 편집 | 박상문, 김슬기
디자인 | 최진영
마케팅 | 이태준
인쇄 · 제본 | 대정인쇄공사

펴낸곳 | 인물과사상사
출판등록 | 제17-204호 1998년 3월 11일

주소 | (04037) 서울시 마포구 양화로7길 6-16 서교제일빌딩 3층
전화 | 02-325-6364
팩스 | 02-474-1413
www.inmul.co.kr | insa@inmul.co.kr

ISBN 978-89-5906-219-5 03990

도판은 퍼블릭 도메인 도판으로 골라 수록했으며, 그 외에는 사용료를 지불했습니다.
이 저작물의 내용을 쓰고자 할 때는 저작자와 인물과사상사의 허락을 받아야 합니다.
파손된 책은 바꾸어 드립니다.